Ferdinand Kramer
Der Charme des Systematischen

FERDINAND KRAMER

Der Charme des Systematischen

Architektur
Einrichtung
Design

Herausgegeben von Claude Lichtenstein

mit Beiträgen von

Andrea Gleiniger
Astrid Hansen
Barbara Hauß-Fitton
Karl-Heinz Hüter
Beate Kramer
Ferdinand Kramer
Lore Kramer
Claude Lichtenstein
Eckhard Neumann
Fred R. Oppenheimer
Julius Posener
Ruggero Tropeano
Dietrich Worbs
Fabian Wurm

Anabas Verlag

Impressum

Ferdinand Kramer
Der Charme des Systematischen

Katalogbuch zur gleichnamigen
Ausstellung

Herausgegeben im Auftrag des Museums
für Gestaltung Zürich
von Claude Lichtenstein
Wegleitung Nr. 380

Konzept und Redaktion:
Claude Lichtenstein

Wissenschaftliche Mitarbeit:
Barbara Hauß-Fitton

Typografische Gestaltung:
Harriet Höppner
Mitarbeit Beat Almstädt

1. Auflage Juni 1991
© Anabas Verlag Günter Kämpf KG
Unterer Hardthof 25
6300 Gießen
Alle Rechte vorbehalten

Reihe Werkbund-Archiv Band 23

Satz: Focus Fotosatz, Gießen
Lithos: Axel Eiling, Kaufungen
Druck: Fuldaer VA, Fulda

Die Deutsche Bibliothek —
CIP-Einheitsaufnahme

Ferdinand Kramer: der Charme des Syste-
matischen ; Architektur, Einrichtung, Design
; [Katalogbuch zur gleichlautenden Ausstel-
lung ; Museum für Gestaltung Zürich, 5. Juni
— 4. August 1991, Deutscher Werkbund,
Frankfurt/M. (in Zusammenarbeit mit dem
Deutschen Architekturmuseum, Frankfurt/
M.), 6. September — 20. Oktober 1991,
Bauhaus Dessau, 6. November 1991 — 26. 1.
1992] / [hrsg. im Auftr. des Museums für
Gestaltung Zürich]. Hrsg. von Claude Lich-
tenstein. Mit Beitr. von Andrea Gleiniger…
[Wiss. Mitarb.: Barbara Hauss-Fitton]. - 1.
Aufl. - Giessen: Anabas-Verl., 1991
    (Werkbund-Archiv ; Bd. 23)
    ISBN 3-87038-163-9
NE: Lichtenstein, Claude [Hrsg.]; Kramer,
Ferdinand [Ill.]; Gleiniger, Andrea;
Museum für Gestaltung <Zürich>; Werk-
bund-Archiv <Berlin, West>: Werkbund-
Archiv

Ausstellung:

Konzeption: Claude Lichtenstein
Gestaltung: Tristan Kobler
Mitarbeit: Barbara Hauß-Fitton

Ausstellungsorte:

Museum für Gestaltung Zürich
Ausstellungsstraße 60
8005 Zürich
5. Juni bis 4. August 1991

Deutscher Werkbund, Frankfurt/M
(in Zusammenarbeit mit dem Deutschen
Architekturmuseum, Frankfurt/M)
Weißadlergasse 4
6000 Frankfurt 1
6. September bis 20. Oktober 1991

Bauhaus Dessau
Gropiusallee 38
4500 Dessau
6. November 1991 bis 26. Januar 1992

Inhalt

Claude Lichtenstein

Einleitung

Am charakteristischsten tritt uns Ferdinand Kramer in seinen Werkzeichnungen entgegen, die so ganz anders sind als vieles, das man kennt. Man kennt: die angebliche ›erste Skizze‹, mit deren Veröffentlichung der Entstehungsprozeß eines Werks bis an seinen Ursprungsort rückerschlossen werden soll. (Wie oft ist sie nicht eine Ausfertigung a posteriori!) Die Zeichnungen hingegen, die für Kramer von Bedeutung waren, sind exakte Befunde. Die ›erste Skizze‹ gibt es bei ihm nicht. Will sagen: er hat es nie für sinnvoll erachtet, sie als Bescheinigung für die Authentizität eines Entwurfsprozesses zu verwenden und für die Nachwelt aufzuheben. Dieses Fehlen bezeichnet aber, anders als man vielleicht vermuten möchte, kein Manko, sondern einen Reichtum, von dessen Größe wir bisher keine richtige Kenntnis hatten. Wo Exaktheit ohne jede Pedanterie auskommt – und dies ist nicht nur in seinen Zeichnungen der Fall, sondern ebenso in den ausgeführten Bauten und Möbeln – ist Aufmerksamkeit geboten. Wir hoffen, sie mit dieser Publikation und der damit verbundenen Ausstellung wecken und befriedigen zu können.

Im Interesse der Sache nimmt Kramer seine Person stets zurück. Dabei ist es kein Widerspruch, daß die ›Sachlichkeit‹, für die er zeitlebens eintrat, eine Haltung ist, die ihn als Person mit einschließt. Weder den Zeichnungen noch den Bauten war der Wunsch inhärent, eine persönliche Handschrift zu entwickeln. Dies hat nichts mit Bescheidenheit zu tun, sondern mit einem Selbstbewußtsein, das sich diese Haltung gestattet, weil sie mit der Gewißheit einhergeht, daß schon die Annäherung an die Sache (die Konkretisierung von etwas zuvor Unklarem) eine persönliche Leistung ist.

Zum Beispiel der Faltplan zum ›Rainbelle‹-Papierschirm: Gegeben war das Problem (aus einem Bogen recteckigen Papiers einen zusammenklappbaren Schirm zu falten); die Lösung des Problems erforderte eine beträchtliche Vorstellungskraft, worüber die Zeichnungen auf schöne Weise Auskunft geben. Immer wieder hat diese Art von Sachlichkeit bei Kramer etwas gezeitigt, das überaus selten ist: den Charme des Systematischen. Und unverkennbar bedeutete dies in Tat und Wahrheit gerade, was nicht eigentlich beabsichtigt war: eine persönliche Handschrift. Wo die Suche nach

Originalität die Regel ist, wird plötzlich zur Ausnahme, wer ihr nicht verfallen ist. Diese Dialektik kommt Kramer heute zusätzlich entgegen.

Nahezu siebzig Jahre, nachdem Ferdinand Kramer zu arbeiten begonnen hat, dürfen wir uns hier die Freiheit nehmen, weniger an der funktionalistischen Theorie interessiert zu sein, auf deren Grundlage er stand, als daran, was er daraus schöpfte. Die Zusammenhänge sollen dabei nicht geleugnet, doch an Kramers Praxis gemessen werden. Ornamentlosigkeit, Materialgerechtigkeit undsoweiter: wer heute davon spricht, wird belächelt, und zwar *auch* aus berechtigten Gründen: Was heißt Ornamentlosigkeit, wenn das applizierte Ornament fehlt, dabei aber bekanntlich nur allzuoft das Ding als Ganzes zum Ornament wird? Oder was heißt Materialgerechtigkeit, wenn die computergesteuerte Fräse oder der Klebstoff Dinge vermögen, von denen man früher nicht zu träumen wagte?
Doch dieses Buch widmet sich Kramers Werk mit der Überzeugung, daß es auf die *Plausibilität* ankommt, mit der Mittel und Methoden gewählt werden. Und daß die Plausibilität ihren Ausgangspunkt in der Frage hat, wie etwas *gemacht* werden soll, und nicht: auf welche *Wirkung* etwas angelegt werden muß.

Die syntaktische Ebene ist für Kramer stets das Fundament, aber es wäre unrichtig, daraus den Ausschluß semantischer Fragen abzuleiten. Dabei ginge etwas Grundlegendes verloren, denn gerade im Übergang vom einen ins andere liegt der ›Zauber‹ von Kramers Arbeiten. Wie ist es möglich, daß ein Entwurf (z.B. eine Werkzeichnung) so präzis, so entschieden und verbindlich wirkt und zugleich diese heitere Offenheit haben kann? Wohl nur so, daß diese Offenheit nicht besagen will: dies könnte auch anders gemacht sein, sondern: damit läßt sich dies und jenes machen. Kramer schafft stets einen Umraum um seine Entwürfe, er macht immer eine Lebensatmosphäre spürbar (nicht zwingend seine eigene); die Einsicht, daß der Entwurf für das Leben gedacht ist.

Die Zeiten sind nicht fern, als man von der Architektur forderte, sie müsse wieder ›sprechend‹ werden. Die Forderung ist berechtigt, nur ging sie (im abgekürzten Verfahren) davon aus, daß eine sich als ›funktionell‹ verstehende Architektur nicht anders als ›stumm‹ sein könne. Wie falsch! Denn Sprache ist dort, wo eine Beziehung zwischen den Dingen und unserem eigenen Leben entsteht. Dazu bedarf es nicht unbedingt des heute so verbreiteten geschwätzigen Rekurses auf die gesamte Architekturgeschichte, mit dem Architekten und Designer, vermeintlich geistreich, sich gerne in den Strom der Geschichte stellen. Dieser Anspruch (der viel mit Eitelkeit zu tun hat und – gemessen am Resultat – sich allzuoft als Hochstapelei erweist) fehlt in Kramers Arbeit vollständig.

Die Bauten der Johann-Wolfgang-Goethe-Universität in Frankfurt am Main sind selber Teil der Geschichte geworden. Ihre Kargheit ist historischen Ursprungs, begründet in der Notwendigkeit, die finanziellen Mittel, die zum Wiederaufbau zur Verfügung standen, möglichst effizient zu verwenden. Aber diese Bedingung war nur die äußere und zeitbedingte Entsprechung zur Haltung, die Kramer schon immer eingenommen hatte. Es fiel manchen schwer, diese Kargheit (die etwas anderes ist als Armut) nicht bloß als Ausdruck einer Mangelsituation zu sehen, sondern als eine eigene Qualität.
Vielleicht, weil man allmählich merkte, daß Kramer es mit ihr auch noch in den Jahren des Wirtschaftswunders ernst meinte, wurde sie für die einen zum Politikum. Ihretwegen ist Kramer manchmal scharf angegriffen worden; die Angriffe gingen soweit, den Ausbruch der Studentenrevolte 1967/68 auf die Kramer'sche ›Gefängnisarchitektur‹ zurückzuführen. Solcher Unsinn bezeichnet die Unfähigkeit, im Einfachen eine Leistung zu erblicken. Die Eleganz, die diesen Bauten bei aller Sachlichkeit eignet, wurde so kaum mehr wahrgenommen. Was besonders schlimm ist: die weite Verbreitung dieser Sichtweise nicht nur beim Laienpublikum, sondern auch in Fachkreisen.

Es scheint, daß hier ein Widerstreit verschiedener Arten von Sensiblität im Gange ist. Die vergangenen Jahre haben uns eine Fülle von architektonischem und designerischem Detailbewußtsein beschert: Wir wissen nun, wie man alles noch viel raffinierter machen kann. Doch zwischen einem erhobenen und einem eingelösten Anspruch liegt ziemlich viel; und, ermüdet vom nicht Eingelösten, erkennen wir das Subtile in Kramers scheinbarer Anspruchslosigkeit. An seiner Arbeit läßt sich ersehen, wie funktionale und architektonische Gesichtspunkte zusammengeführt, wie Formprobleme nicht zelebriert, sondern ausgeräumt oder reduziert werden auf den einfachen Nenner. Kramers ›Horror Pleni‹ läuft dem designerischen ›Horror Vacui‹ unserer Tage geradewegs zuwider: ein Affront! Solcher Lakonismus, der nicht aus der Indifferenz kommt, braucht nicht wenig Mut. Vielleicht trägt die erneute Beschäftigung mit Ferdinand Kramer dazu bei, daß dieser Mut gemehrt wird.

Dieses Buch enthält zunächst einen Aufsatzteil, in dem verschiedene Autoren Fragen beleuchten, Ferdinand Kramers Leben und Werk, seine Theorie und Praxis betreffend; die Aufsätze bilden grundsätzlich in ihrer Abfolge die Chronologie dieses Werks ab. Anschließend kommt

Ferdinand Kramer zu Wort, oder genauer: rücken eine Auswahl von Werkzeichnungen aus seiner amerikanischen Periode ins Bild, die buchstäblich ›1:1‹ von seiner Arbeitsweise Zeugnis ablegen. Deren Würdigung in der gewählten Form war uns im Sinn des oben Gesagten ein ganz besonderes Anliegen. Daran schließt ein ausgewählter und kommentierter Werkkatalog an, der die drei Hauptstationen Frankfurt 1924-1937, USA 1939-1952 und Frankfurt 1952-1974 dokumentiert. Eine ausführliche und nach derzeitigem Stand vollständige Werkliste mit Adreß- und Literaturangaben beschließt den Band.

Ich bin einigen Personen und Institutionen sehr zu Dank verpflichtet:
Zunächst dem Museum für Gestaltung in Zürich, das die Realisierung der Ausstellung und der vorliegenden Publikation ermöglicht hat; dem Deutschen Werkbund Frankfurt/M und dem Deutschen Architekturmuseum Frankfurt/M sowie dem Bauhaus Dessau, die das Projekt durch Ausstellungsübernahmen mittragen; Lore Kramer, die uns das Privatarchiv Kramer für unsere Forschung großzügig geöffnet und anvertraut hat; dem Anabas-Verlag, der die Buchproduktion engagiert und innert knapper Zeit betreute und an ihr editorisch großen Anteil nahm; schließlich Barbara Hauß-Fitton, die als wissenschaftliche Mitarbeiterin das umfangreiche Material verläßlich sichtete und deren kompetenter Rat für das Zustandekommen des Projekts von großem Wert war.

Der Dank geht auch an alle Autoren für ihre Mitarbeit, die ihnen teilweise beträchtliche Geduld abverlangte, und ebenso an die typographische Gestalterin Harriet Höppner. Auch möchte ich die Publikation nicht unerwähnt lassen, die unserer Arbeit in vielem als Grundlage gedient hat: der Ausstellungskatalog ›Ferdinand Kramer. Architektur und Design‹, erschienen 1982 aus Anlaß der Kramer-Ausstellung im Bauhaus-Archiv Berlin und herausgegeben von Jochem Jourdan. Als einen der damaligen Autoren, die von uns leider nicht berücksichtigt werden konnten, möchte ich hier besonders Gert Selle erwähnen, der darin seine Sympathie für Ferdinand Kramer nachhaltig ausgedrückt und begründet hatte.

Julius Posener

BEGEGNUNG MIT FERDINAND KRAMER

Daß ich Ferdinand Kramer spät noch kennenlernen durfte, ist einer der Glücksfälle meines Lebens. Er hat mich als Freund behandelt, zeigte mir mit Geduld und Freude jedes Möbelstück in seinem Zimmer dort in dem Hause an der Schaubstraße nahe dem Mainkai; zeigte mir auch die verwirklichten Planungen des ›Neuen Frankfurt‹, seine eigenen und die anderer. Er hat mich dann zu den Universitätsbauten geführt, die einem neueren Frankfurt angehören, dem Frankfurt nach dem Kriege. Ich weiß, daß er viel Jüngere ebenso behandelt hat; und sie haben ihn geliebt – und betrauert. Er war zugänglich, und er machte sich andere zugänglich: Als er Adolf Loos kennenlernen wollte, hat er einfach in Wien an seiner Türe geklingelt – und siehe da, es ging. Er hat dann auch über Loos geschrieben, mit Bewunderung, Wärme und – Abstand. So, meinte ich, habe ich über ihn, Ferdinand Kramer, geschrieben; und jetzt soll ich das wieder tun. Das Bauhaus-Archiv hat mir dafür den schönen Katalog von 1982 überlassen (in dem auch schon etwas von mir steht) – der Katalog sollte mir helfen, mich zu erinnern; denn gekannt habe ich ihn ja, den Freund und Meister, ich wollte mir nur einiges ins Gedächtnis rufen. Habe mir darum den Katalog gut angesehen und jede Zeile gelesen; und das Ergebnis ist, daß ich jetzt erst lerne, wer Ferdinand Kramer war – und was er für uns ist. –

Ich hatte ihn für einen von denen genommen, die meinten, wenn man sich alle Umstände, unter denen – und für die – ein Bau geplant wird, mit der nötigen Geduld zu eigen mache, dann ›ergebe‹ sich die Lösung, sei es Bau, Möbel, Siedlung, Stadtquartier. Immerhin hat er selbst das gesagt, und zwar so: »Diese Notwendigkeiten haben zwangsläufig zu dieser Architektur geführt. Die Bewohner dieser Gebäude studieren berufsmäßig die Funktionen der Organismen. Sie wissen, daß aus deren innerer Notwendigkeit die Schönheit der äußeren Formen resultieren (sic!).«

Seine eigenen Worte. – Sie hätten zu *der* Zeit, Ende der zwanziger Jahre, auch von einem anderen Architekten gesprochen sein können. Wir, die damals eben anfingen, wollten das nicht mehr hören. Wir meinten, wir haben das Gerede von der Funktion, welche die Form bestimme, durchschaut. Es sei (sagten wir) in Wahrheit um die Form gegangen, die Form und nur die Form. Und daß die Funktion sie

bestimme, *sei* eben Gerede. Einmal bin ich so weit gegangen, die Funktion einen *Vorwand* zu nennen; und so ganz weit hergeholt war selbst das nicht. Betrifft das Ferdi Kramer? Wir wollen sehen. –

***

Erinnern wir uns an die Situation, in der er aktiv wurde: der Eklektizismus des vorigen Jahrhunderts hatte sich totgelaufen. Der Versuch der Jahrhundertwende, eine bindende neue Form zu *erfinden* – mit van de Velde zu reden: »die Verzierungen und die Formen ›zu finden‹, die restlos unserer Epoche entsprechen« – war nach kurzer Erfinderfreude lächerlich geworden. Nun, so meinten Leute wie Ferdi Kramer, sollten die Forderungen der Zeit endlich laut werden, einer Zeit der Not, die dringend Abhilfe verlange. Die Wohnung rückte in den Mittelpunkt; schließlich ›die Wohnung für das Existenzminimum‹, wie eine Ausstellung 1929 genannt wurde. Ferdinand Kramer sagte: »Die Bauten der zwanziger Jahre entstanden in einer Zeit größter Not, aber voller Hoffnung auf die Zukunft.« Das hat er später gesagt, man hört, wie er sich nach eben dieser Notzeit mit der großen Hoffnung zurücksehnt. Damals sprach er von den Bedingungen, die man kennen müsse, um die Wohnung für das Existenzminimum planen zu können. Man müsse, sagte er, *alle* Bedingungen kennen. Das ist Ferdinand Kramers Grundsatz geblieben – bis ans Ende. Wenn er die Planungen für die Johann-Wolfgang-Goethe-Universität in seiner Stadt Frankfurt bespricht, geht er dem bis ins Letzte nach: Er fragt, wer von denen, die die Universität leiten, das Gesamt der Bedingungen kenne. Er läßt es übrigens zu, daß man auf gewisse Grundforderungen verzichte, damit *überhaupt* etwas gebaut werde. Ebenso plädiert er für eine grundsätzliche Vereinfachung der Bauvorgänge. Bei so reduzierten Vorgaben sollte man meinen, es seien für die Universität schematische Bauten entstanden. Wir wollen hier nur *ein* Gebäude genau ansehen: den Bau für die Hörsäle.

Ein Hörsaal hat ein hohes und ein niedriges Ende, an dem hohen Ende steht der Vortragende. Sehen Sie Kramers Schnitt an: Da werden in den verschiedenen Geschossen jeweils die hohen Enden unter – und über – die niedrigen geschoben, und schließlich paßt das Ganze in den zu bauenden Quader. Es gibt Hörsäle, die die ganze Fläche des Geschosses, und solche, die die halbe Fläche einnehmen. Die wirken vielleicht ein wenig eng, aber das hilft nichts. Keine anderen Größen! Die Hörsäle sind fensterlos, also ist der Quader geschlossen. Nur die Nottreppen am Ende des Gebäudes sind verglast und bilden ein lebhaftes Muster. Seien wir ehrlich: Wie hier die Hörsäle geschickt in den Quader gestopft werden, das ist nicht eigentlich das, was wir funktionales Planen nennen. Und das Muster der Nottreppen unter Glas ist das ebensowenig. ›Ergeben‹ (aus den Notwendigkeiten der Organismen) hat sich das *nicht.*

Werfen wir einen Blick auf einen späteren Bau der Universität, die Bibliothek (1964): Ferdinand Kramer spricht sehr genau von der Arbeitsweise in den Lesesälen, denen seine Planung genüge, und wir haben keinen Zweifel, daß es ihm damit ernst war. Die Gestalt des höheren Bauteiles mit den Büchersälen wird aber dadurch nicht bestimmt. Sie ist, man sage, was man wolle, Architektur. Architektur ist das einhellige Muster der vier Außenseiten und das Zurücktreten der Ecken, die Flächen sind vorgeschoben, die Ecken sind ›echt‹.

Architektur also, nicht Funktion? Haben wir Ferdinand Kramer als einen *Architekten* entlarvt? War die Beziehung der Bedingungen und der Funktionen zur Gestalt des Gebäudes wirklich nur ›Gerede‹? Das wird niemand sagen, der den Bau betreten hat. Es arbeitet sich ganz gewiß angenehm in diesen Räumen, niemand wird behaupten, daß die Funktion der Architektur geopfert worden wäre, wie das – sagen wir – bei Palladio so oft der Fall ist.

Nichts dergleichen. Auch hat Ferdi Kramer von der Architektur nicht *gesprochen.* Das tat man nicht in seiner Generation: man hoffte, die Funktion habe die Architektur abgelöst. Hätte man aber diesem Ferdinand Kramer auf den Kopf zugesagt, daß er Architektur mache – im Bau der Bibliothek etwa – glauben Sie, er hätte es geleugnet? Ich meine, er hätte gelacht, mehr nicht. –

Sagen wir also dies: Daß Ferdinand Kramer fest an die Grundsätze geglaubt hat, die er vertrat, die er verkündete; daß er aber gleichzeitig die Gestalt gewollt hat: nicht expressis verbis, nicht als Kunst, nicht als Überhöhung; vielmehr als ein Mittel, den Bau verständlich zu machen. Ob ihm das so bewußt war, wie ich es hier sage, das weiß ich nicht, ich möchte es bezweifeln. Er war, er fühlte sich der modernen Theorie verpflichtet. Aber er *sah* die zu planenden Dinge, und er wollte, daß andere sie sähen: Er war ein Augenmensch.

Zu Ferdinand Kramer ein paar Beobachtungen: es ist, meine ich, bezeichnend, daß er so *seßhaft* war. Ernst May hat Frankfurt verlassen und ging nach Sowjet-Rußland. Kramer blieb in Frankfurt. Es hat andere Aufforderungen gegeben, andere Lockungen. Kramer blieb. Er hat die Art der Arbeit, der er sich verpflichtet

Eröffnung der Ausstellung ›Ferdinand Kramer – Architektur & Design‹ im Bauhaus-Archiv Berlin, 9. Dezember 1982.
Von links: Ferdinand Kramer, Lore Kramer, Julius Posener, Peter Hahn

fühlte, weiter verfolgt, als die Architektur in Deutschland längst einen anderen Weg gegangen war, nennen wir ihn den Weg Schmitthenners; bis eines Tages – gegen Ende 1937! – der Präsident der Reichskammer der bildenden Künste ihm mitteilte, er habe »festgestellt, daß Sie die für die Ausübung des Berufes als Architekt« (das war sein Deutsch –) »erforderliche Zuverlässigkeit nicht besitzen.«

Es klingt so, als sei der Präsident höchst verwundert gewesen, daß es diesen Ferdinand Kramer immer noch gab: kaum zu glauben, nicht zu dulden. Nun erst packte Ferdi seinen Koffer; er ging nach Amerika. Ich erinnere mich, wie ich vor einem längeren Aufenthalt in den USA Ferdi Kramer gefragt habe, was ich unbedingt sehen müsse; und er erwiderte prompt: die Siedlungen der Shaker. Die Shaker, den Quäkern nahestehend, haben um 1800 in den USA Siedlungen gebaut, in denen ein im wahren Sinne gegenständliches Handwerk zuhause war. Ferdi hat mir die Adressen einiger Siedlungen gegeben und Bilder der Shaker-Möbel gezeigt. Ja, die waren wirklich so, wie er sagte: Man konnte einem jeden den Gebrauch ansehen; aber auch die Art, wie es gemacht wurde. Kein Wunder, daß Ferdi sie mir empfohlen hat.

Er war begeistert, daß die Firma Thonet in Wien 18.000 Stühle pro Tag herstellte: Nun endlich konnten die armen Leute Stühle haben. Behaupte ich aber zuviel, wenn ich sage, daß ein Teil seiner Begeisterung dem *Anblick* der Thonet-Stühle gegolten hat, die nicht aussehen wie Fabrikware? Man hat ja einen Gegensatz zwischen dem Massenprodukt und dem aus der Werkstatt konstruiert; übrigens erst nach dem Ersten Weltkrieg: Im alten Werkbund vor 1914 hat man sich für das schöne Handwerk begeistert – und für den schönen Betonbau der ›Jahrhunderthalle‹. Nun, Kramers eigene Möbel, besonders aus der Zeit des ›Neuen Frankfurt‹ sind immer gegenständlich, explizit, nachvollziehbar. Wenn er etwas nicht geliebt hat, so ist es die ›Zauberei‹, deren Produkte ihre Machart verschweigen. Er war ein Erfinder, gewiß. In den USA hat er ständig erfunden. Zu seinen Erfindungen gehört der Papierschirm

(USA) und der Kramer-Ofen aus der Frankfurter Zeit davor. Mag sein, er hat ein wenig gern mit Erfindungen gespielt. Und auch mit Möbeln, die man mit zwei Handgriffen verändern kann. Aber auch das hatte seinen Grund: Solche Möbel sollten den Ansprüchen derer genügen, die sich nicht für jede Verrichtung ein eigenes Möbel leisten konnten. –

***

Ferdinand Kramer hat lange genug gelebt, auch die Postmoderne noch zu sehen; er hat sich mit ihr auseinandergesetzt. In einem unveröffentlichten Manuskript des Jahres 1981 sagt er: »Grotesk aber scheint mir die Situation heute zu sein: in der im Verhältnis zur Weimarer Republik schwer reichen Bundesrepublik herrscht wiederum Wohnungsnot, und dramatisch zeichnen sich weltweit Energie- und Ökologie-Krisen, Hungersnot in der 3. Welt, politische und wirtschaftliche Spannungen ab. Dennoch versucht – unberührt von diesen alarmierenden Problemen – der ›Post-Modernismus‹ die gegenwärtige Architektur zu beherrschen. Wo bleibt unsere heutige, die Jugend überzeugende Avantgarde, die eine für unser Überleben notwendige Neuerung, eine Umwertung der Werte in ihrer Architektur verwirklicht?«

Mit dieser Frage Ferdi Kramers wollen wir schließen.

Beate Kramer

36 JAHRE MIT FERDINAND KRAMER

Ich fange mit meinem Bericht dort an, wo wir uns kennenlernten; das war in der Zeit, als Ferdinand Kramer mit seinem Studium in München fertig und schon wieder in seiner Geburtsstadt Frankfurt war. Das war 1923 oder 1924. Ich arbeitete damals bei Lilly Reich in Frankfurt. Bei ihr hatte ich in Berlin meine Lehre als Modeentwerferin gemacht, kurz nachdem sie dort einen Modesalon eröffnet hatte. Lilly Reich wurde von der Messeleitung nach Frankfurt berufen, um im ›Haus Werkbund‹ die Jury zu übernehmen. So lernte ich Ferdi kennen; denn in Kojen stellten all die Leute nebeneinander aus, die im Kunstgewerbe Deutschlands damals etwas zu bedeuten hatten. Auch Lilly Reich hatte dort ihren Stand mit Blusen und Wäsche, sehr ungewöhnliche Sachen. Sie machte sehr schöne Handarbeiten, auch Kleider; sie drapierte den Stoff an den Personen, für die die Kleider gemacht wurden. Sie war nicht eine ausgebildete Schneiderin, sondern Autodidaktin; ursprünglich war sie Architektin. Ich habe enorm viel bei ihr gelernt, vor allen Dingen das Drapieren, d.h. die Methode, die Stoffe als Meterware zu nehmen und sie direkt an der Figur darzustellen. Lilly Reich konnte dies mit großer Sicherheit.

Ich war noch sehr jung, Ferdinand immerhin fast acht Jahre älter als ich. Er kam von München, wo er bei Theodor Fischer studiert hatte. Fischer schrieb später einmal in einem Brief, Kramer sei in jener Zeit sein bei weitem begabtester Schüler gewesen. Ferdinand kam zurück nach Frankfurt am Main, um sich hier als Architekt zu betätigen. Er entwarf in dieser frühen Zeit zunächst vor allem Metallgegenstände: Kaminbestecke, Wasserkessel und

Teekannen usw. Als deren Hersteller wird Emil Graf genannt, ursprünglich ein Schlosser oder Spengler, den sich Ferdinand heranholte und im Hinblick auf die Herstellung dieser Dinge ausbildete. In diese Zeit fiel auch die erste Fassung seines Ofens. Auch er wurde zunächst von Graf hergestellt, d.h. größtenteils in Handarbeit. Später allerdings wurde er tausendfach von großen Firmen produziert. Doch wir sind noch in den frühen Jahren, etwa 1924. Wir lernten uns also im Frankfurter Atelier von Lilly Reich kennen – ich war, wie man so sagt, jung und schön, und Lilly Reich nahm mir dies auch später noch sehr übel… Sie war beträchtlich älter als Ferdinand, so um vierzig. Es gab manche privaten Kontakte unter den Ausstellern im ›Haus Werkbund‹; sie kannten sich alle. Lilly Reichs Atelier war so etwas wie ein Treffpunkt. Da war damals z.B. auch Richard Lisker, der die ersten modernen Blaudrucke machte. Das alles war vermutlich Jahre, bevor Lilly Reich mit Mies van der Rohe befreundet war.

Mies war der Architekt des Hauses in Berlin-Zehlendorf, in dem mein Onkel Eduard Fuchs lebte. Dessen Frau Grete, geborene Alsberg, war die Schwester meiner Mutter. Durch sie, die seit der Kunstschule mit Lilly Reich befreundet war, bin ich übrigens in deren Atelier gekommen. Fuchs ist berühmt geworden zunächst durch seine mehrbändige ›Illustrierte Sittengeschichte‹, durch die ›Erotische Kunst‹, später auch durch den Aufsatz von Walter Benjamin: ›Eduard Fuchs, der Sammler und Historiker‹. Fuchs hatte eine der herrlichsten Sammlungen ostasiatischer Kunst und der neueren europäischen Malerei (Renoir, Slevogt

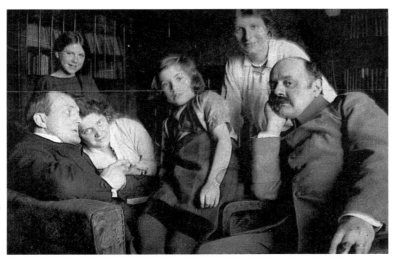

Beate Kramer-Feith in ihrem Elternhaus. Sitzend, von links: Max Beckmann, Friedel Battenberg, Beate, Ugi Battenberg. Stehend, links Eva Feith (Schwester), rechts Felicia Feith (Mutter). Aufnahme Hermann Feith (?), um 1918.

Haus mit dem Frankfurter Atelier von Lilly Reich in der Fahrgasse. Aufnahme von außen, 1924. In den Fenstern die Mitarbeiter Lilly Reichs.

und viele andere). Er war ein Süddeutscher aus Göppingen und sprach mit einem sehr starken süddeutschen Akzent – sehr klug, ohne Universitätsbildung, Autodidakt. Er lebte mit meiner Tante in diesem frühen Haus von Mies van der Rohe, ein Haus, das dieser aber immer verleugnete, da es ihm später nicht mehr modern genug schien: ein wunderschönes Haus mit einem riesigen Garten, vom berühmten Gartenarchitekten Förster angelegt. In meiner Berliner Lehrzeit hatte ich hier bei Fuchsens gewohnt, viele Monate lang.

(Von Fuchs wüßte ich eine amüsante Episode zu berichten, auch wenn sie mit Ferdinand Kramer nichts zu tun hat. Er war sehr linksgerichtet und war u.a. mit Clara Zetkin, mit Trotzki und Lenin befreundet. Lenin hatte ihn gebeten, nach Moskau zu kommen. Fuchs reiste nach Moskau, und das Taxi setzte ihn beim Kreml ab. Fuchs irrte die Kremlmauer entlang und fand den Eingang nicht, und schrie, und fluchte. Er fluchte also auf Göppingerisch; da öffnete sich ein Fensterlein, und es kam eine Stimme heraus: Ist das nicht der Genosse Fuchs aus Zehlendorf? – Es war dies Lenin, der ihn dann heraufbringen ließ! Diese Geschichte hat Eduard Fuchs mir erzählt, als ich etwa 16 war, er konnte wunderbar erzählen.)

Ferdinands Vater hatte das beste Hutgeschäft in Frankfurt. Zunächst wohnte Ferdinand bei seinen Eltern – die Mutter betete ihn an –, ich bei meinem Vater, der damals schon geschieden von meiner Mutter war. Mein Vater, Hermann Feith, war zuerst Doktor der Chemie, machte sich dann aber als Numismatiker einen Namen. Er war gut mit Max Beckmann befreundet, kaufte Beckmann öfters Zeichnungen ab. Meine Mutter war eine Schülerin von Beckmanns Freund Ugi Battenberg. Ferdinand hatte auch Interesse an der Numismatik, vor allem aber an Beckmanns Kunst. Für meinen Vater Hermann Feith konnte Ferdinand 1924 einige Möbel entwerfen und bauen lassen.

Geheiratet haben Ferdinand und ich erst im Juni 1930. Auch danach wohnten wir in der Wohnung von Ferdinand in der Oppenheimer Straße, sieben Jahre lang sogar zusammen mit seiner Mutter, deren Kochkunst er sehr schätzte. Sein Vater war da schon gestorben. Das Haus steht heute noch, wenngleich umgebaut. Unten war ein Kindergarten, hinten ein großer Garten, Richtung Main und Metzlersches Haus – ganz alte Frankfurter Tradition. Die Wohnung war nichts Außergewöhnliches. Ferdi hatte ein winziges Schlafzimmer und ein Wohnzimmer, die allerdings mit ihrer Einrichtung ganz anders aussahen als die Einrichtung seiner Mutter.

Aus Ferdinands Jugend weiß ich nicht viel. Er hatte in Frankfurt das Gymnasium besucht. Er war, so viel ich weiß, kein guter Schüler, aber ein guter Zeichner gewesen. Mit knapp 18, während des ersten Weltkrieges, wurde er eingezogen und kam geradewegs an die Front, vor Verdun. Er bekam das Eiserne Kreuz II.Klasse für ›gewaltsame Erkundigung‹… Anschließend kam er an die Ostfront. Ganz am Ende des Krieges wurde er in Nürnberg in eine Irrenanstalt gesperrt – weil man nicht mehr alle Soldaten, die ihren Offizieren einen Tritt in den Hintern versetzt hatten, erschießen konnte: und das hatte er getan. In Nürnberg war er mehrere Monate interniert.

Ich habe vieles von dem, was ich von diesen Jahren wußte, vergessen, und Ferdinand hat mir wohl vieles davon nicht erzählt. Es muß eine grausame Zeit für ihn gewesen sein. Er war damals etwa 18. Er beendete seinen Kriegsdienst mit einer Flucht über die Dächer der Kaserne in Frankfurt. Das war, als die Revolution begann. Er ging nach München und vereinigte sich dort mit zahlreichen Literaten, mit Leuten wie Wolfskehl, Ernst Toller, Eugen Claassen – der spätere Verleger – und Ricarda Huch. Er wurde ›der Rote Ferdinand‹ genannt, was darauf hindeutet, daß er der Revolution sehr nahe stand. Zeitlebens liebte er übrigens auch die Bücher von Heinrich Mann – mehr als die von Thomas Mann.

In München schrieb er sich an der Technischen Universität ein, bei Theodor Fischer. Und da kommt nun seine Bauhauszeit hinein. Er hatte vom Bauhaus gehört und wollte, ermuntert durch Fischer, gern mit einer Gruppe von

Beate Kramer in einem Fauteuil des ›Obernzenner‹-Möbelprogramms von Ferdinand Kramer, um 1927. Die Aufnahme wurde auch für das Prospektblatt verwendet. Vgl. auch den Werkkatalog. Foto P. Wolff

seinen Freunden dorthin, weil er so viel Gutes von Gropius gehört hatte. Das war kurz nach der Gründung des Bauhauses, bereits im Sommer 1919. Doch gab es am Bauhaus damals keine Architektenausbildung, und er war von dem, was er antraf, so enttäuscht, daß er nach wenigen Monaten wieder wegging. In Weimar lebten viele bedeutende Maler, er lernte dort z.B. Kokoschka kennen, am Bauhaus natürlich auch Klee, Kandinsky und Feininger, und aus dieser kurzen Zeit ergaben sich langwährende Freundschaften, so etwa mit Gerhard Marcks und Willi Baumeister.

Zurück in München, muß das Studium bei Theodor Fischer ihm viel Freude gemacht haben. Bei Fischer machte er sein Diplom. In München lernte er auch den Baron von Waldhausen kennen, der ihn aufforderte, Möbel für sein Haus zu machen. Mit dem Baron war Ferdinand sehr befreundet. Daß ein Einstehen für die Räterepublik freundschaftliche Beziehungen zu einem Baron nicht ausschloß, mag verwundern. Aber es war bei Ferdi so.

In Frankfurt, als wir uns bereits kannten, entwarf Ferdinand dann eine ganze Reihe von Typenmöbeln. Auftraggeber war die Hausrat GmbH, eine Vertriebsstelle, die für erwerbslose Tischler Arbeit beschaffte. Wenn ich mich nicht irre, stammte die Idee zur Gründung dieser Gruppe von Ferdinand. Er beteiligte sich an einem öffentlichen Wettbewerb für diese Typenmöbel und erhielt den ersten Preis. Ein Frankfurter Warenhaus – kein sehr bedeutendes – übernahm den Verkauf. Dieses Möbelprogramm war dann auch ziemlich erfolgreich.

Dann kam bald die Zusammenarbeit mit Ernst May. Wie sie sich kennengelernt haben, das weiß ich nicht. In einem Buch, das vor einigen Jahren in der DDR herauskam (›Das Neue Frankfurt‹, hrsg. von Heinz Hirdina) steht, May sei von Ferdinands ›Hapag‹-Reisebüro in der Kaiserstraße und besonders von der darin aufgehängten ziffernlosen Uhr begeistert gewesen und habe Ferdinand Kramer darauf ans Hochbauamt der Stadt Frankfurt geholt. Das mag durchaus sein.

May war damals, 1925, gerade zum Stadtbaumeister ernannt worden; er war sehr begabt, aber keineswegs so fortschrittlich wie der Ferdi, er erkannte Ferdis Qualitäten und übergab ihm dann diese großen Sachen, wie z.B. Westhausen. Unabhängig von seiner Anstellung beim Hochbauamt entwickelte Kramer seinen Ofen weiter. Dieser wurde erst so erfolgreich, als die Firma Buderus in Hirzenhain plötzlich tausende dieser Öfen für die Ausstattung der neuen Siedlungen brauchte. Es war 1925/26; ich habe die politische Situation nicht mehr genau im Kopf; jedenfalls kamen

damals Ströme von Menschen aus dem östlichen Teil des Reiches in den Westen, auch nach Frankfurt, die hier untergebracht werden mußten. Da wurden diese Siedlungen gebaut, welche nicht mehr mit diesen monströsen Möbeln ausgestattet werden konnten, die man bis dahin gehabt hatte. Dazu waren diese Wohnungen zu klein. Die Zimmeröfen waren bis dahin groß und – wie Ferdinand sagte – »mit Wotan verziert« gewesen. Nun wurden sie klein und leistungsfähig. – Jedes Stück von den Sachen, die Ferdinand Kramer damals gemacht hat, gilt heute noch, bei allem habe ich auch heute noch das Gefühl: So ist's richtig! – Dann hat er die städtischen Kindergärten eingerichtet. Deren Möbel waren hellgrau mit weiß; nicht gebrochen weiß, sondern weiß. Er haßte die Farbe beige, das war eine ausgesprochene Idiosynkrasie für ihn. Wenn die Leute, was damals Mode war, die Wände beige strichen, fand er dies besonders geschmacklos. Er machte alles weiß, auch die Decken. Ich fand das damals sehr schön. – Dann hat er ja auch die Türklinken gemacht, weil die bis dahin üblichen für ihn sehr unpraktisch und häßlich waren. Diese Beschläge waren für ihn sehr wichtig.

Bei diesen Möbeln fällt auf, wie stark sie sich von den ungefähr zeitgleichen Möbeln des Bauhauses unterscheiden, etwa von Breuer oder Albers, die ja maßgeblich vom ›Stijl‹ beeinflußt waren. Doch es ging in Frankfurt darum, Möbel zu schaffen, die in diese kleinen Wohnungen paßten, das war die Hauptsache. – Ich selbst wußte nicht, wer Breuer ist; ich kannte seine Arbeiten nicht. Damals gab es ja sonst fast nur Scheußlichkeiten. Wenn ich an unsere Elternhäuser denke...! Ferdinand Kramers Ausstattungsstücke gehörten in Frankfurt zu den ersten modernen Möbeln.

Adolf Loos' Arbeiten hat er schon früh gekannt. Die Freundschaft oder Bekanntschaft mit Loos war später; vermutlich erst, als Loos nach Frankfurt kam. Von diesem Besuch im November 1929 existiert ja eine Fotografie. Ich selber habe Loos nicht kennengelernt. Überhaupt muß ich sagen, daß Ferdinand Kramer damals eine ziemlich weitgehende Trennung zwischen seiner Arbeit und seinem Privatleben machte, obwohl er wußte, daß es mich interessierte, was er tat. Deswegen habe ich auch Ernst May nur flüchtig gekannt. – Wir waren ja noch sehr jung. Und May ging dann ziemlich bald (1930) in die Sowjetunion; er wollte auch, daß Kramer mitginge, aber Ferdi wollte dies nicht. Mart Stam, einer von denen, welche mit May weggingen, kannte ich etwas, wie auch Werner M. Moser aus Zürich, mit denen zusammen Ferdinand das Budgeheim entwarf und baute. Ich darf hingegen sagen, daß dafür, daß Ferdinand mit den Leuten vom Institut für Sozialforschung bekannt wurde, meine verwandtschaftliche Beziehung zu Fuchsens der Anlaß war. Zwar besuchten Ferdi und Theodor W. Adorno dieselbe Schule in Frankfurt, aber Adorno war fünf Jahre jünger; die beiden kannten sich schwerlich von dort.

Eduard Fuchs war eng verbunden mit dem Institut für Sozialforschung. Das Institut war eine private Gründung, es war damals noch nicht Teil der Universität. Gegründet wurde es übrigens von Professor Grünfeld; die Behauptung von Horkheimer, daß er es gegründet habe, stimmt nicht. Eduard Fuchs kannte Adorno, Horkheimer, Pollock, Wittvogel, Grünfeld, auch Leo Löwenthal, für den Ferdi eine Wohnung einrichtete.

Kurz nach unserer Heirat entschied ich mich, das Abitur nachzuholen (ein Mädchengymnasium gab es damals noch nicht). Leo Löwenthal gab mir damals Privatunterricht in Literatur und Geschichte. Ihn, der sehr begabt war, habe ich sehr geschätzt. Doch ich wurde, nach dem 30. Januar 1933, nicht mehr zur Prüfung zugelassen.

Fuchs emigrierte nach 1933 nach Paris, wo er 1940 starb, die andern gingen nach Amerika, und mit ihnen das ganze Institut.

Und unser Exil: Wenn man es genau betrachtet, war das Ganze anfänglich eine Leidensgeschichte. Ferdinand wollte erst überhaupt nicht nach Amerika. Er hätte sehr gerne in Europa weitergearbeitet. Er fing an, sehr bekannt zu werden. Nach 1933 wurde es für uns auf verschiedene Weise schlimm. Ich war nun als Jüdin (wenn auch nur meiner Herkunft nach) gefährdet. Und Ferdi hatte als Architekt nun Schwierigkeiten; natürlich haßte er auch die Nazis. Ich sprach damals mit einem befreundeten Bankier, er hieß Heidingsfelder; denn ich hatte Angst um Ferdi. Er war so, daß, wenn jemand mich angegriffen hätte, er sofort seinerseits höchst aggressiv geworden wäre. Ich litt Qualen in dieser Zeit, spätestens 1937 durfte ich nicht mehr zur Türe gehen; es war schlimm. So konnte es nicht weitergehen. Meine Großmutter väterlicherseits war in Amerika geboren, und so korrespondierte ich mit meinen Verwandten in den Vereinigten Staaten und entschied mich, nach Amerika zu gehen, und zwar, da Ferdinand diesen Entschluß noch nicht getroffen hatte, eben alleine. Dazu brauchte es ein ›Affidavit‹, das ich dank meiner sehr wohlhabenden Verwandten erhielt. Diese Belege wurden von ihnen in ungeheurer Höhe hinterlegt. Sie garantierten für mich und für Ferdi, denn ich hatte darum gebeten, daß dies auch für ihn geschehe. Er wäre sonst nicht herausgekommen. Wir mußten beim amerikanischen Konsulat in Stuttgart einen ziemlich rigorosen

Test bestehen. Ferdinand kam sehr widerwillig mit, übrigens gleichzeitig wie Frau Professor Swarzenski, die Gattin des Leiters des ›Städel‹ in Frankfurt. Diese Befragungen waren sehr unangenehm. Es gab sinnlose Fragen wie: Haben Sie die Absicht, den Präsidenten der Vereinigten Staaten zu ermorden? usw. Ferdinand war dabei sehr aggressiv, aber trotz solchen Blödsinns machte er mit. So kriegte auch er das US-Visum. Das rettete sein Leben. Er hatte damals ja erstens Berufsverbot in Deutschland – sowohl als Ehemann einer ›Nichtarierin‹ wie auch wegen seiner architektonischen und kulturellen Überzeugungen. Man forderte ihn auf, sich von mir scheiden zu lassen, was er verweigerte. Er benahm sich hervorragend. Gleichzeitig verbot man ihm, zu arbeiten, und seine Arbeiten wurden in einer Ausstellung als ›entartete‹ Architektur geschmäht.

Schon vor dem Krieg baute er neben den Siedlungen in erster Linie kleinere Privathäuser, übrigens immer unter großen Schwierigkeiten. Er mußte immerzu in die Landeshauptstadt Wiesbaden rennen und hat dauernd vor dem Regierungspräsidenten auf den Knien gelegen, um nachzuweisen, daß das, was er wollte, nicht abscheulich sei... Nun war auch dies nicht mehr möglich. Aber entscheidend für sein Exil war dann, daß er den Stellungsbefehl von der Wehrmacht erhielt. Da er im ersten Weltkrieg die fürchterlichsten Sachen erlebt hatte, konnte er sich dies nicht nochmals antun. Ich war schon in USA, übrigens völlig alleine hinübergefahren, und da kam er wenige Monate später nachgereist. Nicht gerne, ich weiß. Ich war im Januar 1938 in Amerika angekommen und hätte fast den Boden geküßt. Der Ferdinand kam im März, an Bord der berühmten ›Champlaine‹, in einem piekfeinen Massanzug, mit den schönsten Koffern und Sachen, die man sich denken kann, der ›kleine‹ Mercedes-Wagen im Schiffsbauch verstaut (es war übrigens der Wagen von uns beiden, den ich jeweils fuhr; er hatte zwar im ersten Krieg Lastwagen gefahren, hatte aber damals noch nicht den Führerschein für Personenwagen). Ferdi trat aus dem Schiff, guckte sich um und sagte: Dafür bin ich nicht geboren! Das ist mir unvergeßlich. (Später allerdings sagte er stets, daß Amerika ihm das Leben gerettet habe. Er ist den Nazis wohl gerade noch entwischt.)

Es wurde einer der heißesten Sommer in den Vereinigten Staaten. In den Wochen, als ich noch alleine drüben war, hatte ich eine ›Sublet‹-Wohnung gemietet, Untermiete, im Haus, wo meine Kusine lebte; ich hatte sie mit primitiven Betten und Schränkchen, einem Kartentisch und vier Stühlen ausgestattet – das war alles. Ich fand es wunderbar; Ferdi überhaupt nicht. Er war ja immer sehr anspruchsvoll. In diesem heißen Sommer verbrachte er manchmal fast den ganzen Tag in der kühlen Badewanne. Ich ging frühmorgens zur Arbeit und kam abends erst nach Hause. Die ersten zwei Monate arbeitete ich bei einer Schneiderin in New York City. Das war fürchterlich; ich mußte in einem Hinterzimmer mit zehn anderen zusammen Samtblumen auf Riesenröcken applizieren usw. Ich kriegte neunzehn Dollar in der Woche. Da ich als letzte eingetreten war, wurde ich im Frühsommer als erste hinausgeworfen; das ist üblich in Amerika. Glücklicherweise hatte ich den Chef von McCalls, einem großen Verlag, kennengelernt. Er hieß Francis (Franz) Hutter und stammte aus Wien. Wir verstanden uns sogleich, er fragte mich, ob ich das Metier gelernt hätte, ich erzählte ihm meinen Werdegang. Der Verlag führte eine Abteilung für Schnittmuster, was in Amerika ein Riesenmarkt war. McCalls war der größte von allen. Ich entwarf Schnittmuster, die größtenteils aus Geraden bestanden, denn es galt, dem Publikum die Angst vor Fehlern zu nehmen. Ich hatte Spaß an dieser Arbeit. Dort arbeitete ich fünf Jahre, nun für 30 Dollar. Das reichte für uns beide.

Nach der ersten Zeit kriegte auch Ferdinand seine ersten Jobs, aber mit Komplikationen. Ein Verwandter, ein Vetter meines Vaters, hatte eine große Fabrik für Dachbedeckungen. Er gab Ferdinand einen Stoß Briefe an Baugesellschaften mit. Zwei oder drei von denen besuchte Ferdi, und er sagte den Verantwortlichen, was sie alles falsch machten. Natürlich wurde er höflich verabschiedet; am Abend jenes Tages warf er die restlichen Briefe in den Abfall. Er hatte das Gefühl, daß die Leute ihn überhaupt nicht verstünden. In Frankfurt war er jemand gewesen, in den USA kannte ihn natürlich niemand. Das verletzte ihn. Unter den Bauvorhaben, die in all diesen Briefen angesprochen waren, wären wirklich große Projekte gewesen. – Dann kam eine kurze Zeit im Atelier des berühmten Industrial Designers Norman Bel Geddes.

Bel Geddes hatte damals den Auftrag, für das ›Futurama‹ an der New Yorker Weltausstellung 1939 die ›City of Tomorrow‹ zu bauen – ein phantastisch aufwendiges Modell einer Stadt der Zukunft mit Wolkenkratzern, Straßen auf mehreren Ebenen und Modell-Fahrzeugen, die sich tatsächlich auf laufenden Bändern bewegten. Ferdinand hat für dieses immense Modell als einer von -zig Mitarbeitern die Brücken gebaut. Mehr weiß ich davon nicht. Ich war ja selbst neun Stunden am Tag in meinem Arbeitsbetrieb und mußte dann noch mit der Subway nach Hause fahren, um einzukaufen und zu kochen. Es war kein leichtes Leben… Eine Begebenheit ist mir jedoch in Erinnerung geblieben. In der Zeit, als Ferdinand bei Bel Geddes arbeitete, sprachen bei seinem Arbeitstisch zwei Kollegen miteinander. Der eine setzte sich dabei auf Ferdis Tischkante, wurde aber von diesem unwillig weggescheucht. Später wurde Ferdi gefragt, ob er wisse, wer dieser Mann gewesen sei; er wußte es nicht. Es war Bel Geddes selbst gewesen! – Wie Ferdinand überhaupt zu Bel Geddes kam, das weiß ich nicht mehr. Er blieb nicht lange dort. Er war natürlich stolz und empfand die Nichtachtung, die man ihm entgegenbrachte, sehr stark. Er war der große Kramer (und der war er ja in Frankfurt gewesen); und das konnte er nicht ertragen.

Jacobs, von dem weiß ich noch. Robert Allen Jacobs war ein Bekannter, den er durch Le Corbusier kennengelernt hatte, ein Architekt bei Le Corbusier in Paris. Als Ferdinand bei Bel Geddes wegging, engagierte ihn Jacobs, der nun auch wieder in USA lebte. Jacobs' Schwiegervater war der Besitzer von Benson & Hedges, des großen Tabak-Konzerns. Durch seine Arbeit im Büro von Kahn & Jacobs hatte nun Kramer etwas mehr Rückhalt. Aber auch hier hielt er mit seiner Kritik an der Arbeit des Büros nicht zurück, bis man ihn hinausschmiß; er bezeichnete es als Unsinn, an einem Tag modern und am nächsten Tag gotische Kathedralen zu bauen.

Ferdinand Kramer: Blick von der Brooklyn-Bridge nach Manhattan, New York. Fotografie, um 1940.

Ferdinand Kramer: ›It's Fun to Make a Dress‹, Umschlagentwurf zu einer geplanten Publikation von Beate Kramer, 1942.

Einige Arbeit gab Ferdinand dann die Verwertung eines großen Grundstücks, das dem Institut für Sozialforschung gehörte, Greyrock Park am Long Island Sound. Dessen früherer Besitzer war der Eisenbahnkönig Gould gewesen. Ferdinand Kramer baute hier etwa 30 Häuser für wohlhabende Amerikaner. Die Häuser bestanden aus Holz und waren traditionell-amerikanisch, also mit Steildächern und einer überdachten ›Terrace‹. Es war eine Brotarbeit, aber keine, bei der er sich hätte verleugnen müssen. Den Auftrag hatte er von Max Horkheimer erhalten. Leo Löwenthal lebte im Portierhaus, wir selber im ›Caretaker‹-Haus auf demselben Anwesen, einem vielleicht 200 Jahre alten Gebäude. Wir hatten beide unsere Arbeitszimmer. Einmal trafen wir uns, Ferdinand und ich, auf dem Treppenvorplatz und sahen zu unserem Erstaunen, daß wir beide uns unabhängig voneinander soeben mit dem Kreis beschäftigt hatten; er hatte einen Sperrholztisch gezeichnet und ich ein Kleidungsstück, kreisrund geschnitten, bei dem die Abschnitte für die Ärmel verwendet wurden, also ohne Abfälle. Die Zeitschrift ›Look‹ hat 1951 unter dem Titel ›Designing Couple Cut Corners‹ eine Bildreportage darüber veröffentlicht. Fleur Cowles, die Frau des Herausgebers von ›Look‹, war mit Ferdinand befreundet. ›Look‹ erschien erstmals etwa 1936 oder 1937 und war ein Konkurrenzprodukt von ›Life‹. Auch Ferdinands Papierschirm ›Rainbelle‹ wurde in ›Look‹ veröffentlicht. In dieser Zeit arbeiteten wir intensiv zusammen. Ferdinand fertigte übrigens auch zahlreiche Zeichnungen von meinen Kleidungsstücken an und fand sie alle wunderbar. (Als er dann Ende der fünfziger Jahre Lore kennenlernte, war dies sehr schwer für mich. Alles, was sie tat, war nun wunderbar, und meine Sachen galten nichts mehr...)

Überhaupt hatte nach den ersten schwierigen Jahren in Amerika Ferdinand einigen Erfolg, wenn auch dieser Erfolg nicht kommerziell war. Er war jedenfalls sehr produktiv und entwarf eine große Zahl von Möbeln und Einrichtungsgegenständen, über die in den Zeitschriften berichtet wurde. Ein Teil davon wurde wirklich in großen Serien hergestellt, z.B. die ›Knock-Down‹-Möbel. Trotzdem wurden sie kein dauerhafter Erfolg, denn Ferdis Grund-Überlegung traf nicht zu: Er dachte, wenn die Leute innerhalb des Kontinents umziehen, z.B. von Ohio nach Arizona, dann würden sie die Möbel zu Paketen zusammengelegt hinüberschicken. Das taten sie aber nicht. Stattdessen verkauften sie die Sachen und kauften sich neue. Die Idee erwies sich also eigentlich als Mißerfolg, so schön sie auch war. Etwas anders war es um 1950 mit dem Papierschirm ›Rainbelle‹. Er war tatsächlich ein Verkaufserfolg. Aber um wirklich kostengünstig produzieren zu können, hätte es einer Maschinen-Investition von einer

zusätzlichen Million Dollar bedurft, und dies konnte der Fabrikant, Fred Oppenheimer, sich nicht leisten. Man muß wissen, daß der amerikanische Publikumsgeschmack auch sehr launisch sein und sich von einer Minute auf die andere ändern konnte.

Etwas früher, seit etwa 1943, arbeitete ich in einem sehr guten und bekannten Warenhaus: bei Bloomingdale's an der East Side. Ich machte zunächst Dekorationen (Drapings an Puppen usw.) für die Firma, die Teil der ›American Merchandising Corp.‹ war. Vor allem war ich als ›Stylist‹ – das war mein Titel – Einkäuferin für Stoffe.

Ferdinand war in die ›American Merchandising Corp.‹ durch einen mit uns befreundeten Bankier, Paul Mazur, eingeführt worden. Mazur hatte eine Versuchsfarm in New Yersey, die der Cornell Universität angegliedert war. Er besaß eine große Zucht von weißen Truthähnen, und Ferdi baute ihm ein Räucherhaus. ›Smoked turkey‹ war eine Neuheit auf dem amerikanischen Markt und wurde ein großer Erfolg in den Delikateßgeschäften. Aus dieser Zusammenarbeit mit Mazur entwickelte sich dann die Arbeit mit der ›American Merchandising Corp.‹ über Verkaufsprobleme: wie man Ware an das Publikum heranbringt. Damals war es ja üblich, daß im Laden Theken standen und dahinter die Schränke. Wollte man z.B. einen Sweater haben, gingen die Verkäuferinnen hinter den Verkaufstisch zum Schrank, öffneten diesen, entnahmen ihm die Sachen und brachten sie nach vorne auf die Theke. Ferdi sagte, daß dies falsch sei, daß die Leute selber an die Sachen herankommen müßten. Er stellte sein Projekt der Top-Direktion in der Corporation vor, und so probierte man es da und dort aus, so auch bei Bloomingdale's. Aber es wurde nicht definitiv eingeführt. Ebenfalls in Zusammenhang mit Mazur entstanden auch die zahlreichen Entwürfe für Laden-Display-Systeme, die dann auch z.T. realisiert wurden, z.B. für ›Aldens‹. Bei ›Aldens‹ gab es eine Filiale, die nach Ferdinands Ideen eingerichtet wurde, in Kankakee bei Chicago. Das ›Aldens‹-Stammhaus war in Chicago, die Firma hat übrigens nichts mit ›Alden Estates‹ zu tun. – Sehr vieles von all dem habe ich leider vergessen. Damals war das für mich gar nicht so wichtig.

Ferdinand fuhr 1952 zurück nach Deutschland, ich 1953. Für mich war es nicht leicht, meinen guten Freundeskreis zurückzulassen. Doch verstand ich, daß Ferdi das Amt des Frankfurter Universitätsbaudirektors annahm. Wie es soweit kam, dazu gibt es übrigens zwei Versionen. Ferdi erzählte, er habe in der Grand Central Station in New York Horkheimer getroffen, der damals in Columbia lehrte und als neuer Rektor der Frankfurter Universität

BEAUTIFUL example of two minds that work as one is seen at a glance below. Working independently in separate studios, designer Beatrice Kramer and architect-husband Ferdinand Kramer came up with the same basic idea for making a coat and table. Both reduced the problem to cooky-cutter simplicity, used cutaway corners to supplement circles. The table will be in stores soon. The coat can be made from a LOOK pattern that lends itself to innumerable interpretations—three shown on following pages.

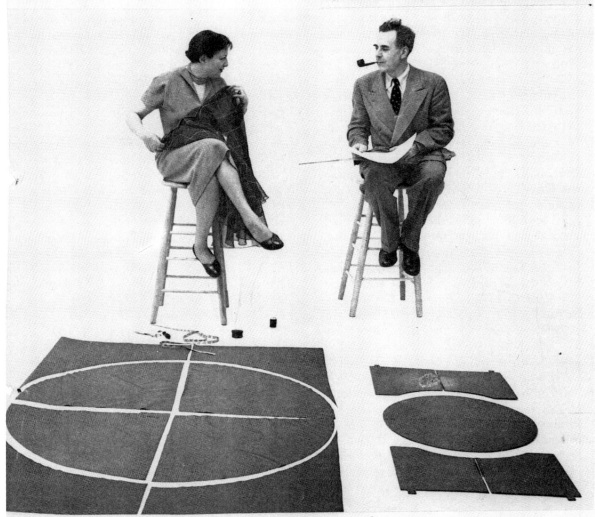

Working separately, wife cuts coat from silk, husband cuts table from wood.

Designing couple cut corners

Corners make sleeves of Botany wool coat or legs of birch plywood table.

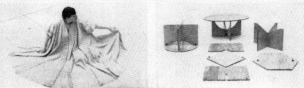

designiert war. Horkheimer habe ihm gesagt: Was wollen Sie hier noch, kommen Sie mit mir nach Frankfurt, die Universität liegt in Schutt und Asche, bauen Sie sie wieder auf! Die zweite Version stammt von Frieder Rau, dem damaligen Kurator der Universität: es sei schwierig gewesen, Horkheimer für Kramers Anstellung zu gewinnen. Das kann ich mir eher vorstellen; wir hatten zu Adorno ein engeres Verhältnis als zu Horkheimer. Wir lebten dann bis zu unserer Trennung in einer Wohnung mitten im Universitätsgelände, im Dachge-

›Designing Couple Cut Corners‹. Reportage über Beate und Ferdinand Kramer in der Illustrierten ›Look‹, 1951.

schoß gegenüber der Senckenberg'schen Sammlung, neben einigen Appartements, die Ferdi für Gastprofessoren eingerichtet hatte. Eine Episode ist mir vom Wiederaufbau der Universität in besonderer Erinnerung geblieben. Ziemlich zu Beginn vergrößerte Ferdinand den Haupteingang des Altbaus, da der alte bei aller Monumentalität zu schmal war. Dazu mußte er das Portal mit einigen Göttinnen aus Stein wegschlagen. In einem Leserbrief sprach ein aufgebrachter Bürger vom ›Banausentum‹ Kramers. Ferdi packte darauf einen Göttinnen-Fuß in eine Schachtel und schickte diese dem Leser mit den Worten: »Dem Empörten zum Troste. Der Barbar«. Dies ist eine typische ›Kramerelle‹, wie wir diese Mischung von witzigem, intelligentem und oft auch etwas arrogantem Verhalten nannten.

Nach meiner Trennung von Ferdinand Kramer, etwa 1958, fuhr ich weg von Frankfurt und wohnte eine zeitlang bei einer Schweizer Freundin in Basel, Elsi Gerold, der Frau des Chefredakteurs der Frankfurter Rundschau, Karl Gerold. Es war übrigens eine sehr schlimme Zeit, die Aera McCarthy in den USA – um meine US-Citizenship behalten zu können, mußte ich immer wieder für einige Monate in den USA leben, ohne daß ich dort noch verwurzelt gewesen wäre, und aus der Schweiz konnte ich nur gelegentlich nach Deutschland. Dies änderte sich erst dank dem ›Supreme Court‹ unter Präsident Kennedy, der jenes Gesetz aus der Aera McCarthy als verfassungswidrig erklärte.

Dieses Haus, wo ich jetzt lebe, habe ich 1958 erstmals gesehen. Seit 1960 lebe ich hier auf der Schweizer Seite des Rheins. In der unmittelbaren Umgebung übrigens war Karl Gerold, der Sozialist war, während der Nazizeit herübergeschwommen, um sich zu retten. Das Haus ist mindestens 200 Jahre alt und lag, bevor der Rhein hier befestigt wurde, direkt am Wasser; es war ein Flößer-, Schiffer- oder Fischerhaus, bei dem man die Boote ins

Untergeschoß hineinziehen konnte. Ich war entzückt von diesem Haus und rief sofort Ferdi in Frankfurt an. Er kam, sah es sich an und fragte mich: Wofür willst Du denn dieses Bahnwärterhaus kaufen? Doch ich kaufte es, und Ferdi machte die Pläne für den Umbau. Später gefiel es ihm dann auch sehr gut. Ich habe den Kauf nie bereut, wenn ich auch allein hier leben mußte. – Es gibt in der Schweiz übrigens noch einen weiteren ›Kramer‹-Bau, das Haus von Karl und Elsi Gerold im Tessin, in Astano bei Lugano. Es gehört jetzt, so viel ich weiß, der Frankfurter Rundschau. Mein Haus hat er sehr geschickt umgebaut, wenn ich mich in der Gegend umblicke und sehe, was da sonst noch so steht. Gekonnt hat er was. Viel.

1 Dieser Beitrag entstand nach Tonbandaufzeichnungen und Notizen in einer Reihe von vier Gesprächen, die Beate Kramer im Zeitraum Juni 1990 bis März 1991 mit Claude Lichtenstein führte. Der Text ist von Beate Kramer autorisiert.

Das Haus von Beate Kramer, Wallbach, Kt. Aargau/Schweiz. 1960 durch Ferdinand Kramer umgebaut. Außen- und Innenaufnahme 1991.

Karl-Heinz Hüter

FERDINAND KRAMERS ENTWURFSHALTUNG

im Umfeld der zwanziger Jahre

Vielleicht wäre für denjenigen, der sich in der Sache auskennt, die Frage nach Ferdinand Kramers Entwurfshaltung mit dem Hinweis auf die Thonet-Stühle hinreichend beantwortet. Es dürfte sich schwerlich ein anderes Produkt finden lassen, das seinem Entwurfsideal so nahe kommt wie die leichten Stühle des Michael Thonet. Was ihn daran faszinierte, war die schlüssige Ableitung ihrer Formen aus dem industrialisierten Fertigungsverfahren, nämlich Holz unter Dampf zu biegen, wobei die natürliche konstruktive Kraft der Fasern erhalten blieb. Er hat nicht nur über Thonet geschrieben und neben Adolf Loos und Le Corbusier wesentlich zur ästhetischen Aufwertung dieser Stühle im Zusammenhang mit dem Neuen Wohnen beigetragen, sondern er hat auch die Zusammenarbeit mit dem Werk gesucht. Von 1927 an produzierte Thonet nach Kramers Entwurf einen robusten Stuhl mit Sattelsitz für das Berufspädagogische Institut der Stadt Frankfurt, einen Bücherschrank mit Glasschiebetüren und eine kombinierbare Schrankwand.

Im Unterschied zu den Problematikern unter den Künstlern der zwanziger Jahre, die neue Körper- und Raumvorstellungen im Bild vorzuklären suchten – man denke nur an De Stijl, Bauhaus, aber auch El Lissitzky oder Le Corbusier – war Kramer an Formproblemen an sich wenig interessiert. Form war für ihn immer handfeste Formung von Gegenständlichem als »Zusammenfassung von Zweck, Material und Arbeit« (Kramer). Seine Gestaltungsstrategie ging vom Zweck und der erwarteten Leistung eines Gegenstandes aus. Diese suchte er mit einfachsten, aus der Fertigung entwickelten Details bei geringsten Kosten für den Verbraucher zu erfüllen. Vor allem aber implizierte Gestaltung bei ihm immer auch das erfinderische Element und die Art und Weise der Fertigung. Raumersparnis war ein Grundanliegen. Ein schmaler Tisch konnte zum Eßtisch aufgefaltet, ein Hocker zum Beistelltisch verwandelt, der Servierwagen zusammengeklappt und weggestellt werden. In Amerika entwickelte er 1942 die sogenannten K.D. = ›Knock Down‹ Möbel als montier- und demontierbare Kombinationsmöbel. Es gibt zahlreiche Klappstühle und faltbare Liegen und Tische aus seiner Hand. Er sucht die Mobilität, sowohl die erzwungene bei proletarischen Schichten als auch die erwünschte des ›American way of life‹ durch eine ausschließlich am Gebrauch orientierte Produktpalette zu bedienen. Der Begriff ›Möbelingenieur‹, den er 1930 im Titel eines Aufsatzes verwendete,[1] entsprang seinem Selbstverständnis. Damit war er ein entschiedener Funktionalist. Doch scheut man sich, diesen geschliffenen Begriff auf sein Schaffen zu beziehen. Prononciert gebrauchte er selbst ihn erst, als es galt, die mit dem Funktionalismus verbundene Entwurfs-, Wohn- und Lebenshaltung gegen die Angriffe eines neuen Irrationalismus zu verteidigen.[2]

Kramer verkörperte mit seinem Schaffen am überzeugendsten den Fortbestand einer sachlichen Werkhaltung, wie sie bei dem schöpferischen Handwerk vergangener Jahrhunderte zu finden war. Er hat diese werkmännische Gesinnung ins industrielle Design hinübergeführt. Solche Haltung läßt sich zum Teil aus biographischen Tatsachen erklären. Das prägende Erlebnis seiner Kindheit war die Arbeitsweise auf der kleinen Schiffswerft seines Großvaters in Frankfurt-Niederrad gewesen: die Selbstverständlichkeit, mit der dort das Tagwerk ablief und mit der die kleinen Tricks und Erfindungen zur Erleichterung der Arbeit und zur Verbesserung des Werkstücks eingebracht wurden.

Als Student der Architektur fand er zu dem Lehrer, der am wenigsten klassischen Normen folgte, der am meisten usprünglich empfand und entwarf, Theodor Fischer in München. Da sich jedoch der übrige Lehrbetrieb an der Hochschule noch immer mit dem Ballast der Stillehre hinquälte, drängte es Kramer fort. Theodor Fischer empfahl ihm, zum Bauhaus zu gehen. Das war 1919, in der schwierigen Anfangsphase dieser Schule. Die Baulehre, die Gropius als Krönung der integralen handwerklich-künstlerischen Ausbildung proklamiert hatte, fand nur in einem äußerst dürftigen Rahmen statt. Gropius hatte sie mangels eigener Mittel und Lehrkräfte an die benachbarte Baugewerkschule delegiert. Dies konnte Kramer nicht genügen. Man darf auch bezweifeln, ob er die obligatorische Vor- und Formenlehre bei Itten ohne Rebellion durchgestanden hätte. Die handwerkliche Fundierung der Lehre, die ihm gemäß gewesen wäre, steckte ebenfalls noch in den Anfängen. So kehrte er nach München zurück.

Dennoch verlief Kramers Entwicklung in den folgenden Jahren in bemerkenswerter Übereinstimmung mit der des Bauhauses. Was dort im Ergebnis eines weltanschaulich untersetzten kollektiven Schöpfungsaktes hervorgebracht wurde, entstand bei ihm in beinahe naiver pfiffiger Werkmannsarbeit.

Auf der Werkbundausstellung ›Die Form‹ in Stuttgart 1924 wurden Kramers Arbeiten das erste Mal neben denen des Bauhauses und übrigens auch neben reinen Industrieprodukten

20

wie Glaskolben aus Jenaer Glas, Bosch-Kraft-fahrzeugzündern und Kochtöpfen der Württem-bergischen Metallwarenfabrik gezeigt. Kramer stellte die kleinen Schränkchen und Kästchen aus edlen Hölzern und die Kannen und Kessel aus Messing und Kupfer aus, die er als arbeits-loser Diplomingenieur bei einem Tischler angefertigt und bei einem Schlosser geschmie-det hatte. In Ausstellungskritiken fanden diese Stücke eine ähnlich starke Beachtung wie die Werkstättenarbeiten des Bauhauses.

Der Erfolg wurde für ihn der Schlüssel zu seiner weiteren Laufbahn als Produkt- und Ausstel-lungsgestalter und schließlich auch als Archi-tekt. Deshalb ist es aufschlußreich, die Intentio-nen dieser Ausstellung genauer zu betrachten. Ihr Titel ›Die Form‹ meinte die ›reine Form‹. Sie war seit einem Vierteljahrhundert gestalteri-sches Ziel führender Werkkünstler gewesen. Schon 1903 hatte Hermann Muthesius in seiner Programmschrift ›Stilarchitektur und Baukunst‹ erklärt, daß das Ergebnis der Maschine nur »die ungeschmückte Sachform sein« könne,[3] und van de Velde sehnte sich nach Gegenstän-den, »die in wundervoller Nacktheit emporstei-gen (werden) aus der abgelegten Hülle der Sentimentalität.«[4]

Für den Titel des nachträglich erschienenen Buches zur Ausstellung war ein Begriff von Muthesius entliehen worden: ›Die Form ohne Ornament‹. Darum ging es auch den Initiatoren der Ausstellung und den Teilnehmern. Im Vor-wort schrieb Pfleiderer, Form sei, was keine Verzierung hat. Form sei Ausdruck der Stellung des Menschen zu seinem Leben und wesentli-cher Ausdruck der Epoche. Die Maschine habe mit der Zweckform tatsächlich ein ganz neues Formprinzip geschaffen, das auf die Künstler wirke als »das stärkste, lebensvollste ästheti-sche Symbol der Zeit«. Diese ›technische Form‹ und daneben eine von ornamentalen Verge-waltigungen befreite ›primitive Form‹ des Handwerks mit den Reizen des Zufalls und der Laune, anthropomorph und durchströmt von organischer Kraft, erkannte er als die beiden gegensätzlichen, doch einander bedingenden Pole im Gestaltschaffen der Zeit.[5]

Man fühlte sich an einem lange verfolgten Ziel. Endlich schien alles einfach und klar aus-sprechbar. Alle ideologischen Hüllen, alle krampfhaften Verkunstungen beim Industrie-produkt und bei den Dingen des täglichen Gebrauchs schienen überwunden zu sein. Das ›Kunst-Gewerbe‹, dessen entwicklungsge-schichtlicher Sinn bereits auf der großen Werk-bundausstellung in Köln in Frage gestellt wor-den war, schien nun der Vergangenheit anzu-gehören. Walter Gropius benannte diesen Vorgang im Titel seines Vortrages auf der Ausstellung: »Beginn einer neuen Baugesin-

nung, Ende des Kunstgewerbes«.[6] Und viele andere folgten ihm in diesem Urteil. Walter Curt Behrendt schrieb 1925, der Begriff Kunst-gewerbe werde schon mit einem nicht zu miß-deutenden ironischen Unterton gebraucht. Ein simpler maschinell hergestellter Gebrauchsge-genstand übe zuweilen durch die »erregende Kraft einer knappen präzisen Formung« stär-kere Wirkungen aus als jene »kunstvollen… Erzeugnisse des modernen Kunstgewerbes«.[7] Und zwar war es nach Meinung des Sekretärs des Werkbundes, Riezler, 1930 nicht nur der wirtschaftliche Grund größerer Billigkeit, der Maschinenarbeit bevorzugen ließ, sondern auch eine »geistige Hinwendung zu den For-men, die die Maschine hervorbringt und die ihr gemäß« sind.[8] Diese technische Form greife über auf Gebiete, die nicht zum Bereich der Technik gehören und daher nur »geistig« erobert werden könnten. Im gleichen Jahr 1930 reflektierte der Mannheimer Museumsdirektor als Ergebnis der von ihm zusammengetragenen ersten großen Kunsthandwerks-Ausstellung, es bestehe kein Zweifel, daß das Kunstgewerbe »auffallend problematisch und suspekt gewor-den« sei. Ein kritischer Blick auf das Waren-angebot auf Messen führe zur geradezu sym-bolhaften Feststellung: »alles nicht künstlerisch gemeinte technoide Zweckgerät für Büro, Haus und Fabrik wirkt formal einwandfrei und zeit-gemäß formschön. Jenseits dieser Grenze, dort, wo man schmuckvoll repräsentativ sein will, beginnt sofort eine verhängnisvolle Unsi-cherheit: das innerlich Notwendige, organisch Gewachsene fehlt sogar auf der höchsten Ebene des kunstgewerblichen Schaffens.«[9]

Dies und die tatsächliche stilistische Entwick-lung im Design (wie bekanntlich bei der Archi-tektur) läßt den Schluß zu, daß genau während Ferdinand Kramers erster Schaffensperiode das sachliche Industrieprodukt im programma-tischen Sinne für die ästhetische Emotionalität kulturell führender Schichten bestimmend geworden war. Der »Sinn für das Gleichartige in der Welt (war) gewachsen« (Walter Benja-min).

Kramers individuelle Disposition befand sich in Übereinstimmung mit der Zeittendenz. Auf-schlußreich ist, welche Kontakte er suchte: Nachdem er mit Lilly Reich, der späteren Mitar-beiterin von Mies van der Rohe, die Stuttgarter Ausstellung noch einmal im Rahmen der Frank-furter Messe aufgebaut hatte, reiste er nach Holland zu Gerrit Rietveld und Johann Jakob Pieter Oud, also zwei Persönlichkeiten aus dem De Stijl-Kreis, die eine radikale strukturale Forminnovation vollzogen hatten. Danach besuchte er in Dresden Heinrich Tessenow, der trotz bereinigter Formen doch an der traditio-nellen Typologie festhielt und Intimitätswerte auch unter industriellen Bedingungen zu retten suchte. Eine dritte Bezugsperson war für ihn Adolf Loos in Wien. Als Rebell für Vernunft im Umgang mit den Dingen stritt Loos gegen die Blendung der Sinne durch Mode und Zeitgeschmack. Diese Beziehung zur Tradition des Handwerklichen auf der einen und zu einer von der Industrie abgeleiteten technoiden Struktur auf der anderen Seite prägte sein Schaffen.

Kramers Entwurfskonzept präzisierte sich, als er 1925 von Ernst May in die Abteilung Typisierung im städtischen Hochbauamt berufen wurde. Die Stadt Frankfurt und ihr Stadtbaurat standen, wie andere Städte auch, vor dem drängenden Problem, die Wohnungsnot durch den Bau großer Siedlungskomplexe mildern zu müssen. Das erforderte die Einführung rationeller Fertigung im Wohnungsbau mit strenger Typisierung der Wohnungen und Standardisierung ihrer baulichen Elemente. Die Wohnung wurde als Massenprodukt konzipiert und innerhalb des gesetzten ökonomisch-finanziellen Rahmens auf ihre Bestform hin untersucht. Ein solches rationelles Bauen mußte durch eine rationelle Wohnungsausstattung ergänzt werden. Für die kleineren Raumabmessungen dieser Behausungen waren die von den Einrichtungshäusern angebotenen ›Möbelgarnituren‹ denkbar ungeeignet. Dies war ein allgemeines Problem in dem schwierigen Nachkriegsjahrzehnt. Während zum Beispiel die jungen Gestalter in Wien der Notlage mit ihrem Programm beliebig verwendbarer Einzelmöbel und einem darauf aufbauenden Interieurkonzept zu begegnen suchten, versuchte man es in Deutschland mit anbaufähigen Möbelsystemen. Der Deutsche Normenausschuß hatte Normen für den Wohnungsbau und für die Möbel empfohlen. Die Reichsforschungsgesellschaft für Wirtschaftlichkeit im Bau- und Wohnungswesen hatte sich unter anderem die Aufgabe gestellt, sie in konzertierten Experimenten zwischen Bau-, Möbel- und Leuchtenindustrie zu erproben.

Solche Normmaße (auf 36 cm aufbauend, also 36, 72, 108 usw.) lagen zum Beispiel den Typenmöbeln der Staatlichen Bauhochschule Weimar zugrunde, die der aus dem Bauhaus hervorgegangene Erich Dieckmann entworfen hatte. Die Stadt Frankfurt hatte eigene Maße, die sogenannten Frankfurter Normen, eingeführt. Danach richteten sich sowohl die Fenster und Türen der Wohnbauten als auch die Möbel von Grete Schütte-Lihotzky oder von Ferdinand Kramer.

Kramer entwarf mit seiner Abteilung zunächst genormte Sperrholztüren mit Metallzargen, Baubeschläge und Fenster, schließlich kombinierbare Kastenmöbel für Küche, Wohn- und Schlafzimmer, ebenfalls aus Sperrholz, in

weißem und grauem Emaillelack oder mit Furnier, außerdem Sanitäreinrichtungen und Beleuchtungskörper. Seine Leuchten sollten in erster Linie zweckmäßig und sparsam sein und das Licht voll ausnutzen. Sie unterschieden sich lediglich nach ihrem funktionalen Einsatz im Raum, also allgemeine Raumbeleuchtung durch Deckenleuchten und Pendelleuchten und eine gerichtete Punktbeleuchtung für den Eßtisch oder den Arbeitsplatz durch Kugelzuglampen mit Lackpapierschirm. Nach den Bestrebungen des Engländers Benson und des Belgiers van de Velde, die Form der Beleuchtungskörper den veränderten Lichtträgern, vom Gaslicht zum elektrischen Licht, anzupassen, hat Kramer (und neben ihm das Bauhaus) den elementaren Grundbestand herausgearbeitet.

Ende des Jahres 1925 gewann Kramer den Wettbewerb der Frankfurter Hausrats-Gesellschaft, der neue Möbeltypen für den Frankfurter Massenwohnungsbau zum Ziele hatte. Bei solchen Möbeln verboten sich ausgeprägt individuelle Züge, denn sie hätten viel Raum um sich beansprucht und wären in ihrem Eigenwert nicht für die Addition geeignet gewesen. Sie mußten in ihrer gestalterischen Konzeption dem Gesetz der Serie folgen: Annäherung an die Kastenform, Verzicht auf ein Kranzgesims oder andere zentrierende Elemente. Dennoch mußten sie in ihrer Wirkung stark genug sein, um sich dort, wo sie allein standen, zu behaupten.

Dieser Balanceakt zwischen zuviel und zuwenig Eigenwert, wie ihn jeder Gestalter solcher Kombinationsmöbel durchlief, konnte nur durch eine Verlagerung des gestalterischen Gewichts von den Objekten auf den Raum zu überzeugenden Ergebnissen führen. Der war als Bewegungs- und Lebensraum den Bewohnern möglichst frei zu halten. Das Möbel durfte also nicht ›Innenarchitektur‹ sein, auch nicht, wie die Garnitur, durch Ornamente patriarchalisch geeint sein, sondern mußte an den Details spürbar dem Raumfluidum verbunden bleiben. Glatte Flächen im rektangulären System der Architektur haben von sich aus diese Affinität zum Raum. Die de Stijl-Leute hatten das in ihren Formexperimenten, bei denen sie Wände von Schränken oder von Häusern zu Scheiben auflösten, durchgespielt. Kramer nutzte dies aber nur, soweit es sich mit seiner sachlichen Vernunft vertrug. Paul Renner schrieb, darauf bezogen, Kramers Denken sei frei von Mondrian, frei von jedem Narkotikum, das die intellektuellen Krämpfe der Programmatiker verursache – deshalb bleibe kein trüber Schleier zwischen dem Werkbestand und dem Künstlerauge. Auf diese Weise seien Kramers Möbel »der denkbar beste Hausrat in den einfachen, kubischen, relieflosen Räumen des

neuen Hauses«.[10] Die Seitenwände seiner Schränke laufen scheibenartig bis zum Fußboden durch, ersetzen also die Füße. Selten zeichneten sie die Wandungen wirklich optisch als Scheiben ab. Beispiele dafür finden sich erst später bei einem ›Beistellkasten‹ mit zwei Schubladen aus den vierziger Jahren, einem Entwurf für ein Näh- und Beistellschränkchen oder bei Wohnhäusern (Gärtnerhaus 1954, Wochenendhaus Metzler 1957). Allerdings ist die glatte Platte oft Grundlage des konstruktiven Systems von demontierbaren Schränken. So verkörpern Ferdinand Kramers Arbeiten die stilistische Haltung des Neuen Wohnens in äußerster Reinheit. Er blieb von Modernismen unberührt und überzog nie zum Artistischen hin. Der ›Werkbestand‹ zeigte sich nackt in der handwerklichen Grundform.
Produkte mit dieser Haltung hatten es schwer, ›auf dem freien Markte‹, bei der großen Industrie und bei Warenhäusern anzukommen. Dort herrschte die Garnitur ungebrochen. Kramers Möbel sind von einer kommunalen Erwerbslosenzentrale produziert und von der Hausratsgesellschaft vertrieben worden. Solche Hausund Hausratsgesellschaften waren nach dem Krieg unter der Regie und mit finanzieller Beteiligung der Kommunen in etwa 25 Städten als gemeinnützige Gesellschaften gegründet worden, um den durch einen sprunghaften Anstieg von Familiengründungen gewachsenen Bedarf an Einrichtungsgegenständen aller Art zu decken und brauchbaren Hausrat zu niedrigen Preisen anzubieten. Neben der Frankfurter Hausrats-Gesellschaft ›Gemeinnützige Möbelversorgung im Rhein-Main- und Lahngebiet‹ bestand in Berlin seit 1917 die ›Hausrat, gemeinnützige Gesellschaft‹, für die u.a. Heinrich Tessenow entwarf, und in Dresden die ›Kunstwart-Hausrats Gesellschaft‹, für die Spannagel arbeitete.

Fast überall verfügten die Städte über die Mehrheit der Anteile. Die Stadt Frankfurt war zu 57 % Teilhaber. Über Ausstellungen suchten die Städte die realen Bedürfnisse zu ermitteln und zum Zweckmäßigen hinzulenken. Eine dieser Ausstellungen fand 1919 im Berliner Kunstgewerbemuseum statt, veranstaltet vom Deutschen Werkbund, gemeinsam mit den Gewerkschaften, unter Beteiligung verschiedener Hausrats-Gesellschaften und Firmen. Schon damals wurde offenbar, daß die übliche Methode, bürgerliche Garnituren auf die Maße kleinbürgerlicher und proletarischer Wohnungen zu reduzieren, äußerst unbefriedigende ›anämische‹ Möbel ergab. Ihr Reformcharakter war wenig attraktiv. Die Kritik erinnerte wehmütig an die behagliche Kraft von Biedermeiermöbeln oder von Bauernstühlen. Sie machte deutlich, daß die sozial und räumlich veränderten Bedingungen auch andere Gestaltungskonzepte erforderten, nämlich:

Möbel mit klaren Horizontal- und Vertikalteilungen, die mit wohlabgewogenem, ausdrucksvollem Verhältnis zum Wohnraum in lebendige Wechselbeziehung treten, ein Möbel, das sich nicht vordrängt, aber auch nicht als geduldiger Diener, sondern als »gern gesehener würdig beseelter Genosse des Bewohners sein zweckvolles Dasein« führt. Das werde ein Typ sein, der in seiner Selbstverständlichkeit und guten Haltung keine Scheidewand zwischen Bürger und Arbeiter errichte.[11]

Die Möbelsysteme für das ›Neue Wohnen‹, also die Kramer-Möbel, Dieckmanns ›Weimar-Möbel‹, die ›Behr-Aufbaumöbel‹ des Loos-Schülers Franz Schuster, die billigen ›Typenmöbel‹ der Deutschen Werkstätten Hellerau von Adolf Schneck oder schließlich Gropius' ›Feder-Möbel‹ – wirken wie die Erfüllung dieses frühen Wunsches. Sie bewiesen die Folgerichtigkeit und Logik, mit der sie entstanden sind. Ferdinand Kramer sagte: »Eine wesentliche Herausforderung für uns, die wir 1918 aus dem mörderischen Krieg nach Hause kamen, war es mitzuhelfen, die verheerende Wohnungsnot zu beseitigen, der Allgemeinheit ein menschenwürdiges Wohnen zu ermöglichen, den Rahmen für neue Lebensformen zu geben sowie Produkte – Gegenstände des täglichen Gebrauchs – zu entwickeln, die unsere Wertvorstellungen versinnbildlichen sollten.[12]

Diese sozialen und organisatorischen Bedingungen, aber auch die Frage nach der Akzeptanz der Produkte durch die Zielgruppe, gehören zu ihrem Bild. Die intensive Propaganda für Neues Wohnen hatte eine wesentliche Antriebskraft darin, daß sie zugleich als Kampf um kulturelle Emanzipation der werktätigen Schichten empfunden wurde: »Kulturelle Selbständigkeit« setze »instinktives Mißtrauen gegen die Erzeugnisse einer mit optischen Bestechungsmethoden arbeitenden Warenproduktion voraus, deren Ziel auch um den Preis der Massenverblödung der Profit« sei.[13]

Wenn sich in den späten zwanziger Jahren praktisch wie theoretisch die deutlichen Umrisse einer auf industrieller Produktionsweise beruhenden sachlich-funktionalen Produktkultur, bei großer Homogenität in den verschiedensten Produktbereichen, abzeichneten, ergaben jedoch damalige und heutige soziologische Untersuchungen, daß diese fast ausschließlich auf kulturell führende Kreise der Gesellschaft beschränkt geblieben ist.[14] Gerade in die proletarischen Schichten, die eigentliche Zielgruppe, ist das neue Wohnideal kaum eingedrungen. In Frankfurt wohnte man eher ›modern‹ in der Siedlung Römerstadt, wo vorwiegend junge Leute aus dem Bürgertum eingezogen waren, ›konservativ‹ dagegen in

den ausgesprochenen proletarischen Wohnge-
bieten Westhausen und Praunheim. Dieser
Widerspruch gehört, so scheint es, zum Lebens-
bild derjenigen, die sich um demokratische
Grundrechte in der Kultur wie in der Politik für
alle einsetzen. Er läßt sich nicht auflösen.

Anmerkungen

1   F. Kramer, Möbelingenieure und neue
Wohnung, in: FZ, 6.4.1930.

2   F. Kramer, Funktionelles Wohnen, in:
form+zweck 4/1980, S. 34.

3   H. Muthesius, Stilarchitektur und Baukunst, in: J. Posener, Anfänge des Funktionalismus, Berlin/Frankfurt/Wien 1964,
S. 193.

4   H. van de Velde, Vom neuen Stil, Leipzig
1907, S. 71.

5   W. Pfleiderer, Die Form ohne Ornament
(Einleitung), Werkbundausstellung 1924,
Stuttgart/Berlin/Leipzig 1925.

6   W. Gropius, Beginn einer neuen Bauge-
sinnung, Ende des Kunstgewerbes, in: Die
Form (Katalog), Stuttgart 1924. Fast identi-
scher Inhalt in: W. Gropius, Gestaltung statt
Kunstgewerbe, in: Magdeburger Tageszeitung, 19.7.1925.

7   W. C. Behrendt, Die Situation des Kunstgewerbes, in: Die Form 1925, S. 37.

8   W. Riezler, Das Kunstgewerbe heute
und morgen, in: Die Form 1930, S. 253.

9   Vgl. Das ewige Handwerk im Kunstgewerbe der Gegenwart, ›Werkbund-Buch‹,
hrsg. u. eingel. von G. F. Hartlaub, Berlin
1931, S. 10.

10   P. Renner, Möbel. Zu den Arbeiten von
Ferdinand Kramer, Frankfurt/M., Städtisches Hochbauamt, in: Stein, Holz, Eisen
16/1927, S. 438–440. Auch in: Die Form
1927, S. 320.

11   Vgl.: Innendekoration 30/1919, S. 207.

12   F. Kramer, vgl. Anm. 2, S. 34.

13   G. Kaufmann, Wohnkultur und Arbei-
terklasse, in: Wohnungswirtschaft 8/1931,
S. 206.

14   Vgl. M. Hartig, Erziehung zur Wohnkul-
tur, in: Wohnungswirtschaft 7/1930, S. 383.
Und: H. Lauer, Von ›Neu-Marokko‹ zur
›Vorzeige-Siedlung par Excellence‹, in: das
Neue Frankfurt. Städtebau u. Architektur im
Modernisierungsprozeß 1925–1988, hrsg.
v. W. Prigge u. H.-P. Schwarz, Frankfurt/M
1988, S. 19–40.

FRANKFURTER GEBRAUCHSGERÄT

Ferdinand Kramer und das ›Neue Frankfurt‹

»Der Kochtopf – nicht die Vase ist die Zielsetzung«, dies war die Devise Kramers, eine Aussage, die seine Tätigkeit als Entwerfer, als Gestalter von Gebrauchsgerät und ganz allgemein als ›Verbesserer‹ charakterisiert.[1] Scheuen wir uns nicht, Kramers Arbeiten aus der Zeit seiner Tätigkeit in Frankfurt aufzuzählen! Es sind dies die Jahre 1923 bis 1925 im ›Haus Werkbund‹ und 1925 bis 1930 unter Ernst May in der Abteilung Typisierung im Hochbauamt der Stadt Frankfurt. Es entstanden Entwürfe für Gebrauchsgeschirr, so Tee- und Wasserkessel, Kaffeekannen und Kochtöpfe, Kamingeräte, eiserne Öfen – zuerst der ›Schiffmannsofen‹ für Lilly Reich als Prototyp zum ›Allesbrenner‹ Kramer-Ofen der Firma Buderus –, der gußeiserne Kramer-Ofen ›Volksmodell‹, Fensterbänke aus Gußeisen, Sitzbadewannen, emaillierte Waschbecken und Toilettenpapierhalter, ein Möbelprogramm der ›Hausrat GmbH‹ für Küche, Wohn- und Schlafzimmer, für Arbeitszimmer und Eingangsbereich, Kleiderschränke, Küchen, Kinder- und Schulzimmermobiliar, Sofas und Liegen, Stellagen für das Geschirr, Schreibtischleuchten und Leuchten mit Zugvorrichtung, Tür- und Fensterbeschläge, normierte Sperrholztüren, zuguterletzt noch Raumspartreppen und anderes mehr, das diese Aufzählung ergänzen könnte. Dieses ganze vielfältige Werk erreichte Serienreife, wurde oft patentiert und verkaufte sich gut. Dem Aussehen nach kennzeichnet sich Kramers Gebrauchsgerät nicht durch ›Absolut-modern-sein-Wollen‹. Es besticht durch Einfachheit, durch Vielfalt und Komplexität, und es überzeugt durch praktische Gebrauchsfähigkeit. Versucht man eine vorsichtige Charakterisierung der Gegenstände, so sind sie eindeutig ›nicht-technische‹ Formen zu nennen, vielmehr Zweckformen primitiven Ursprungs. Der innovative Beitrag Ferdinand Kramers bestand nicht darin, Gerät mit einer neuen Form für eine neue Produktionsweise zu entwerfen, sondern in der Präzisierung von Existierendem. Er arbeitete am Maß und an der Optimierung des Verhältnisses von Material- zu Herstellungskosten, ohne die Urform derart zu verändern, daß sie als solche für den damaligen Durchschnittsverbraucher unkenntlich geworden wäre (man denke in diesem Zusammenhang an die schwierige Einführung des federnden, hinterbeinlosen Stahlrohr-Sitzmöbels!). Der Typenstuhl oder, allgemeiner, das neue Typenmobiliar entstand bei Kramer aus der funktionellen und rationellen Überarbeitung des traditionellen Urtyps. Es verlangte in einer Zeit, in der die Mediatisierung noch längst nicht – wie heute – schnelle Bilder produzieren und an den Mann bringen konnte, kein plötzliches Umdenken. Kramers Entwürfe hatten vier Füße und waren fast provokativ nicht hinterbeinlos; Tisch, Stuhl und sogar die Anrichte (ein traditionelles Stubenmöbel) wurden der Produktion entsprechend vereinfacht und mit wenigen praktischen Veränderungen im täglichen Gebrauch nutzbarer gestaltet. Zum Beispiel die Maße: Der deutsche Holzarbeiterverband versuchte für Tische, Büchergestelle und Schrankmöbel einheitliche Abmessungen vorzuschreiben, die dem extrem knappen Raumangebot der ›Wohnung für das Existenzminimum‹ angepaßt werden konnten.[2]

Minimalisierung und Kodifizierung der Maße hatten den Zweck, auch verschiedene Möbeltypen miteinander kombinieren zu können. Tisch, Anrichte, Stuhl und Bibliothek hatten in Höhe, Breite oder Länge ein gemeinsames Maß, welches die äußere Kombinierbarkeit gewährleistete.

Ein weiteres Merkmal des typisierten Möbels ist seine vielseitige Verwendbarkeit, d.h. die Ausweitung des Nutzungsbereiches eines Typs. Ein Beispiel: der Tisch, dessen Blatt mit Linoleum (Inlaid) belegt ist. Die vollflächig aufgeklebte Linoleumfläche eignet sich besonders als federnde, dämmende Schreibunterlage und kann auch die Tischdecke ersetzen, die beim herkömmlichen Tisch nicht nur eine ästhetische Funktion hatte, sondern bei einer unebenen Oberfläche ausgleichend wirkte und bei kostbarer Holzoberfläche als Schutz vor mechani-

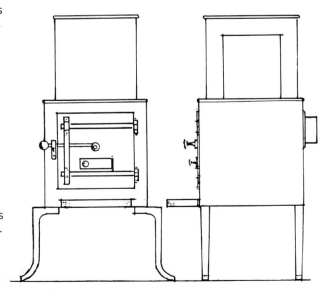

Ferdinand Kramer: Zeichnung für den ›Schiffmannsofen‹ (Wohnung Lilly Reich), 1924 (Zeichnung später)

scher Beanspruchung diente. Linoleum ist als gleichförmiges und durchgefärbtes Material mit wenigen Handgriffen naß und trocken zu pflegen und vervollständigt die Nutzbarkeit des herkömmlichen Tisches (siehe Kramers Küchentisch).

Ferdinand Kramer optimierte stets die primitive Form als gestaltete Zweckform und von da zum preiswerten Gebrauchsgerät. Es ist der Ort, Vergleiche mit ähnlichen von Architekten entworfenen Fabrikaten aufzustellen. Es verwundert nicht, daß durch die erfolgreiche Typisierung Kramers Gebrauchsgeräte zu den preiswertesten Produkten auf dem Markt gehörten. Betrachten wir für die Zeitspanne 1930–33 die Preisangaben von zwei Warenkatalogen, die damals im Sinne von Ratgebern für den modernen Haushalt von fortschrittlichen Persönlichkeiten zusammengestellt wurden.[3] Der ›Kramer-Ofen‹ der Firma Buderus gehörte zu den billigsten Markenprodukten im Angebot; Kramers Kleiderschränke waren eher teuer im Vergleich zu den Entwürfen von Gropius für die Firma Feder in Berlin, entsprachen aber in Material, Ausstattung und Preis den teureren Kleiderschränken von Heinrich Tessenow. Kramers dreiplätziges Sofa war mit 293 Reichsmark konkurrenzlos. Eindeutig ist das Preisverhältnis bei den Türbeschlägen: gegen-

über in Material und Ausführung vergleichbaren Produkten von Wilhelm Wagenfeld und Walter Gropius waren die Kramer'schen Türgriffe aus dem ›Frankfurter Normblatt‹ bedeutend billiger, Wagenfeld für 10.40 RM, Gropius für 8.40 RM und Kramer für 4.00 RM.[4] Der Unterschied lag in der zweckmäßigen Formgebung für die preisgünstige Produktion.[5]

Es lohnt sich, einige der zwischen 1925 und 1935 angebotenen Türgriffe näher zu betrachten. Im folgenden werden Verwandtschaften und Ähnlichkeiten in Form und Ausführung untersucht. Vier Entwerfer haben sich ungefähr zur selben Zeit und mit verwandter Gesinnung mit Türdrückern und Rosetten befaßt: Ferdinand Kramer mit den Frankfurter Normentürdrückern, Walter Gropius am Bauhaus mit dem Bauhaus Normendrücker, Max Ernst Haefeli mit den in den Ausstellungswohnungen an der Wasserwerkstraße in Zürich gezeigten Türgriffen (die auch in verschiedenen Zürcher Bauten wie ›Z-Haus‹, Kongreßhaus und Kantonsspital verwendet wurden), und schließlich Ludwig Wittgenstein mit den Türgriffen für das Haus Wittgenstein in Wien. Wittgensteins Türgriffentwürfe, ausschließlich für dieses eine Objekt konzipiert und realisiert, stellen wohl die reinste Form des Drückers dar. Ein Rundstab wird gebogen und am offenen Ende zur Halbkugel

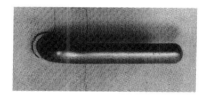

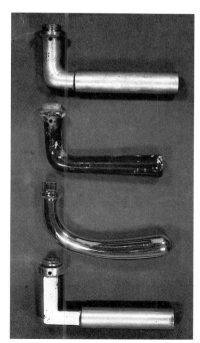

Wittgenstein-Türdrücker (nach Kapfinger)

Vier Türdrücker (von oben): Bauhaus-Normendrücker mit rundem Hals (Gropius); Frankfurter Normendrücker (Kramer); Türdrücker Modell Haefeli; Bauhaus-Normendrücker mit kantigem Hals (Gropius). Foto R. Tropeano

Aus dem Katalog des Bergisch-Märkischen Eisenwerkes. 2. von oben der Frankfurter Normendrücker (Kramer), darunter die beiden Bauhaus-Normendrücker mit kantigem bzw. rundem Hals (Gropius)

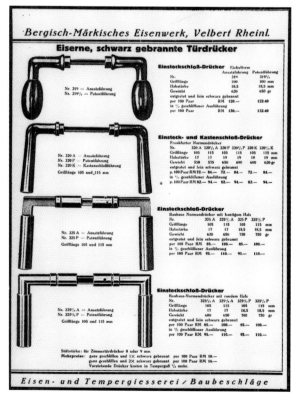

abgerundet. Türdrücker und Schloßkasten werden wahlweise auf Metall- und Holztüren montiert, wobei der Schloßkasten auf der Zimmerinnenseite sichtbar bleibt.

Ferdinand Kramer gestaltete mehrere Türdrükker, wovon zwei Modelle breite Verwendung fanden (im Katalog der Firma Ernst Wagener, Solingen mit Nr. 983 und 1185 bezeichnet.) Der Unterschied zu Wittgensteins Drückern liegt im Griff; die Griff-Fläche konnte wahlweise mit Triolith (einem dem Bakelit oder Galalith ähnlichen Kunststoff) oder in vernickelter Ausführung gewählt werden, der Durchmesser des Griffstabes war größer als der des Türdrückerhalses (sehr ähnliche Türdrücker werden übrigens heute in der Schweiz von der Firma Glutz angeboten). Der reinen Form des Wittgensteingriffes am nächsten – Drückerhals und Drückergriff laufen bündig ineinander – kommt der Frankfurter Normendrücker Wagener Katalog Nr. 963); der Griff verdickt sich konisch gegen die offene Seite hin. Die Gropius-Griffe wurden in zwei Varianten angeboten: einmal als ›Bauhaus-Normendrücker‹ mit kantigem Hals, Griff mit rundem, Hals mit quadratischem Querschnitt, mit runder Rosette und quadratischem Stift; dann als Variante: Die Bergisch Märkischen Eisenwerke, welche Normengriffe in vereinfachter Ausführung anboten (›eiserne, schwarz gebrannte Türdrükker‹), weisen in ihrer Preisliste auch den Bauhaus-Normendrücker mit rundem Hals aus. Bei diesem ist die Ecke in Gehrung geschnitten, der Wille zum formalen Ausdruck der Ecke bleibt somit auch im runden Querschnitt erhalten. Einige von mir untersuchte Bauhaus-Normendrücker zeigen, daß das Produkt in mehreren Teilen gegossen, nachbearbeitet und anschließend zusammengesetzt wurde.
Haefelis Türgriffe stehen formal der Anatomie der Hand nahe und weisen keine scharfen Ecken auf, sie sind so Ausdruck der ›freien

Form‹, die ihre Verarbeitung als einteilige Gußstücke erlaubt.

Haefelis und Kramers Türdrücker sind deutlich als Bestandteile der Normentür aus Sperrholz mit Stahltürzarge und eingelassenem Schloß zu erkennen, also als Teile einer normierten Gesamtheit.

Den Kontakt zur industriellen Produktion gewann Kramer am Beispiel des Sitzmöbels mit der Firma Thonet. Sein Mitwirken wurde vertraglich als ›Begleitung‹ definiert, es entstanden Stuhlmodelle in verschiedenen Ausführungen für Schulen, Kindergärten und gemeinschaftliche Einrichtungen. Kramer selbst achtete die Firma Thonet als Produzentin der vollkommensten Serienstühle und freute sich über den zunehmenden Gebrauch des ›Kneipenstuhls‹ im Haushalt.[6] Ein Bugholzstuhl in einfachster Ausführung, bestehend aus 6 Bugholzelementen, zehn Schrauben und einem Sitzrahmen wurde für 15 RM verkauft (Modell B 14).

Kramers Vorschlag für die Firma Thonet betraf einen zum spezifischen Gebrauch verbesserten Stuhl. Praktische technische Detaillösungen ergänzten den Entwurf. Die Sitzfläche z.B. nimmt die anatomische Form des Gesäßes in ähnlicher Weise auf wie die Produkte der Firma Rockhausen, die für den Bürogebrauch bestimmt waren. Die Füße werden durch großzügige Bügel an vier Seiten versteift: links, rechts und in Sitzrichtung nach unten, hinten nach oben geöffnet. Deutlich ist hier der Ausdruck der Formgebung funktionell begründet: Bei diesem Schulzimmer- und Gemeinschaftsmöbel, das als Reihenbestuhlung geeignet war,

Thonet-AG: Hocker mit Notenständer, basierend auf dem Kramer-Stuhl von Thonet

Thonets Kramer-Stuhl in der Schneiderei des Berufspädagogischen Instituts, Frankfurt/M, 1929

diente der hintere Bügel als Fußstütze.[7] Der Stuhl wurde zusätzlich in verschiedenen Höhen angeboten, je nach Verwendungszweck.[8]

Ähnlich wie bei den Stühlen läßt sich Kramers Suche nach praktischen Details in noch früheren Entwürfen nachweisen. Der Kramer-Ofen, im Urtyp als ›Schiffmannsofen‹ bezeichnet, wurde 1925 in der Ausstellung ›Die Form‹ gezeigt. Folgende Merkmale bezeugen seine Gebrauchstüchtigkeit: Die Brennkammer stand auf hohen Füßen, wodurch das Reinigen des Bodens erleichtert war, die Feuerklappe wies ein Tablar auf und erleichterte so die Einführung des Brennstoffes, vor allem durfte der Brennofen dank günstiger Brennkammerquerschnitte als vielseitiger ›Allesbrenner‹ gelten.
›Amerikanischer Dauerbrandofen‹ ist die Bezeichnung, die Mia Seeger in der Rubrik ›Der neue Wohnbedarf‹ für den Entwurf von Walter Gropius für die Frank'schen Eisenwerke verwendet.[9] Dessen Materialisierung – schwarz, teilweise vernickelt – entspricht der des Buderus Volksofens in der teureren Ausführung; zu vergleichbaren Zeiten liegen aber die Preise in keinem vergleichbaren Verhältnis, ein Gefälle von ca. 110 Reichsmark trennt den Kramer-Ofen vom Oranier Gropius-Ofen. Wohl atmet Oraniers Produkt formale Einfachheit, die Lamellierung der Vorderfront und der Ablagefläche für die Wasserkanne zeigt das Bestreben, die strahlende Heizfläche zu vergrößern, doch im Aufbau zeigt Gropius' Entwurf wenig praktische Details.

Am Beispiel der ersten Kramer-Öfen werden die traditionellen Vorbilder deutlich, schon die

Bezeichnung des Prototyps als ›Schiffmannsofen für Frau Lilly Reich‹ deutet auf Sparsamkeit und Zweckmäßigkeit der Mittel hin. Bei Kramer steht die Brennkammer auf vier stabilen Füßen: Die Form des Ofens erinnert an die Urform der transportablen römischen Brennstelle, die bei Bedarf in jedes Zimmer oder Zelt getragen werden konnte.

Kramers Allesbrenner ist charakteristisch für die Suche dieses Entwerfers nach dem ›Urtyp‹ in der Tradition und zeigt exemplarisch dessen Realisierung auf der zeitgemäßen Stufe des ausgereiften, praktischen Volksmodells.

Kramers Bestrebungen für eine funktionstüchtige Küche zeigen sich am Beispiel der Küchenelemente. Die Küche wird von ihm nicht als ganzheitliches Element neu durchdacht, sie erfährt keine organisatorische und räumliche Gestaltung, es werden vielmehr bestehende Teile auf die praktische Benutzung hin verbessert, so der Küchentisch. Die Dimensionen werden für den Gebrauch in der Minimalwohnung abgestimmt, die auskragende Arbeitsfläche erleichtert das Anbringen des Fleischwolfes, eine untere Abstellfläche als Holzrost erweitert das Raumangebot für das Kochgeschirr, und die Beine sind in der Höhe justierbar – günstig bei unebenem Boden. Die Ausführung des Küchentisches ist wohl einer Fachkraft anzuvertrauen, ist aber auch so durchdacht, daß die Serienproduktion mit angemessener Zeiteinsparung möglich wird.[10]
In unzähligen Entwürfen Ferdinand Kramers wird das praktische Detail zum eigentlichen Formkonzept. Erwähnenswert sind hier auch die patentierten Kabelroller für die Zuglampen,

Transportabler römischer Herd, Bronze.
Museo Archeologico Nazionale, Neapel

F. Kramer: Gartenstuhl für Frau Philipp
Holzmann, zweiseitig verwendbar, um 1925

der zweiseitig verwendbare Gartenstuhl (sinnvoll wegen Tau-Nässe), die stapelbaren Kochtöpfe mit markantem Einsatzring oder die ›Minimaltreppe‹ mit versetzten Stufen. Von seinem ›verbessernden Erfindergeist‹ zeugen Patentanmeldungen in Deutschland, Frankreich und den Vereinigten Staaten.

Kramer ist aber kein Erfinder im strengen Sinn des Wortes; er ist eher als Formgestalter der frühen Stunde zu bezeichnen, der nicht die Befriedigung der neuen Form sucht. Kramer gestaltet Typen, indem er sie präzisiert und ergänzt. Es könnte ihm zwar vorgeworfen werden, daß er keine keine glühend innovativen Produkte entworfen habe. Der Vorwurf träfe ihn nicht; Kramer suchte den Weg für die Serienherstellung von herkömmlichen Zweckformen, beschränkte sich auf Verbesserungsvorschläge und suchte nicht die umwälzende

Neuerung. Er zeigte aber früh schon den Weg zur bescheidenen Typisierung und Normierung des Herkömmlichen bis zum Durchbruch der Serienherstellung. Es war die Suche nach dem erschwinglichen und qualitativ hochstehenden Volksmodell. Bahnbrechend und wegweisend war seine Arbeit für die Schweizer Architektenkollegen, die für die Bedürfnisse des modernen Siedlungsbaues maß- und formgerechte Typenmöbel kurz nach 1930 produzierten.[11]

Aus dem Hausrat war der neue Wohnbedarf entstanden.

Anmerkungen

1 F. Kramer, Funktionelles Wohnen, in: D. Lüder (Hrsg.), Das Schicksal der Dinge. Beiträge zur Design-Geschichte, Dresden 1989, S. 74–81.

2 »Möbelnormung: Der Normenausschuß der Deutschen Industrie e.V. hat in Zusammenarbeit mit der Architektenschaft, der Möbelindustrie, den Hausfrauenverbänden, Haushaltungsgeschäften und Möbelhändlern das Blatt DIN E5.001 ausgearbeitet und als vorläufig folgende Maße für Möbel der Klein- und Mittelwohnungen festgelegt:
Küche: Tisch 60x100 H.78, zweiteiliger Spültisch 60x110, einteiliger Spültisch 60x60, Schrank 60x110, Elemente für kombinierbaren Schrank 60x48, Speisenschrank 60x48, Anrichte 60x90. Wohnzimmer: Speisetisch 80x120 (4 Pers.), 90x150 (6 Pers.) H.78, runder Tisch 110 H.78, Schreibtisch 70x130, 80x160 H.78, Stuhl 45x45, Diwan 90x190, Bücherschrank (aus einzelnen Körpern zusammensetzbar) 70x35, 70x60, Büfett 35x140-60x140, 35x210-60x210 H.90 bzw. 2x90, Anrichte 60x70 H. 90. Schlafzimmer: Bett 90x190 Lichtmaß, 95x200 Außenmaß; 100x200 Lichtmaß, 105x210 Außenmaß. Waschtisch 50x80 bzw. 60x110. Kleiderschrank zweitürig 60x130, dreitürig 60x150, H.200. Nachttisch 35x35.«
In: Fachblatt für Holzarbeiter, hrsg. vom Deutschen Holzarbeiterverband, 1927, S. 99.

3 Vgl. W. Graeff, Jetzt wird Ihre Wohnung eingerichtet, Potsdam 1933. – W. Lotz (Redaktor der Zeitschrift ›Die Form‹), Wie richte ich meine Wohnung ein?, Berlin 1930.

4 Unter Ernst May veröffentlichte das Hochbauamt der Stadt Frankfurt/M Normenblätter für Türen, eiserne Zargen, Fenster, Beschläge, Öfen, Küchen, u.a.m. Dank des sicheren Absatzes konnten die ›Frankfurter Normen‹ in großen Serien hergestellt werden.

5 Ein Vergleich unter den verschiedenen Preislisten beim Großisten und beim Privatverbraucher zeigt, daß die Preisunterschiede auf Großistenebene weit geringer waren. Vgl. dazu die Preisliste der Bergisch Märkischen Eisenwerke.

6 Chr. Wilk, Furnishing the future 1925–46, in: Bent Wood and Metal Furniture: 1850–1946 (Katalog), American Federation of Arts, 1987.

7 Julius Vischer erwähnt, daß Thonet eine eigene Variante des Kramer-Stuhls für Akt- und Zeichenunterricht kreiert habe. J. Fischer, ›Der neue Schulbau‹, Stuttgart 1931.

8 Ein weiterer Stuhl für Thonet, das Modell A 811/1f, der Josef Frank zugeschrieben wird, zeigt ein grundsätzlich verschiedenes Verhalten in bezug auf die Versteifung der Füße, die vorderen haben einen rechteckigen Querschnitt, vorne und hinten sind Formwinkel aus Messing angeschraubt. Die Armlehne versteift als umlaufendes Bugholzteil die Rückenlehne.

9 M. Seeger, Der Neue Wohnbedarf, Rubrik in: Moderne Bauformen, Stuttgart 1932–1933.

10 Vgl. A. Schneck, Über Typenmöbel, in: W. Graeff, Innenräume, Stuttgart 1928. Werner M. Moser, der mit Kramer und Mart Stam zusammen den Wettbewerb für das Budgeheim in Frankfurt gewonnen hatte, war 1931 Gründungsmitglied der Wohnbedarf AG in Zürich. Moser entwarf für die Firma Horgen-Glarus verschiedene Stühle, eines im speziellen zeigte den ›praktischen Handgriff‹ in der Sperrholzschale der Rückenlehne.

Eckhard Neumann

Die kleine Gruppe zorniger junger Männer, die der Stadtbaurat Ernst May um sich versammelt hatte, arbeitete in einem Geiste. Dabei wurden die klassischen Berufsbilder, z.B. des Architekten, auf beeindruckende Weise erweitert. Die dynamische Suche nach einem gestalterischen Ausdruck der Neuen Zeit schloß alle Gebiete der Gestaltung ein. Die schnellste und beweglichste Form, um diese Ziele zu visualisieren, waren Werbung und Typografie.

Auch für den Architekten Ferdinand Kramer wie für seine Mitstreiter war die Schrift ein wesentlicher Ausdrucksträger des neuen Geistes und lag somit in seinem Interessenbereich. Direkt mit der Gestaltung der Werbung und Drucksachen in Frankfurt war Hans Leistikow im Magistrat verantwortlich, als Berater und Designer arbeiteten außerdem Walter Dexel und Robert Michel für private Auftraggeber. Alle beschäftigten sich auch mit dreidimensionalen Gestaltungsproblemen, von der Verkehrsmittelwerbung bis zur Architektur. Willi Baumeister und Paul Renner unterrichteten an der Frankfurter Kunstschule und übten weitreichenden Einfluß aus. Die Konzepte der neuen Gestaltung sind im Layout der Zeitschrift ›Das Neue Frankfurt‹ realisiert worden, dem Medium, mit dem die Gruppe ihre Visionen und Resultate vorstellte und den Austausch mit der

internationalen Avantgarde förderte. Die grafische Gestaltung besorgten Leistikow (z.T. Geschwister Hans und Grete Leistikow) und später Willi Baumeister. So lange man noch keine Grotesk-Schrift hatte, die dem Geist der Zeit entsprach, diente die 1922 von Jakob Erbar geschnittene ›Erbar-Grotesk‹ als Satzmaterial.
1925 hatte Jan Tschichold in seinem Sonderheft ›elementare typographie‹[1] erstmals die theoretischen Ansätze und Beispiele der künstlerischen Avantgarde in West- und Osteuropa veröffentlicht, aus der er wenig später seine Thesen der ›Neuen Typographie‹ entwickelte.

Ging es hier im Prinzip zunächst um ›Zweckmäßigkeit und schöpferische Ordnung der optischen Elemente‹[2], so entstand gleichzeitig auch die Forderung nach einer ›Schrift der Neuen Zeit‹. Am Bauhaus experimentierten Joost Schmidt, Herbert Bayer und Josef Albers mit neuen, konstruierten Schriftformen, die jedoch nur Entwürfe blieben oder sich am Markt nicht durchsetzen konnten. Die Schrift, die den Konsens zwischen ›Neuem Bauen‹ und ›Neuer Typographie‹ herstellte, wurde die ›Futura‹ von Paul Renner. Nach Vorstudien ab 1925 wurde sie 1928 in ihrer endgültigen Form von der Bauerschen Gießerei in Frankfurt am Main eingeführt. Die Futura entsprach der angestrebten Sachlichkeit und wurde sehr schnell zum Symbol der Zeit. Sie verkörperte in ihren linearen, konstruktiven Zeichenformen die Einheit von Kunst, Wissenschaft und Technik.

Ferdinand Kramer deutete gesprächsweise an, daß auch er sich als einer der ›Väter‹ der Futura sehe. Das ist sicher richtig, wenn auch nicht

wörtlich zu nehmen und tangiert nicht die Urheberschaft von Paul Renner als Entwerfer dieser noch heute weitverbreiteten serifenlosen, konstruierten Linear-Antiqua. Zwischen den ersten Studien und der konfektionierten Schriftform der Futura gibt es erhebliche formale Abweichungen. Einige Zeichen der ersten Version haben synthetische Formen, die in der heute bekannten Fassung eliminiert wurden. Diese formale Bereinigung kann durchaus ein Ergebnis der Dialoge zwischen Kramer und Renner gewesen sein, die in der Mitte der zwanziger Jahre freundschaftlich verbunden waren und zeitgleich an der Frankfurter Kunstschule unterrichteten. In diesen Dialogen trafen die polaren Gegensätze zwischen einem Künstler, der die Zeichen der Zeit erkannt hatte und sich spontan dem Neuen anschloß, und dem Architekten, der aus der Logik seiner Aufgabe und der Konsequenz seiner gestalterischen Haltung heraus handelte, aufeinander. Das ist der Humus für innovatives Denken, und so muß man heute auch die Beteiligung von Ferdinand Kramer an der Konzeption der Futura sehen.

Zu den ersten Aufträgen des jungen Architekten gehörten die Umbauten von vorhandenen Ladengeschäften. So entwarf Kramer für das elterliche Geschäft ›Hutlager G. Kramer‹ in Frankfurt um 1925/26 eine neue Inneneinrichtung. Innen- und Außengestaltung bildeten eine Einheit, und damit war der Architekt auch aufgefordert, sich mit der Schriftgestaltung der Fassade auseinanderzusetzen. Im Nachlaß Kramers befindet sich ein Studienblatt mit Schriftentwürfen für Versalien, die alle ästhetischen Merkmale der Futura-Versalien vorgibt.

dung dieser Fassadengestaltung im Sonderheft ›Reklame im Stadtbilde‹ der Zeitschrift ›Das Neue Frankfurt‹ 1927 wird Paul Renner als Autor genannt[4]. Es ist zu vermuten, daß hier eine gegenseitige Anregung zwischen dem Architekten, der auch den Bauherrn vertrat, und dem Schriftgestalter am praktischen Objekt stattfand. Wie weit hier eine Arbeitsteilung stattfand, etwa zwischen Schriftentwurf und typografischer Anordnung, ist heute nicht mehr nachvollziehbar. Auf der gleichen Seite der Zeitschrift ist eine weitere Schriftgestaltung an der Fassade einer Feinbäckerei/Konditorei von Renner abgebildet, die die gleichen typografischen Merkmale beinhaltet[5]. Alle anderen Beispiele dieses Heftes zeigen Fassaden, Verkehrsbauten und Drucksachen, die nicht mit der bei Kramer gefundenen Schrifttype übereinstimmen. Alle typografischen Lösungen sind in Versalien gesetzt, eine Gestaltungsform, die damals bereits nicht mehr mit den Vorstellungen von Tschicholds Gesetzen der ›Neuen Typographie‹ zusammenpaßten. Vergleicht man die großen und kleinen Buchstaben der Futura mit der Erbar-Grotesk, so kann man an der Breite der Buchstabenformen und den hohen Ober- und Unterlängen eine signifikante ästhetische Verwandtschaft von beiden Schrifttypen ablesen und die Erbar-Grotesk auch als eine Quelle der Futura ansehen.

In der neueren Literatur zur Typografie finden sich gelegentlich Hinweise auf eine ›Kramer-Grotesk‹. In den Gestaltungsrichtlinien der Stadt Frankfurt am Main von 1985, in der die Futura als Grundelement der Gestaltung des Corporate Design für die Stadt Frankfurt festgelegt ist, wird die Anwendung der Futura mit

Das Blatt ist im bisher greifbaren Werkkatalog von Ferdinand Kramer mit dem Entstehungsjahr 1925 datiert[3], also vor der Gestaltung des Hut-Ladens. In der einzigen bekannten Abbil-

ihrem geschichtlichen Bezug zu Frankfurt begründet. In einem knappen Text ›Futura – ein Stück Frankfurt-Geschichte‹ heißt es: »Paul Renner war ein renommierter Schriftkünstler, als er 1925 nach Frankfurt kam, um an der von Fritz Wichert geleiteten Kunstschule zu unterrichten. Dort lernte er die Arbeiten des Architekten Ferdinand Kramer kennen, der für die Stadt Frankfurt eine konstruktive Groteskschrift konzipiert hatte. Sie diente den damaligen Publikationen mit dem Titel ›Das neue Frankfurt‹, Plakaten und Werbedrucksachen als Hausschrift. Wenig später schuf er als Mitarbeiter der neugegründeten Abteilung ›Typisierung‹ im städtischen Hochbauamt die ›Kramer-Grotesk‹. Paul Renner war von den Arbeiten Kramers sehr beeindruckt. Speziell die ›Kramer-Grotesk‹ ließ ihn nicht mehr los. Sie lieferte ihm schließlich die entscheidende Inspiration zur Entwicklung einer Schrift, die ihm Weltruhm einbringen sollte: die Futura.«[6]

Hier muß angemerkt werden, daß, wie erwähnt, Ferdinand Kramer sich nicht als Typograf oder typografischer Gestalter sah, sondern eindeutig als Architekt. Er konzentrierte sich stets auf das Wesentliche, als notwendig betrachtete er alles, was in diesem Zusammenhang als gestalterisches Element von Bedeutung war, was Einfluß auf seine zentrale Aufgabe hatte, den Bau. Schrift am Bau war eine dieser Marginalien, und so kann man eine ideelich-konzeptionelle Beteiligung von Kramer an der Grundform der Futura mit Gewißheit bestätigen.

Eine ›Kramer-Grotesk‹ konnte bislang nicht als selbständiges Schriftbild nachgewiesen werden. Die Zeitschrift ›Das Neue Frankfurt‹ verwendete als Satzschrift die ›Erbar-Grotesk‹, dies hat Heinz H. Schmiedt bestätigt, der seinerzeit als Setzerlehrling in der Druckerei des Verlages Englert und Schlosser in Frankfurt an der Herstellung der Hefte beteiligt war.[7]

Wie sehr Ferdinand Kramer an Klarheit und Transparenz seiner Bauten arbeitete und eben auch die Schrift in sein Kalkül einbezog, zeigt die Neugestaltung des Einganges der Johann-Wolfgang-Goethe-Universität in Frankfurt 1952/53, nachdem er, als einer von ganz wenigen, nach Jahren der Emigration aus den USA in seine Vaterstadt zurückkehrte und als Universitätsbaudirektor eine Vielzahl von Institutsbauten plante. Kein Detail entging seiner Aufmerksamkeit, war ihm unwichtig. So sind die klaren Lineaturen der Eingangssituation in einem harmonischen Einklang mit der Beschriftung des Hauses. Auch hier verwendet Kramer eine konstruierte Grotesk aus dem Umfeld der Futura und gibt dem Gebäude eine neue geistige Signatur.

Mit Kummer und Zorn mußte Ferdinand Kramer in seinen letzten Lebensjahren sehen, wie ein anderer Bau von ihm durch eine unpassende Beschriftung nachträglich gestört wurde. Unproportioniert groß und vom Charakter her falsch, ist die Universitätsbibliothek in Frankfurt mit einer Antiqua-Schrift gekennzeichnet. Hier ist seine ästhetische und funktionale Haltung gründlich mißverstanden worden.

G. KRAMER
FRANKFURT MAIN

HUTLAGER
STEINWEG 12, ECKE RATHENAUPLATZ
TELEPHON HANSA 4831, POSTSCHECKKONTO 11761

DEN

Anmerkungen

1 J. Tschichold, Sonderheft ›elementare typographie‹, Typografische Mitteilungen, Leipzig, Oktober 1925.

2 J. Tschichold, Die Neue Typographie. Ein Handbuch für zeitgemäß Schaffende, Berlin 1928 (Reprint mit Beiheft, Berlin 1987).

3 Werkkatalog Ferdinand Kramer 1923–

1974, bearbeitet von Jochem Jourdan, Schriftenreihe 3 der Architektenkammer Hessen, Frankfurt o.J. (1974), Abb.21.

4 Das Neue Frankfurt, Monatsschrift für die Fragen der Großstadt-Gestaltung, Heft 3, 1926-1927, Verlag Englert und Schlosser, Frankfurt, Januar 1927, S.61.

5 ebd.

6 Gestaltungsrichtlinien der Stadt Frankfurt am Main, Frankfurt 1985, S.3.1.

7 Heinz H. Schmiedt in einem Gespräch mit dem Autor am 27.9.1990 in Darmstadt.

Andrea Gleiniger

»Hilfe … ich muß wohnen!«
(A. Behne)

»Hilfe … ich muß wohnen!« Diesen Stoßseufzer legte Adolf Behne jenem »Abstrakten Wohnungswesen«[1] in den imaginären Mund, das ihm wohl einzig in der Lage schien, mit den knapp bemessenen »Wohnungsrationen«[2] zurecht zu kommen, die Walter Gropius und Otto Haesler den Bewohnern ihrer Siedlung Dammerstock in Karlsruhe zubilligten.

In seiner – aus heutiger Sicht – ebenso differenzierten wie anschaulichen Kritik am damals gerade fertiggestellten und heiß diskutierten Dammerstock wollte Behne warnen vor einem zur dogmatischen Ausschließlichkeit getriebenen und auf wenige rationalistische Funktionen reduzierten Zeilenbau – und wurde gründlich und einseitig mißverstanden. Dem ebenso beredten wie engagierten Fürsprecher eines neuen Bauens und Wohnens hatte eigentlich nichts ferner gelegen, als sich der »feindselige(n) und gehässige(n) Kritik«[3] anzuschließen, die das Experiment Dammerstock, wie wohl die meisten der Siedlungen des Neuen Bauens, provoziert hatte. Im Gegenteil, es lag ihm daran, die funktionalen, die hygienischen, erschließungstechnischen etc. »Ausgangspunkte des Zeilenbaues« hervorzuheben und zu verteidigen gegen jenen »radikalen Zeilenbau«, der nicht mehr nur ein Mittel des Städtebaus sein, sondern an seine Stelle treten würde[4] – und wie recht sollte er behalten mit seinen Befürchtungen.
Die 1930 fertiggestellte Siedlung Dammerstock ist der erste konsequent realisierte Zeilenbau der zwanziger Jahre.[5] Nur wenig später sollten

weitere folgen, wenngleich etliche Planungen wie etwa die Frankfurter Goldstein-Siedlung[6] vorerst Projekt blieben, weil der wirtschaftliche und politische Ab- und Umsturz seit dem Beginn der dreißiger Jahre die weitere Verwirklichung der reformerischen Großsiedlungskonzepte ins Stocken und schließlich zum völligen Erliegen brachte.

In den Jahren 1928/29 hatte sich die Diskussion um die Wohnungsfrage und die Städtebaureform in drastischer Weise auf das Thema Zeilenbau hin zugespitzt. Die Wettbewerbe für die Versuchssiedlungen in Haselhorst und Karlsruhe-Dammerstock, vor allem aber der vom May'schen Dezernat in Frankfurt vorbereitete und ausgerichtete CIAM-Kongreß zum Thema der ›Wohnung für das Existenzminimum‹ (1929), und mehr noch der dritte CIAM-Kongreß in Brüssel zum Thema ›Rationelle Bebauungsweisen‹ (1930) belegen dies in anschaulicher Weise. Die Bemühungen, das Thema ›Wohnen‹ zu systematisieren, zu rationalisieren und letztendlich auf wenige funktionale Aspekte zu reduzieren, werden nun angesichts der trotz allen Engagements kaum zu überbrückenden Diskrepanz zwischen Wohnungsnot und Baukapazität und der sich zuspitzenden ökonomischen Misere im Bau- und Wohnungswesen immer erbarmungsloser. Die Wirkungschancen jener Fermente lebensphilosophischer Poesie und ästhetischer Sensibilität, die bei allen Sachlichkeitsbestrebungen und Wirtschaftlichkeitsberechnungen die Arbeit von Architekten wie Ernst May oder auch Bruno Taut inspiriert hatten, drohen zu schwinden. An den Siedlungen, vor allem des Neuen Frankfurt, läßt sich das ablesen.

Als der 1898 in Frankfurt geborene Ferdinand Kramer nach seinem Architekturstudium in München in seine Heimatstadt zurückkehrt, ist er 25 Jahre alt, frisch diplomiert und erfüllt von

Ernst May: Siedlung Goldstein, Siedlungsplan, 1930

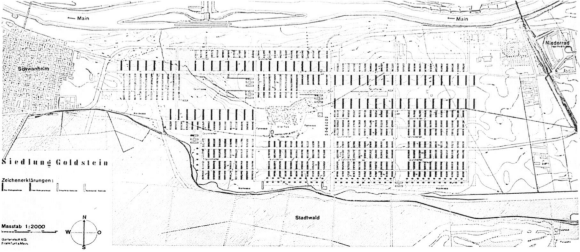

jener sozialreformerischen, architektonischen und intellektuellen Aufbruchsstimmung, die jene junge, vom Ersten Weltkrieg wachgerüttelte Architektengeneration charakterisierte, die sich in nur wenigen Jahren in der Praxis des Neuen Bauens profilieren sollte. Noch bis zu diesem Jahr 1923 – Ernst May ist gerade zum ›Leiter der zentralen Stelle für schlesische Flüchtlingsfürsorge‹ in Breslau berufen worden und die Wahl Ludwig Landmanns zum Oberbürgermeister von Frankfurt steht erst noch bevor – haben sich die wohnungspolitischen Strategien und das städtebauliche Instrumentarium, die wenig später im ›Neuen Frankfurt‹ in einem einzigartigen Planungsprojekt institutionalisiert werden, kaum herauskristallisiert. Dies obwohl sich auch Frankfurt seiner drastischen Planungs- und Wohnungsmisere bewußt ist und der seit 1917 als Stadtrat wirkende Ludwig Landmann mit seinem Amtsantritt »die logistischen Voraussetzungen für eine grundlegende Gestaltung der Stadt- und Wohnungspolitik« vorzubereiten begann, mit dem Ziel »alle Fragen des Städtebaus nach der wirtschaftlichen, rechtlichen, kulturellen oder künstlerischen Seite hin einheitlich nach einem großen Programm« zu lösen.[7]

Kramer kehrt in eine Stadt zurück, die sich in einer für die Jahrhundertwende bezeichnenden Geschwindigkeit und mit all den dazugehörigen Begleiterscheinungen sozialer Problematik zu einer Großstadt entwickelt hatte; seit seinem Geburtsjahr hatte sich die Einwohnerzahl Frankfurts mehr als verdoppelt, die Lage der Wohnungssuchenden war trostlos, die Wohnungslage der sozial schwachen Bevölkerungsschichten nicht minder. Doch mögen es weniger die metropolitane Aufbruchsstimmung als vielmehr persönliche, familiäre Gründe gewesen sein, die den jungen Architekten nach seinem Studium wieder nach Frankfurt zogen.

Nach seiner Teilnahme an der Werkbundausstellung ›Die Form‹ in Berlin und Stuttgart (1924) erhält er den Auftrag, für die HAPAG und die Messegesellschaft ein Reisebüro in der Kaiserstraße beim Hotel Frankfurter Hof umzubauen. Mit seiner sachlich strengen Lösung macht Kramer Furore. Er löst eine ästhetische Kontroverse in der Lokalpresse aus, die den Namen des jungen Architekten bekannt macht und – setzt man einmal voraus, daß Kramer tatsächlich keine eigene Initiative ergriffen hat – berufliche Konsequenzen hat: »Dem Architekten Ernst May fiel dieses Reisebüro auf«[8] bemerkt Kramer dazu lakonisch, der kurz nach Mays Amtsantritt als neuer Leiter des Hochbau- und jüngst gegründeten Siedlungsamtes von diesem zur Mitarbeit aufgefordert wird. Kramer tritt in die Abteilung für Typisierung im städtischen Hochbauamt ein, und bis zu seiner ersten (und letzten) ausdrücklichen Beteiligung an einer städtebaulichen und architektonischen Realisierung im Rahmen des Neuen Frankfurt wird er sich vor allem große Verdienste bei der Entwicklung sachlicher und kostengünstiger Inneneinrichtungen erwerben.[9]

Die in den Jahren 1929 bis 1931 entstandene Siedlung Westhausen, die – in unmittelbarer Nachbarschaft zur gerade realisierten Siedlung Praunheim – den südwestlichen Abschluß der Niddatalhangbebauung bilden sollte, ist diejenige Siedlungsplanung des ›Neuen Frankfurt‹, an deren architektonischer Prägung Ferdinand Kramer einen wesentlichen Anteil hatte. Westhausen ist jedoch nicht nur die erste Siedlung, an der Kramer auch ausdrücklich als planender Architekt beteiligt war, gleichzeitig ist sie das letzte abgeschlossene Siedlungsprojekt des ›Neuen Frankfurt‹, fertiggestellt erst, nachdem sich Ernst May bereits nach Rußland verabschiedet hatte. Westhausen ist wohl die programmatischste der Frankfurter Siedlungen und nicht ganz zufällig begonnen im Jahr des II. Internationalen Kongresses für Neues Bauen (CIAM), der 1929 in Frankfurt stattfand und einen Höhepunkt darstellte für die Diskussion um ›Die Wohnung für das Existenzminimum‹; Westhausen ist auch die schematischste der May'schen Planungen und gibt doch gleichzei-

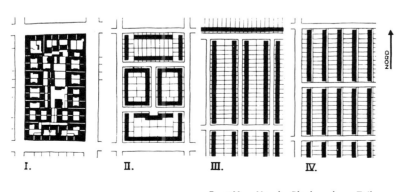

Ernst May: Von der Blockrand- zur Zeilenbauweise (Schema)

Siedlung Westhausen, Fliegerbild, um 1930. Rechts hinten die neun Ganghäuser

tig anschaulich Auskunft über einige wesentliche polare Positionen der zeitgenössischen städtebaulichen Diskussion im allgemeinen und innerhalb der Architektenschaft des ›Neuen Frankfurt‹ im Besonderen. »Ganz anders als Praunheim oder Römerstadt präsentieren sich die nach allen damals bekannten Regeln der Erschließung und Besonnung ausgerichteten Reihen als immer gleiche, fast soldatische Additionen der Baukörper, ohne ihre städtebauliche Aufgabe des südwestlichen Abschlusses des Niddatalprojektes zu erfüllen«.[10] Auf diesen gemeinsamen Nenner lassen sich wohl alle Einschätzungen von Westhausen bringen, denn wie etwa auch die Berliner Siedlungen Bruno Tauts, hatten sich die der Siedlung Westhausen vorangegangenen Planungen Ernst Mays durch differenzierte, und unterschiedliche städtebauliche Konzepte ausgezeichnet: Geschwungene Straßenzüge, Wechsel der Bebauungshöhen, prägnante Ecklösungen, verschiedenartige Hofbildungen, profilierte Grenzziehungen gegenüber dem Umland, die markante Überformung der topografischen Gegebenheiten ebenso wie die individualisierende Formulierung baulicher Details sind wesentliche Merkmale der Frankfurter Siedlungen – vergegenwärtigen wir uns etwa die Siedlungen Römerstadt, Bruchfeldstraße, Höhenblick, die Heimatsiedlung, die Siedlung am Bornheimer Hang etc. Selbst in Praunheim, wo jeweils einer Erschließungsstraße zugeordnete Doppelhebel das Hauptmotiv des städtebaulichen Grundplanes abgeben, der somit dem Bebauungsschema von Westhausen schon sehr nahe kommt, finden wir markierende und rhythmisierende Elemente wie etwa die Laubenganghäuser an der jetzigen Ludwig-Landmann-Straße, die »stadtmauerartig« den dahinterliegenden Bereich niedrigerer Reihenhäuser gegenüber der Straße abschirmen und einfassen, oder aber die gestaffelten, der Höhenlinie folgenden Hauszeilen am Damaschkeanger.

In einer der Bilanz der städtebaulichen Ergebnisse der Jahre 1925 bis 1930 gewidmeten Doppelnummer seiner »Hauspostille« ›Das Neue Frankfurt‹ (DNF)[11] vergegenwärtigte May dann auch anhand einer einprägsamen und immer wieder zitierten schematischen Darstellung die planmäßig und zielstrebig auf ein konsequentes Gleichmaß und rechtwinklige Übersichtlichkeit hinstrebende Entwicklung

des städtebaulichen Grundmusters: Ausgehend von den willkürlich und chaotisch verbauten Hinterhöfen des 19. Jahrhunderts über die ›entrümpelten‹, großzügig und hygienisch modifizierten Blockrandbebauungen, wie sie vor allem im moderat modernen Umfeld von Theodor Fischer bzw. von May selbst vertreten worden waren, zu den paarweise kombinierten Doppelzeilen und schließlich den ›militärischen Aufmarschreihen‹ der reinen Zeilenbebauung, scheint sich da der mehr und mehr aus der Vogelperspektive analysierende Blick des Planers zu klären und zu präzisieren.

Westhausen allerdings, das mit über 1.500 Wohnungen die größte der Frankfurter Siedlungen blieb, ist nicht nur als prägnanter Beitrag zur Diskussion um den Zeilenbau als die rationelle Bebauungsweise interessant. Bei all ihrer geradezu ins Auge springenden Gleichförmigkeit führt sie ebenso deutlich die konzeptionelle Kontroverse vor Augen, die offenbar auch vor dem profilierten vielköpfigen Architektenteam des May'schen Dezernats nicht haltgemacht hatte, und die sich weniger auf die Frage des Zeilenbaus als vielmehr auf die Diskussion um Flach-, Mittel- oder Hochbau bezog; eine Diskussion, die vielleicht nicht zuletzt durch die Abreise Mays in die Sowjetunion auch in Frankfurt zu keinem verbindlichen Ergebnis geführt hat. In Westhausen stehen die Positionen anders als in den vorangegangenen, überwiegend von organischen Übergängen und Verbindungen geprägten Siedlungen, klarer gegenüber: Die von May selbst immer wieder als glücklichste Lösung für »familien- und kindgerechtes Wohnen« propagierten zweigeschossigen Reihenhäuser[12] (eigentlich für jeweils eine Familie vorgesehen, dann aber, bedingt durch den eklatanten Mangel, bis in die Gegenwart hinein in zwei Wohneinheiten unterteilt) und die viergeschossigen Mehrfamilienhäuser, von denen uns hier die neun Zeilen[13] am Ostrand des Geländes an der ehemaligen Hindenburg- und heutigen Ludwig-Landmann-Straße interessieren, die Ferdinand Kramer in gemeinsamer Autorschaft mit Eugen Blanck zu verantworten hat.

Kramer und Blanck wählten für Ihre Wohnzeilen den Typus des Laubenganghauses. Trotz der sozialen und ökonomischen Erwartungen, die sich mit dem Laubengang-, oder, wie May es zu bezeichnen vorzog: dem Außenganghaus[14],

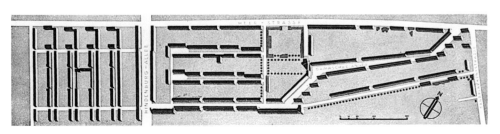

Ernst May u.a.: Siedlung Praunheim, Frankfurt/M, Lageplan

verbanden, hatte es sich im Zuge des Neuen Bauens nicht durchgesetzt und ist im Großen und Ganzen eine Randerscheinung geblieben. Innerhalb der Siedlungen des ›Neuen Frankfurt‹ taucht es nur an wenigen Stellen auf: als Straßenrandbebauung in Praunheim, in Form der zweigeschossigen Reihenhäuser von Mart Stam in der Hellerhof-Siedlung und eben hier in Westhausen.[15]

Sicherlich waren diese Laubenganghäuser auch, wie Julius Posener[16] meint, ein Kompromiß zwischen der Ausnutzungsziffer des von May immer weniger geliebten Mittel- und Hochbaus (desselben May im übrigen, der nach dem zweiten Weltkrieg Wohnmassive wie in Mainz und Darmstadt mitzuverantworten hatte) und den Qualitäten des Einfamilienhauses, wie freier Zugang nach draußen und ein damit verbundenes Gefühl der Unabhängigkeit. Gleichzeitig jedoch stellten sie immer wieder den Versuch dar, durch eine Reduzierung der internen Erschließungskosten eine besonders wirtschaftliche Form des Klein- und Kleinstwohnungsbaus zu realisieren, ja mehr noch, eine symbolische Form für einen ›proletarischen‹ Wohnungsbau zu finden.[17] Diese Qualitäten allerdings, die etwa von Michiel Brinkman Anfang der zwanziger Jahre in seinem Wohnkomplex Spangen/Rotterdam beispielhaft realisiert worden waren, wurden zwar gelegentlich in Planungen und Projekten belebt und beschworen, bei den realisierten Laubenganghäusern suchen wir sie indessen meist vergeblich. Denn in den Augen der Fachleute und Architekten, die sich überhaupt dafür interessierten (u. a. auch Le Corbusier) waren sie untrennbar mit den Qualitäten der Maisonette- bzw. Duplex-Wohnungen verbunden. Dieser Wohnungstyp setzte sich jedoch ohnehin weder in den zwanziger Jahren noch in der Nachkriegszeit durch – trotz mancher Vorteile und Reize.

Es bestätigte sich, was A. Muesmann schon 1926 in seinem Referat auf dem ›International Housing and Townplanning Congress‹ in Wien zum Laubenganghaus bemerkt hatte: »Die Anordnung der Stockwerkswohnungen an Gängen hat den Nachteil schlechter Belichtung und Durchlüftung für die an den Gängen liegenden Räume. Die Durchlüftung kann gebessert werden, wenn die Gänge offene Galerien sind. Doch leidet durch die vor dem Verkehr genügend breit zu haltenden Galerien die Belichtung der anschließenden Räume. Dagegen lassen sich die Doppelgeschoßwohnungen (Übertragung des Einfamilienhausgrundrisses in das Stockwerkshaus) mit guter Belichtung und Durchlüftung herstellen (Vorschlag Hallquith, Stockholm, im Anschluß an Vorschläge von Nußbaum, Hannover und de Fries, Berlin). Der Gang berührt in jedem zweiten Stockwerk den oberen Teil der Vor- und Wohnräume. Durchlüftung des Ganges selbst ist leicht möglich. Bisher sind in Deutschland solche Wohnungen nicht ausgeführt worden. Denn die Trennung der Wohnung in zwei Stockwerke erträgt man beim Einfamilienhaus in Anbetracht seiner sonstigen Vorzüge gern, nicht so gern bei der Stockwerkswohnung.«[18]

Ernst May zumindest, der sich allerdings nur sporadisch zum Laubenganghaus geäußert hat, schien wenig begeistert von diesem Bautyp, ganz abgesehen davon, daß er ohnehin das zweigeschossige Reihenhaus bevorzugte. In einer Erwähnung in ›Das Neue Frankfurt‹ macht er aus seiner Einschätzung keinen Hehl: »In den letzten Jahren ist das Mehrfamilienhaus gelegentlich in Form des Außenganghauses (irreführenderweise auch ›Laubenganghaus‹ genannt) gebaut worden (...). Diese Hausform hat den großen Vorteil gegenüber dem Miethause üblichen Charakters, daß man von jeder Wohnung aus direkt in das Freie gelangt, sich also psychologisch weniger beengt fühlt. Allerdings stellt sich das Außenganghaus nach genauen Berechnungen im günstigsten Falle immer noch 8 bis 10 % teurer als das Miethaus mit den Wohnungen an der Treppe, so daß

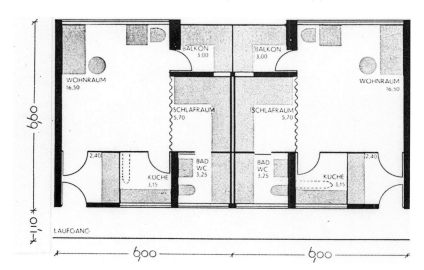

Mart Stam: Siedlung Hellerhof, Frankfurt/M, Wohnungsgrundriß

seine allgemeine Verwendung schon aus diesem Grunde nicht gegeben ist. Immerhin kann man diesen Bautyp für besondere Fälle, z. B. für Ost-West-Straßenbebauung, als wertvolle Bereicherung unserer Wohnformen ansprechen.«[19] Im Gegensatz zu May kommen Kaufmann und Böhm allerdings in ihrer 1930 auf dem III. CIAM-Kongreß in Brüssel vorgestellten ›Untersuchung der Gesamtbaukosten zwei- bis zwölfgeschossiger Bauweisen‹ sehr wohl zu dem Ergebnis, daß es sich beim Außenganghaus um einen kostensparenden Mehrfamilienhaustyp handelt.[20]

Einige der ohnehin raren Bekenntnisse zum Laubenganghaus finden wir indessen eher bei jenen Architekten, deren Rationalität und Rigidität nahezu sprichwörtlich geworden ist: bei Hannes Meyer etwa, der im Zusammenhang mit seinen von einer Studentenkooperative des Bauhauses 1930 in Dessau-Törten errichteten Laubenganghäusern in seinem Erläuterungstext schreibt:
»mit dem vorgesehenen laubenganghaus-typ wird insbesondere der versuch unternommen, die nachteile des herkömmlichen miethauses zu beheben, jede wohnung hat direkten zugang von aussen (wie bei der ebenerdigen reihenhauswohnung). die mieter sind untereinander nicht in üblicher weise verbunden durch den engen treppenschacht, der die reibung zwischen den mietsparteien begünstigt, die lärmstörung weiterträgt und als aufenthaltsort für kinder mißbraucht wird. im laubenganghaus wohnt die familie unabhängiger. die bewohner treffen sich im freien auf dem aufgang in aller öffentlichkeit wie auf dem bürgersteig. die ausschließliche lage aller wohnungen nach

süden garantiert die größtmögliche besonnung der gesamtwohnung, die an der nordfront aufgereihten nebenräume isolieren gleichzeitig die wohnung vom verkehr auf dem laubengang und von rauhen witterungseingriffen von norden.«[21]
Möglicherweise hatte Meyer bei dieser Beschreibung nicht nur sein eigenes, sondern auch das ›Galeriehaus‹ von Brinkman vor Augen, dessen Spangener Wohnkomplex zu einer Art Inkunabel für den Laubenganghausbau der zwanziger Jahre[22] geworden war, von der sich vielleicht auch Ferdinand Kramer hat inspirieren lassen: 1923 begeistert von einer Hollandreise zurückgekehrt, hat Kramer wiederholt die Bedeutung des holländischen Wohnungsbaus für die Frankfurter Planungen betont. Doch von jenen Aspekten, die das Brinkmansche Gebäude unter gemeinschaftstiftenden und städtebaulichen Gesichtspunkten so interessant machen, ist sowohl bei den Laubenganghäusern von Ferdinand Kramer als auch bei Hannes Meyer kaum etwas übriggeblieben.
Denn bei Brinkman ist der über den ebenerdig erschlossenen Duplexwohnungen im 3. Geschoß entlanggeführte Außengang, der seinerseits ausschließlich Maisonettewohnungen erschließt und damit in dem viergeschossigen Wohnkomplex weitere Ausgänge überflüssig macht, tatsächlich so strukturiert und ausgebaut, daß er sich nicht nur als Aufenthaltsort für spielende Kinder und die sie beaufsichtigenden Mütter zu eignen scheint, sondern überdies genug Platz bot, etwa den Milch- und Bäckerwagen passieren zu lassen. Eine (Be-)Nutzung, die anders als bei den mittlerweile rigide propagierten und durchgesetzten Zeilen, auch durch die schützende Geschlossenheit der Blockbebauung begünstigt, ja, erst ermöglicht wurde. Denn die den »rauhen Witterungseingriffen« ausgesetzten, an der Nordseite gelegenen Außengänge boten sich kaum zum Verweilen an. Nicht zuletzt ihre Unwirtlichkeit führte dann auch zu einer weitgehenden Ablehnung der Laubengänge – insbesondere in der Nachkriegsarchitektur.

Während Brinkmans Laubengang tatsächlich wie eine einfach um zwei Stockwerke höher gelegte Gasse wirkt – eine Wirkung, die noch begünstigt wird durch die Tatsache, daß dieser Außengang um den ganzen (rechteckigen) hofartigen Baukomplex herumgeführt wird, mithin ›um die Ecke‹ läuft und damit Perspektivwechsel ermöglicht – sind die meisten der späteren Laubengänge selten mehr als eine sparsame Erschließungsform, kaum genutzt für gesellige oder gar gestalterische Expansionen der Bewohner.

Michiel Brinkman: Siedlung ›Spangen‹, Rotterdam 1921. Blick in den umlaufenden Gang im 2. Obergeschoß

Doch kehren wir zu den Laubenganghäusern von Kramer und Meyer zurück, die durchaus strukturelle und formale Ähnlichkeiten aufweisen und sich darüber hinaus von Laubenganghäusern von Scharoun (Breslau), Gropius (Karlsruhe-Dammerstock), den Gebrüdern Frank (Hamburg), Salvisberg (Berlin) oder von jenen an der Ludwig-Landmann-Straße in Praunheim deutlich unterscheiden. Da fallen zuerst einmal die filigranen, transparenten Geländer auf, die die jeweils vorgehängten Außengänge einfassen. Diese sind bei Kramer und Meyer wie luftige Balkons appliziert. Damit unterscheiden sie sich wesentlich von jenen mit geschlossenen, gemauerten Brüstungsfeldern versehenen, zwischen kompakten Treppenhausrisaliten gespannten Außengängen, die in einem sehr viel eigentlicheren Sinne als Abkömmlinge der ›Laube‹ behandelt sind und den Charakter eines an die Außenfassade verlegten, offenen Flures haben.

Eine bemerkenswerte Variante liefert in diesem Zusammenhang der 1928/29 entstandene ›Brennerblock‹ in der Praunheimer Siedlung. Gemeint ist hier nicht die Straßenrandbebauung an der Ludwig-Landmann-Straße, sondern jener einzelne Querriegel ›Am Ebelfeld‹, der die Eingangssituation der Siedlung gegenüber der Stadt definiert und nach Osten hin in eine zweigeschossige Reihenhausbebauung übergeht. Dieser nur selten und dann immer mit seiner Südfassade publizierte Bau regt nicht nur aufgrund der räumlichen Nähe zum Vergleich an: Der viergeschossige, nord-süd-orientierte und dreißig Wohnungen umfassende Block wird durch zwei seitlich angeordnete Treppenhäuser erschlossen, die jeweils in sowohl höhenmäßig als auch durch ihre Farbigkeit hervorgehobenen Eckrisaliten untergebracht sind. Die zwischen diesen beiden dominanten Baukörpern weit zurückspringende Gangfassade wirkt demgegenüber geradezu luftig und offen, da die Laubengänge mit ebensolchen Geländern versehen sind, wie wir sie wenig später in Dessau antreffen werden.

Während Kramer und Blanck viergeschossige Bauten (à vierundzwanzig Wohnungen) realisierten, sind die Dessauer Laubenganghäuser lediglich dreigeschossig und umfassen je achtzehn Wohnungen. In beiden Fällen sind die Zeilen nord-süd-orientiert, wobei die Frankfurter Wohnzeilen, bedingt durch die vorgegebene Führung der Ludwig-Landmann-Straße, geringfügig von dieser strengen Ausrichtung nach Westen hin abweichen.

Einen sehr markanten Unterschied zwischen beiden Entwürfen bildet die Art und Lage des Treppenhauses: Meyers Treppenhaus ist als kompakter, bis auf die bescheidenen Hauseingangstüren seitlich geschlossener, zur Nordseite jedoch nahezu gänzlich in eine gerasterte Glasfassade aufgelöster Treppenturm, der Eingangsseite des Wohnblocks vorgestellt; ein deutlich separierter Bauteil, der wie herangeschoben wirkt. Der Zugang zu diesem Treppenhaus erfolgt jeweils seitlich. Dieser Treppenblock, der dem Erläuterungsbericht zufolge »aus feuerpolizeilichen Gründen bautechnisch vollständig isoliert von dem eigentlichen Wohnblock aufgeführt«[23] wurde, verändert die Physiognomie der schmalen Zeilen beträchtlich. Indem Meyer das Treppenhaus notwendigerweise als eigenständigen Baukörper definiert und es asymmetrisch an die Fassade heftet, betont er den Unterschied zwischen Treppenhaus und Wohntrakt. Gleichzeitig jedoch relativiert er diesen Kontrast, wenn er an diesem Treppenturm das architektonische Hauptmotiv der Bauten, das Wechselspiel von Transparenz und Masse, von Glas, Gitterwerk und Ziegelmauerwerk nämlich, aufgreift und verdeutlicht.

Ganz anders verfährt indessen Ferdinand Kramer mit dem Thema Treppenhaus, dessen formale Gestaltung ja zu einem der wesentlichen Spielräume des Neuen Bauens geworden war: Die Laubengänge der Westhausener Wohnzeilen werden durch ein zentrales, offenes Treppenhaus erschlossen, das die Bauten

Ferdinand Kramer und Eugen Blanck: Laubenganghäuser Westhausen, 1929/30, Nordseite

Ernst May u.a.: Laubenganghaus an der Ludwig-Landmannstraße, Frankfurt-Praunheim, 1928/29. Foto G. Leistikow

Anton Brenner: Laubenganghaus ›Am Ebelfeld‹, Frankfurt-Praunheim, 1928/29

Hannes Meyer u.a.: Laubenganghäuser Dessau-Törten, 1930

jeweils spiegelsymmetrisch teilt. Dieses Treppenhaus tritt jedoch nicht als eigenständiger Baukörper in Erscheinung. Im Gegenteil: Die scharfkantig in die Fassade geschnittenen, bis zur Trauflinie durchgezogenen Öffnungen signalisieren eher die Abwesenheit von ›Wand‹ als die Anwesenheit eines veritablen Treppenhauses und trennen die Wohnungstrakte so jäh voneinander, daß ihre Verbindung durch die Laubengänge und die schmale Traufenlinie des Flachdaches fast wie ein Provisorium wirken. Während die Geländer an den Dessauer Laubenganghäusern aus aneinandergereihten, je zweigeteilten Rahmenkonstruktionen bestehen, in deren ›Brüstungsfelder‹ Metallgitter verspannt sind, verwendet Kramer ein Geländer aus schlichten Vertikalstäben, deren einziges Gliederungselement jene in gleichmäßigen Abständen verstärkten Stäbe bilden, die das Ganze am Laubengang verankern. Beide, Kramer wie Meyer, verzichten auf jede über die reine Funktion des Geländers hinausgehende Verstrebung, um etwa, wie am Brennerschen Laubenganghaus in Praunheim (oder immer wieder auch bei den May'schen Eingangsüberdachungen) mittels vertikaler Verbindungsstäbe die Vorrichtung für ein Rankgerüst zu schaffen.

Wie in Westhausen enden auch die Dessauer Laubengänge jeweils im Abstand eines Zimmers vor dem Abschluß des Baublocks, was nicht nur den Charakter des Vorgehängten, Balkonhaften unterstreicht, sondern vor allem bei den Kramer-Bauten der Architektur etwas Ephemeres, Provisorisches verleiht – ein Eindruck, der im übrigen bestätigt sein mag durch die Tatsache, daß Kramer dezidiert für eine auf Kurzlebigkeit und schnellen Verschleiß hin konzipierte Wohn-Architektur plädierte.[24] Bei Meyer werden diese verbleibenden Wandflächen noch weiterhin von Fenstern durchbrochen, deren helle Fensterstürze offenbar bewußt als horizontales Gliederungselement eingesetzt wurden. Bei Kramer indessen blei-

ben diese Wandflächen geschlossen, weiß verputzt und nackt – bis auf die Türen der Abstellräume, die im Erdgeschoß die Fläche markieren. Die weißen Putzflächen bilden so nicht nur ein notwendiges Gegengewicht zur dunkel sich abhebenden Zäsur des Treppenhauses, sie unterstreichen auch das dünnwandige, membranhafte der gesamten Wandabwicklung. So wenig Kramer den Laubengang als Element einer plastischen Modulation des Baukörpers verstanden wissen wollte, so konsequent war sein Verzicht auf jenes Spektrum gestalterischer Möglichkeiten, das auch im Neuen Frankfurt – ähnlich wie bei Taut, Häring, Scharoun u. a. – den Treppenhaus- und Eingangsbereich zum Gegenstand einer artikulierten architektonischen Hervorhebung werden ließ: durch prismenartige Glas-Erker, schmale, vertikale Fensterbänder, Rankgerüste o. Ä.

Das »Prinzip Einfachheit« (Julius Posener), dem Kramer sich in großer Konsequenz verpflichtet fühlte, setzt sich auch bei allen weiteren Gestaltungsmerkmalen und architektonischen Funktionen fort. Aus der Not des sich zuspitzenden ökonomischen Zwanges zur Sparsamkeit versucht Kramer beharrlich eine Tugend zu machen. Ähnlich wie der Eingangsbereich war im Zuge des Verzichts auf jegliches zweckfremdes oder gar zweckentfremdendes Ornament auch das Fenster in den üppigeren Zeiten des ›Neuen Bauens‹ jenseits seines funktional(istisch)en Symbolwertes zu einem zentralen Architekturmotiv und einem subtil verwendeten Gestaltungselement geworden: Format, Maßstab, Farbfassung und Unterteilungen, Rhythmus und Relation von Fensteröffnungen und Wandflächen boten einen Spielraum, der nicht selten eher zugunsten der ästhetischen Wirkung als der funktionalen Zweckmäßigkeit ausgeschöpft wurde – die hochgelegten Fensterbänder in den ›Bastionen‹ der Römerstadt, hinter denen sich die Wohnzimmer befinden, sind da wohl nur ein Beispiel.

Denn auch die Bauten der Frankfurter Siedlungen, zu deren Charakteristika das querrechteckige, zwei- oder dreigeteilte Fenster ebenso gehört wie die großzügige, fensterbandartige Wintergartenverglasung, liefern eine durchaus abwechslungsreiche Fülle der von spannungsvollen Fensterkombinationen rhythmisierten Wandabwicklungen. Noch den zweigeschossigen Reihenhäusern in Westhausen wurde eine größere Vielfalt und damit Individualisierungsmöglichkeit in Auswahl und Anordnung der Fenstermotive zugestanden: Den unterschiedlichen Raumfunktionen entspricht ein je eigenes Fenstermotiv. Kramer und Blanck indessen beschränken sich auf ein Minimum, auch darin vergleichbar dem Vorgehen von Hannes Meyer, der bei seinen Dessauer Laubenganghäusern mit insgesamt zwei verschiedenen Fensterformaten auskommt. An der Nordseite

Hannes Meyer u.a.: Laubengang, Dessau-Törten

Ferdinand Kramer und Eugen Blanck: Laubenganghäuser Westhausen, Ausschnitt Nordseite. Foto P. Wolff

verwendet Kramer ein einfach geteiltes, hochrechteckiges Fenster, das durch eine im oberen Viertel angebrachte Lüftungsklappe eine zusätzliche Unterteilung erhält. Kramer verwendet dieses Fenster gleichermaßen für die Küche wie für Kinder- und Schlafzimmer. Dieses Fenster wird insofern variiert, als Kramer der Wohnungstür jeweils ein ›halbes‹ Fenster zuordnet (hinter dem sich das Bad befindet), das lediglich durch einen in Trennwandstärke verdickten Rahmen unterschieden, mit der Haustür ein Gesamtmotiv ergibt, welches in ganz ähnlicher Weise auch bei den Westhausener Reihenhäusern auftaucht. Das Wohnzimmer an der Südseite indessen wird durch ein großformatiges viergeteiltes Balkonfenster belichtet, das nahezu die gesamte Breite des allerdings schmalen Balkons ausmacht – das Ganze gleicht in seinen Abmessungen eher einer zum Austritt erweiterten französischen Fenstertür, als einem auch als Sitzplatz benutzbaren Balkon.

Dieses viergeteilte Tür- und Fensterpanel, das etwa zu 3/4 verglast ist, verleiht denn auch der Südseite jenes Quantum an Offenheit und Großzügigkeit, das die Minimalabmessungen des Balkons vermissen lassen. Diese Balkone sind mit den gleichen schlichten Geländern eingefaßt wie die Laubengänge. Der möglicherweise von Kramer auch implizierten Aufforderung, die filigranen Geländer, die ja weder Sicht- noch Windschutz boten, in ähnlicher wie der von Mart Stam im Hellerhof eingeplanten Weise mit farbig gestreiften Markisenstoffen zu versehen und der Architektur damit einen zwar ephemeren aber überaus wirkungsvollen Akzent zu verleihen, ist offenbar damals wie heute kaum ein Bewohner nachgekommen. Die durch das Treppenhaus gebildete, fast radikale Zäsur der Gangseite bleibt an der Südseite gänzlich unbemerkt. Unscheinbare Symmetrieachsen bilden jedoch jene vier übereinander angeordneten Standardfenster, die einen durch die Lage des Treppenhauses gewonnenen, zusätzlichen Schlafraum für die

hier eingeplanten Vierzimmerwohnungen belichten.

Während die Symmetrie der Südfassade durch das Gleichmaß der Fenster- und Raumabfolgen keine rhythmischen Abweichungen oder Umstellungen zuläßt, löst die Zäsur des Treppenhauses an der Nordseite scheinbar geringfügige, jedoch durchaus wirksame Veränderungen in Grund- und Aufriß aus: Dem gleichmäßigen Rhythmus der Südfassade wird an der Nordseite ein ungleich spannungsvollerer entgegengesetzt, dessen Ausgangspunkt das zentrale Treppenhaus ist. Als Symmetrieachse teilt es die Zeile: Der spiegelbildlichen Anordnung der Wohnungsgrundrisse entspricht demnach die Gegenläufigkeit der Fenster-Tür-Motive, deren Anordnung die zentralisierende Bewegung des Fassadenrhythmus unterstreicht. Nicht zuletzt dadurch erhält die eher provisorisch wirkende Verklammerung der Gebäudehälften durch die Laubengänge auch ein deutlich artikuliertes formales Gegengewicht.

Wie einschneidend bei derart reduzierten Gestaltungsmitteln schon die geringfügigste Veränderung sein kann, veranschaulichen die Wohnungstüren. Die ursprünglich mit einem querformatigen Oberlicht versehenen Eingangstüren wurden, offenbar nach dem Zweiten Weltkrieg, durch Türen mit einem schmalen, vertikalen Fensterschlitz ersetzt, die dem rhythmischen Effekt der Wandabwicklung einen ganz anderen Akzent geben und die Gebundenheit des Fenster-Tür-Motivs zerstören.

Auch von der ehemaligen Farbigkeit ist nahezu nichts mehr übrig geblieben: Aus den schmalen weißgestrichenen Baukörpern wurden schmutziggrauverputzte Wohnblocks, das Blau des Treppenhauses, der Wohnungstüren und Fensterrahmen hat sich in ein undefinierbares Graublau aufgelöst. Nicht zuletzt dadurch ist die subtile Grafik des Aufrisses zerstört. Die nord-süd-orientierten Wohnungsgrundrisse folgen einem einheitlichen und klaren Raumschema: Ein knapp 2,50 m² großer Flur

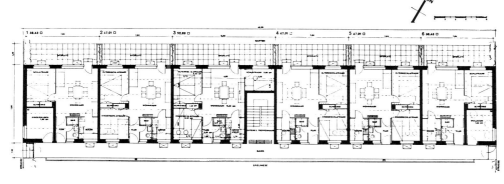

Ferdinand Kramer und Eugen Blanck: Laubenganghäuser Westhausen, Grundriß Erdgeschoß

Sitzbadewanne, Entwurf Ferdinand Kramer, Ausführung Buderus, Vertrieb Bamberger & Leroi, um 1927

erschließt das kleine, mit der von Kramer entwickelten Sitzbadewanne ausgestattete Bad und den Wohnraum, von dem aus – die innere Struktur des Laubenganghauses legt dies nahe – die übrigen Räume zugänglich sind: die Schlaf- und Kinderzimmer sowie die auch hier eingeplante ›Frankfurter Küche‹. Sitzbadewanne, Einbauschränke und ›Frankfurter Küche‹ (nicht zu vergessen die zentrale Beheizung) ermöglichen jenen Ausstattungsstandard, der die ›Wohnungen für das Existenzminimum‹ nicht nur zu einer praktikablen, sondern – jenseits ihrer Raumgrößen – schon fast komfortablen Lösung machten. Auch wenn die Lage des als elterliches Schlafzimmer vorgesehenen Raumes zur Südseite hin gegenüber der Lage der Kinderzimmer nach Norden eine bevorzugte ist, so sind doch die nur um rund 1 m² voneinander abweichenden Abmessungen auffallend. Auch verzichten die Architekten auf jene schlauchförmigen Zimmer, die wir im allgemeinen auch in den zwanziger Jahren antreffen (so auch in den Meyer'schen Laubenganghäusern in Dessau oder aber in den Dammerstocker Laubenganghauswohnungen von Walter Gropius[25]).

Im Vergleich zu anderen Laubenganghaus-Grundrissen, vornehmlich des ›Neuen Frankfurt‹, lassen sich nun noch eine Reihe weiterer Beobachtungen machen. Naheliegend ist dabei zuerst einmal natürlich der Vergleich mit den Grundrissen der schon erwähnten Laubenganghäuser an der Ludwig-Landmann-Straße bzw. des sogen. ›Brennerblocks‹ Am Ebelfeld.[26] Konsequenter noch als Kramer hat Brenner in seinen Ganghausgrundrissen die Idee des zentralen Wohnbereichs realisiert; konsequent auch hat er alle Wohn- und Schlafräume, dem Laubengang abgewandt, nach Süden orientiert. Dadurch entsteht, wie wenig später auch in den Dessauer Bauten, eine Art dreischiffiger Grundriß: die zentrale Achse aus Wohn- und Eßplatz wird flankiert von den etwas schmaleren Achsen von Küche und Schlafnische sowie des Flur-Dusche-Kinder-

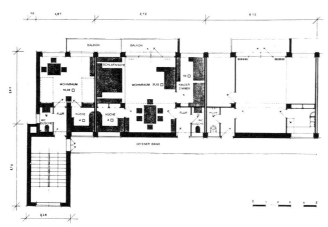

Anton Brenner: Laubenganghaus ›Am Ebelfeld‹, Frankfurt-Praunheim, 1928/29, Grundriß

zimmer-Bereichs. Dem sehr schmalen Kinderzimmer entspricht hier ein zur Nische reduziertes Schlafzimmer, abtrennbar nur durch einen Vorhang oder dgl. Bemerkenswert an diesem Ganghaus ist der aus der Anordnung der identischen Wohnungsgrundrisse resultierende, vergleichsweise lebendige Fassadenrhythmus: Die jeweils paarweise spiegelsymmetrisch zusammengefaßten Wohnungen sind darüber hinaus von Geschoß zu Geschoß dergestalt gegeneinander versetzt, daß ein spannungsvoller Wechsel zwischen den konzentrierten Tür- und Fensterpaaren sowie den geschlossenen Wandflächen entsteht.

Kehren wir nun auch noch einmal zu den Dessauer Laubenganghäusern von Hannes Meyer zurück, die allerdings einheitlich mit Dreizimmer-Wohnungen ausgestattet sind. Bei Meyer führt die geringe Haustiefe zu einer Breitenentwicklung des Grundrisses, die vor allem einer gleichberechtigten Sonnenorientierung sämtlicher Schlaf- und Wohnräume zugute kommt. Zum Laubengang hin orientiert sind gemäß seiner schon oben formulierten Prämisse, daß »die an der nordwand aufgereihten nebenräume …gleichzeitig die wohnung vom verkehr auf dem laubengang und von rauhen witterungseingriffen von norden« isolieren, nur Küche und Bad.
Kramer und Blanck erzielen diese Isolierung nur bei den Eckwohnungen im 2. bis 4. Geschoß, in denen die Kinderzimmerfenster nach Osten bzw. nach Westen gehen. Auch und vor allem Kramer verband mit den Möglichkeiten der Typisierung und Vorfertigung die Hoffnung, die Starrheit tradierter Grundrißstrukturen zugunsten flexiblerer, den Nutzungswünschen zukünftiger Bewohner anpaßbarer Grundrißorganisationen zu überwinden.

»Die Grundrißgestaltung darf logischerweise also nicht starr und festgelegt sein. Im Rahmen moderner Grundrisse bleibt es dem zukünftigen Bewohner freigestellt, beliebig über die Anzahl und die einzelnen Raumgrößen zu disponieren. Der Architekt oder der betreffende Bewohner vermag, ohne daß die Kostenfrage wesentlich tangiert wird, sich in weitaus höherem Maße als früher den individuellen Bedürfnissen der Nutznießer anzupassen. Der spätere Bewohner ist in der Lage, an die Ausgestaltung des von ihm gemieteten Wohnkomplexes Forderungen, die seinen Bedürfnissen entsprechen, zu stellen.«[27] Dies formulierte Kramer ebenfalls 1929 in seinem in der ›Form‹ veröffentlichten Aufsatz ›Die Wohnung für das Existenzminimum‹. Die »individuellen Bedürfnisse«, von denen Kramer hier spricht, sind allerdings etwas ganz anderes als jener »bürgerliche Scheinindividualismus«,[28] den er, wie nahezu alle seine avantgardistischen Kollegen, verketzerte. Gemeint war vielmehr jenes noch unbestimmte Potential an Entfaltungsmöglichkeiten, das die zum »Instrument« (Kramer), zum »Gebrauchsgegenstand« (Schuster) – ganz zu schweigen von der Le Corbusier'schen »Wohnmaschine« – reduzierte Wohnung schließlich freisetzen würde – anders als die zum »Monument« (Behne), zum »Museum« (Schuster) oder »Kunstwerk« (Kramer) abgehobene Repräsentationswohnung der Jahrhundertwende.

Doch die Gleichung zwischen »größtmögliche(r) Typisierung« und einer daraus resultierenden »weitgehenden Dispositionsmöglichkeit« wird bei Kramer so wenig wie in der nachfolgenden Entwicklung aufgehen. Und dies nicht so sehr, weil sich das »reaktionäre(s) Märchen, das Formproblem als reinen Schematismus und als Verarmung zu bezeichnen, wobei jede persönliche Note von vornherein ausgeschlossen wäre«[29] wirklich bewahrheitet hätte. Eher noch, weil sich ein am Beispiel der Gebrauchsgegenstände isoliert diskutiertes Formproblem nicht so ohne weiteres auf die Wohnung als Ganzes übertragen ließ. Denn der »persönliche(n) Note« in der Wohnung wurde ein Spielraum zugewiesen, der nicht nur zu gering, sondern vor allem zu abstrakt war. Auch Kramer hatte das »menschliche Maß«[30] zum Orientierungspunkt all seiner Überlegungen gemacht, und er hatte sich heftig gegen den seit Adolf Behne immer wieder erhobenen Vorwurf der »Kasernierung« gewehrt: »Der Einwand, daß eine derartige Konzentration eine Kasernierung ganzer Bevölkerungsschichten bedeutet, ist hinfällig, da nur durch eine solche Bauweise die Initiative für eine individuelle innere Ausstattung offengelassen wird.«[31]

Doch ob Kramer, Schuster, Behne: Sie alle tun sich schwer, das zu definieren, was jenseits der reduzierten, durchrationalisierten Typologie angesiedelt ist, aber auch jenseits des allseits verdammten »bürgerlichen Scheinindividualismus« und doch auch von ihnen erkannt wird als ein vom Raum, vom Gegenstand ausgehender, auf den Menschen bezogener »Gemütswert«. Während Kramer diese Klippe immer wieder umschifft und sich in seinen ohnehin nur kargen Äußerungen über das Wohnen mehr ans Faktische hält, hat sein Kollege Franz Schuster einen zaghaften, wenn auch sehr allgemeinen Annäherungsversuch gewagt (auch Giedion und vor allem Behne machen dergleichen Andeutung): »Die neuen Wohnungen im Sinne von Sachlichkeit sind oft ohne eine gewisse einfache Wohnlichkeit im selbstverständlich menschlichen Sinn. Sie haben manchmal eine gänzlich ›entmenschlichte‹ Leere. Das kann nicht das Ideal einer Sachlichkeit sein, die eine menschliche sein muß. Sachlichkeit: Eine Drehbank, ein Isolator, eine Druckmaschine, ein Revolver, die sind sachlich; aber diese Sachlichkeit allein kann für das Bauen und Wohnen nicht in Betracht kommen. Da ist mehr zu erfüllen als (...) ein sicheres und präzises Funktionieren. Es handelt sich nicht um den Ersatz einer menschlichen Teilleistung, nicht nur um die Form eines Werkzeuges, um die Ergänzung einer Maschine oder eine technische Einrichtung, es handelt sich um den Menschen in seiner Totalität. Das Wohnen ist nicht nur eine praktische und zweckmäßige Angelegenheit – das ist es selbstverständlich – es ist noch etwas mehr. Es handelt sich bei ihm um eine Sachlichkeit, die eine Zweiheit ist: eine auf die Dinge und eine auf den Menschen oder das Leben bezogene.«[32]

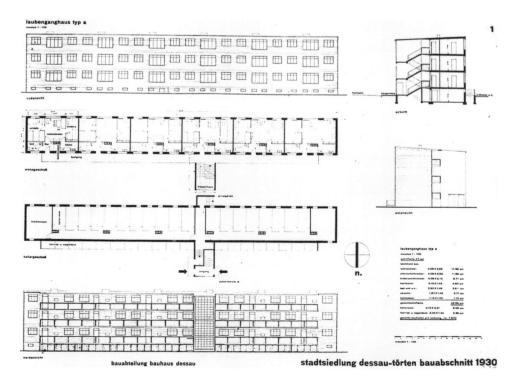

Hannes Meyer u.a.: Laubenganghäuser Dessau-Törten, 1930, Grundrisse, Ansichten und Schnitt

Anmerkungen:

1   A. Behne, Dammerstock, in: Die Form 6/1930. Zit. n.: ›Die Form‹, Stimme des Deutschen Werkbundes 1925–1934, hrsg. v. F. Schwarz und F. Gloor, Gütersloh 1965, S. 170.

2   W. Gropius, Die soziologischen Grundlagen der Minimalwohnung für die städtische Bevölkerung, in: Die Wohnung für das Existenzminimum, Internationale Kongresse für neues Bauen und Städtisches Hochbauamt Frankfurt am Main (Hg.), Frankfurt 1930. Gropius spricht hier von der »mietbaren ration wohnung«, S. 18.

3   Behne, vgl. Anm. 1, S. 168.

4   Vgl. Anm. 1, S. 172.

5   Vgl. A. Schumacher, Otto Haesler und der Wohnungsbau der Weimarer Republik, Marburg/Recklinghausen 1982, S. 210.

6   Die Goldstein-Siedlung, mit deren Planung im Jahre 1930 begonnen wurde, sollte ebenfalls durchgängig in reiner Zeilenbauweise realisiert werden. Der Plan konnte jedoch durch die personellen und inhaltlichen Veränderungen im Frankfurter Hochbauamt nach dem Weggang von Ernst May nurmehr bruchstückhaft verwirklicht werden.

7   G. Kuhn, Landmann Asch May, in: Ernst May und das Neue Frankfurt 1925–1930 (Ausstellungskat. Frankfurt), Berlin 1986, S. 21.

8   F. Kramer, Vortragsmanuskript, Privatarchiv Kramer.

9   Im Jahre 1925 gewinnt Kramer den von der Städtischen Hausrat GmbH gemeinnützige Möbelversorgung im Rhein-Main- und Lahn-Gebiet ausgeschriebenen Wettbewerb für eine 3-Zimmerwohnungseinrichtung aus typisierten Möbeln. In der folgenden Zeit werden Kramers Entwürfe zu einem wichtigen Beitrag in dem 1928 ins Leben gerufenen ›Frankfurter Register‹.

10   Chr. Mohr und M. Müller, Kommentar zur Siedlung Westhausen in Frankfurt, in: Siedlungen der Zwanziger Jahre, Schriftenreihe des Deutschen Nationalkomitees für Denkmalschutz, Bd. 28, S. 178.

11   Das Neue Frankfurt (DNF). Internationale Monatsschrift für die Probleme kultureller Neugestaltung. 5 Jahre Wohnungsbau in Frankfurt am Main, 2–3/1930, S. 34.

12   Vgl. Anm. 11, S. 36. May schreibt hier: »Die idealste, weil natürlichste Wohnform ist das Einfamilienhaus im Flachbau (…).«

13   Die für diesen Bereich von Franz Schuster entworfenen Laubenganghäuser wurden in dieser Form nicht realisiert.

Vgl. Franz Schuster 1892–1972 (Ausstellungskat. Wien), Wien 1976, S. 47. Erst in den Fünfziger Jahren wurde die Siedlung Westhausen in der heutigen Form vervollständigt. Auch eine der jetzt zehn Zeilen am nördlichen Rand der Siedlung wurde erst in dieser Zeit hinzugefügt.

14   DNF 2–3/1930, S. 37.

15   Erwähnt sei hier noch das Laubenganghaus für berufstätige Frauen an der Platenstraße.

16   J. Posener, Ferdinand Kramers Architektur, in: Ferdinand Kramer Architektur & Design (Ausstellungskat. Berlin), Berlin 1982, S. 11.

17   Doch mehr als das verband Meyer mit seinen Laubenganghäusern auch eine Art gesellschaftspolitisches Experiment, denn auch hier waren die mehrgeschossigen Laubenganghäuser mit Einfamilien-Reihenhäusern kombiniert. Meyer schreibt dazu in seinem Kommentar: »Sozial ein Versuch, zwei Bevölkerungsschichten auf einem Siedlungsgebiet durch urbanistische Maßnahmen bewußt zu vermischen: Kleinbürger in eingeschossiger Flachbauweise: Einfamilienhäusern mit Kleingärten in Zickzackstellung. Proletarier in dreigeschossigen Laubenganghäusern (…)«. Zit. n.: Hannes Meyer Architekt Urbanist Lehrer 1889–1954, Berlin 1989, S. 228.

18   A. Muesmann, Kleinhaus und Großhaus, in: International Housing and Town Planning Congress, Wien 1926, S. 210.

19   DNF 2–3/1930, S. 37.

20   H. Boehn und E. Kaufmann, Untersuchung der Gesamtbaukosten zwei- bis zwölfgeschossiger Bauweisen, in: CIAM Internationale Kongresse für neues Bauen. Dokumente 1928 bis 1939, hrsg. v. M. Steinmann, Basel/Stuttgart 1979, S. 91. Hier heißt es: »Es erscheint erwiesen, daß für Typen mit geringer Frontbreite die anteiligen Kosten der Treppenhäuser beim ›Zweispännertyp‹ doch belastender wirken als die Summe der Kostenanteile der Außengänge und des Treppenhauses beim Außengangtyp.«

21   H. Meyer, vgl. Anm. 16, S. 230.

22   Zu Spangen vgl.: Wasmuths Lexikon der Baukunst, Berlin 1929, Stichwort ›Aussenganghaus‹. – F. Fueg, Van den Broek und Bakema, ein Beitrag zur Geschichte der Architektur, in: Bauen und Wohnen 8/59, S. 332–334. – G. Fanelli, Moderne Architektur in Nederland 1900–1940. – s'-Gravenhage 1978, S. 43 ff.

23   H. Meyer, vgl. Anm. 16, S. 231.

24   F. Kramer, Die Wohnung für das Existenzminimum, in: ›Die Form‹, 24/1929, zit.

n. Schwarz/Gloor, vgl. Anm. 1, S. 150.

25   Gropius hatte das Thema ›Außenganghaus‹ in Karlsruhe-Dammerstock ganz anders gelöst. In seinem Wohnblock sind allerdings ausschließlich Zweizimmer-Wohnungen vorgesehen. Ähnlich wie bei Meyer liegen zum Laubengang hin nur die Nebenräume, nämlich Küche, Bad und Flur, Wohn- und Schlafzimmer sind indessen nach Süden hin orientiert. Die Entwicklung des Grundrisses in die Tiefe läßt da allerdings kaum mehr als zwei schlauchförmige Räume entstehen. (Vgl. Moderne Bauform 1/1930, S. 9, Beilage: Mitteilung an die Fachwelt).

26   Anders als in dem schon zitierten Katalog zur Ernst-May-Ausstellung in Frankfurt 1986 ist nicht die Straßenrandbebauung an der Ludwig-Landmann-Straße A. Brenner zuzuschreiben, sondern das Laubenganghaus ›Am Ebelfeld‹, das, darin den Kramerschen Zeilen vergleichbar, Geländer an den Laubengängen aufweist.

27   Kramer 1929, zit. n. Schwarz/Gloor, vgl. Anm. 1, S. 149.

28   F. Kramer, Individuelle oder typisierte Möbel, in: DNF 1/1928, S. 10.

29   ebd.

30   F. Kramer, Wohnen im Studentenheim, Ansprache des Architekten zur Einweihung des Studentenheimes Bockenheimer Warte, in: vgl. Anm. 16, S. 117.

31   Kramer 1929, zit. n. Schwarz/Gloor, vgl. Anm. 1, S. 150.

32   F. Schuster, Möbelchaos, in: DNF 1/1928, S. 18/19.

Dietrich Worbs

Ferdinand Kramer und Adolf Loos in Frankfurt 1930. Foto Claire Loos.

1. Begegnungen mit Adolf Loos[1]

Um die Mittagszeit an einem Herbsttag des Jahres 1928 steigt der junge Architekt Ferdinand Kramer die runde Treppe im Wiener Haus Bösendorfer Straße 3, ganz in der Nähe des Kärntner Rings, empor. Er ist auf der Rückreise von einer Besichtigungsfahrt zu den Thonet-Fabriken in der Tschechoslowakei und zur Wohnungsbau-Ausstellung des Tschechischen Werkbunds in Brünn. Er läutet an der Wohnungstür des Architekten Adolf Loos. Kramer hat Glück mit seinem unangemeldeten Besuch: Loos öffnet die Tür, Kramer stellt sich vor, und Loos lädt ihn zu einem Gespräch in seine Wohnung ein. Sie kommen gleich in eine Diskussion über den Siedlungsbau in Frankfurt am Main und in Wien.

Loos spricht über seine Erfahrungen mit der Wiener Siedlerbewegung, die als Folge der katastrophalen Wohnungs- und Hungersnot nach dem Ende des Ersten Weltkrieges in Wien entstanden war, er spricht von der organisierten Selbsthilfe der Wiener Siedler, für die Loos mehrere Siedlungen am Rande von Wien gebaut hat, von dem Eingehen auf die Wohn- und Lebensbedürfnisse der Siedler, von der Wohnküche mit dem großen »tisch, um den sich die ganze familie zur mahlzeit versammeln kann«[2], vom Herd, von Koch- und Eßgewohnheiten seiner Siedler und von seinen Reformideen, die er einführen wollte. Das alles ist den Planungsideen der zweiten Hälfte der Zwanziger Jahre in Frankfurt, der durchrationalisierten ›Wohnung für das Existenzminiumum‹ mit der ›Frankfurter Küche‹ von Grete Schütte-Lihotzky, mit den genormten Türen, Fenstern, Beschlägen von Ferdinand Kramer und ihren Typen-Grundrissen schon sehr fern, aber Kramer versteht Loos sehr gut.

Loos lädt Kramer zum Mittagessen ein und führt ihm sogleich seine Reformvorstellungen vom gesunden, leichten Essen praktisch vor: Er bereitet selbst in seiner Küche eine Omelette soufflée und serviert sie seinem Besucher am Essplatz in seinem Wohnzimmer. Nachher sitzen beide in der Kaminnische, deren Raumökonomie, Proportionen, Materialien und Farben Kramer sehr bewundert. Kramer erzählt Loos von seiner Arbeit für die Firma Thonet, für die auch Loos 30 Jahre zuvor Entwürfe gemacht hatte: die Stühle und Tische des ›Café Museum‹ (1899). Die Stahlrohrmöbel der Firma Thonet lehnt Loos vehement ab; er erzählt, daß er

Thonet mitgeteilt habe: »Ich schmeiße Euch die Scheiben ein, wenn Ihr noch einmal Stahlrohrsessel zeigt!«
Loos berichtet Kramer auch von seinem Plan einer Stuhl-Ausstellung in Wien, die dann später von Adolf G. Schneck, dem er davon erzählte, in Stuttgart realisiert wurde. Diese Stuttgarter Ausstellung haben dann Ferdinand Kramer und Mart Stam übernommen und in veränderter Form im Frankfurter Kunstgewerbemuseum gezeigt (10.3.–7.4.1929) – mit Gemälden von Mondrian, Léger, Baumeister und Gris. Das Publikum wurde ausdrücklich zum Probesitzen aufgefordert, wie Loos es Kramer vorgeschlagen hatte. Das Publikum sollte selbst entscheiden, in welchen Stühlen und Sesseln es am bequemsten säße. Für Loos waren die sich ändernden Formen des Stuhles keine Frage der künstlerischen Gestaltung oder der Körpermaße, sondern eine Frage der Lebensformen, der Haltungen und der Gewohnheiten beim Sitzen, Ausruhen, Entspannen, kurz: eine Sache der »modernen Nerven«.

In der Unterhaltung mit Ferdinand Kramer spricht Loos von seiner bitteren Enttäuschung, daß er im Sommer 1927 nicht mit einem eigenen Haus an der Ausstellung des Deutschen Werkbunds ›Die Wohnung‹ auf dem Weißenhof in Stuttgart teilnehmen durfte, sondern ausgeladen wurde, obwohl er einen Auftraggeber hatte. Loos wollte damals eine Raumplan-Lösung zeigen, wie er in seinem Nachruf auf Josef Veillich anmerkte[3], den die ›Frankfurter Zeitung‹ vom 21.3.1929 veröffentlichte.

Loos klagt über die Mißverständnisse, die sein berühmter Vortrag ›Ornament und Verbrechen‹ (1908) zur Folge gehabt habe, vor allem klagt er darüber, daß er in deutscher Sprache noch ungedruckt sei. Ferdinand Kramer sorgte später nach seiner Rückkehr in Frankfurt dafür, daß ›Ornament und Verbrechen‹ in der ›Frankfurter Zeitung‹ vom 24.10.1929 zu Beginn des 2. Kongresses der CIAM (24.–27.10.1929) veröffentlicht wurde.

Ausgiebig spricht Loos auch von seinem USA-Aufenthalt (1893–96), der mit dem Besuch der Weltausstellung in Chicago begonnen hatte. Die neue amerikanische Architektur der ›Chicago School‹ hatte bei Loos einen tiefen Eindruck hinterlassen. Er berichtet von seiner Arbeit im Büro von Louis H. Sullivan. Auch bei dem Gespräch über die amerikanische Architektur werden Fragen der Ornamentik und Ornamentlosigkeit berührt: Sullivan war ein Meister der Architekturornamentik und ein glänzender Zeichner, er war aber auch der Meinung, daß es ganz gut wäre, »wenn wir eine Zeitlang das Ornament beiseite ließen und uns ganz und gar auf die Errichtung von in ihrer Nüchternheit schöngeformten und anmutigen Bauten konzentrierten«[4]. Dies schrieb Sullivan in seinem Aufsatz ›Ornament in Architecture‹ (1892), ein Jahr vor Loos' Eintreffen in Chicago. Ähnliche Gedanken äußerte damals der Soziologe Thorstein Veblen in seiner Veröffentlichung ›The Theory of the Leisure Class‹[5] (1899), die er als Professor an der University of Chicago in der Zeit von Loos' Aufenthalt in Chicago vorgetragen hatte. Ob Loos Veblen gekannt hat, ist nicht mehr zu klären; erstaunlich ist nur, daß Loos in seinen eigenen frühen Schriften, die Kramer während seines Studiums Anfang der zwanziger Jahre so beeindruckt hatten, den gleichen polemischen, satirischen Ton mit genauen empirischen Beobachtungen verbindet und gegen die »demonstrative Verschwendung« (Veblen) im ausgehenden Historismus und im Secessionismus kämpft. Dazu paßt als Gegenbild der Brief des dankbaren Klienten (Paul Khuner), dessen Loos-Wohnung von 1908 ihm nach 20 Jahren noch immer zusagt, und der Loos deshalb noch einmal ein Honorar überweist. Loos liest Kramer diesen Brief mit tiefer Befriedigung vor…

Loos zeigt Kramer – gemeinsam mit seinem Bürochef Heinrich Kulka – seine wichtigsten Bauten in Wien: die American Bar (Kärntner Bar) von 1907, das Herrenmodegeschäft Knize am Graben von 1909–13, das Herrenmodegeschäft Goldman & Salatsch im Haus am Michaelerplatz von 1909–11 und zum Schluß das 1927 fertiggestellte Haus Moller. Kramer bewundert die Rauminszenierungen der Einrichtungen der Bar und der beiden konservativ eingerichteten Herrenmodegeschäfte, die in starkem Gegensatz zum Knize-Geschäft in Paris von 1927 auf den Champs-Elysées mit seinen kräftigen Farben stehen – Kramer hatte es ein Jahr zuvor bei einem Paris-Aufenthalt gesehen. Kramer, der selber schon Geschäfte und Cafés in Frankfurt eingerichtet hatte, sieht sich alles genau an: vor allem die Vitrinen von Goldman & Salatsch, die Loos von der Firma Frederick Sage & Co. Ltd. London bauen ließ mit Mahagoni-Profilen, die so schlank selbst in Metall kaum ausführbar gewesen wären. Loos

zeigt ihm stolz den Katalog mit der ›combined furniture‹, mit den kombinierbaren Anbaumöbeln. Am stärksten wohl beeindruckt Kramer das Haus Moller, in dem Loos ihm selbst die Idee seines ›Raumplanes‹, das »lösen des grundrisses im raum«[6], vermittelt: die Differenzierung des Wohnbereichs in mehrere, unterschiedlich hoch angeordnete Niveaus, die durch Differenztreppen miteinander verbunden sind und die Räume als sorgfältige Inszenierungen von Raumfolgen erscheinen lassen. Kramer hat vielleicht auch bemerkt, daß hier die tragende Konstruktion auf einen zentralen Pfeiler (den Kamin), die Außenwände und die Decken reduziert ist; gesehen hat er jedenfalls, daß die Zwischenwände im Haus Moller nur durch Schrankwände, Einbauregale, Schiebetüren gebildet werden, die Raumverwandlungen ermöglichen.

Kramer besucht Wien noch einmal ein Jahr später im September 1929. Loos kommt dann mit seiner Frau Claire zum verabredeten Gegenbesuch nach Frankfurt, im Herbst 1930. Kramer zeigt ihm die Frankfurter Siedlungen, die Loos sehr interessieren und die er, – der sonst kaum ein gutes Wort für die Architektur der Neuen Sachlichkeit findet, – außerordentlich lobt. Kramer wird Loos bei dieser Führung durch die Siedlungen sicherlich auch die Siedlung Westhausen gezeigt haben, – mit den Laubenganghäusern, die er 1929 zusammen mit Eugen Blanck entworfen hatte. Kramer führt Loos in das von ihm 1929 neu eingerichtete Café Bauer, in dem sich die Frankfurter Intelligenz – Walter Benjamin, Siegfried Kracauer, Theodor W. Adorno, F. T. Gubler, Benno Reifenberg u.a. – trifft. Loos ist begeistert von den offen unter der Decke montierten Zeiss-Ikon-Strahlern, die dem Raum indirektes, sehr helles Licht geben, von den Vorhängen aus aluminiumfarbenem Zeppelin-Ballonstoff und den Thonet-Stühlen. Ob Kramer Loos auch sein im Bau befindliches, aber behördlich stillgelegtes Haus Erlenbach gezeigt hat?
Man trifft sich dann noch zu einem Schnecken-Frühstück mit Willi Baumeister und Hans Warnecke von der Kunstgewerbeschule am Theaterplatz in einem »Luxus-Fressladen« (Kramer). Willi Baumeister ist mit der Gestaltung des Einbands der Loos-Monographie von H. Kulka beauftragt, die dann Ende 1930 in Wien erscheint.[7] Aber noch ein anderes Unternehmen ist wohl in Frankfurt diskutiert worden: die Loos-Ausstellung, die vom ›Neuen Frankfurt‹, also von Joseph Gantner (der auch die Loos-Monographie herausgab) vorbereitet wird; die Ausstellung ist 1930/31 mit großem Erfolg in Frankfurt, Wien, Stuttgart und Basel gezeigt worden.[8] Der Frankfurt-Besuch endet durch eine plötzliche Erkrankung von Loos, die ihn und Claire Loos zur Rückreise nach Wien zwingt.

Was hat den jungen Ferdinand Kramer am 60jährigen Adolf Loos und dessen Werk so fasziniert? Vor allem sicherlich dessen unbeirrbare Orientierung an der Zweckmäßigkeit, das Bauen für den Gebrauch – aber für einen gesteigerten, alle Sinne anregenden Gebrauch, ganz gleich, ob es sich nun um Wohnbauten, Geschäfte, Bars oder andere Einrichtungen handelte – dann natürlich die Hinwendung von Loos zum Siedlungsbau, die Arbeit an Grundtypen und die Unterstützung der Siedler-Selbsthilfe, aber nicht zuletzt auch der souveräne Entwurf von Einrichtungen, Einbaumöbeln, Lampen und wohl vor allem die knappe, elegante Materialverwendung.

2. Die Wohnbauten

Ferdinand Kramer war ganz sicher kein ›Loos-Schüler‹; als Kramer Loos aufsucht, ist er bereits seit fünf Jahren als Architekt und Designer praktisch tätig, freiberuflich und als Angestellter im Städtischen Hochbauamt Frankfurt. Kramer hat sich – ausgehend von seiner Loos-Lektüre im Studium[9] um 1921/22 – nur dafür interessiert, wie der Theoretiker Loos in der Praxis arbeitet und hat Übereinstimmungen zwischen Loos und seinen Auffassungen gefunden, die ihn fasziniert, bestärkt und ein Leben lang begleitet haben.

Kramers erstes und letztes Werk sind Wohnhäuser; der Wohnungsbau spielt in seinem Werk – ungeachtet der Bedeutung der Entwürfe für Hausrat und Möbel und des Hochschulbaus in der Zeit ab 1952 – eine zentrale Rolle, weil er sich – wie Loos – die soziale Verantwortung des Architekten, an der Beseitigung der Nachkriegswohnungsnot mitzuarbeiten, zu eigen gemacht hatte, und weil er diese Aufgabe als planerische, entwerferische Herausforderung verstand, die nur durch Normierung, Standardisierung und Typisierung, kurz: durch Rationalisierung zu lösen wäre.

Die Wohnbauten der zwanziger Jahre

Das Haus Baron von Waldhausen von 1923 in Niederpöcking am Starnberger See[10] war wohl nur ein Umbau, die Einrichtung eines bestehenden Hauses, kein Neubau. Der Standort dieses Erstlingswerkes von Kramer hat sich leider bisher nicht ermitteln lassen.[11]

Erst 1929 – nach Einrichtungen von Geschäften, Kindergärten, Cafés und Wohnungen, den Entwürfen für eine breite Palette von Hausrat und Möbeln aller Art, Beschlägen für das Hochbauamt, der Errichtung der Zentralgarage in der Gutleutstraße und des Budge-Altersheims gemeinsam mit Mart Stam, Werner Moser und Erika Habermann – erhält Ferdinand Kramer zusammen mit Eugen Blanck von Ernst May den Auftrag, neun Laubenganghäuser für die Siedlung Westhausen im Niddatal (mit 216 Wohnungen) und das Heizwerk mit Zentralwaschküche zu bauen.[12]

Die beiden Architekten entwickeln einen viergeschossigen Haustyp mit sechs Wohneinheiten pro Geschoß zu 47 m² Fläche; in der Mitte des Grundrisses fügen sie das offene Treppenhaus ein, das die Laubengänge in den drei Obergeschossen erschließt. Sie wählen als Konstruktion die Schottenbauweise, die acht Schotten werden im Achsmaß von 7,01 m errichtet. Da dies relativ weit ist, wird eine zusätzliche Stütze zwischen die Schlafzone und die Wohn- und Wirtschaftszone gesetzt. Die ca. 7x7 m messende Wohnungsgrundfläche wird dadurch in zwei streifenartige Zonen gegliedert: Im Schlafbereich ist das Kinderzimmer nach Norden, das Elternzimmer nach Süden orientiert, beide werden unmittelbar vom zentralen Wohnraum (20 m²) erschlossen, der ebenfalls nach Süden orientiert ist und sich in den Obergeschossen auf einen Balkon mit einer sehr breiten Fenstertür (im Erdgeschoß in den Mietergarten) öffnet. Durch sie wird der Wohnraum zur Loggia. Ihm ist zum Laubengang der Wirtschaftsbereich (mit Eingangsflur, Bad/WC und Küche) vorge-

Siedlung Westhausen, Ffm., Laubenganghaus Kramer/Blanck (1929–30), Grundriß Erdgeschoß

lagert; das Bad wird vom Eingangsflur erschlossen, die Küche ist vom Wohnraum zugänglich. Da das 5 m tiefe Treppenhaus nicht die volle Haustiefe von 7,50 m einnimmt, wird der ›Restraum‹ in der Mittelachse des Gebäudes einer der beiden Wohnungen am Treppenhaus als zweites Kinderzimmer zugeschlagen, es ist vom Wohnzimmer aus zugänglich. Bemerkenswerterweise sind die Wohnungen mit ihrer asymmetrischen Grundrißgliederung in Schlaf- und Wohnbereich um die Mittelachse des Treppenhauses symmetrisch gespiegelt, so daß die beiden Hauptfassaden ebenfalls symmetrische Gliederungen aufweisen. Kramer pflegte zu sagen: »Flugzeuge sind auch symmetrisch, sie lassen sich auch nicht anders bauen…!«

Für die Südfassade der Ganghäuser ist diese Symmetrie wichtig. Die kleinen quadratischen Fenster betonen die Wandflächen, die sie gliedern; die Wandflächen werden hervorgehoben durch die Balkonfenstertüren, die eine Öffnungsrücklage zwischen den Wandflächen bilden; das Verhältnis zwischen Wandfläche und Öffnungsfläche ist 4:3; das ist der Grund, warum die Südfassade so harmonisch wirkt. Ähnliches gilt für die Gliederung der Nordfassade. Die Qualität der überlegten Wohnungsgrundrisse wird noch durch die harmonisch proportionierten Fassaden gesteigert. Und natürlich auch durch die Mietergärten zwischen den neun Ganghäusern, die an den beiden begleitenden Randstraßen durch große Nußbäume, die F. Kramer pflanzen läßt, abgeschirmt werden.

Im Juni 1930 verläßt Kramer das Städtische Hochbauamt, um freiberuflich zu arbeiten. Ernst May wird wenig später, im Oktober, mit einer Gruppe von ausgewählten Mitarbeitern nach Moskau gehen. Kramer entwirft ein Zweifamilienhaus für die Familie Erlenbach, in der Hans-Sachs-Straße 6 in Frankfurt. Das langgestreckte, schmale Grundstück, das sich nach Südosten ins Blockinnere erstreckt, ist unbebaut. Kramer entwirft ein dreigeschossiges Haus, das er an die östliche Grundstücksgrenze setzt, westlich des Hauses erlaubt ein Servitut (›Bauwich‹) die Zufahrt zur weit zurückgesetzten Garage. Das Haus hat eine fast quadratische Grundfläche (10,50 x 11,00 m).

Der Grundriß der beiden Geschoßwohnungen (je ca. 80 m²) ist sehr einfach angelegt: In der Nordwestecke des Hauses ist eine zweiläufige Geschoßtreppe angeordnet, von der aus eine kleine, zentrale Diele zugänglich ist. Von ihr aus werden Küche und Eßzimmer an der Straßenseite, Wohn- und Schlafzimmer mit Bad an der Gartenseite erschlossen. Zwischen Eß- und Wohnzimmer liegt eine breite, deckenhohe Schiebetür. Im Dachgeschoß sind zwei Mädchenzimmer an der Straßenseite untergebracht, an der Gartenseite ein großes Zimmer (für eine Tochter des Hauses) und ihm vorgelagert eine große Dachterrasse nach Südwesten.

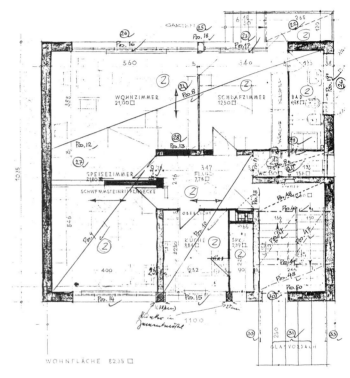

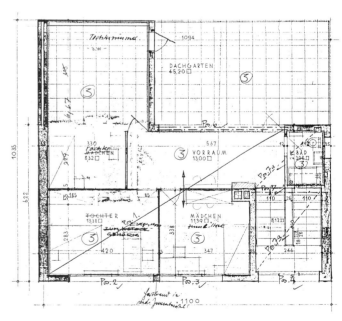

Siedlung Westhausen, Laubenganghäuser, Ansicht Gartenseite

Haus Erlenbach (1930), Hans-Sachs-Str. 6, Ffm., Grundrisse (Ober- und Dachgeschoß)

51

Die beiden Hauptfassaden sind sehr eindrucksvoll gegliedert: Die Straßenfassade weist drei Fensterachsen auf, je ein vier- und dreiflügeliges Fenster und ein dreiflügeliges Treppenhausfenster, halbgeschossig versetzt, zwischen Küchen- und Treppenhausfenster vermittelt das kleine quadratische Speisekammerfenster. Über der Eingangstür und den drei Zugangsstufen schwebt ein abgehängtes Flugdach. Die Gartenfassade ist zweiachsig; hier stehen je ein sechs- und ein vierflügeliges Fenster in den unteren beiden Geschossen nebeneinander; darüber ist die Dachterrasse so breit in den Hauskubus eingeschnitten, daß über dem sechsflügeligen Fenster nur ein vierflügeliges steht, über dem vierflügeligen in der Tiefe der Terrasse aber ein sechsflügeliges! Diese Verschränkung der Maßverhältnisse lenkt überhaupt den Blick auf die Proportionen der Fassaden, auf die Verhältnisse der Fensterbreiten, – im Modul der 0,80 m breiten Fensterflügel dargestellt: 3:4:6.

Das Haus Erlenbach ist nicht nur deshalb so erfreulich anzusehen, weil es ein knapper, glatter Baukörper, weil es als Baukörper annähernd ein Würfel, sondern weil es in den Verhältnissen seiner Öffnungen harmonisch proportioniert ist.

Daß das Haus Erlenbach als genehmigtes Bauvorhaben vor dem Abschluß der Bauarbeiten von der Baupolizei wegen ›Verschandelung‹ des Villenviertels amtlich stillgelegt wird, und zwar über ein Jahr lang, ist heute nicht mehr begreiflich; es bedarf des persönlichen Einschreitens des Regierungspräsidenten von Hessen-Nassau, um den Baustopp aufzuheben und den Bau zu vollenden.[13] Kramer erlebt damit das gleiche Schicksal wie Adolf Loos mit seinem Haus am Michaelerplatz, das 1910/11 amtlich stillgelegt worden war.

Die Wohnbauten der dreißiger Jahre

In der Zeit der Wirtschaftskrise und des nachfolgenden NS-Regimes beschränkt sich Kramers Arbeit hauptsächlich auf Wohnungsumbauten, -teilungen und -einrichtungen, vielfach für jüdische Frankfurter Bürger. Dies macht ihn bei vielen nicht beliebter, man nennt ihn nun den ›Juden-Kramer‹, nachdem er als junger Mann als der ›schöne Kramer‹ geneckt worden war. Bei seiner Abreise ins Exil 1938 prophezeit er seinen Bekannten und Freunden als Ende des NS-Abenteuers, daß die Ziegen auf dem Römerberg weiden werden! Da heißt er nur noch der ›Greuel-Kramer‹. Er hat recht behalten, und das hat er dann nach seiner Rückkehr zu spüren bekommen.

Im Jahr 1935 errichtet Kramer in Frankfurt a.M. das Einfamilienhaus Niemeyer in der Frauenlobstraße 20 für die Familie eines Lackfabrikanten. Das Grundstück liegt nördlich der Straße in Südwest-Nordost-Richtung an der Ecke eines nach Norden führenden Stichweges. Der langgestreckte Hausgrundriß des freistehenden, zweigeschossigen Hauses (9,55 x 13,80 m) mit flach geneigtem Walmdach wird von einer Mittelmauer geteilt: Auf der Ostseite des Hauses befinden sich im Erdgeschoß die Wohnräume, im Obergeschoß die Schlafräume, jeweils mit Loggien nach Süden und Norden; auf der Westseite, auf der Eingangsseite des Hauses, dagegen die Erschließung mit Eingang, Treppe, Flur, WC/Bad, Küche und einem weiteren Zimmer an der Kopfseite des Hauses zur Straße hin. Das Haus zeigt einen Grundriß, der dem der Doppelhäuser Kramers in den dreißiger Jahren sehr ähnelt, nur langgestreckter und ausgeprägter in seiner Funktionsteilung ist. Auch dieser Grundriß zeigt eine klare Gliederung nach Funktionsbereichen in Verbindung mit dem konstruktiven System.

Haus Erlenbach, Gartenansicht, Straßenansicht; Fotos E. Hase

Haus Niemeyer (1935), Frauenlobstr. 20, Ffm., Grundrisse (Erd- und Obergeschoß)

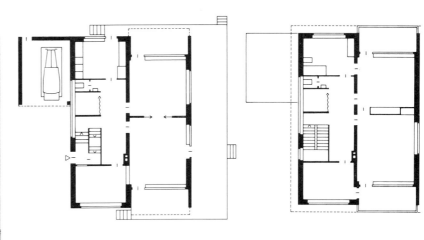

Im Sommer 1937 wird sein Werk als Architekt durch eine Ausstellung in Frankfurt diffamiert, Kramer wird am 6.9.1937 aus der Reichskammer für bildende Künste ausgeschlossen. Beides trifft ihn schwer. Ihm wird klar, daß seines Bleibens in Deutschland nicht länger sein kann, er beschließt, mit seiner Frau Beate in die USA ins Exil zu gehen, wohin schon viele deutsche Architekten emigriert sind, um dort weiterzuarbeiten. Vielleicht hat er sich dabei der Lobpreisungen Amerikas durch Loos erinnert.

Die Wohnbauten in den USA

Im Februar und März 1938 reisen Beate und Ferdinand Kramer nacheinander in die USA. Sie lassen sich in New York City nieder, Ferdinand Kramer nimmt Kontakt zu seinen Freunden Max Horkheimer und Theodor W. Adorno vom Institut für Sozialforschung auf, das ebenfalls emigriert ist. Er läßt sich nach den obligaten Prüfungen im Sommer 1940 als ›Registered Architect in the State of New York‹ eintragen und übernimmt als Vice-President die Leitung der Firma Alden Estates Home Development in Port Chester, N.Y., wo das Institut über umfangreichen Grundbesitz verfügt – in bester Lage am Long Island Sound an der Grenze zu Connecticut.[14]

Kramer hat gern erzählt, wie er zu diesem Posten kam und amerikanische Holzhäuser baute: »Das Institut hatte sein Geld schlecht angelegt und in der Wirtschaftskrise verloren. Eines Tages kam Theodor Adorno zu mir und sagte: ›Ferdi, Du bist doch Architekt, kannst Du nicht unsere Grundstücke am Long Island Sound verkaufen?‹ – ›Ja, aber erst, wenn sie parzelliert und mit kleinen preiswerten Wohnhäusern bebaut sind! Die Häuser werde ich Euch bauen!‹ Das Institut stimmte zu. Die Häuser, die ich baute, waren ein großer Erfolg, und die Finanzen des Instituts waren gerettet …«

Kramer legte zwei voneinander getrennte Wohnsiedlungen an: Greyrock Park mit etwa 35 Wohnhäusern, größeren Häusern auf grösseren Grundstücken für etwa $ 15.600.--, mit dem Blick auf den Long Island Sound, und Alden Estates nördlich von Port Chester mit etwa 150 Wohnhäusern, mit kleineren Grundstücken und ein wenig kleineren Häusern für

upper middle class, Alden Estates für die lower middle class gedacht.[15] Die eingeschossigen Häuser (ca. 7,50 x 9,00 m bzw. 8,50 x 11,00 m) haben eine Wohnfläche von ca. 70 m² bzw. 90 m² + 40 m² ausgebautes Dachgeschoß.

Die Konstruktion der Häuser ist eine ›frame construction‹: »The best of Cape Cod«, wie es in der Werbung heißt. Mit der ›frame construction‹ ist der ›balloon frame‹ gemeint, eine leichte, genagelte Holzständerkonstruktion aus Bohlen ,das ›two-by-four‹-System (2" x 4" = 5 x 10 cm), die um 1830 von George W. Snow erfunden wurde, und die sich schnell gegen alte Fachwerkkonstruktionen durchsetzte.[16] Die Ständerkonstruktion ist innen mit glatter Schalung, außen mit ›clap board‹ (Stulpschalung) verkleidet, zwischen den beiden Schalungen ist die Konstruktion mit Isoliermaterial ausgefüllt.

Adolf Loos war ein begeisterter Anhänger des ›balloon frame‹, den er in den USA kennengelernt hatte. In dieser Konstruktion entwarf er zwei Projekte in seinen letzten Lebensjahren. Es ist durchaus möglich, daß Loos Kramer bei seinen Schwärmereien von Amerika auch schon vom ›balloon frame‹ berichtet hatte. Kramer hat jedenfalls die Walfängerhäuser im nahegelegenen Nantucket und auf Cape Cod intensiv studiert …

Die Häuser in beiden Siedlungen sind traufständig und mit einem Satteldach gedeckt. Der Typen-Grundriß, den Kramer für die beiden Siedlungen entwickelt, ist ein Rechteckgrundriß – mit einer kleinen Einziehung für die ›porch‹ –, der sich klar in einen Schlafbereich und in einen Wohn- und Wirtschaftsbereich gliedert – fast so, wie der Wohnungsgrundriß der Laubenganghäuser zehn Jahre zuvor, nur der Eingang ist – amerikanischen Gewohnheiten zuliebe – verlegt, ein kleiner Eßbereich ist seitlich von der Küche angefügt und der Wohnraum erweitert. Man betritt das Haus vom ›front lawn‹ aus durch einen Windfang genau in der Mittelachse des Hauses und gelangt in das Wohnzimmer; die Treppe ist beim größeren Haus gleich rechts vom Eingang angeordnet, sie steigt senkrecht zum First mit der Dachneigung ins ausgebaute Dachgeschoß, darunter liegt die Kellertreppe. An den längsgerichteten Wohnraum mit dem gemauerten, offenen Kamin an der Giebelwand schließt sich ein offener (oder

Greyrock Park, Port Chester, N.Y., Grundrisse (Erd- und Obergeschoß)

Alden Estates (1939), Port Chester, N.Y., Grundriß

abgeteilter) Eßbereich winkelförmig an. Daneben ist die Küche angeordnet, nur vom Eßplatz aus zugänglich. Vom Eßplatz führt eine Tür nach draußen: beim kleineren Haus in den ›back yard‹ hinter der seitlich angebauten Garage, beim größeren Haus in eine gedeckte Veranda an der Giebelseite. An die Küche schließt sich das Bad an, das über einen winzigen Flur im Schlafbereich zusammen mit Kinder- und Elternzimmer vom Wohnzimmer her erschlossen wird. Beim kleineren Haus liegt die Treppe parallel zum First zwischen Wohnraum und Naßraumblock. Sie kann auch fehlen, dann wird der Keller mit einer Außentreppe erschlossen. Auch das kleinere Haus hat seinen offenen Kamin.

Beim äußeren Erscheinungsbild hat Kramer auf große Variabilität geachtet: Der Eingang kann einen kleinen, gegiebelten Vorbau erhalten, er kann aus der Mittelachse an die Giebelwand gerückt werden, der Eingang kann aber auch in der Mitte des Hauses unter einen großen Quergiebel über dem Schlafbereich gezogen werden oder aber auch ins Haus zurücktreten. Kramer setzt gelegentlich gegiebelte Gauben (›dormers‹) aufs Dach, symmetrisch oder asymmetrisch; niedrigere Anbauten für Garage oder Veranda (überdacht oder mit Balkon) schaffen weitere malerische Abwechslung. Die Fenster sind Hebeschiebefenster mit oder ohne Sprossenteilung. Es ist außerordentlich eindrucksvoll, daß Kramer, der engagierte moderne Architekt, sich der traditionellen amerikanischen Architektur bedient, um praktische Häuser von hohem Gebrauchswert zu bauen.
Kramer lobt das ›balloon frame house‹: »The early American house was modernity at its best, for it represented building for use – not for show.«[17]

Kramer hat sich bei seinen Entwürfen an ein altes Farmhaus – ein ›caretaker house‹ im Park des Eisenbahnkönigs Gould – gehalten, das er als einziges Gebäude außer dem Pförtnerhaus von Greyrock Park stehen läßt, in das Pförtnerhaus zieht Leo Löwenthal ein. Kramer baut das Farmhaus für sich und seine Frau Beate als Wohnsitz aus. Sie leben dort bis zum Anfang der Fünfziger Jahre, bis der New England Thruway (Interstate 95) mitten durch das Areal geführt wird, wobei das Kramersche Haus weichen muß. Um diese Zeit beruft Max Horkheimer, der mit dem Institut für Sozialforschung nach Frankfurt zurückgekehrt ist, Ferdinand Kramer 1952 als Leiter des Universitätsbauamtes zurück nach Frankfurt. Kramer nimmt die Berufung an.

Die Wohnbauten der Nachkriegszeit

Kramer baut nach seiner Rückkehr nach Frankfurt neben seiner Tätigkeit als Universitätsbaudirektor (1952–64) – und vor allem danach – zehn Wohnhäuser, die zumeist in Frankfurt oder in der Nähe entstehen. Nach dem Wochenendhaus A. v. Metzler (1957) in Arnoldshain am Feldberg errichtet Kramer das Haus Ruth (1959) in Bad Homburg v.d.H., Heuchelheimer Straße 19. Die Straße führt im Norden des Hauses vorbei. Das Haus ist gegen einen Nordhang errichtet, das Erdgeschoß ist gegen den Hang geschoben, das 1. Obergeschoß ist Wohngeschoß und öffnet sich nach Süden ebenerdig in einen großen Garten. Das 2. Obergeschoß ist Schlaf- und Ateliergeschoß.

Der Grundriß des Hauses besteht aus zwei L-förmig zusammengeschobenen Rechtecken (9 x 6 und 10 x 6 m). Da diese nur jeweils eine

Alden Estates, Haus McKnight (1942), Ansicht

Haus Ruth (1959), Heuchelheimer Str. 19, Bad Homburg, Grundrisse (Erd-, 1. und 2. Obergeschoß)

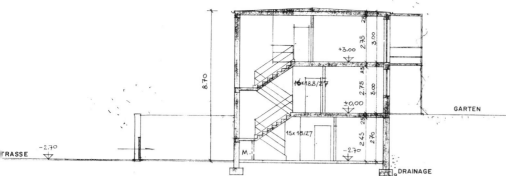

Haus Ruth, Schnitt

Haus Dr. Kollatz (1968), Willy-Borngässer-Straße 11, Wiesbaden, Straßenansicht; Gartenansicht; Grundrisse (Erd- und Untergeschoß)

Tiefe und Spannweite von 6 m aufweisen, sind keine tragenden Mittelmauern erforderlich, der Grundriß kann ohne störende konstruktive Elemente im Innern frei unterteilt werden: Das Erdgeschoß wird von Norden her in der einspringenden Ecke erschlossen, ganz rechts im Westflügel ist die Einfahrt in die Garage, die im Haus untergebracht ist. Der Eingang öffnet sich zu einem Vorraum im Innern, neben dem Eingang ist links im Ostflügel die zweiläufige Geschoßtreppe angeordnet. Vom Vorraum aus wird zur Straße hin neben der Treppe ein Atelier erschlossen, ferner Heizung, Abstellraum und eine Werkstatt mit Dunkelkammer; durch die Werkstatt besteht Verbindung zur Garage.

Das 1. Obergeschoß (das Gartengeschoß nach Süden) teilt sich klar in einen Wirtschafts- und in einen Wohnflügel: Im Ostflügel befindet sich Küche, Wirtschaftsraum, Mädchenzimmer und WC, vom Vorraum wird das Wohnzimmer, das den ganzen Westflügel einnimmt (ca. 60 m²), erschlossen. Das kleine Eßzimmer liegt zwischen Wohnraum und Küche an der Gartenseite. Der Wohnraum wird an der westlichen Stirnwand von einem in der Mittelachse angeordneten offenen Kamin beherrscht. Die Südwand öffnet sich zu einem Teil zur Gartenterrasse hin durch eine raumhohe doppelte Glasschiebetür, die Kramer bei allen Landhäusern der Nachkriegszeit verwendet. Die Nordwand ist fast gänzlich geschlossen und schirmt den Straßenlärm ab.
Im 2. Obergeschoß liegen vier Schlafzimmer, Bad, WC und ein großes Atelier im Westflügel. An der Südseite ist ein tiefer Balkon den Schlafräumen und dem Atelier über die gesamte Länge des Hauses vorgelegt, alle Räume öffnen sich mit Türen zum Balkon, er kragt frei über der Gartenterrasse aus und ist seinerseits durch den Dachüberstand geschützt. Eine Außentreppe am Westgiebel des Hauses führt vom Eingangshof zum Gartenniveau und von dort zum Balkon hinauf. Dieser durchlaufende Südbalkon mit dem darüber auskragenden Flachdach ist fortan ein immer wiederkehrender Teil der Landhäuser von F. Kramer. Er erinnert kaum zufällig an die Laubengänge von Westhausen, 1929, und ist von Kramer aus der amerikanischen anonymen Holzhausarchitektur mit den Veranden übernommen worden.

In den folgenden Jahren baute Kramer zwei weitere Häuser, die dann schon ganz diesem Haustyp mit Terrasse und Balkon entsprechen: das Haus Gerold (1964) in Astano/Tessin am Uferhang des Luganer Sees und das Haus Maurer (1967) in Bad Homburg auf einem sanft geneigten Grundstück.

Das Haus Dr. Kollatz (1968) in Wiesbaden-Klarenthal, Willy-Borngässer-Straße 11, ist wieder ein Hang-Terrassenhaus: Das Obergeschoß des Hauses liegt auf Straßenniveau, das Erdgeschoß darunter auf Gartenniveau. Das Obergeschoß ist das Wohngeschoß, das Erdgeschoß das Schlafgeschoß. Das Haus liegt an einem Südhang (übrigens unmittelbar am Rande einer Ernst-May-Siedlung der sechziger Jahre). Der Grundriß ist ein Rechteck von 9 x 13 m.

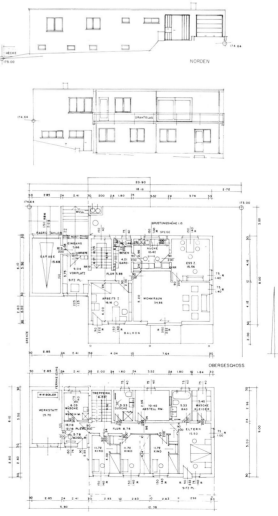

Das Obergeschoß wird durch eine tiefe Eingangsnische erschlossen. Von einem geräumigen Vorraum gelangt man über einen kurzen Flur – an einem Zimmer nach Süden und an der Geschoßtreppe und Küche nach Norden vorbei – in das große Wohnzimmer, das sich wiederum durch die Doppel-Glasschiebetür auf den Balkon hin öffnet, der die ganze Südseite des Hauses einnimmt und auf den auch die anderen Räume sich öffnen. Hinter dem Wohnraum liegt neben der Küche das Eßzimmer. Hier gibt es keine Verbindungstreppe zwischen Balkon und Garten, diese ist nur den großen Häusern von Kramer vorbehalten. Der Grundriß des Schlafgeschosses gleicht stark dem des Hauses Maurer von 1967: Es ist ein zweibündiger Grundriß, mit drei Kinderzimmern und einem Elternzimmer zum Garten hin, an der Bergseite liegen ein großer Schrankraum, zwei Bäder, ein Abstellraum, Waschraum und Hauskeller (Werkstatt). Jedes Kinderzimmer hat einen eigenen kleinen Schrankraum, ein ›closet‹, nach amerikanischer Sitte, für die Loos sich so einsetzte. Freistehende Schränke hielten Loos und Kramer für unmodern.[18]

Gleichzeitig baut Kramer – auf Bitten seiner Frau Lore – endlich auch für sich und seine Familie ein Wohnhaus. Das Haus Kramer (1968) in Frankfurt, Schaubstraße 12–14, auf einem unbebauten Gartengrundstück in einer Querstraße zum Schaumainkai südlich des Mainflusses, ist ein dreigeschossiges Zweispänner-Mietwohnhaus, ost-west-orientiert.

Das 2. Obergeschoß bezieht Kramer mit Frau und Kindern. Im Erdgeschoß und im 1. Obergeschoß werden vom Treppenhaus je zwei Drei-Zimmer-Wohnungen erschlossen: Man betritt jeweils einen geräumigen Flur, von dem aus an der Straßenseite je zwei Schlafzimmer (Kinder- und Elternzimmer) und zum Hof hin das Wohnzimmer erreicht werden. An den Giebelseiten im Norden und im Süden sind jeweils die Küche

und ein Bad/WC angeordnet. Da das Haus im Süden angebaut ist und nur im Norden freisteht, ist die Küche im Süden ganz an die Hofseite gerückt, und zwischen innenliegendem Bad und Küche wird ein Schrankraum eingefügt; im Norden ist die Küche neben dem Bad von Norden her belichtet, an der Hoffront öffnet sich stattdessen ein Eßplatz zum Wohnraum hin. Den Wohnräumen ist nach Westen ein tiefer Balkon in allen drei Geschossen vorgelagert, den Küchen jedoch nicht, so daß ein risalitartiger Balkon-Vorbau entsteht.

Das Grundriß-Schema für die Etagenwohnung ist von F. Kramer im Vergleich zu dem von 1929 nur leicht variiert: Wirtschafts- und Schlafbereich fassen den Wohnbereich winkelförmig ein, – nur der Zugang ist versetzt, man betritt die Wohnung (wegen der Änderung der Orientierung) neben dem Schlafbereich, nicht mehr neben dem Wirtschaftsbereich.

Die Wohnung Kramer im 2. Obergeschoß besteht aus zwei zusammengelegten Wohneinheiten: Der Wohnraum ist verdoppelt, Küche und Eßplatz im Norden sind in ein Schlafzimmer umgewandelt, so daß ein Kinderflügel und ein Elternflügel entstanden. Das Wohnzimmer und seine räumliche Wirkung hat Julius Posener einfühlsam in seinem Beitrag beschrieben.

Haus Kramer (1968), Schaubstraße 12-14, Frankfurt/M, Gartenansicht

Haus Kramer, Grundrisse (Erdgeschoß; 2. Obergeschoß)

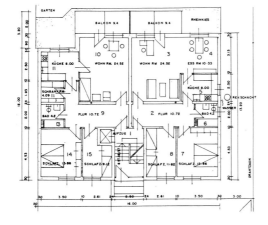

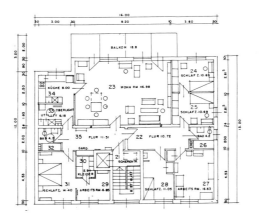

3. Funktion, Konstruktion und Form

Die Wohnbauten, die Ferdinand Kramer zwischen 1923 und 1972 im Verlaufe eines halben Jahrhunderts voll tiefgreifender politischer, sozialer und auch künstlerischer Auseinandersetzungen errichtet hat, zeigen eine erstaunliche gestalterische Wandlungsfähigkeit, aber auch ein beharrliches Festhalten am einmal funktionell als richtig Erkannten.

Die Grundrisse und Raumdispositionen Kramers im Wohnungsbau sind alle von einer außerordentlich klaren, deutlichen Funktionalität – vom Ein- und Zweifamilienhaus über das Mehrfamilienhaus bis hin zum Geschoßwohnungsbau im Siedlungsbau, der ›Wohnung für das Existenzminimum‹. Kramer hat seine Überlegungen zum Verhältnis von Funktion, Konstruktion und Form Ende der zwanziger Jahre so formuliert: »Der tragende Gedanke, der dem modernen Bauen zu Grunde liegt, und der den verschiedenartigsten Versuchen an neuen Lösungen gemeinsam ist, läßt sich am besten in dem Prinzip der Rationalisierung zusammenfassen. (…) Es erweist sich als notwenig, die Zahl der konstruktiven Elemente so weit zu reduzieren, daß für die Anpassungsfähigkeit an die konkreten Bedürfnisse (…) ein möglichst großer Spielraum gewährleistet wird. (…) Die erste Voraussetzung der Rationalisierung ist also Typisierung und Standardisierung der konstruktiven Bauelemente und des Baumaterials.«[19]

Seine Grundrisse, die stets aufs genaueste in konstruktiver Hinsicht überlegt sind, bleiben im Verlauf von 50 Jahren in ihrer funktionalen und räumlichen Disposition einander ähnlich: Kramer gliedert seine stets kompakten und konzentrierten Grundrisse in geometrische Teilflächen: in einen Wohn-, Schlaf- und Wirtschaftsbereich, wobei Schlaf- und Wirtschaftsbereich oftmals winkelförmig den Wohnbereich umfassen und sich zum Rechteck zusammenschließen. Diese Grundrißgrundform bewahrt Kramer von seinen Ganghäusern in Westhausen über Häuser der dreißiger Jahre und seine Holzhäuser in Greyrock Park und Alden Estates bis zu den letzten Einfamilienhäusern in Frankfurt und Umgebung. Nur selten ist Kramer mit einem L- oder T-förmigen Grundriß in seinen Nachkriegshäusern von seiner Grunddisposition abgegangen, aber auch bei diesen Häusern herrscht eine Funktionsteilung, die mit der Grundrißgliederung übereinstimmt.

Zum Bild der Wandlungsfähigkeit der Kramerschen Wohnbauten gehört vor allem ihr im Lauf der Zeit sich veränderndes äußeres Erscheinungsbild, ihre Gestaltung: Die knappen, weißen, quaderförmigen Baukörper der zwanziger Jahre, nur sparsam durch subtile Befensterung und Elemente wie Laubengänge, Balkons, Dachterrassen gegliedert, werden in den dreißiger Jahren – bedingt durch die nationalsozialistische Diskriminierung des Neuen Bauens – durch sehr einfache Hauskörper und Satteldächer abgelöst, die mehrflügeligen liegenden Fenster und die Balkonterrassen verraten noch den Architekten der Neuen Sachlichkeit. Im US-Exil greift Kramer bei den Holzhäusern für Greyrock Park und Alden Estate auf eine amerikanische Konstruktion, den ›balloon frame‹, und ihre äußeren traditionellen Gestaltungselemente zurück, so wie Loos das auch beim Blockbau getan hat; Kramer behandelt aber die traditionellen Gestaltungselemente ganz sachlich als Baukasten-Elemente zur äußeren Differenzierung der einzelnen Bauten, die aber alle einen einheitlichen Typengrundriß haben. Die Nachkriegswohnbauten – es sind zumeist Hangterrassenhäuser – knüpfen wieder an die ›Tradition‹ der zwanziger Jahre in der Gestaltung an: Es sind wieder knappe, weiße, quaderförmige Baukörper, aber sie zeigen neue, amerikanische Elemente: den im Obergeschoß auskragenden, durchlaufenden, tiefen Balkon über der Gartenterrasse im Erdgeschoß, die Treppe, die Balkon und Terrasse verbindet, das auskragende Flachdach über dem Balkon als Wetterschutz.

Kann man bei den Bauten Ferdinand Kramers von der ›gealterten Hoffnung‹ der Moderne reden? Nein, ganz gewiß nicht: Hier ist ein funktionalistischer Architekt lange bis zum Ende seiner Arbeit lebendig-schöpferisch tätig geblieben, in entwerferischer Arbeit am Grundriß, in gestalterischer Arbeit am Baukörper.

Worin bestehen nun die architektonischen Affinitäten zwischen Loos und Kramer? Beide haben für den Gebrauch gebaut, den Gebrauchswert von Wohnungen gesteigert, den Vorrang des Grundrisses vor der Fassade betont und ihre entwerferische Phantasie auf die Arbeit am Grundriß gerichtet. Dynamische Kühnheiten in der Gliederung der Baukörper, weite Glasöffnungen in den Fassaden lehnen sie beide im Wohnungsbau ab. Ihre Fassaden sind eher spannungslos, ruhig, ausgeglichen; sie scheuen weder harmonische Symmetrie noch ausgewogene Asymmetrie in den Fassaden.

Beide schätzen bei ihren Wohnbauten den geschlossenen Baukörper, beide entwickeln im Inneren dieser Baukörper offene Grundrisse, allerdings in sehr unterschiedlicher Form: Loos hebt die durchgehenden Geschoß-Ebenen auf und organisiert seine Räume im ›Raumplan‹ auf unterschiedlichen Niveaus mit Differenztreppen, Kramer dagegen behält die traditionellen Geschoß-Ebenen und -treppen bei und entfaltet den freien Grundriß sehr vorsichtig innerhalb der konstruktiven und funktionellen Dispositionen. Beide – Loos und Kramer – waren sich einig in der Überzeugung, die Loos 1912 prägnant formuliert hatte: »Das haus sei nach außen verschwiegen, im inneren offenbare es seinen ganzen reichtum.«[20]

Nur über den ›Reichtum im Inneren‹ waren sie wohl verschiedener Auffassung: Die Räume von Kramer im Inneren seiner Wohnbauten sind nicht wie bei Loos durch Hallen, Treppen, Galerien zu großen Raumkunstwerken zusammengefügt, aber die verschiedenen Wohnräume gehen – ihren Zwecken entsprechend – oft frei ineinander über. Es sind in seinen Einfa-

milienhäusern durchaus Wegführungen, Rauminszenierungen, Lichtführungen zu erkennen, aber Kramers Räume sind anders als die holzgetäfelten, marmorverkleideten, farbigen Räume von Loos: Die Räume bestehen einfach nur aus Wänden, Decken, Fußböden; sie sind oft leer, immer weiß. Die Farbe Weiß ist für Kramer die schönste Farbe in der Architektur, weil sie den Menschen zum zentralen Ereignis im Raum macht, nicht den Raum selbst: »Weiß ist ein Hintergrund. Was da ist, wird vor ihm kräftiger, wenn es überhaupt Kraft hat. (…) Das Weiß als Hintergrund wird (…) unmerklich ein Gefühl der Freiheit geben.«[21]

Anmerkungen:

1 Nach Aufzeichnungen von Gesprächen des Verfassers mit Ferdinand Kramer am 7. und 9.6.1974, im Dezember 1977, am 22.3., 16. und 17.6.1981 und nach dem Artikel von F. und L. Kramer, Hommage à Loos – Begegnungen mit ihm, in: Bauwelt 42/1981, S. 1877–1881.

2 A. Loos, Wohnen lernen! in: Adolf Loos. Sämtliche Schriften, Hrsg. F. Glück, Bd. 1, Wien/München 1962, S. 384.

3 Ders., Josef Veilleich, in: Vgl. Anm. 2, S. 438.

4 L.H. Sullivan, Das Ornament in der Architektur, in: S. Paul, Louis H. Sullivan – Ein amerikanischer Denker, Berlin/Frankfurt/Wien 1963, S. 130.

5 Th. Veblen, The Theory of the Leisure Class, New York/Toronto/London 1953.

6 A. Loos, vgl. Anm. 2, S. 438, Fußnote 2.

7 H. Kulka (Hg.), Adolf Loos – Das Werk des Architekten, Neues Bauen in der Welt, Bd. 4, Hrsg. J. Gantner, Wien 1931.

8 Neben der Ausstellung bereitete das ›Neue Frankfurt‹ eine weitere, singuläre Ehrung vor: eine Sondernummer für Adolf Loos zum 60. Geburtstag: DNF 1/1931, S. 2–13.

9 F. Kramer hat selbst auf die Bedeutung hingewiesen, die Loos' Schriften (›Ins Leere gesprochen‹, Paris 1921) für ihn während seines Studiums besessen haben; siehe F. und L. Kramer, vgl. Anm. 1, S. 1877.

10 Das Erstlingswerk Ferdinand Kramers ist im Werkverzeichnis von Jochem Jourdan als ›Wohnhaus Baron von Waldhausen, Niederpöcking, Starnberger See‹ aufgeführt (s. Ferdinand Kramer – Architektur & Design, Hrsg. Bauhaus-Archiv, Berlin 1982, S. 30); Ferdinand Kramer hat es in seinen beiden eigenen Werkverzeichnissen ›Arbeiten aus den Jahren 1923–1937‹ gleichlautend bezeichnet: ›Baron von Waldhausen, Pöcking/Starnberger See – Umbau, Einrichtung, Deutsche Werkstätten München‹.

11 Das Haus des Baron von Waldhausen ist trotz aller Bemühungen bisher in Pöcking/Starnberger See nicht aufzufinden gewesen; ein Baron v. Wald(t)hausen ist im Einwohnerverzeichnis vor und nach dem Ersten Weltkrieg in Pöcking nicht nachweisbar. Ich danke Herrn Dr. Manfred Mosel, München, für seine freundlichen Bemühungen.

12 Zur Siedlung Westhausen s. E. May, Fünf Jahre Wohnungsbautätigkeit in Frankfurt am Main, in: DNF 2–3/1930, S. 56–59.

13 F. Kramer, Ein Gelaufe um Anschluß, in: werk und zeit 2/1984, S. 47–48.

14 Siehe dazu den Zeitungsbericht über die Arbeit von F. Kramer: Ferdinand Kramer, German Housing Expert, Takes Over Direction of Alden Estates Here, in: Daily Item (Port Chester, NY), 6.4.1939.

15 Die Angabe zu Greyrock Park und Alden Estates verdanke ich einem Gespräch mit Frau Beate Kramer, Wallbach/Schweiz, am 23.9.1990.

16 S. Giedion, Raum, Zeit, Architektur. Die Entstehung einer neuen Tradition, Ravensburg 1965, S. 235–236.

17 Old American Homes Lauded By Modernist, in: American Journal, 25.6.1939.

18 A. Loos, Die abschaffung der möbel, in: Vgl. Anm. 2, S. 390.

19 F. Kramer, Zum Bau moderner Großstadtwohnungen, in: Stein, Holz, Eisen 33/1928, S. 605.

20 A. Loos, Heimatkunst, in: Vgl. Anm. 2, S. 339.

21 F. Kramer, Wohnen im Studentenheim, in: Bauwelt 17/1959, S. 520.

Lore Kramer

DIE ›AMERIKANISCHEN‹ KRAMERMÖBEL

Kontinuität und neue Perspektiven im Exil

Eine Betrachtung der amerikanischen Möbel Ferdinand Kramers muß seine Arbeiten der zwanziger und dreißiger Jahre in Frankfurt am Main, seine wesentlichen Ziele, Projekte, charakteristischen Merkmale und Ausdrucksmittel einbeziehen und die damalige Resonanz in der Öffentlichkeit skizzieren. Auch ein Bruch muß deutlich werden: der Wechsel von Erfolg und früher Anerkennung zu Diffamierung und Ausgrenzung, und schließlich das Trauma der Emigration. Weder in den USA noch in der Bundesrepublik hat Kramer sich jemals wieder wirklich zuhause und zugehörig gefühlt. Unvergessen ist mein erster Eindruck von seinem Wohnraum im Obergeschoß des alten Universitätsgebäudes, mit Blick auf den Kronos vor dem Dach des Senckenberg Museums, bei wolkenlosem Himmel, im Frühjahr 1954. Offen, klar gegliedert, heiter und befreiend wirkte dieser große weißgestrichene Raum auf mich, und transparent, flexibel und selbstverständlich das Mobiliar. Doch es erschien mir wie jederzeit bereit zum raschen Aufbruch. – Erst zwei Jahre zuvor war Kramer aus dem Exil endgültig nach Frankfurt zurückgekehrt.

Zwar hatte Willi Baumeister schon im Februar 1947 Ferdinand Kramer, den Emigranten aus den USA, durch die Räume der von Bomben getroffenen Stuttgarter Kunstakademie geführt und uns Studenten und Studentinnen von seinen Arbeiten am Neuen Frankfurt berichtet, von Ernst Mays Team, von den variablen Kombinationsmöbeln, den Lampen, Beschlägen, Kannen und Öfen sowie den demontierbaren (›Knock-Down‹) Systemmöbeln in Amerika. Und im Atelier von Gerhard Marcks in Köln-Müngersdorf spürte ich Jahre später die Vorzüge des legendären Kramer-Ofens am eigenen Leib und empfand ihn in seiner kompakten, wohlausgewogenen Form als gelungene Plastik. Dennoch war ich damals nicht gefaßt auf eine derart angenehme, mich überzeugende Atmosphäre. Ich spürte eine Lebensauffassung, die mich berührte. Es war ein Blick in eine neue Welt.

Ziele und Resonanz der frühen Arbeiten Kramers in Frankfurt am Main

Ähnlich mögen Kritiker – wie Siegfried Kracauer – empfunden haben, als 1924 die Stuttgarter Werkbund-Ausstellung ›Die Form‹ zum ersten Mal Arbeiten des gerade 26jährigen in größerem Rahmen zeigte. Und es ist heute überraschend zu sehen, daß bereits frühe Rezensionen in der Tages- und Fachpresse wesentliche Merkmale erfassen, Eigenschaften und Ziele verdeutlichen, die – ein Leben lang – für ihn und sein Tun charakteristisch blieben.

Siegfried Kracauer beispielsweise – nach absolviertem Architekturstudium Redakteur der Frankfurter Zeitung – betont die »konstruk-

Die Wohnung Ferdinand Kramers in der Senckenberg Anlage, Frankfurt/M, 1953.
Foto S. Neubert

tive Energie« Kramers.[1] Wertmaßstab dieser Beurteilung ist seine eigene, prägnant definierte Zielsetzung: »Was die Realität unseres Lebens von den Dingen fordert, soll in ihnen ausgedrückt werden, nicht mehr. Gefordert wird aber heute von den Dingen, daß sie sachgemäß konstruiert sind, daß sie, sofern es sich um Massenerzeugnisse handelt, die unglaubwürdige Geste der Individualschöpfung vermeiden, und daß sie die in der Zeit wirksamen Kräfte sinnfällig widerspiegeln.«[2]

Diese Beobachtung trifft Kramers Anliegen überaus genau. Auch andere Kommentatoren entging diese Eigenart von Kramers Arbeiten nicht. Über die Eisenöfen schrieb Fritz Stahl im ›Berliner Tageblatt‹: »Ohne Nachahmung irgendwelcher alten Dinge, unauffällig, aber angenehm anzusehen, wenn das Auge darauf fällt, erscheinen sie mir musterhaft für das ganze Gebiet modernen Haushalts. Und sie bieten Möglichkeiten reicher Abwandlung, ohne daß ihr Charakter aufgehoben wird«.[3] In den ›Frankfurter Nachrichten‹ wurde auf die Leichtigkeit dieser Entwürfe hingewiesen: »Ein rotes Sesselchen (Kramers) sieht aus wie für Kinder gebaut und reicht doch in seiner sparsamen Notwendigkeit für die Bequemlichkeit eines recht vielpfündigen Menschen aus. Seine Verwandlungsfähigkeit von Sessel zu Liegestuhl ist besonders amüsant«,[4] womit bereits hier Kramers Interesse am Mehrzweckmöbel und sein Spaß am spielerischen Variieren vermerkt wird.

Ebenso treffend charakterisiert 1927 der renommierte Schriftkünstler Paul Renner Kramers Neugierde, seine Suche nach neuen Materialien und technischen Lösungen: »Die Möbel von Ferdinand Kramer zeigen den neuen Stil in einer so reinen Verkörperung, daß man an ihnen, wie an einem Schulbeispiel, das Stilgewissen unserer Zeit demonstrieren kann. Sie sind frei von jedem Historismus; sie sind nicht minder frei von dem dogmatischen Formalismus, der die falsche Modernität charakterisiert. (…) Es gibt keine technische Verbesserung, keinen neuen Werkstoff, die er nicht auf den Messen aufgespürt und in seinen Bau getragen hätte. Er durchdenkt leidenschaftlich die praktische Verwendbarkeit, neue Möglichkeiten des Werkstoffes und der Technik. Und so sind seine Möbel modernster Komfort.«[5]

Fritz Wichert, der Direktor der Frankfurter Kunstschule, würdigt im ›Neuen Frankfurt‹ die Möbel Kramers im Kindergarten Hallgartenstraße und dessen klare, luft- und lichterfüllte Räume mit ihrem Farbakkord schwarz-grauweiß und ihrem lichten Blau: »Alles ist so einfach, so klar, so praktisch und doch nicht plump, viel eher anmutig«; er weist hin auf die raumsparenden Schiebetüren der Schränke,

die Tische in drei unterschiedlichen Größen, die sich »wie Bauklötze gruppieren und zu allen nur denkbaren Gebilden zusammenstellen« lassen, und er resümiert: »Der erste Eindruck ist der der Aufgeräumtheit. Aufgeräumt im Sinne von heiter.«[6]

Sensibilität für Materialien und die Qualität ihrer Verarbeitung lernte Ferdinand Kramer im Hutgeschäft seines Vaters und auf der Bootswerft des Großvaters Leux in Frankfurt-Niederrad, wo Mainschiffe und elegante Skiffs in hoher Qualität gebaut wurden. Denselben Anspruch zeigen schon seine kleinen Holzkästen mit Schubladen von 1924 sowie ein Schreibtisch, 1924 abgebildet in der Publikation ›Die Form ohne Ornament‹.[7] Damals kaufte Kramer Arbeiten des ebenfalls auf jener Ausstellung vertretenen Hugo Westphal aus Naumburg: zwei kleine, perfekt schließende zylindrische Dosen und zwei hauchdünne, federleichte, ebenso präzise gedrechselte Schälchen. Sie gehörten zu den wenigen Dingen, die er mitnahm in die Emigration, und auch sie hatten ihm Maßstäbe gesetzt für handwerkliche Perfektion und formale Qualität – ebenso wie Möbel und Hausrat der Shaker.

Daß es Kramer um mehr geht, als nur darum, die praktischen Funktionen eines Möbels zu erfüllen, und daß er jeglichen Schematismus ablehnt, verdeutlicht beispielhaft seine Kritik am damals eben erschienenen Möbelbuch Franz Schusters, seines Kollegen an der Frankfurter Kunstgewerbeschule. Kramer würdigt zwar Schusters Versuch, »die Möbelfrage dadurch zu lösen, daß er aus einigen wenigen Elementen Grundtypen und aus diesen wiederum die für den Spezialfall notwendigen Kombinationsmöbel entwickelt«. Kramer erinnert dabei an zahlreiche Versuche dieser Art, etwa an die mustergültigen Fabrikate der Firma Frederick Sage & Co.Ltd., vor 1900. Aber Schusters Bemühen, »eine einheitliche Stilistik zu erzwingen«, kritisiert er als »Schematismus von Proportionen«.[8]

Wie wichtig Kramer schließlich die pädagogische Funktion von Publikationen einschätzt, um die Wohn- und Lebensverhältnisse zu verbessern, zeigt seine Besprechung des Buches ›Wie richte ich meine Wohnung ein?‹ von Wilhelm Lotz. Sein Vorschlag, eine publizistische Form zu finden, die es – wie die Kataloge großer Firmen – ermöglicht, sie jeweils nach dem neuesten Stand zu komplettieren und die überholten Typen durch neue zu ergänzen, macht deutlich, daß es für ihn keine absoluten und endgültigen Lösungen gibt, sondern daß die Typen ständig – neuen Lebensbedingungen und Empfindungen sowie neuen Techniken entsprechend – zu verändern bzw. neue Typen zu entwickeln sind.[9]

Seine eigenen Vorstellungen präzisiert Kramer 1928 im mehrfach publizierten Artikel ›Individuelle oder typisierte Möbel?‹. Es gilt Typenmöbel zu entwickeln, »wenigstens für die große Masse, auf deren Lebensbedingungen es in erster Linie ankommt«. Er wehrt sich dagegen, »das Formproblem der Typisierung als reinen Schematismus zu bezeichnen, wobei jede persönliche Note von vorneherein ausgeschlossen wäre«, und präzisiert: »Die Qualität der Materialien und ihre zweckdienliche Zusammenstellung schaffen erst überhaupt die Voraussetzung zu einem neuen Stil, der den ganzen Entstehungsbedingungen nach auch unserer Zeit entspricht.«[10]

Daß die Bugholzmöbel-Produktion der Firma Thonet dem jungen Kramer entscheidende Anregungen gegeben und Maßstäbe gesetzt hat, zeigt nicht zuletzt sein Aufsatz ›Täglich 18'000 Stühle‹, 1929 in der ›Frankfurter Zeitung‹ erschienen: »Die individuelle Herstellung und Bearbeitung des Einzelstücks wird zugunsten einer Fabrikation aufgegeben, die in der Serienherstellung präzis durchgearbeiteter Modelle ihr eigentliches Ziel sieht«, und er greift einige, für ihn wichtige Punkte auf: »Alle Einzelteile der Möbel werden genormt und können daher auf Vorrat gearbeitet werden. Leimverbindungen scheiden weitestgehend aus; mittels eiserner Schrauben werden die Einzelteile montiert.« Auch betont er, daß die Zerlegbarkeit billigste Magazinierung und raumsparenden Versand ermöglicht. Er faßt zusammen: »Der Erfolg gründet sich auf eine billige Konsumware in unerreichter technischer Vollkommenheit.«[11]

Programmatisch markiert Kramer seine eigene Position in seiner deutlichen Kritik an der vom Alexander-Koch-Verlag herausgegebenen Publikation ›Einzelmöbel und neuzeitliche Raumkunst‹. Er kritisiert weniger, daß sie vor allem Luxusmöbel zeigt (»Man würde sogar begreifen, wenn das Bedürfnis nach Vollkommenheit auch in der Wahl kostspieliger Materialien seinen Ausdruck fände«), sondern die darin dokumentierte Auffassung von Gestaltung: »Man verschwendet sinnlos edelste Materialien. Man entwickelt nicht die ihnen eigene Schönheit und Präzision, sondern vergewaltigt sie zu plumpen Formalismen. Hier regiert weder der Handwerker guten alten Stils, noch der moderne Möbelingenieur. Dieser moderne ›Möbelkünstler‹ ist ein Individualist, der allein seinen dekorativen Einfällen und spielerischen Regungen folgt. Die Beziehung zum Material und zum Zweck sind Vorwand für freie Theaterallüren. Unter solchem Aspekt erübrigt sich eine Kritik im Detail.«[12] Deutlich ist hier in Form und Inhalt zu spüren, daß auch die Begegnung und Auseinandersetzung mit Adolf Loos für Kramer Maßstäbe

gesetzt haben, daß Loos so etwas wie ein Leitstern für ihn ist. Ebenso offensichtlich ist Kramers Verbindung zu Sigfried Giedion, dem Schweizer Maschinenbauingenieur und späteren Architekturhistoriker, mit dem zusammen er zwischen 1919 und 1922 Vorlesungen von Heinrich Wölfflin an der Technischen Hochschule in München besucht. In Giedions Publikation ›Befreites Wohnen‹ (1929) sind auch Möbel von Kramer abgebildet und kommentiert. Ungefähr gleichzeitig, im Januar 1929, erhält Kramer eine Einladung vom Gewerbemuseum Basel, auf der Ausstellung ›Schweizer Typenmöbel‹ – neben einzelnen ausländischen Künstlern wie Adolf G. Schneck und Marcel Breuer – seine Möbel der ›Hausrat GmbH‹ zu zeigen. Wenig später bittet El Lissitzky ihn um Fotografien eben dieser Möbel, die er dann in der Sowjetunion – u.a. in der ›Prawda‹ – veröffentlicht.[13]

Diese preiswerten Kombinationsmöbel Kramers, 1925 entstanden im Kontext des Frankfurter Siedlungsprogramms, sind in der vorliegenden Publikation im Werkkatalog-Teil ausführlicher dargestellt. Viele, die sie damals kauften, gebrauchen diese Möbel noch immer.[14] Auch die heute über 90jährige Grete Schütte-Lihotzky in Wien lebt mit Kramers Klapptisch und Hocker, die sie 1927 von Ernst May zur Hochzeit bekommen hatte. Und überraschend war es für mich, im Herbst 1987 zu sehen, daß auch Leo Löwenthal in Berkeley an Kramers Schreibtisch arbeitet und andere Stücke dieses Möbelprogramms noch täglich gebraucht: Sofa, Beistelltisch, Stühle und den ausziehbaren Eßtisch. Leo Löwenthal konnte damals noch alle Kramermöbel mitnehmen in die Emigration.

Broschüre zu ›Freedom Pavilion. Germany Yesterday – Germany Tomorrow‹, New York 1938 oder 1939

Ausgrenzung und Emigration

Auch Ferdinand Kramer war schließlich zur Emigration gezwungen. Seine Arbeiten waren von den Nationalsozialisten in einer Ausstellung in der Neuen Mainzer Straße als ›entartete Architektur‹ diffamiert worden; im September 1937 erhielt er vom Präsidenten der Reichskammer für bildende Künste Berufsverbot. Aus dem Deutschen Werkbund war Kramer bereits am 29. September 1933, dem Tag der Mitgliederversammlung in Würzburg mit eindeutig nationalsozialistischem Programm, aus Solidarität mit den Verfemten, den Juden und Marxisten und anderen Verfolgten ausgetreten.[15] Das Berufsverbot traf ihn schwer.[16] 1984 schrieb Kramer rückblickend: »Einen so abrupten Gesinnungswandel wie den mit Beginn der nationalsozialistischen Ära habe ich bei keinem anderen Volk je erlebt. Frühere Freunde und Mitarbeiter distanzierten sich plötzlich, wurden schließlich zu heftigen Gegnern. Die gemeinsame Basis zerbrach.«[17]

»Was mir zunächst als schier untragbares Unglück erschien, meine Mutter, mein Zuhause, meine Arbeit und meine Freunde verlassen zu müssen«, schreibt Kramer im Oktober 1985 – wenige Wochen vor seinem Tod – »erwies sich letzten Endes als mein Glück (...) Mich faszinierten die neuen Dimensionen, die Vielfalt von Möglichkeiten, die enormen Aktivitäten und Energien, die Kontraste in dieser Stadt (New York) und vor allem die Mobilität und Flexibilität der Amerikaner, dieser modernen Nomaden, und mich irritierte der schnelle Konsum von Verbrauchsgütern: Verschwendung als Antrieb der Wirtschaft. Mir gefiel der lockere, selbstverständliche Umgangston, weder Bevormundung noch deutsches Untertanendenken. Hier galt allein das Können; nicht Zeugnisse, Empfehlungen, Diplome oder andere Zertifikate – sie waren überhaupt nichts wert. Man lernte ständig dazu. Flog man aus einer Arbeitsstelle heraus, so fing man umgehend woanders wieder an zu arbeiten, hatte durch die Praxis gelernt und kam schließlich voran.«[18]

Seinen ersten selbständigen Auftrag in den USA erhielt Kramer von einem Komitee aus Amerikanern, Deutschamerikanern und Emigranten: den Entwurf des ›Freedom Pavilion‹, Repräsentant eines demokratischen Deutschland auf der New Yorker Weltausstellung 1939 (das Deutsche Reich war offiziell in der Ausstellung nicht vertreten). Bürger unterschiedlicher politischer Richtungen und Konfessionen –

Katholiken, Protestanten und Juden – engagierten sich für dieses Projekt, wie Dorothy Thompson, Henry R. Luce, Harry F. Guggenheim, Henry Morgenthau, Condé Nast, Marshall Field, Fiorello H. La Guardia, Frank Kingdon, Thomas Mann, Paul Tillich, Otto Klemperer und viele andere.[19] Leider haben sich die Entwurfspläne nicht erhalten; das Projekt wurde durch politischen Druck zu Fall gebracht.[20] Es ist noch heute bestürzend zu sehen, wie weit Hitlers Macht damals reichte, wie er noch auf Leben und Arbeit der Emigranten einwirken konnte.

Erlebnisse wie diese – zunächst subtile, dann öffentliche Diffamierungen, Berufsverbot, Ausgrenzung, Emigration, Trennung, erzwungener Verlust von seinem Zuhause, von Mutter und Freunden, dann ein Kulturschock, wie er unzählige Emigranten in New York trifft, und schließlich die Erkenntnis, auch hier, in den USA, noch immer nicht vollständig dem Zugriff Hitlers entkommen zu sein – sind traumatische Erlebnisse für Kramer. Nicht zuletzt durch kreatives Arbeiten, Reagieren auf diese Herausforderung, versucht er, sie zu überwinden.

Als ›Consulting Architect‹ der Investment Bank Lehman Bros. entwickelt Kramer in dem 1943 für ihn eingerichteten Spezial-Büro, der ›Products Marketing Corporation‹, zerlegbare Möbel für die großen Warenhäuser. Marktanalysen, Verkaufsstrategien und Produktionsverfahren erarbeitet er zusammen mit Fred V. Gerstel und Paul M. Mazur in Verbindung mit der am Projekt beteiligten ›Allied Purchasing Corporation‹.

Ferdinand Kramer: Kombinationsmöbel, Diagramm der Schrankelemente, 1945

Zwar sind schon Kramers Typenmöbel für das Neue Frankfurt – wie z.B. der Küchenschrank mit offenem oder geschlossenem Aufsatz, das Büfett mit Mittel- und Seitenteilen und die Schul- und Kindergartenschränke – nach individuellem Bedarf zu kombinieren. Wie konsequent er aber diese Idee der System-Möbel weiterentwickelt, zeigen seine ›Knock-Down-furniture‹ von 1942, die nun auch noch montier- und demontierbar sind wie ein Baukastenspiel. Kramers schematische Darstellung vom Februar 1945 demonstriert die 20 verschiedenen Typen, kombiniert aus nur wenigen Grundelementen. In ihrer klaren Gliederung der Flächen und Körper, den dunklen Umrahmungen der einzelnen Elemente, den durchkalkulierten Maßverhältnissen: Quadrat zu Rechteck, zu Horizontalen und Vertikalen, lassen sie die Auseinandersetzung mit Arbeiten Piet Mondrians spüren, den Kramer in seinem Atelier in New York besucht.

Vermutlich kennt er damals schon Rietvelds in kleineren Serien hergestellte ›Crate Furniture‹ von 1934, frühe praktische und preiswerte ›Cash and Carry‹-Möbel, die der Käufer selbst zusammenbaut, die den spielerischen Aspekt betonen und improvisiert wirken, als wären sie aus Obstkistenholz gebaut.

Und selbstverständlich ist Kramer die Entwicklung der Typenmöbel am Bauhaus vertraut. Auch mit Sigfried Giedions Sammlung von Patentmöbeln setzt er sich auseinander. Dessen Werk ›Mechanization Takes Command – A Contribution to Anonymous History‹ fasziniert ihn. Er teilt Giedions hier definierte Auffassung: »Werkzeuge und Gegenstände sind Ausdruck

grundsätzlicher Einstellungen zur Welt. Diese Einstellungen bestimmen die Richtung, in der gedacht und gehandelt wird«. Einig ist er mit Giedion auch darin, »daß bloß Fragmente aus dem Leben einer Zeit herausgelöst, seine Gewohnheiten und seine Gefühle bloßzustellen vermögen; daß man den Mut haben muß, kleine Dinge zu nehmen und sie in große Dimensionen zu übertragen.«[21]

Im Mai 1945 ist Ferdinand Kramer im ›New Yorker‹ »the architect of the week« wegen der Nachricht, daß die britische, norwegische und sowjetische Regierung für den Wiederaufbau an seinen preiswerten ›Knock-down‹-Möbeln interessiert seien, die 75% Schiffsladeraum einsparen, und die von den Benutzern ohne Probleme selbst zusammengebaut werden können. In einem Interview umreißt er hier seine Ziele: Architekten sollten sich an Vögeln orientieren und fragen: Wie bauen Vögel ihre Nester? Für sie sind Inneres und Äußeres eine Einheit. Das Nest ist funktional. Ebenso sollen Stühle in erster Linie zum bequemen Sitzen da sein, und in den Kleiderschrank müssen auch der große Hut, die hohen Stiefel und der lange Mantel hineinpassen. »Ich bin ein Erzfeind der ›Interior Decorators‹«, betont er, denn denen sei egal, was schließlich in den Schrank hinein soll. »Meine neuen Möbel sind nicht nur funktional, sie sind flexibel«, präzisiert er und verweist darauf, daß beispielsweise seine Schränke aus unterschiedlichen Elementen bestehen, die je nach Bedarf ergänzt, vielseitig kombiniert oder zusammen- und weggelegt werden können. Und, angesprochen auf das Problem, wegen der kriegsbedingten Rohstoffverknappung Möbel ohne jegliche Metallverbindungen und -beschläge herstellen zu müssen, erinnert Kramer daran, daß schon Ägypter und Römer gute Möbel gemacht hätten – ohne Metall.[22]

Kramers ›Knock-Down‹-Möbel, auch ›Plank and Peg Products‹ genannt, gehörten zu den ersten preiswerten, in großen Serien fabrizierten und erfolgreich verkauften montier- und demontierbaren Holzmöbeln in den USA (›peg‹: Holzdübel). Hergestellt wurden sie in einer vollautomatisierten Fabrik in Sumter in den Wäldern von South Carolina. Diese ›packed furniture‹ (Paketmöbel) waren nicht nur funktional, mobil, leicht, flexibel und variabel, sondern sie veranschaulichten diese Eigenschaften auch eindeutig durch präzise Formen und akzentuierte Farbgebung, und vor allem: sie luden ein zum Gebrauch.

Ferdinand Kramer: ›Knock-Down‹-Schränke 1942–43, 3 Ausführungsbeispiele. Fotos R. Bleston

Die Auffassung, daß gerade der Stuhl ein Gerät ist, »bei dessen Gestaltung technisch konstruktives und technisch fabrikatorisches Erfinden ebenso eine Rolle spielen wie die Einstellung zum Leben, zum Lebensstil und zur Lebenshaltung«, wie es die Werkbundzeitschrift ›Die Form‹ 1930 definiert,[23] ist selbstverständlich auf Möbel insgesamt zu beziehen.

Überzeugend zeigen Kramers ›demountable furniture‹ – wie Bett-Sofa, Lehnstuhl, Ausziehtische, Klappstühle, klapp- und tragbare Beistelltische, der faltbare Teewagen mit zwei herausnehmbaren Tabletts und nicht zuletzt seine fahrbare elektrische Kompaktküche – die Faszination des europäischen Emigranten angesichts des flexiblen, Improvisation fordernden, mobilen, dynamischen Lebens der Amerikaner. Es gelingt ihm, solche Empfindungen und verbindliche gesellschaftliche Leitbilder in diesen Möbeln zu veranschaulichen.

Sie werden – im Gegensatz zu den Wohn-, Schul- und Kindergartenmöbeln der Zeit des Neuen Frankfurt – nicht nur für einen begrenzten Markt, sondern in großen Massen produziert und in den Vereinigten Staaten sowie in anderen Ländern der Welt verkauft. Sie werden also auch benutzt in Regionen mit einer eigenen traditionsgebundenen Identität, und die soll durch seine Möbel keinesfalls unterdrückt und bevormundet werden.

Es geht Kramer also darum, mit seinen Möbeln nicht nur Merkmale des ›American way of life‹, sondern darüber hinaus allgemeingültige, positiv stimulierende Werte zu vermitteln – durch ihre Konstruktion und Form, in der Qualität der Materialien und ihrer Verarbeitung sowie durch kreativ-spielerische Aspekte.

Vorbild scheint hier für Kramer wieder die Thonet-Möbel-Produktion zu sein, wie er sie 1929 enthusiastisch beschrieben hatte. Jetzt aber geht es ihm nicht nur um die »billige Konsumware in unerreichter technischer Vollkommenheit«, sowie die konsequente Weiterentwicklung der Normierung, Zerleg- und Kombinierbarkeit der Einzelteile. Jetzt ist der Kunde und Benutzer herausgefordert, sie selber zu montieren und auch nach eigenem Bedarf zusammenzustellen, ›selbstbestimmtes Wohnen‹ ist Kramers Devise.

Wie kaum ein anderer seiner amerikanischen Entwürfe demonstriert die 1941 entworfene und 1943 patentierte fahrbare elektrische Kompaktküche, die in kleiner Serie für das Management von General Electric gefertigt wird, Kramers Spaß am mobilen Leben, an der Variabilität und der ›Do-it-yourself‹-Mentalität der Amerikaner (siehe Werkkatalog). Sie verdeutlicht zugleich seine Auseinandersetzung mit Christine Fredericks Buch ›The New Housekeeping‹,[24] ihren Arbeitsablaufanalysen sowie Grete Schütte-Lihotzkys ›Frankfurter Küche‹. Kramers Zeichnungen – wie die seiner Patentmöbel – der mobilen Kompaktküche, der zusammenlegbaren Bar von 1946, der Klapp- und Faltstühle oder des Mehrzweckmöbels ›Three-in-One‹ von 1942 demonstrieren wie seine Patentmöbel das Vergnügen, mit dem er diese Ideen bis ins Detail entwickelt und das Wesentliche in wenigen Strichen deutlich zu machen versteht.

Dieses ›Three-in-One‹-Möbel ist je nachdem ein Hocker mit Sitzkissen, ausgeklappt ein Beistelltisch, ein Bücherregal und schließlich auch Schlafplatz für Hund oder Katze. Seine Proportionen sind subtil ausgewogen. Die vier die spielerischen Verwandlungsmöglichkeiten anzeigenden Drehpunkte setzen eigenwillige Akzente.

Ferdinand Kramer: ›Planks and Pegs‹-Programm, Servierboy. Foto R. Bleston

Ferdinand Kramer: ›3-in-1‹ Hocker, offen und geschlossen. Fotos R. Bleston

›3-in-1‹ Hocker, Zeichnung aus der Patentschrift zum US-Patent Nr. 136694 (von fremder Hand)

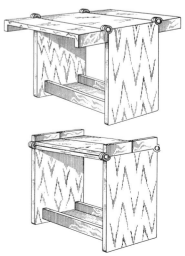

Spielerische Aspekte zeigen ebenfalls Sitzbank und Armlehnstühle seiner ›Pack-away outdoor Furniture‹ aus wetterfestem Zypressenholz mit weißer Oberfläche, Klappmöbel mit Rädern an den hinteren Beinen, dank denen man sie wie einen Schubkarren wegrollen kann. Durch ihre haltbare Bespannung aus farbigem Koroseal, einem elastischen Plastikmaterial, sind sie 1945 eine sensationelle technische Neuheit. Sie stehen in den Schaufenstern renommierter Kaufhäuser wie ›Sloane‹ in der Fifth Avenue, ›Lord and Taylor‹ und ›Marshall Field‹. Anzeigen in der ›Herald Tribune‹ und der ›New York Times‹ bringen Werbeslogans: »Sloane brought it to you last year and here it is again! Everyone who bought it is still singing its praises«,[25] und Mrs. Eleanor Roosevelt kauft diese Gartenmöbel für das Weiße Haus.

Unaufdringlich und doch bestechend in seiner Form mit den wohl kalkulierten Proportionen wirkt vor allem der kleine Hocker mit der Bespannung aus breiten Kunststoffbändern. Wie der ›Three-in-One‹-Hocker ist er ein überzeugendes Beispiel »einer realisierten Ästhetik des Gebrauchs« – wie Gert Selle es definiert.[26]

Auch die »wonderful new Put-away Wardrobe« ist für 19,98 Dollar landesweit in Warenhäusern oder über Versandkataloge zu beziehen: Ein montierbarer Schrank für 22 Kleider, als einheitlich profilierter Holzrahmen mit Füllungen aus Preßplatten konstruiert, und ohne jegliches Werkzeug in weniger als einer Minute aufstellbar – mit nur 10 Holzsteckverbindungen oder mit Metallclips als Eckverbindungen.

Äußerste Ökonomie der Mittel, Leichtigkeit und Eleganz zeigen seine kombinier- und stapelbaren Beistelltische, hergestellt aus Resten von handelsüblichen Winkeleisen, weiß gespritzt und mit einem herausnehmbaren, abgekanteten, glatten oder perforierten Blech abgedeckt, das herausgenommen, gewendet und als Tablett benutzt werden kann. Diese Sparsamkeit der Mittel und die gezielte Anregung zum Selbsttun charakterisieren auch seine – ohne jeglichen Materialabfall – aus einer Sperrholzplatte geschnittenen runden,

Ferdinand Kramer: ›Koroseal‹-Hocker, 1945

Ferdinand Kramer: ›Koroseal‹-Gartenmöbel, 1945, Darstellung in der Patentschrift (US-Pat. Nr. 2249747)

Ferdinand Kramer: ›Koroseal‹-Sessel, Fotografie in der Illustrierten ›Look‹, September 1945

Ferdinand Kramer: ›Put-away-Wardrobe‹, Inserat, ca. 1944

ovalen, quadratischen und sechseckigen kleinen Tische. Das gleiche Konzept verwendet Kramer für faltbare Wellpapp-Tische, ein Werbegeschenk für Coca Cola – mit Schachbrett-Aufdruck und gestanzten Löchern zum Einhängen der Papierbecher – ein praktisches Spielzeug für Picknick im Freien oder im Feriendomizil.

Die Variationen seiner Aluminium-Klappstühle und Sitzmöbel dokumentieren Kramers systematisches Bemühen, bei annehmbaren Preisen den Komfort zu verbessern und Spaß am Gebrauch zu vermitteln. Dies gilt z.B. für den (unausgeführten) Entwurf des leichten, den Körperformen angepaßten Typenstuhl für die Weltausstellung in New York, die Aluminium-Möbel für Strand und Garten, die zusammenleg- und wegrollbaren Liegen und den Liegestuhl mit verstellbarer Rückenlehne (»Without Getting Up!«) und wetterfesten Kissen in den Farben Flaschengrün, California Blau, Gelb oder Rot.

Diese Möbel – wie auch die seines neuen Einrichtungssystems ›Vizual‹ für Warenhäuser – knüpfen an seine Möbel aus gebogenem Aluminiumrohr an, wie z.B. die Kinderliegen mit Segeltuchbespannung (1928) oder das zusammenklappbare Tellergestell (Eisenstab verchromt, 1927) und zeigen seinen »Sinn für Konstruktion im Sinne von Findigkeit, vereint mit sicherem Form- und Materialgefühl«, wie er schon 1930 in ›Die Form‹ gewürdigt wurde.[27]

Vor allem zeigen seine Konzepte für Organisation und Einrichtung von Warenhäusern, wie konsequent er die Erkenntnisse der Wahrnehmungspsychologie in sein Projekt des visuellen Verkaufs einbezieht. Flexibel, variabel und vielfach kombinierbar sind auch diese Möbel zur optimalen »Sichtbarmachung des Verkaufsgutes«.[28]

1979, auf dem Internationalen Bauhaus-Kolloquium in Weimar, beharrte Kramer trotz der Hitze und des Publikumsandranges darauf, mir Goethes Arbeitszimmer zu zeigen, den Sattelsitz und vor allem die Einfachheit und Schönheit dieses Raumes und der Einrichtung, die ihn 1919, am Bauhaus, sicherlich ebenfalls geprägt haben. Goethes Auffassung – »Eine Umgebung von bequemen geschmackvollen Möbeln hebt mein Denken auf und versetzt mich in einen behaglichen passiven Zustand (…) prächtige Zimmer und elegantes Hausgerät sind etwas für Leute, die keine Gedanken haben und haben mögen« – war lebenslang auch Kramers Leitbild.[29] Für derartige Qualitäten die Sinne seiner Mitmenschen zu sensibilisieren, gelang ihm allerdings selten.
Das Möbel als spektakuläres Kunstobjekt bestimmt heute die Szene. Dennoch waren Kramers amerikanische Möbel für Wohnung, Freizeit und visuellen Verkauf gewissermaßen Vorreiter. Sie nahmen Konzept und Praxis vorweg, wie ›Ikea‹ sie später weltweit realisierte. Und vergleicht man Kramers ›Knock-Down furniture‹ von 1942 mit Gugelots Möbel-Programm M 125 von 1949, so könnten sie auch dieses beeinflußt haben.

Kramers amerikanische Möbel stehen – kaum noch aufzutreiben – wohl in keinem Design-Museum, und keine Design-Zeitschrift publiziert sie heute. Auch die Design-Geschichte

›Without Getting Up‹, Ferdinand Kramers Liegestuhl, Werbebroschüre Durable Canvas Co., ca. 1946

erwähnt sie nicht, obwohl sie nicht nur in der Tagespresse und den Katalogen renommierter Warenhäuser veröffentlicht wurden, sondern ebenso in der Fachliteratur. Zum Beispiel zeigte ›The Architectural Forum‹ seine Möbel in der Rubrik ›Forum of Events‹ und unter dem Titel ›New demountable furniture saves shipping space, eliminates metal‹ bereits im Juliheft 1943. Und in der Publikation ›Furniture from Machines‹,[30] das 1947 in London herauskam, sind Kramers Teetisch und sein Armlehnstuhl als ›American knock-down furniture‹ abgebildet – zusammen mit Calvert Coggeshalls Tisch und Stuhl. Beide arbeiteten zusammen in dem Design-Büro, der ›Products Marketing Corporation‹ – übrigens im gleichen Haus wie Konrad Wachsmann und Walter Gropius mit ihrer ›General Panel Corporation‹ in der Park Avenue 103, New York.

Die Ausstellung ›Good Design is your Business – A guide to well-designed household objects made in USA‹ zeigt 1947 Kramers Aluminium Sonnen-Liege,[31] die im New Yorker ›World Telegram‹ vom 15.5.1946 als ›Featherweight Aluminium Sun Chaise‹ gepriesen wurde (»Ideal for town or beach… because it's extra light and extra sturdy… made of super strong aircraft aluminium and weighing less than 10 pounds!«).

Wie andere anonyme Design-Produkte wurden und werden vielleicht noch heute Ferdinand Kramers amerikanische Möbel alltäglich selbstverständlich gebraucht. Eine Auseinandersetzung mit ihnen könnte uns neue Anstöße geben zu einem Alltagsdesign, das sich am Benutzer orientiert, zum befreiten, flexiblen Wohnen, zum Selbstdenken und -tun anregt und die ökonomischen und ökologischen Probleme unserer Welt berücksichtigt.

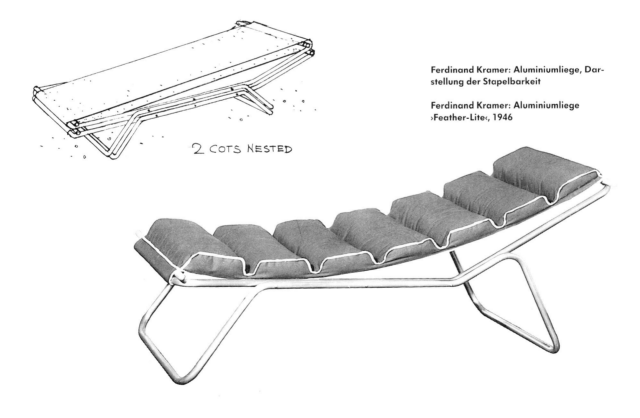

2 COTS NESTED

Ferdinand Kramer: Aluminiumliege, Darstellung der Stapelbarkeit

Ferdinand Kramer: Aluminiumliege ›Feather-Lite‹, 1946

Anmerkungen

1   S. Kracauer, Werkbundausstellung ›Die Form‹, in: FZ, 25.9.1924.

2   S. Kracauer, Stuttgarter Werkbund-Austellung ›Die Form‹, in: Das Illustrierte Blatt, FZ, 29.7.1924.

3   F. Stahl, Die Form. Zur Werkbundausstellung Stuttgart, in: Das Berliner Tageblatt, 24.7.1924.

4   v. Liers, Die Form ohne Ornament (zur Ausstellung im Kunstgewerbe-Museum), in: FN, 22.9.1924.

5   P. Renner, Zu den Arbeiten von Ferdinand Kramer, in: Die Form 10/1927, und in: Stein, Holz, Eisen 16/1927.

6   F. Wichert, Ein städtischer Kindergarten, in: DNF 4/1926–27, S. 88–90.

7   W. Riezler (Hrsg.), Die Form ohne Ornament, Werkbundausstellung 1924, Berlin/Leipzig 1924. Ausführung des Schreibtisches: Zimmermann und Holl, Ffm.

8   F. Kramer, Möbel und Haus, in: Zu vier Architektur-Büchern, FZ, 4.12.1932.

9   ebd.

10   F. Kramer, Individuelle oder typisierte Möbel?, in: DNF 1/1928. Auch in: Die Baugilde 7/1928. Auch in: Typenmöbel, Katalog zur Ausstellung des Gewerbemuseums Basel, 1929. Sowie (ders.): Les Meubles Modernes, in: 7 Arts (Brüssel), 24/1928, 20.4.1928.

11   F. Kramer, Täglich 18'000 Stühle, in: FZ, April 1929. Auch in: Königsberger Hartung'sche Zeitung, 26.11.1929.

12   F. Kramer, Möbelingenieure und neue Wohnung, in: FZ, 6.4.1930.

13   Brief von El Lissitzky an F. Kramer: von der Krim, 26.7.1929, abgedruckt in: F. Kramer, Architektur & Design, Hrsg. Bauhaus-Archiv, Berlin 1982. Ders.: Brief an F. Kramer, Moskau, 7.9.1929 – Privatarchiv Kramer.

14   Selten hat z.B. eine Nachricht Ferdinand Kramer so gefreut, wie 1961 diese Postkarte von einem ihm Unbekannten (E. Herberg): »Vor 30 Jahren kaufte ich Möbel, die Sie entworfen haben. Jetzt möchte ich gerne meinen Bestand erweitern, weiß aber nicht, wohin ich mich wenden soll. Bitte teilen Sie mir doch mit, wo ich Ihre Möbel kaufen kann. Vielleicht könnten Sie mir einen Prospekt schicken?« Privatarchiv Kramer.

15   Vgl.: F. Kramer, Ein Gelaufe um Anschluß, in: Politik & Gestaltung, Werk und Zeit 2/1984.

16   Kramer ignoriert die Vorladung des Polizeipräsidenten zum 2. November 1937 ins Polizeirevier 22 Frankfurt (Main) Süd (»Zu Ihrer Vernehmung betreffs: Ausschluß aus der Reichskulturkammer der bildenden Künste«) sowie die Aufforderung, eine »schriftliche Erklärung, was Sie hiergegen zu tun gedenken« vorzulegen. Anfang Dezember 1937 erhält Kramer vom Präsidenten der Reichskammer der bildenden Künste eine Mahnung: »Meinem Ersuchen vom 13.10.1937 um umgehende Rücksendung des Mitgliedsbuches sind Sie bisher nicht nachgekommen. Ich fordere Sie daher letztmalig auf, das Mitgliedsbuch umgehend an mich zurückzusenden, anderenfalls ich gezwungen wäre, die Hilfe der Polizei in Anspruch zu nehmen.« Schließlich führen zwei Polizisten ihn gewaltsam aufs Revier. Das Ansinnen, sich von seiner jüdischen Frau Beate scheiden zu lassen, lehnt Kramer entschieden ab; groteskerweise kündigt wiederum ihr das renommierte ›Philanthropin‹, weil sie mit einem ›Christen‹ verheiratet ist. Privatarchiv Kramer.

17   Kramer, vgl. Anm. 15.

18   F. Kramer, Manuskript, Privatarchiv Kramer, Ffm. Gekürzt veröffentlicht als: Ferdinand Kramer: In Amerika, in: Materealien 1, Hefte zur Gestaltung, Hrsg. U. Fischer und K.-A. Heine, 1986, Frankfurt/M.

19   Freedom Pavilion, Germany Yesterday – Germany Tomorrow at The New York World's Fair, An Introduction and an Explanation, Hrsg. ›Provisional Organising Committee‹. Und: ›Freedom Pavilion‹ at Fair, Planned to Celebrate the Pre-Nazi Culture, in: The New York Times, 13.1.1939. Privatarchiv Kramer, Ffm.

20   In Deutschland ruft dieses Projekt Ängste und Aufregung hervor. Am 10.2.1939 schreibt Georg Muche an Gropius: »Ich höre durch Zufall, daß die Absicht besteht, auf der Weltausstellung in Amerika einen ›deutschen‹ Pavillon zu errichten, obwohl Deutschland sich an der Ausstellung nicht beteiligt. Sollte ein Plan dieser Art wirklich bestehen, so bitte ich Sie dringend, durch Ihren ganzen Einfluß zu verhindern, daß Arbeiten von ehemaligen Bauhausangehörigen ausgestellt werden, die nicht ausdrücklich ihre Zustimmung gegeben haben. Ich gebe sie für meine Person nicht, und ich schreibe Ihnen außerdem unaufgefordert für die, welche nicht wie ich bereits früher Gelegenheit hatten, ihre eindeutige Meinung in diesen Fragen zu äußern, oder von dem Plan dieser Ausstellung nichts wissen.« Gropius antwortet am 3. März aus den USA: »Lieber Mucke; (…) Ich kann Sie vollkommen über den deutschen Pavillon beruhigen. Ich persönlich hielt die Absicht einer solchen deutschen Ausstellung von vornherein verfehlt und habe abgelehnt, als man meine Mitwirkung wollte.« Offensichtlich fürchten Muche und andere in Deutschland verbliebene Bauhäusler

Repressalien des Nazi-Regimes, falls ihr Name in diesem Zusammenhang genannt würde, und auch Kramer will – aus Rücksicht auf seine noch in Frankfurt am Main lebende Mutter – auf keinen Fall in Erscheinung treten. Vgl. G. Muche/W. Gropius, Auflösung Dessau 1932 – Schließung Berlin 1933, in: Bauhäusler und Drittes Reich, Eine Dokumentation, Hrsg. P. Hahn, Weingarten 1985, S. 231.

21   S. von Moos, Die Zweite Entdeckung Amerikas, Nachwort in: S. Giedion, Die Herrschaft der Mechanisierung. Ein Beitrag zur anonymen Geschichte, Frankfurt/M 1982, S. 783.

22   F. Ross, in: The New Yorker, 26.5.1945.

23   W. Lotz, Die Mitarbeit des Künstlers am industriellen Erzeugnis, in: Die Form 8/1930, S. 197–221.

24   Chr. Frederick, The New Housekeeping. Efficiency Studies in Home Management, New York 1913, (Dt., 2. Ausgabe: Die rationelle Haushaltführung, Hrsg. I. Witte, Berlin 1922).

25   Put-away Furniture (Werbeprospekt), W. & J. Sloane, o.J., Privatarchiv Kramer.

26   G. Selle, Ferdinand Kramer oder die Realutopie des sozialfunktionalen Design, in: Vgl. Anm. 13, S. 15–19.

27   W. Lotz, vgl. Anm. 23, S. 200.

28   E. Zietzschmann, Bauten des Verkaufs: Das Warenhaus, in: Bauen und Wohnen 4/1954, S. 238–240.

29   J. W. v. Goethe, zit. nach Eckermann, in: Eckermann – Gespräche mit Goethe, Hrsg. F. Bergmann, Frankfurt/M, 1987, S. 456.

30   G. Logie, Furniture from Machines, George Allen and Unwin Ltd. Ruskin House, 40 Museum Street, London 1947, S. 40–41.

31   Good Design is Your Business, Ausstellungskatalog, Albright Art Gallery, The Buffalo Fine Arts Academy, Buffalo 1947, S. 48, Abb. 31

This is a synopsis about what I remember of Ferdinand Kramer, who was a friend of mine. I knew Mr. Kramer – Ferdinand, as I called him – for many many years, probably from before 1938 or '39 until he died a couple of years ago.

I remember him first, when he was constructing a big complex of apartments for the ›Institute for Social Research‹ in Westchester, New York, at which time I met him, and he was at that time the architectural consultant for them. They wanted to invest money in apartments: and at that time, there was Professor Horkheimer, Wiesengrund Adorno and Mr. Pollock, and maybe Felix Weil, who was one of the donors of money funds for the ›Institute for Social Research‹.

Myself, I came to America in 1936, but that has really nothing to do with Ferdinand Kramer. That had to do with Hitler, who made my stay in Germany, specifically in Frankfurt, very uncomfortable, to say the least. Before I left for the United States, I worked for the ›Frankfurter Zeitung‹, not in an editorial capacity, but in the business department, and when finally the Propaganda Ministry instructed the Frankfurter Zeitung to get rid of me, I was prepared and I had already arranged for a visa to come to America.

Now, to really talk about the ›Rainbelle‹, which is the trade name that was given to the disposable paper umbrella which Ferdinand Kramer ingeniously designed. It came about that one day, he came to my office, and I said, people basically hate umbrellas, and maybe one should make a disposable umbrella that would be good for one or two or three uses and then would be thrown away. But I said I wouldn't know how one could do that. So, a few weeks later Ferdinand came to my office, and showed me a few pieces of folded paper and he said here is your paper umbrella. I said I can not visualize where this could be an umbrella. So he explained it to me, and by a most ingenious and patentable way, he had designed a folding umbrella which required no other structure than the paper itself. So I got very much intrigued with this idea. We hired a sample maker, who made a number of handmade samples, and then we went out and looked for machinery with which this could be made automatically. Of course, the idea was that if it was a good

product, it would have to be made so cheap that people could afford to throw it away after a very few uses.

So, we found a very large company who made what turned out to be a misleading and false statement, namely that they could make a machine that would turn these umbrellas out in mass production, hundreds of them per hour, in a way like machines turn out spaghetti, although these were not spaghetti. Their estimate of the cost of constructing this machine was way off, and they claimed there would be hardly any hand operations in making this umbrella. They claimed that a paper umbrella of this sort – I'm talking now about prices of the late 1940s, early 1950s – could be made at a cost of 8 or 9 cents per umbrella. In which case, if this were so, and there was no hand labor involved or very little, one would be able to make a profit if you sold these umbrellas for 98 cents and threw them away after the first rainfall.

So, I decided to give this company – the name is a very famous company called Bristol-Myers – I gave them the contract to make this machine which they said cost $ 15,000. Now it turned out it took them a year or two longer than they said it would; the machine cost several hundred thousand dollars and not $ 15,000, and it still maintained that you needed an enormous number of hand operations to put these umbrellas together. But I came out with it.

The public reaction was very, very great, but we came out at a much higher price, which was not a suitable price for a throwaway item. Its first retail price was $ 1.98, which was 100% more than what I think it should have been. But we couldn't afford to do that.

Now, we advertised a great deal. We had enormous help from the journalistic community, who considered this a wonderful item. There was at that time a national picture magazine in America called ›Look‹, that featured the umbrella in many colors on double-page spreads, on front page covers and all over, and it was delightful to see how attractive these umbrellas looked, and how the public took to them and used them.

Some of the big department stores decorated their entire ground floor with these umbrellas which looked extremely attractive; they came in many different colors, but they were mainly used without rain… We sold several hundred thousand of them, but unfortunately, despite the ingenious design – and despite the fact that we got wonderful patents in many countries, not only U.S.A. – it was not a profitable operation. Sure, the artistic world admired these umbrellas tremendously, but it wasn't their money which was at stake. So after a while, having really no profit and perhaps some losses, I was forced to shut it down, after selling hundreds of thousands of these umbrellas. And that was it. Ferdinand Kramer was very disappointed in this, because he had expected this to be a never-ending source of income for him. He had a royalty agreement with me, but if there was no profit, there was no royalty, and he was very disgusted with it. So it was my money I lost, and his hopes were lost, not mine.

It is difficult to judge whether this is a typical American product, or whether this is European.

It is no more possible to define that, than to say the rain was American, or the rain was European – it's all the same. When it rains, you get wet… So the question about identifying the cultural surroundings is not entirely answerable.

I kept in touch with Ferdinand Kramer for many years. He not only was an architect; he was a great industrial designer, in the league with Raymond Loewy, or similar people, and I remained a great admirer of his until he died a couple of years ago.

Dies ist eine Zusammenfassung meiner Erinnerungen an meinen Freund Ferdinand Kramer. Ich kannte ihn viele, viele Jahre, wohl seit 1938 oder 1939 bis zu seinem Tode vor ein paar Jahren.

Meine ersten Erinnerungen an ihn gehen auf die Zeit zurück, als er eine große Wohnsiedlung für das ›Institut für Sozialforschung‹ in Westchester, New York, baute. Damals lernte ich ihn kennen; er war zu der Zeit beratender Architekt für das Institut. Sie wollten Geld in Immobilien anlegen; damals waren Professor Horkheimer, Wiesengrund Adorno und Pollock dabei – und vielleicht Felix Weil, einer der Geldgeber für das Institut für Sozialforschung.

Ich kam 1936 nach Amerika, aber das hat nichts mit Ferdinand Kramer zu tun; das hatte mit Hitler zu tun, der mein Verbleiben in Deutschland, genauer: in Frankfurt, sehr unkomfortabel machte, um es milde auszudrücken. Bevor ich in die Vereinigten Staaten ging,

arbeitete ich für die ›Frankfurter Zeitung‹ – nicht als Redakteur, sondern in der Betriebsleitung. Als das Propagandaministerium die Frankfurter Zeitung schließlich anwies, mich los zu werden, war ich darauf vorbereitet und hatte mir bereits ein Visum für Amerika besorgt.

Nun, um zur ›Rainbelle‹ zu kommen: Das war der Markenname des von Ferdinand Kramer genial entworfenen Wegwerf-Regenschirms aus gewachstem Papier. Eines Tages kam Kramer in mein Büro, und ich sagte, im Grunde hassen die Leute Regenschirme, vielleicht sollte man einen Wegwerfschirm machen, den man ein-, zwei- oder dreimal benutzen und dann wegwerfen könnte. Aber ich wüßte nicht, wie man das machen könne. Wenige Wochen später kam Ferdinand ins Büro und zeigte mir einige gefaltete Papierbögen und sagte, da ist dein Regenschirm aus Papier. Ich sagte, ich kann mir nicht vorstellen, wie das ein Regenschirm sein soll. Also erklärte er es mir, und auf eine wirklich geniale und patentierbare Weise

71

hatte er einen faltbaren Regenschirm entworfen, der außer dem Papier selbst keine zusätzliche Konstruktion brauchte. Die Idee faszinierte mich. Wir beauftragten einen Modellbauer, eine kleine Anzahl von handgemachten Proben anzufertigen, und dann gingen wir los und suchten nach Maschinen, mit denen der Schirm industriell hergestellt werden könnte. Unsere Idee war, damit ein gutes Produkt entstünde, die Herstellung so billig als möglich zu machen: so billig, daß man es sich leisten könnte, den Schirm nach ein-, zwei- oder dreimaligem Gebrauch wegzuwerfen.

Wir fanden dann eine sehr große Firma, die – wie sich später herausstellte – eine irreführende und falsche Aussage machte, nämlich, daß sie eine Maschine bauen könnte, die imstande sei, diese Regenschirme massenweise herzustellen, hunderte pro Stunde, so wie Maschinen Spaghetti produzieren. Sie behaupteten, daß ein Papierschirm dieser Art – nun spreche ich von den Preisen der späten vierziger und frühen fünfziger Jahre – zu einem Stückpreis von 8 bis 9 Cent hergestellt werden könnte. Wenn dem so wäre, so überlegten wir, und wenn keine oder nur wenig Handarbeit benötigt würde, dann könnten wir einen Gewinn erzielen, wenn man diese Schirme für 98 Cent kaufte und nach dem ersten Regenschauer wegwarf.

So beschloß ich, dieser Firma – einer sehr bekannten Firma namens Bristol-Myers – den Auftrag zur Konstruktion dieser Maschine zu geben, die nach ihren Angaben $ 15 000 kosten sollte. Nun stellte sich aber heraus, daß man dafür ein oder zwei Jahre länger brauchte als ursprünglich gedacht; die Maschine kostete mehrere hunderttausend Dollar und nicht fünfzehntausend, und bei der Produktion war ein gewaltiger Anteil an Handarbeit notwendig, um diese Regenschirme zusammenzubauen.
Dennoch brachte ich sie heraus. Die Reaktion der Öffentlichkeit war großartig, aber wir brachten den Schirm zu einem viel höheren Preis heraus, der nicht zu einem Wegwerfprodukt paßte. Der Verkaufspreis war $ 1.98, 100% teurer als er meines Erachtens hätte sein sollen. Das konnten wir uns auf die Dauer nicht leisten.
Wir haben viel Werbung gemacht. Großartige Hilfe bekamen wir durch die Presse, die diesem Objekt große Bewunderung entgegenbrachte.

Damals gab es landesweit ein Bildmagazin in Amerika namens ›Look‹, das den Schirm in vielen Farben auf Doppelseiten, auf dem Titelblatt und überall zeigte, und es war äußerst erfreulich zu sehen, wie attraktiv diese Regenschirme wirkten, und wie sie die Öffentlichkeit aufnahm und benutzte.

Einige der großen Warenhäuser dekorierten das gesamte Erdgeschoß mit diesen sehr attraktiven Regenschirmen, die es in vielen Farben gab – doch sie wurden vor allem ohne Regen benutzt… Wir verkauften mehrere hunderttausend davon, aber leider – trotz des genialen Designs und der Tatsache, daß wir dafür wunderbare Patente nicht nur in den USA, sondern in vielen Ländern bekamen – war es kein gewinnbringendes Unterfangen. Gewiß, die künstlerische Welt bewunderte diese Regenschirme außerordentlich, doch es stand schließlich nicht ihr Geld auf dem Spiel. So mußte ich, da ich keinen eigentlichen Gewinn – eher etwas Verlust hatte, nach einer gewissen Zeit die Sache aufgeben, obschon wir hunderttausende dieser Schirme verkauft hatten. – Und damit hatte es sich.

Ferdinand Kramer war darüber sehr enttäuscht, da er erwartet hatte, mit der ›Rainbelle‹ eine dauerhafte Einnahmequelle zu haben. Wir hatten zwar einen Anteilsvertrag geschlossen, aber ohne Gewinn gab es keinen Anteil, was ihn sehr ärgerte. So war es mein Geld, das verloren ging, und seine Hoffnungen, nicht die meinen.

Nun, es ist schwer zu sagen, ob dies ein typisch amerikanisches Produkt ist oder eher ein europäisches. Das ist genauso unmöglich, wie zu sagen, der Regen sei amerikanisch, oder der Regen sei europäisch – es ist gleichgültig. Wenn es regnet, dann wird man naß… Deshalb kann ich die kulturellen Hintergründe des Schirms nicht so konkret bestimmen.

Mit Ferdinand Kramer blieb ich jahrelang in Kontakt. Nach diesem – wie soll ich sagen – nicht so erfolgreichen Unterfangen ging Ferdinand Kramer nach Deutschland zurück. Er war nicht nur Architekt, er war auch ein großartiger Industrial Designer, von gleich hohem Rang wie ein Raymond Loewy und ähnliche Leute. Ich blieb ein großer Bewunderer von Ferdinand Kramer bis zu seinem Tod vor ein paar Jahren.

Claude Lichtenstein

Ferdinand Kramer beschäftigte sich in den Jahren 1945–47 intensiv und engagiert mit der Frage der Einrichtung von Warenhäusern. Er arbeitete dabei eng mit einem maßgeblichen Mitarbeiter der Investment Bank Lehman Bros. (New York), dem Bankier Paul M. Mazur, zusammen. Von dieser Bank, d.h. durch Mazur, wurden einige große Waren- und Versandhäuser betreut: die ›Allied Purchasing Corporation‹ (u.a. mit ›Bloomingdale's‹); die ›Federated Stores‹; das Versandhaus ›Aldens‹. Kramers Zusammenarbeit mit Mazur erstreckte sich auch auf das Möbelprogramm ›Planks and Pegs‹, bei dem Kramer und Mazur sowie Fred V. Gerstel persönlich finanziell beteiligt waren. Kramers Interesse am Thema der Laden- und Warenhauseinrichtung lag zweifellos auch auf der materiellen Ebene. Doch neben seiner möglichen Hoffnung auf große Aufträge, vielleicht auch auf ›Royalties‹ von Patenten, muß das Thema der Einrichtung von Warenhäusern ihn auch als solches ungemein gereizt haben. Nur mit geschäftlicher Korrektheit läßt sich die Ausstrahlung seiner präzisen Zeichnungen und die Schlüssigkeit seiner Argumentationen nicht hinreichend erklären.

Von den äußeren Umständen dieser Arbeiten wird wohl einiges unbekannt bleiben. Korrespondenz ist dazu, mit wenigen Ausnahmen, nicht erhalten. Nur wenig von dem, was Kramer vorschlug, wurde verwirklicht. Warum, das läßt sich kaum mehr nachweisen. In diesem Beitrag geht es vor allem um den ideellen Gehalt von Kramers Beiträgen zum Thema.

Es mag naheliegend erscheinen, Kramers Ladeneinrichtungen aus der Zeit vor seiner Emigration als Bezug für diese amerikanischen Studien zu betrachten. Schon die Einrichtung etwa des Ladengeschäfts Epstein in Frankfurt (siehe Werkkatalog) hatte der zum Verkauf ausgelegten Ware als qualitätsbewußter Hintergrund gedient und ihr den Eindruck von Exklusivität verliehen. Doch dies ist fast die einzige Gemeinsamkeit. Viel eher sind Kramers Entwürfe der vierziger Jahre als eine spezifische Reaktion auf die amerikanische Warenwelt zu sehen. Kramer erkannte, daß die Probleme bei der Planung eines Waren- oder Kaufhauses ungleich komplexer sind als bei einem renommierten und traditionsbewußten Fachgeschäft. Der Hauptunterschied liegt im Einbezug des Faktors Zeit: dies war Kramers wesentliche Erkenntnis. Das Warenangebot

des ›Department Store‹ ist in fortwährender Veränderung begriffen, es gibt nicht nur den Wechsel äußerlicher Moden, sondern die machtvolle und grundlegende Umwälzung von Anschauungen.

1955 faßte Kramer – wieder in Europa und in der Rückschau – die Anforderungen an ein zeitgemäßes Warenhaus in einem Satz zusammen: »Theken, Regale, Ausstellungsvitrinen waren im Warenhaus der letzten Generation fest eingebaut, schwer beweglich und hatten zuviel Raum als Lager vorgesehen. Im Zeitalter des schnellen Verkehrs änderte sich die ganze Technik des Verkaufs. Schneller Umsatz, die Ware im Mittelpunkt, Beweglichkeit, Zugänglichkeit. Keine Ware halten, sondern verkaufen.«[1]

Ausgangspunkt von Kramers Arbeit war die Absicht, die Ware grundlegend besser auszustellen, was für ihn bedeutete: sie besser sichtbar zu machen. Dadurch würde die Distanz zwischen der Ware und dem Kunden wesentlich verringert. Er selber spricht in den Erläuterungen wiederholt von der Bedeutung des Visuellen für die Kaufbereitschaft des Publikums. Es sei statistisch erwiesen, daß in der Hälfte aller Kaufentscheide das Visuelle ausschlaggebend sei.

Kramer fand an den herkömmlichen Korpussen und Regalen den grundlegenden Fehler, daß bei ihnen ein großer Teil der Waren schlecht sichtbar seien, weil sie sich gegenseitig verdeckten. Besonders bei den hohen Schränken notierte er 1945 die schlechte Sicht infolge der übereinander gestapelten Böden: »The merchandise is to a large extent hidden from view

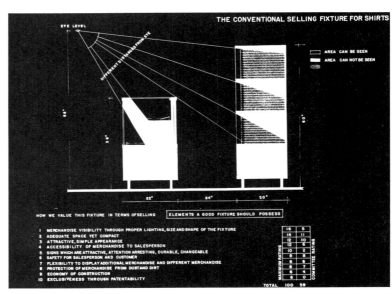

Ferdinand Kramer: Darstellung einer konventionellen Vitrine für Hemden, 1945: Gegenseitiges Verdecken der Waren, eingeschränkte Sichtbarkeit

by virtue of the vertically superposed relationship of the shelves.«[2]

Kramers frühester Entwurf zum Thema der Planung von Warenhäusern und großen Einkaufsgeschäften stammt aus dem Jahr 1945. Er war sehr prinzipiell, vermutlich nicht auf einen konkreten Auftrag bezogen, und sah vor, die Waren grundlegend neu und anders anzuordnen. Er entwarf ein im Querschnitt gekrümmtes Grundelement von ca. 6 Fuß Höhe. Statt horizontal geschichtet, sollten die Waren darin senkrecht zum Sehstrahl der Kunden angeordnet sein, also in der konkaven ›Mantellinie‹ eines liegenden Zylinderausschnitts. Die Zylinderachse sollte auf einer Norm-Augenhöhe liegen; die ausgestellten Stücke lägen demzufolge alle in etwa derselben Entfernung vom Auge des Betrachters.[3]

Kramer wählte etwas später als Bezeichnung für dieses System den Namen ›Vizual‹ (wobei die ›falsche‹ Schreibweise – statt ›Visual‹ – wohl bewußt als Markenname gewählt war, der die Form der Trägerelemente assoziieren sollte). Das einzelne Trägerelement sollte aus Stahlrohrelementen zusammengesetzt sein und in der Höhe verstellbare und schwenkbare Auslagen tragen. Wegen der Schräge ergab sich das Problem einer geeigneten Haltevorrichtung für

die Waren. Kramers erster Vorschlag betraf Halterungen aus Blech, seitlich offenen Behältern mit abgekanteten Blechwinkeln, welche die Ware aufnehmen sollten. Diese Behälter wären in verschiedenen Größen gefertigt gewesen, in Abhängigkeit von den Waren, die sie aufnehmen sollten. Sie sollten auf einer ›Kulisse‹ verschiebbar angeordnet sein. Je nach deren Stellung – schräg oder horizontal – sollten die Behälter als Ausstellungsteile (›display‹) bzw. als Warenlager (›stock‹) dienen.

Die Möglichkeit, sehr flexibel zwischen Ausstellungs- und Lagerfunktionen der Gestelle wechseln zu können, war für Kramer von grundlegender Bedeutung. Sie bedeutete für ihn die optimale Verfügbarkeit der Ware für den Kunden wie auch für das Verkaufspersonal. In der Patentbeschreibung zu diesem ›Adjustable Display Rack‹ schrieb er 1945: »It is a general object of the invention to provide a structure which is not only adapted to display items of merchandise in an unusually effective manner, but which has a storage capacity comparable to, or even greater than, the capacity of the conventional shelved fixture which is customarily arranged behind the sales-person.«[4]

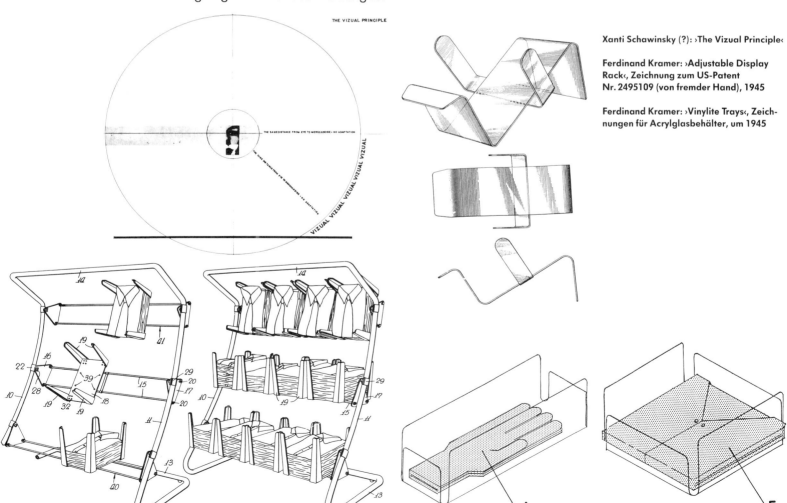

Xanti Schawinsky (?): ›The Vizual Principle‹

Ferdinand Kramer: ›Adjustable Display Rack‹, Zeichnung zum US-Patent Nr. 2495109 (von fremder Hand), 1945

Ferdinand Kramer: ›Vinylite Trays‹, Zeichnungen für Acrylglasbehälter, um 1945

Die schwenkbaren Behälter traten später nie mehr in der Form auf, wie sie in der Patentschrift dargestellt waren. (Übrigens läßt diese Form an die Füße des Kramer-›Volksofens‹ denken, den Kramer 1943 für den amerikanischen Markt umgearbeitet hatte – vgl. Tafelteil, 1). Wir dürfen wohl annehmen, daß sie den Verantwortlichen der Warenhauskonzerne nicht gefielen, denen Kramer das System vorstellte. Sie waren eine schroffe Alternative zu den damaligen Auslagen, bei denen die Waren weihevoll auf Velours oder andere kostbare Unterlagen gebettet waren. Aber vor allem erkannte Kramer selber bald eine ungleich bessere (und gefälligere) Möglichkeit, die Waren gut unterzubringen.

Er rückte von den Blechbehältern ab und entwickelte transparente Vinylbehälter (Plexiglas), welche sich zur Aufnahme der Waren besser eigneten. In Konstruktion, Funktion und Erscheinung waren sie sorgfältig und überdacht. Bei deren Entwurf setzte sich Kramer intensiv mit den Maßen zahlreicher Gebrauchsgüter auseinander. Darauf legte er die Dimensionen einer Reihe von solchen ›Vinylite-Trays‹ fest. Deren Entwurf war im November 1945 abgeschlossen. Eines davon, das sich sowohl im ›Vizual‹-Träger einhängen als auch auf horizontalen Tischen aufstellen ließ – auch ihm liegt die Z-Form zugrunde – ließ er gesetzlich schützen.[5] Es wurde in großer Zahl von der ›Products Marketing Corporation‹ von Kramer, Mazur und Gerstel hergestellt und vertrieben.

Die verschiedenen Modelle beruhen auf der thermischen Verformung einer ausgeschnittenen oder gestanzten Vinylfläche, wobei die Ecken offen blieben, was zeigt, daß Kramer die neuen ästhetischen Möglichkeiten der Kunststoffe sofort erfaßte und ausschöpfte. Er entwickelte auch den Typ einer verschließbaren Dose. Hier sah er Nocken bzw. Vertiefungen vor, mittels deren der Deckel infolge der Elastizität des Kunststoffs einschnappt (siehe Tafel 19). In ihrer Qualität und Bedeutung sind diese

Behälter mit Wilhelm Wagenfelds ›Kubus‹-Geschirr aus den dreißiger Jahren gleichzusetzen. Aber, ein Jahrzehnt später und nach dem technologischen Schub des Zweiten Weltkrieges, sind sie eine Antwort auf die epochale Neuerung der Kunststoffe (wobei hier immerhin auf die Kratzempfindlichkeit von Acrylglas hingewiesen sei).

In dieser Weise baute Kramer den Entwurf des Systems ›Vizual‹ in den Jahren 1945 und '46 aus. Das fertig entwickelte ›Vizual‹-System umfaßte schließlich auch Etikettenhalter, Beschriftungs- und Preisschilder, verbindliche Überlegungen zu Fragen der Beleuchtung, zur Anordnung von Spiegeln, von Steckwänden und Hinweistafeln.

Xanti Schawinsky, der damals wie das Ehepaar Kramer in Port Chester lebte und mit ihm befreundet war, fertigte ein Schaubild eines mit solchen Elementen ausgestatteten Ladens an.[6]

Vergleicht man dieses Schaubild mit einem der damaligen Warenhaus-Interieurs, ist der Unterschied evident. Die Entscheidung, sich fortan so einzurichten, hätte für einen Konzern einen radikalen Umbau des Erscheinungsbildes bedeutet. Es erstaunt vielleicht nicht, daß dazu niemand bereit war. Dazu kommt, daß eine solche Ladeneinrichtung neben der architektonischen Umwälzung auch im Personalwesen große Veränderungen mit sich gebracht hätte. Kramer sprach von der logischen Tendenz zum Selbstbedienungs-Konzept: »Visuelles Verkaufen führt logischerweise zur Selbstbedienung.

Xanti Schawinsky: Darstellung eines Ladens mit dem ›Vizual‹-Prinzip, Umkehrung der Helligkeitswerte (vgl. Werkkatalog), vermutlich 1945

Ferdinand Kramer: ›Bloomingdale's Luggage Department‹, eingebautes Wandregal mit Beleuchtungsband, Schriftstreifen, niedrigen Korpussen, 1945

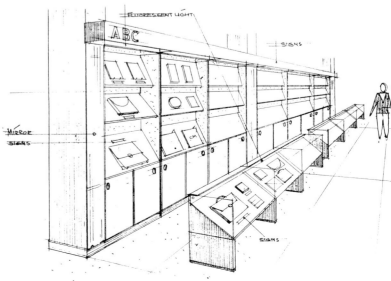

Die Ware wird gezeigt, der Betrachtung, der Wahl, der Prüfung zugänglich gemacht. Von dort geht es ohne Zwischenstation, ohne Verkäufer zur Kasse und zum Packtisch – verkaufstechnisch ein großer Fortschritt gegen die antiquierte Methode, die Ware unter der Theke oder horizontal auf Regalen, übereinandergelagert und sich verdeckend aufzubewahren, oder gar auf Verlangen aus anderen Räumen herbeizuschleppen.«[7] 1955, als Kramer dies sagte und er schon wieder in Frankfurt niedergelassen war, war die Entwicklung bereits in diese Richtung gegangen. Zur Zeit, als er die Vorschläge machte, waren sie verfrüht.

Kramer baute den Prototyp eines solchen ›Vizual‹-Regals, aber er konnte dieses System nirgends ausführen oder erproben. Es scheint damals nicht leicht gewesen zu sein, für die Idee einer auf Stahlrohr basierenden Ladeneinrichtung den notwendigen Rückhalt zu finden. Man muß bedenken, daß die europäische Moderne, oder genauer das Stahlrohrmöbel, in der amerikanischen Öffentlichkeit damals noch wenig bekannt war; und wo man es kannte, hieß das keineswegs, daß man es auch liebte. Der ›Bauhaus-Mythos‹ entstand erst lange nach dem Krieg.

Ebenfalls 1945 machte Kramer für das bekannte New Yorker Warenhaus ›Bloomingdale’s‹ den Vorschlag zur Neueinrichtung der Abteilung für Koffer und Taschen, eine Sphäre, für die er als eingeschworener Loos-Anhänger und Werkbündler sehr eingenommen gewesen sein dürfte. War es ein Auftrag oder eine eigene Initiative Kramers (dessen Frau Beate bei ›Bloomingdale’s‹ arbeitete)?[8] Wir wissen es nicht. Obwohl Kramers Vorschläge überaus differenziert waren, scheint auch dieser Entwurf unausgeführt geblieben zu sein.
Auf den ersten Blick hatte dieser Entwurf mit dem ›Vizual‹-System wenig gemeinsam. Es kann sein, daß schon wegen der Größe von Koffern die ›Vizual-Fixtures‹ ungeeignet gewesen wären oder daß dem Management von

›Bloomingdale’s‹ Kramers Konzept zu wenig ›distinguished‹ war. Korrespondenz oder andere Quellen sind dazu nicht erhalten.

Kramer verzichtete hier auf ein System aus Stahlrohr und entwarf für ›Bloomingdale’s‹ eine Einrichtung aus Holz, Glas und Metall, mit Auslagen unter Glas, hinter Glasschiebetüren und offenen sowie durch Türen abgeschlossenen Schränken. Den Gedanken des konkaven, liegenden ›Sicht-Zylinders‹ scheint Kramer aufgegeben zu haben. Bei näherer Betrachtung wird aber erkennbar, daß er in transformierter Form weitergeführt ist. Verschwunden ist nur die Reinheit des Prinzips; das Schaubild läßt die Absicht in ihrer Essenz noch deutlich erkennen. Kramer war die Essenz – und das heißt bei ihm: der Effekt – immer wichtiger als die ideelle Reinheit. Auch hier, in einigen dieser schönen Zeichnungen, ist der Augenhorizont des Normkunden und sein Blickfeld mit einem Kreisbogen vermerkt. Selbst wo nun – aus den genannten oder aus anderen Gründen – ein Regal einen vertikalen Raumabschluß bildete, waren die Böden und Zwischenteilungen mit Bezug auf den Kreisbogen-Sektor angeordnet. Dies trifft auch auf den niedrigen Korpus zu, unter dessen Glasabdeckung Taschen und dergleichen ausgestellt werden sollten. Auch wenn die Ware nicht mehr überall senkrecht zur Blickachse ausgelegt ist, ist sie doch stets ausgezeichnet sichtbar. Kramers Reaktion auf das Problem der mangelnden ›Gefälligkeit‹ seiner ›Vizual-Fixtures‹ ist bezeichnend für seine flexible Denk- und Arbeitsweise. Er verliebte sich nicht in Formen, auch nicht in die selbstgeschaffenen, sondern behielt seine zweckhafte Absicht im Auge: »Visuelles Verkaufen hat das Ziel, den Kunden mit der Ware in Kontakt zu bringen.«[9]

Aufbau der Bloomingdale’s-Korpusse aus Elementen: drei Varianten, 1945

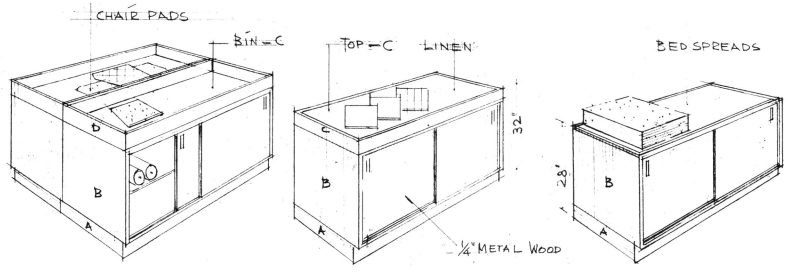

Auch als er 1946 für das Untergeschoß von ›Bloomingdale's‹ eine neue Einrichtung entwarf – sie galt u.a. der Abteilung für Textilien – dürfte ihm die Verwirklichung des zentralen Gedankens der umfänglichen Sichtbarkeit wichtiger gewesen sein als eine spezifische formale Vorliebe. Für die Kleiderständer zeichnete Kramer verschiedene Entwürfe. Er entwickelte eine Ausführung eher traditionalistischen Zuschnitts (welche erneut Bezüge zu Loos oder seinen eigenen Frankfurter ›Hausrat GmbH‹-Möbeln erkennen läßt, und bei denen er sowohl Holz als auch Vierkant-Metallprofile als mögliche Materialien erwähnt), gleichzeitig aber zeichnete er solche ›Costumers‹ aus Aluminiumrohr, starr oder zusammenklappbar.

Kramer suchte die Variabilität, die bei den ›Vizual-Fixtures‹ durch die Schwenkbarkeit der Böden und Regale angestrebt war, bei diesem ›konkreten‹ Planungsauftrag anderswie zu erreichen. Er entwickelte für Korpusse und Regale ein System von Komponenten mit einer modularen Ordnung, das sehr offen für die Vielzahl aller möglichen Fälle war. Darin liegt ein Bezug zu seinen fast zeitgleichen Entwürfen der Kombinationsmöbel für Wohnzwecke.

Er zerlegte den herkömmlichen Korpus in seine Einzelteile: Sockel, offene und abschließbare Schrankfächer (›shadow box‹ bzw. ›case‹), Vitrinen und verschiedene Aufsätze. Daraus baute er ein neues System auf. Für die Korpusse sah er zwei Längen vor: 40 bzw. 60 Inch (ca. 1.00 bzw. 1.50 m). Dazu passend gab es ein ›Höhenregister‹: Sockel (Höhe 4 Inch bzw. ca. 10 cm), Schrankfach (›case‹ bzw. ›shadow box‹, d.h. mit oder ohne Türen) in zwei Höhen: 12 bzw. 24 Inch (ca. 30 bzw. 60 cm), Schaukasten, oben und vorne verglast (Höhe 12 bzw. 24 Inch), schließlich einen Aufsatz von 6 Inch Höhe, mit dem zusammen der Verkaufstisch die Höhe von 34 Inch (ca. 85 cm) erreicht, der aber auch gewendet und als flacher Behälter verwendet werden konnte. Die Tiefe der Elemente war von Kramer bewußt gering gehalten: 20 gegenüber den damals üblichen 30 Inch. Kramer hatte ermittelt, daß diese reduzierte Tiefe für jede Ware genüge, daß dabei der Kontakt zwischen Kunden und Verkäufern besser sei und daß sich damit teure Verkaufsfläche einsparen bzw. gewinnen lasse.[10] Dieses Argument ist womöglich auch ein weiterer Hinweis auf die Frage von Bedienung oder Selbstbedienung. Letztere scheint für das gepflegte Warenhaus ›Bloomingdale's‹ nicht zur Diskussion gestanden zu haben.

Konkretere Folgen, wenngleich ebenfalls nicht im erhofften Ausmaß, hatte Kramers Tätigkeit für das Versandhaus ›Aldens‹, welches auch eine Reihe von Ladengeschäften – namentlich im Mittleren Westen – unterhielt. Kramer muß 1946 sehr verbindlich mit dessen Direktion in Berührung gekommen sein. Was bei ›Bloomingdale's‹ nicht möglich war, schien hier zu klappen. Kramer vertiefte seine bisherigen Studien am Beispiel von ›Aldens‹ noch wesentlich, möglicherweise unterstützt durch das Personal selber. Er präzisierte das Baukastensystem, das nun Korpusse, Vitrinen, geneigte Ständer und Verkaufstische umfaßte – und auch erneut Stahlrohrelemente wie nach dem Vorschlag zwei Jahre zuvor. Doch nun waren diese nicht mehr gekrümmt, dafür so konstruiert, daß durch verschiedene Anordnungen der Elemente die unterschiedlichsten Waren sinnvoll und mit günstigem Schwerpunkt ausgestellt werden konnten (siehe Tafeln 23–25).

Ferdinand Kramer: ›Vizual‹-Warenständer, drei Modelle (für Hemden, Wachstuch, Doppelelement mit Spiegel), Zeichnungen datiert 1947, möglicherweise früher entstanden

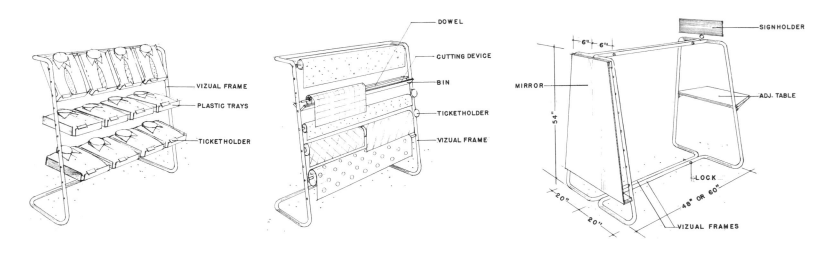

Kramer aktualisierte 1947 sein ›Vizual‹-Prinzip und zeichnete eine Folge von Blättern mit dem Stahlrohr-Einrichtungssystem. Gegenüber dem Patent von 1945 war es vereinfacht: Die Träger waren nicht mehr gekrümmt, sondern nur noch schräg nach hinten geneigt. Während der Arbeit für ›Bloomingdale's‹ hatte er wohl die Einsicht, daß die ›Visibility‹ auch auf pragmatischere Weise zu erreichen war. ›Aldens‹ war weniger vornehm als ›Bloomingdale's‹; vielleicht dachte Kramer, daß sein radikaler ›Vizual‹-Entwurf hier eher zur Anwendung kommen würde. Dies war nicht der Fall. Zwar wurde von Kramer ein ›Aldens‹-Geschäft eingerichtet, in Kankakee bei Chicago, aber mit ähnlichen Elementen, wie er sie für ›Bloomingdale's‹ entwickelt hatte. Der Laden wurde als Pilotprojekt verstanden, als Testgelände für Kramers Ideen, im Hinblick darauf, immer mehr solcher Ladeneinrichtungen zu realisieren. Auch daraus wurde leider nichts. Die Ladeneinrichtung in Kankakee bestand vermutlich bis 1983. Leider haben sich vom Ladeninneren keine Fotografien erhalten.[11]

Über jenes Objekt hinaus entwarf Kramer die Einrichtung zum ›Aldens-X-Store‹. Gemeint war ein umfassendes Einrichtungs- und Planungssystem, das durchs ›Aldens‹-Management auf jede neu zu gründende oder umzubauende Filiale angewendet werden konnte. Der Entwurf stellt die Summe von Kramers Bemühungen auf diesem Gebiet dar. Der Präsident von ›Aldens Inc.‹, Bob Jackson, dankte Kramer in einem Brief für seinen »splendid job« und äußerte die Hoffnung: »I am sure when we get these fixtures in our stores, our sales and net profits will improve immediately.«[12]

Kramer machte sich voller Zuversicht daran, die guten Aussichten des ›Aldens‹-Projekts in all ihren Möglichkeiten zu realisieren. Hatte Kramer bis zu diesem Punkt einen ›Katalog‹ von Ständern, Behältermöbeln und Regalen erarbeitet, der dem Anspruch auf Übersichtlichkeit und Flexibilität entsprach, so spannte er nun den Anspruch auf eine Synthese weiter. Bis dahin war Kramers Rolle dabei die des herkömmlichen Innenarchitekten gewesen. Er wollte sie nun delegieren, wollte, daß das Management eines Ladens selber mit den Komponenten umzugehen lerne. »This flexibility, as it will also exist in the real store, will mean that reorganization of the merchandise, as, for instance, the promotion of raincoats and umbrellas on a rainy day, can be handled with a minimum of effort.«[13]

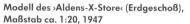

Modell des ›Aldens-X-Store‹ (Erdgeschoß), Maßstab ca. 1:20, 1947

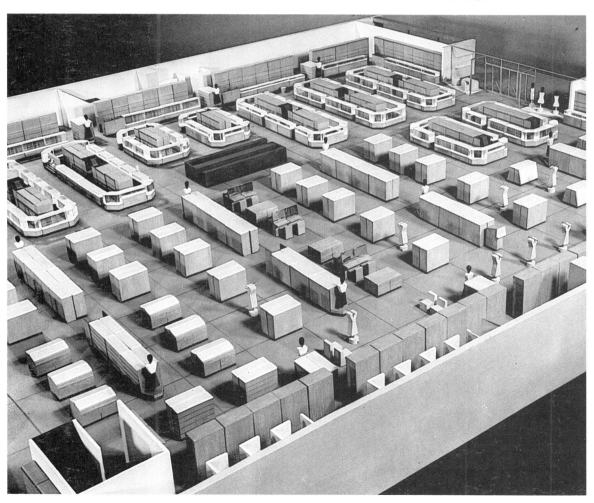

Diese transitorische Qualität, die Beweglichkeit in der Zeit setzte die Beweglichkeit im Raum voraus. Kramer entwarf für ›Aldens‹ den Typus eines ›X-Store‹, also das verbindliche Modell eines typisierten Ladengeschäfts für amerikanische Kleinstädte von 30 000 bis 60 000 Einwohnern. Dessen hervorstechendstes Merkmal war das stützenfreie Erdgeschoß von 140 Fuß Frontlänge auf 200 Fuß Bautiefe (ca. 3 000 Quadratmeter). Die Stützenfreiheit sollte das variable ›Bespielen‹ einer solch großen Fläche wesentlich erleichtern. Kramer dürfte bei ›Bloomingdale's‹ erlebt haben, wie hinderlich Stützen beim Planen einer Ladeneinrichtung sein können. Um diese große Fläche stützenfrei zu überspannen, sah Kramer ein Trägergeschoß vor (vermutlich als Stahlfachwerk), das zugleich als Warenlager dienen und an dem zusätzlich über einem Teil der Ladenfläche ein Mezzanin aufgehängt werden sollte. Nur beim Untergeschoß waren bei diesem Entwurf Stützen erforderlich.

Als konsequente Maßnahme, um diesem Konzept zum Durchbruch zu verhelfen, entwickelte Kramer die Methode des ›Visual Planning‹: eine magnetische Tafel mit der maßstäblichen Verkleinerung der Ladenfläche, auf der nach Belieben mit dem Register der verfügbaren Einrichtungstypen gespielt werden konnte — nicht durch den Architekten, sondern durch die Geschäftsführung. »It will be possible to actually build a store, direct from idea to reality, without having to translate the idea to paper. The costly trial and error method of store planning results from an incomplete understanding of the three dimensional problems in a store. This would be eliminated by the method

of visual planning. The rearranging of a whole department could be done in a few minutes on the model.« [14]

Kramer bedauerte zurecht, daß aus diesem weitgehenden Konzept nichts wurde. Warum nicht? Hatte das Pilotgeschäft in Kankakee den Test nicht bestanden? War dieses Konzept zu kostspielig? Waren keine regelmäßigen Grundstücke verfügbar, wie dies nötig gewesen wäre? Oder schreckte ganz einfach das Management von ›Aldens‹ vor der Entscheidung für eine so systematisch, um nicht zu sagen strategisch und langfristig angelegte Planung zurück?

Eine klare Antwort ist mit den erreichbaren Dokumenten nicht möglich. Eine mögliche Erklärung ist die, daß Kramers Vorstellungen von einem guten Ladengeschäft eben doch stark von den damaligen Idealen abwichen.

Was ihn faszinierte, war letztlich das ›ehrliche‹ Auslegen der Waren, nicht die Inszenierung. 1955 lobte er dafür ein Warenhaus des 19. Jahrhunderts: »1876 faßte Wanamaker in Philadelphia den kühnen Entschluß, ein altes Eisenbahndepot zu kaufen und es mit Tischen, die mit Ware belegt wurden, einzurichten — eine Idee, die heute nicht sachlicher und moderner angefaßt werden könnte. Der Raum umfaßte 8 800 m² auf gleichem Niveau: unprätentiöse Ausstellung der Ware, visueller Verkauf ohne Ablenkung durch Dekores.« [15]

Doch gerade dies war eine Entwicklungsstufe, die seit den dreißiger Jahren und im Zeichen der Professionalisierung des Design als überwunden galt. Norman Bel Geddes (um 1939 für kurze Zeit Kramers Chef) hatte 1932 in seinem bemerkenswerten Buch ›Horizons‹ sich auch zur Schaufenstergestaltung geäußert und die Praxis, die Waren auf Möbelstücken ausgelegt zu zeigen, als ungeschickten Notbehelf ohne ›selling power‹ bezeichnet. [16] Stattdessen propagierte er raffinierte und geschmackvolle Schaufensterdekorationen, die er — ursprünglich vom Theater her kommend — mit Bühnenbildern und den darin agierenden Schauspielern verglich: »Merchandise and background should always tie up intimately, as actors and scenery are an integral part of the successful play on the stage.« [17]

Modell des ›Aldens-X-Store‹: Magnettafel und die Verkaufselemente erleichtern dem Management die Vorstellung der optimalen Einrichtung

Kramer setzte demgegenüber stärker auf gegen den Laden hin offene Schaufenster — aber mit anderen Argumenten als etwa Raymond Loewy dies in den vierziger Jahren tat. Loewy rechnete bei einem ausgeführten Laden geradezu zynisch mit dem Animationseffekt, den ein von außerhalb einsehbarer Verkaufstisch mit verbilligter Ware auf Frauen (!) habe, um sie in den Laden zu locken. [18] Kramer interpretiert dasselbe architektonische Motiv der Transparenz psychologisch anders. Offen sichtbare und gut zugängliche Waren lüden zum Prüfen, Fühlen, Betasten ein. »The fixtures are open ones, so that the customer can select her own merchandise. This direct contact of customer to stock will tend to make her examine merchandise which she might otherwise not consider buying.«[19] Folgerichtig sind die Beispiele, mit denen Kramer die Teile seiner Einrichtungssysteme jeweils illustriert, allesamt nützliche Gegenstände eines modernen, komfortablen Lebens: Lebensmittel, Kleidungsstücke, Accessoires, Koffer und Taschen. Da ist kaum etwas, das vom vorzeitigen Verschleiß lebt oder sich grundsätzlich mit dem Qualitätsbewußtsein des engagierten Werkbund-Mitglieds Ferdinand Kramer nicht vertrüge.

Daß von Kramers Ideen und Entwürfen zum Thema des Waren- und Kaufhauses so wenige verwirklicht wurden, soll hier nicht dem ›American way of life‹ zur Last gelegt werden. Daß die Entwürfe überhaupt als solche entstanden, ist ein Produkt eben dieses Amerikas. Es mag aber sein, daß die Konsequenz von Kramers Vorschlägen etwas Abschreckendes an sich gehabt hat. Vielleicht waren auch schon damals Fragen nach dem Firmenimage und der Publikumsakzeptanz ganz einfach stärker als ein pionierhaftes Projekt.

Anmerkungen

1   F. Kramer, Vortrag (ohne Titel) zur Planung von Warenhäusern, gehalten im Dezember 1955 an verschiedenen Orten in der Schweiz (SIA, Basel; ETH, Zürich; SWB Bern), Typoskript, S. 10. Privatarchiv Kramer, Ffm.

2   F. Kramer, ›Adjustable Display Racks‹. US-Patent Nr. 2495109 (14.6.1945/ 17.1.1950).

3   »A highly satisfactory way of achieving these results lies in designing the spaced uprights so that they curve rearwardly upward along forwardly-concave arcs.« F. Kramer, vgl. Anm. 2.

4   ebd.

5   F. Kramer, ›A Display Rack‹, US-Patent (Design) Nr. 147591, (6.3.1946/30.9.1947).

6   Fotografie des Schaubilds von Schawinsky im Privatarchiv Kramer, Ffm. Verbleib des Originals unbekannt. – Auch die Darstellung der optischen Grundüberlegung des ›Vizual‹-Prinzips stammt vermutlich von Schawinsky.

7   F. Kramer, Warenhäuser in U.S.A. Vortrag an der TH Aachen (August 1955), Typoskript, S. 6. Privatarchiv Kramer, Ffm.

8   Vgl. hier B. Kramer: ›36 Jahre mit Ferdinand Kramer‹.

9   Vgl. Anm. 1, S. 11.

10   »This not only saves floor space, but also eliminates part of the barrier between customer and saleswoman.« F. Kramer, A System of Visual Store Planning for Aldens Inc., Typoskript, Mai 1947, S. 2. Privatarchiv Kramer, Ffm.

11   Hingegen handelt es sich bei den fotografisch dokumentierten Möbeln zu ›Aldens‹ wohl um solche für Kankakee. Siehe hier: Werkkatalog-Teil.

12   Brief B. Jackson an F. Kramer, 17.7.1946. Privatarchiv Kramer, Ffm.

13   F. Kramer, A System of Visual Store Planning for Aldens, Inc., Typoskript, 1.5.1947, S. 2. Privatarchiv Kramer, Ffm.

14   ebd.

15   F. Kramer, vgl. Anm. 1, S. 5.

16   »They would set a piece of contemporary furniture in the window as a ›fixture‹, with merchandise placed around on it. Such a confessed makeshift was an individual dresser's dash up an alley to escape from wearysome monotony. Affording no intrinsic beauty, force or selling power, such displays failed in serious attempt to solve the problem of giving store windows a fresh point of view and interest in keeping with the merchandise, the times, and the prospective purchaser.« N. Bel Geddes, Horizons, Boston 1932 (New York 1974), S. 260.

17   ebd., S. 271. Ferner: »The window [has to] do three things in succession: arrest the glance; focus the attention upon the merchandise; persuade the onlooker to desire it. The store window is a stage on which the merchandise is presented as the actors.« – N. Bel Geddes, vgl. Anm. 16, S. 259.

18   Vgl. C. Lichtenstein, ›Apostel der Schlichtheit‹. Zu Loewys Buch ›Häßlichkeit verkauft sich schlecht‹, in: Raymond Loewy. Pionier des amerikanischen Industriedesigns, Hrsg. A. Schönberger, München 1990, S. 147.

19   F. Kramer, vgl. Anm. 13, S. 2.

Astrid Hansen

BAUTEN FÜR DIE WISSENSCHAFT

»1952 auf einer Europareise besuchte ich das Nachkriegsdeutschland und traf in Frankfurt den Rektor der zu 85% zerstörten Universität – den Philosophen Max Horkheimer. Von der Vielfalt der Probleme des Wiederaufbaus überfordert, bat er mich die Leitung des Universitätsbauamtes zu übernehmen.«[2]

Als im Sommer 1952 Ferdinand Kramer aus dem amerikanischen Exil in seine Geburtsstadt Frankfurt/M zurückkehrte und auf Bitte Max Horkheimers den Aufbau der 1914 gegründeten Stiftungsuniversität übernahm, fing Kramer, wie er selbst sagte, »wieder einmal von vorne an«.[3] Damit begann seine dritte große Schaffensperiode, die gleichzeitig auch eine Rückkehr zur Architektur bedeutete.[4] Dabei übernahm Kramer keineswegs eine leichte Aufgabe, denn die Situation, die er in Frankfurt vorfand, war in vielerlei Hinsicht schwierig. So stand für den Neubau der Universität kein unbebautes Gelände zur Verfügung; auch die finanziellen Mittel waren äußerst beschränkt. Hinzu kam die drängende Raumnot einer Universität, die während des Krieges nahezu vollständig zerstört worden war und eines schnellen Aufbaus bedurfte. Nicht zuletzt aus diesem Grunde entschied man sich auch gegen zeitraubende Wettbewerbe und übergab die gesamte Bauleitung einem einzelnen Architekten – eben Ferdinand Kramer und seinen Mitarbeitern.[5]
Kramer, den die Aufgabe reizte, eine Universität mit allen ihren Anforderungen zu bauen, versuchte bei den nun folgenden Planungen diese als ein Ganzes, als ein durch seine Architektur geschlossen erscheinendes Gebiet zu behandeln[6], und ließ sich bei seiner Konzeption vor allem von dem amerikanischen Universitätstyp, der Campusuniversität, anregen. Dementsprechend hatte er zunächst vorgeschlagen, die Universität aus der Stadt herauszulösen, um sie »vor die Stadt, auf ein weit erschließbares Gelände zu verlegen«.[7] Doch mit diesem Vorschlag konnte er sich weder gegen das Kuratorium der Universität noch gegen die Stadt Frankfurt durchsetzen. Angesichts des hohen Zerstörungsgrades der Universität mag dies erstaunen, doch waren wohl eine gewisse Sentimentalität[8] und Verbundenheit zu dem noch Übriggebliebenen ausschlaggebender als rein rechnerische Überlegungen, wie sie Kramer anstellte.
Der schließlich erstellte Generalbebauungsplan umfaßte zum einen ein trapezoides Gebiet zwischen der Bockenheimer Landstraße, der Gräfstraße, der Senckenberg Anlage sowie der Georg-Voigt-Straße. Dabei wurde bei der Anordnung der einzelnen Institute versucht, die »Zusammengehörigkeit der verschiedenen Wissenschaftsgebiete«[9] zu berücksichtigen sowie Platzreserven mit einzukalkulieren, um der ständigen Entwicklung der Wissenschaften und den wachsenden Studentenzahlen Rech-

Johann-Wolfgang-Goethe-Universität, Frankfurt/M, kriegszerstörte Zoologie, 1945

Johann-Wolfgang-Goethe-Universität, Generalbebauungsplan, 1955

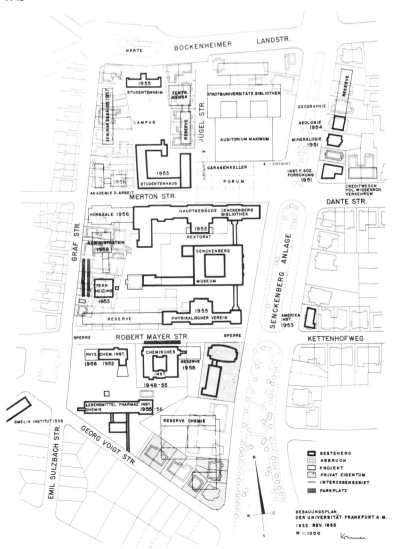

nung tragen zu können. Bei Betrachtung des Bebauungsplanes wird deutlich, inwieweit auf diese notwendige »Möglichkeit von Kontakten zwischen den einzelnen Spezialgebieten« [10] eingegangen wurde: Zusammengefaßt wurde ein Teil der Naturwissenschaftlichen Institute, die Institute der Mathematik, die Wirtschafts- und Sozialwissenschaften, die Rechtswissen- schaften und schließlich die Geisteswissen- schaften, die je ein gemeinsames Haus erhiel- ten. Zum anderen erstreckte sich der Bebau- ungsplan aber auch über die Senckenberg Anlage hinaus, wo die Institute für Geologie, Paläontologie und Mineralogie sowie das Englische Seminar und Amerika-Institut errich- tet werden sollten. Hier befand sich bereits das vor Kramers Amtszeit entstandene Institut für Sozialforschung von Giefer und Mäckler. Für die Biologischen Institute sollte ein zusätzliches Gebiet in Verbindung mit einem Botanischen Garten erschlossen werden, um ein Biologi- sches Camp zu errichten. Die traditionelle Abspaltung der Medizinischen Fakultät mit den Kliniken wurde beibehalten. Obwohl Kramer vorschlug, hierfür ein in der Nähe des Universi- tätszentrums gelegenes Gebiet zu erwerben, verblieben diese auf der anderen Mainseite. Eine bewußte Abspaltung vollzog man schließ- lich für den Atomreaktor der Universität, den man »aus Sicherheitsgründen« [11] an den Stadt- rand legte.

Der Generalbebauungsplan, den Kramer entwickelte, versuchte demnach, interdiszipli- när wissenschaftlichen Kontakten gerecht zu werden und räumliche Distanzen aufzuheben, was jedoch letztendlich an der Abspaltung einzelner Wissenschaften scheiterte. Damit kam es nicht zu einer voll ausgebildeten Cam- pusuniversität, wenngleich das Universitäts- zentrum zwischen der Bockenheimer Land- straße und der Georg-Voigt-Straße einer solchen annähernd entspricht.

›Campusuniversität‹ meint zunächst die Anlage einer Universität um einen Campus, also einen freien Platz, wie es vor allem in den USA anzu- treffen ist. Voll ausgebildet findet sie sich erstmals bei der Universität Virginia in Charlot- tesville, die Thomas Jefferson zwischen 1817 und 1826 erbaute. Entscheidendes Kriterium waren hier, neben der zentralen Lage und den klimatisch guten Bedingungen, die Möglichkeit einer Erweiterung. [12] Die Gebäude, in denen man wohnte und studierte, wurden um einen freien Platz, eben den Campus, angeordnet. Dieser diente der Kommunikation, sportlichen Aktivitäten und anderem. Ganz in diesem Sinne dachte auch Kramer, der anfangs zwischen den einzelnen Instituten Rasenflächen und sogar Tennisplätze anlegen wollte. [13] Allerdings sprach er sich angesichts der Frankfurter Situation letztlich gegen ein Wohnen auf dem

Universitätsgelände aus und baute hier ledig- lich ein kleines Studentenwohnheim. [14] Als ein weiteres Beispiel für die Errichtung eines Cam- pus' kann auch der von Mies van der Rohe 1939/40 erstellte Generalbebauungsplan für das Illionois Institute of Technology in Chicago (IIT) angeführt werden. Dem ihm zur Verfügung stehenden unbebauten Gelände legte er ein Quadratraster zugrunde, in das sich die Bau- körper einordnen. [15] Kramer, der von der Archi- tektur des IIT sicherlich nicht unbeeinflußt blieb, mußte bei seiner Konzeption allerdings ganz anders vorgehen. Seine wesentlich einge- schränkteren Möglichkeiten erforderten in Größe und Form individuelle Lösungen, die sich auch an der vorhandenen Bebauung zu orientieren hatten.

Insgesamt haben Kramer und seine Mitarbeiter zwischen 1952 und 1964 dreiundzwanzig einzelne Hochschulbauten entworfen und gebaut. Alle wären sie einer eingehenden Darstellung würdig – in dem hier vorgegebe- nen Rahmen ist jedoch lediglich eine exempla- rische Skizzierung einiger weniger Bauten möglich. [16]

Wesentlicher Teil der bereits vorhandenen und in Teilen wieder errichteten Bebauung, auf die Kramer Rücksicht zu nehmen hatte, war das 1906 entstandene Hauptgebäude der Universi- tät – das Jügelhaus. Auch weiterhin, so hatte man entschieden, sollte es als »Kernstück der alten Universität« [17] den Mittelpunkt bilden. Als erste Baumaßnahme wurde 1952 der Eingang des Jügelhauses – Haupteingang der Universi- tät – erweitert und neu gestaltet. Das ursprüng- lich neobarocke Portal mit Figuren- und Wap- penschmuck wurde abgeschlagen und durch einen sieben Meter breiten Eingang ersetzt. Hiermit wurde einerseits den baupolizeilichen Bestimmungen Rechnung getragen – der Uni- versitätseingang war bereits 1907 als zu klein eingestuft worden –, andererseits ist der Ein- gang Ausdruck eines veränderten Universitäts- gedankens, genauer: Bedeutungsträger einer neuen Zeit. In diesem Sinne schrieb Godo Remszhardt 1963 zur Veränderung des Haupt- einganges: »... Desto mehr hat es Witz, daß grad unterm Rektorat des hegelianischen Dialektikers Horkheimer der Architekt etwas wie eine progressive Synthese setzen konnte, indem am sogenannten Jügelhaus als dem Kernstück der alten Universität er das dekora- tive Moos mit Sandstrahl wegblies, aber auch das Portal – monumentaler Einschlupf ins monumentale Studierstübchen – aufriß, um ein lichtoffenes Tor einzubauen, bedächtige Ver- nunft an Stelle gemütvollen Tiefsinns trat.« [18] Kramer veränderte nun aber nicht nur den Eingang, sondern auch die Eingangshalle sowie das Rektorat, das er im Anschluß an dieses im Erdgeschoß ansiedelte. Der Eingang des Hauses wird dementsprechend heute von zwei hintereinander gestaffelten Glaswänden mit je zwei Flügeltüren gebildet. Über dem Eingang steht auf einem Sandsteinband, in voller Breite des Eingangs, in der von Kramer entworfenen Grotesk-Schrift[19]: ›Johann-Wolf-gang-Goethe-Universität‹. Der Bodenbelag im Eingangsbereich – anthrazitfarbene kleinquadratische Basaltlavaplatten – wird in der Eingangshalle durch großformatigen hellgrauen Terazzo abgelöst. Die dabei entstandene Zweiteilung von Eingang und Eingangshalle wird durch die durchlaufende Decke mit eingebauten runden Reflektoren wieder zurückgenommen. Der Raum kann also wieder als Einheit verstanden werden. Das Rektorat in der Blickachse des Einganges ist optisches Ziel dieser Konzeption. Eine Wand aus Glasbausteinen mit schwarzer Holztür trennt den Rektoratsbereich ab. Die Farbgebung folgt einer strengen Schwarz-Weiß-Ästhetik, die Kramer bei den Universitätsbauten häufig, aber nicht immer, anwendete. Hier verleiht sie dem Eingang vor allem den Eindruck einer klar strukturierten Sachlichkeit. Alle diesbezüglichen Baumaßnahmen unterliegen einer in sich geschlossenen und einander bedingenden Konzeption und können daher nur als Ganzes verstanden werden.

Die »progressive Synthese«, die Remszhardt hier verwirklicht sah, ist das Anknüpfen an eine noch junge Universitätsgeschichte im traditionsbelasteten Bau, der den neuen Vorstellungen von Offenheit und Demokratie entsprechend uminterpretiert wurde. Die fein unterteilten Glaswände in ihrer Transparenz sind Ausdruck dafür. Die Eingangshalle, zwar immer noch von großzügiger Erscheinung, löst durch ihre Sachlichkeit jeglichen »gemütlichen Tiefsinn« ab. Und schließlich wurde das Rektorat im Erdgeschoß angesiedelt, was allein schon hohen Symbolcharakter[20] hat; war es doch bisher üblich, eher im ›piano nobile‹ zu residieren.[21] Daß ein solcher Umgang mit historischer Bausubstanz nicht immer auf Zustimmung stieß, machen bereits 1953 erschienene Zeitungsarti-

kel deutlich, in denen Kramer als »Barbar«[22] und »Glattmacher«[23] beschimpft wurde. Doch für einen progressiven Teil der Architekten war es nach dem Krieg Programm, das zerstörte Erbe nicht historisch zu rekonstruieren, sondern »nur für neue Aufgaben in neuer Form entstehen«[24] zu lassen. Und Kramers Bemühen, mit seiner Architektur an die Tradition der zwanziger Jahre anzuknüpfen, ist eben auch nicht nur architektonischer Stilwille, sondern ebenfalls programmatisch zu verstehen: als ein Beitrag zum Aufbau eines erträumten »anderen Deutschlands«.[25] Ähnlich dachte auch der öffentliche Auftraggeber, der in der Moderne eine Art politisch »sauberen Stil« sah.[26] Hinzu kam, daß Kramer – durch Berufsverbot unter den Nationalsozialisten und seinem Exil in Amerika – politisch als absolut integer gelten konnte. Wenn also seine Bauten als Bedeutungsträger einer neuen Zeit für die Universität, d.h. im Sinne einer Demokratisierung und Öffnung, verstanden wurden, ist dies keine Phrase.

Nun sind aber Kramers Bauten nicht nur als eine Fortsetzung der Moderne der zwanziger Jahre zu sehen. Sie sind auch in den architektonischen Kontext der in den USA weiterentwikkelten Moderne zu stellen. Hier kann nur darauf verwiesen werden, daß Kramer sich vor allem technischen und architektonischen Neuerungen gegenüber aufgeschlossen zeigte und diese in seine Entwürfe integrierte. Letztendlich blieb er aber immer seinen Grundsätzen treu, die Bauten zweckmäßig und sachlich, doch dabei keinesfalls als einen »Ausbund von Häßlichkeit«[27] zu gestalten. Ein Gebäude solle durchaus »schön« gemacht sein, denn, so Kramer, »die Schönheit darf sich niemals der Zwecke schämen und so tun, als hätte sie nichts mit ihnen zu schaffen.«[28] Schönheit und Zweckmäßigkeit erscheinen hier als zwei unmittelbar miteinander verbundene, sich einander bedingende Faktoren. Es wird zwar ausgeschlossen, daß die Schönheit vor der Nützlichkeit Priorität haben kann, nicht aber, daß nicht eine ästhetische Komponente mit einzubeziehen ist.[29]

Hauptgebäude (Jügelhaus), Eingangsportal, vor dem Krieg

Ferdinand Kramer: Hauptgebäude (Jügelhaus), Eingang, 1953

Jügelhaus, Eingang mit Altbau, 1991

Die Planungen Kramers bezüglich der Institutsbauten gingen zunächst einmal von funktionalen Überlegungen aus. So unterschied er grob zwischen zwei Typen: »solchen mit und solchen ohne Apparaturen.«[30] Institute zu bauen verstand er nicht als genormten Auftrag, sondern als ein Suchen nach optimalen und individuellen Lösungen. So ist beispielsweise das Amerika-Institut ein in sich geschlossener Bau, wohingegen das Geologische Institut als Kopfbau einer geplanten Reihenbebauung konzipiert wurde. Zudem: die Bauten weisen ein unterschiedliches Rastermaß auf, was auf verschiedene Nutzungsbedürfnisse schließen läßt, sofern man es nicht einfach als architektonische Vielfalt – auch im Detail – deuten will. Jedenfalls schließt diese Form der Individualität keineswegs die Standardisierung und Typisierung einzelner Elemente aus. Schließlich strebte Kramer durchaus die Erarbeitung von Modellen für Institutstypen an, die dann wiederum den einzelnen Bedürfnissen angepaßt werden mußten.[31] Diese Entwurfshaltung erinnert an jenes, was Walter Gropius 1926 am Bauhaus formulierte: »Jedes Ding ist bestimmt durch sein Wesen. Um es zu gestalten, daß es richtig funktioniert – ein Gefäß, ein Stuhl, ein Haus – muß sein Wesen zuerst erforscht werden; denn es soll seinem Zweck vollendet dienen, das heißt, seine Funktion praktisch erfüllen, haltbar, billig und schön sein. Diese Wesensforschung führt zu dem Ergebnis, daß durch entschlossene Berücksichtigung aller modernen Herstellungsmethoden, Konstruktionen und Materialien Formen entstehen, die, von der Überlieferung abweichend, oft ungewohnt und überraschend wirken.«[32] Kramer und seine Mitarbeiter erforschten die Bedürfnisse der einzelnen Institute, setzte sich mit den Institutsleitern in Verbindung und erstellte Fragebögen. Daraus ergab sich für die Institute des Biologischen Camps beispielsweise, daß die Gebäude mit Balkonen versehen wurden; allerdings nur dort, wo sie sich auch als sinnvoll erweisen, z.B. für Experimente. Die Fassade wird daher sowohl von offenen Loggien als auch von geschlossenen Fensterfronten gebildet, ihr Wesen wird also bestimmt von der Funktion.

Auch unnötige Kosten und Fehlplanungen sollten weitgehend ausgeschlossen werden; und Kramer war stolz, wenn er das zur Verfügung stehende Budget nicht ganz auszuschöpfen brauchte.[33]

Für den Frankfurter Universitätsbau wandte er konsequent – mit einer Ausnahme – den Stahlbetonskelettbau an. Das Betonskelett läßt Kramer nach außen als »sichtbares Formelement«[34] in Erscheinung treten. Die entstandenen Rasterflächen werden mit Ziegel, Glas oder Sichtbeton ausgefacht. Obwohl kein Bau dem anderen gleicht, selbst bei gleicher oder ähnlicher Zweckbestimmung nicht, erhalten die Gebäude dadurch ein für die Frankfurter Universitätsbauten typisches Erscheinungsbild. Unterstützt wird dies durch die Gestaltung im Inneren, die zwar einerseits den individuellen Bedürfnissen angepaßt werden mußte, anderseits aber in wesentlichen Einrichtungselementen standardisiert wurde. Der Stahlbetonskelettbau erweist sich hierbei in der Nutzung als besonders sinnvoll, da er im Inneren – es gibt hier keine tragenden Wände – höchste Variabilität gewährleistet. Verändern sich also die Nutzungsbedürfnisse, so kann die Raumanordnung fast beliebig diesen angepaßt werden.

Da im folgenden auf die Gestaltung der Bauten im Inneren nur bedingt eingegangen werden kann, sollen an dieser Stelle wenigstens die Grundzüge der Gestaltungsprinzipien Kramers erläutert werden. Zwar ist eine solch getrennte Behandlung von Innen- und Außengestaltung eigentlich unzulässig – entspricht auch keineswegs der Kramerschen Entwurfshaltung, – bietet aber die Möglichkeit, hier konzentriert auf einige wenige Details aufmerksam zu machen, die auch teilweise für die Designgeschichte nicht ohne Bedeutung sind. Für die Universitätsbauten entwarf Kramer zwei standardisierte Türen – Eingangstüren aus Glas mit Eisenrahmen und Zimmertüren aus Sperrholz in Stahlzarge. Ebenfalls von ihm entworfen wurden die dazugehörigen Türklinken bzw. Türgriffe, bei denen er auf Ideen der zwanziger Jahre zurückgreifen konnte. Von Kramers Hand stammen auch die Treppengeländer und Balkongitter, in denen sich die Liebe zum Detail offenbart. Ein mit Kunststoff überzogener Handlauf wird um ein aus Vierkanteisen bestehendes Geländer gelegt und mit diesem verbunden; auf- und abstrebende Linien bilden ein in sich geschlossenes System. Schließlich wurde auch das Mobiliar mit in die Planung Kramers einbezogen. Praktische und robuste Möbel sollten es sein, dabei jedoch keinesfalls unbequem. Kramer wählte schwarze Stühle mit Aluminiumgestell aus, entwarf dazu graue Tische, deren Farbe sogar von Augenärzten empfohlen wurde. Für die Hörsäle entwarf er schwarzes Gestühl, dessen Form auf das 1953 für die Studiobühne entworfene Rednerpult abgestimmt wurde. Mobiliar und Arbeitsräume standen in ihrer Farbgebung in Harmonie zueinander. Eigens für das Rektorat entwarf Kramer eine großzügigere Ausführung, doch Horkheimer entzog sich bald dieser strengen

Botanisches Institut (Biologie): Foyer und Treppenhaus, 1954–56

Eleganz und entschied sich für neobarockes, repräsentatives Mobiliar – welch' Ironie.

Das erste Institutsgebäude, das Kramer als Leiter des Universitätsbauamtes 1953 errichtete, ist das Englische Seminar und Amerika-Institut (Projektleiter Helmut Alder). Der Bau weist die bereits beschriebene Stahlbetonskelettkonstruktion auf. Ein 2,75 Meter (Achsmaß) breites Raster, dessen Ausfachung aus hellgelben Klinkern, zweiflügligen Fenstern sowie im Erdgeschoß teilweise aus Glasbausteinen besteht, wird im nördlichsten Joch auf 2,60 Meter verringert, wohingegen es im südlichsten Joch für das Treppenhaus auf 3,50 Meter verbreitert wird. Nicht ganz Raster also.[35] Der fünfgeschossige Bau wird im Obergeschoß durch eine Loggia abgeschlossen. Im Süden ist zur Beleuchtung des Foyers ein 3.20 x 3.00 Meter großes Fenster in die Klinkerwand eingeschnitten. Daneben liegt der Eingang des Institutes, der durch ein abgehängtes Vordach besonders betont wird. Die darüber angeordneten mehrfach unterteilten Fenster dienen der Beleuchtung des Treppenhauses. 1954 wurde dieser Bau vom Bund Deutscher Architekten (BDA) als vorbildliche Architektur mit folgender Begründung ausgezeichnet: »Das Amerika Institut der Universität Frankfurt a.M. trifft durch kluge Zurückhaltung in Form und Farbe den Institutscharakter. Dabei ist die Eingangsseite von besonderem Reiz. Die gewählte Konstruktion ermöglicht eine klare, zweckmäßige Anordnung der Räume.«[36] In diesem Urteil wird genau das lobend erwähnt, was Kramer miteinander zu verbinden suchte: Zweckmäßigkeit und einen besonderen »Reiz«, anders formuliert: »Schönheit«. Betrachtet man die Fassade in ihren Details, so wird deutlich, daß beispielsweise die Fenster in ihrer Anordnung zwar einer Zweckmäßigkeit unterliegen, Form und Proportionierung aber rein ästhetisch bedingt sind. Die Fassade des Amerika-Institutes lebt von der Kontrastierung der offenen, der geschlossenen und der in den Raum ausgreifenden Flächen sowie der Verwendung unterschiedlicher Materialien. Kramer war hier, wie auch bei späteren Universitätsbauten, nicht unbeeinflußt von Mondrian und der ›de Stijl‹ Bewegung der zwanziger Jahre geblieben, wenngleich dies nur für einzelne Fassaden und nicht für den gesamten Bau festgestellt werden darf.[37]

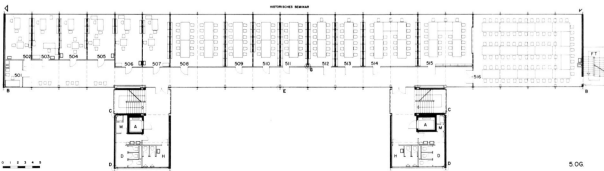

Amerika-Institut/Englisches Seminar: Fassade an der Senckenberg Anlage, 1953–54

Amerika-Institut/Englisches Seminar: Eingangsfassade am Kettenhofweg

Philosophisches Institut (1959–60), Grundriß 5. Obergeschoß

Zu einer gänzlich anderen Lösung kam Kramer 1959 bei dem Bau des Seminargebäudes für die philosophische Fakultät, dem ›Philosophicum‹ (Projektleiter Walther Dunkl). Aus Platzgründen entschied man sich hier für den Bau eines neungeschossigen Hochhauses.[38] Es ist keine Stahlbetonskelettkonstruktion mit Klinkerausfachung, sondern »ein Stahlskelettbau, bei dem Fertigteile, Curtain Walls, vorgefertigte Wände und Aluminium-Fensterelemente« verwendet wurden. »Die tragenden Stützen liegen außerhalb des Gebäudes und lassen somit den Innenraum für jede gewünschte Einteilung frei.«[39] Um diese Flexibilität nicht zu beeinträchtigen, wurden dem einhüftigen Hochhaus im Westen zwei ›Versorgungstürme‹ vorgestellt, deren Wände aus Sichtbeton bestehen. Ihrer eher massiv wirkenden Erscheinung steht die Leichtigkeit des Seminargebäudes gegenüber, die durch das zurückgezogene Erdgeschoß noch verstärkt wird. Das Philosophicum gehört zu den ersten Gebäuden in Deutschland, bei dem das Stahlskelett nicht mit Beton ummantelt werden mußte[40] und so zum architektonischen Gestaltungsmittel werden konnte. Es erinnert in seiner Grundrißdisposition, wenn auch in wesentlich bescheidenerem Ausmaß, an das Inland Steel Building in Chicago aus dem Jahre 1954/57. Auch hier wurde durch einen Versorgungsturm äußerste Flexibilität im Inneren erreicht.[41]

Für die Fassade nun hat Kramer weiße Brüstungsplatten, Fenster aus Aluminium und anthrazitfarbene Stützen gleichmäßig bis zum achten Obergeschoß miteinander verbunden. Ein Rasterbau also, der vor allem zur Campusseite hin fast monoton erscheinen würde, wenn nicht im letzten Obergeschoß der gleichmäßige Rhythmus durch Sichtbetonflächen unterbrochen würde. Obwohl sicherlich rein funktional bedingt, gewähren aber gerade diese Flächen einen optischen Abschluß der Fassade, halten diese wie Klammern an den Ecken fest. Von hohem ästhetischem Wert ist auch der Hell-Dunkel-Kontrast zwischen den Fenstern und den weißen Brüstungsplatten, der bei Beleuchtung der Fenster die Fassade zum Negativ der Tagesansicht werden läßt. Jetzt erhält man auch Einblick in das Seminargebäude, das in Abkehr von der abgeschiedenen Studierstube[42] gutbürgerlicher Gelehrsamkeit nur noch »Arbeitsgehäuse« sein sollte, dessen Transparenz in jeglicher Hinsicht Offenheit demonstrieren sollte. Glas ist hier »als Symbol von Reinheit, als Möglichkeit, Bauwerke sinnbildlich und realiter mit Lichtfluten durchschaubar zu machen«[43] verwendet worden.

Die Architektur des Philosophicums ist ebenso mit der Moderne der zwanziger Jahre verbunden wie mit den von Kramer in Amerika gewonnenen Eindrücken. Hierzu gehören besonders die Nottreppen, die Kramer vor die Schmalseiten des Philosophicums hängte und die zu den typischen Merkmalen der Universitätsbauten zählen. Man findet sie an der Mensa, den Biologischen Instituten und besonders raffiniert eingefügt am Pharmazeutikum. Ihre Funktion und Form unverhüllt zeigend, lassen sie dem Betrachter breiten Spielraum für Assoziationen. Die Faszination der Technik und der Glaube, dies auch unverhohlen zeigen zu müssen, spiegelt sich auch in Nutzbauten wie dem Heizwerk wieder. Hinter großen Glasfronten werden die technischen Einrichtungen offen gezeigt und ein Schornstein wird zum markanten Punkt der Campusanlage. In Amerika längst üblich[44], stieß eine solche Ästhetisierung

Pharmazeutisches Institut (1954–57), Blick von der Mulde gegen den Hörsaaltrakt. Foto P. Förster

Philosophisches Institut, zurückgesetztes Erdgeschoß mit Stahlstützen (Zustand 1991). Foto C. Lichtenstein

Philosophisches Institut, Nachtansicht der Hoffassade

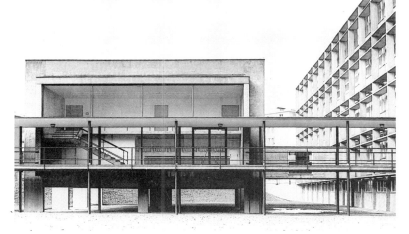

von Technik in Deutschland noch auf Widerspruch und wurde dem Industriebau zugeschrieben.[45] Dem Heizwerk der Universität Frankfurt bestätigte man allerdings sogar ein »musisches Moment«.[46]

1957 entstanden an der Georg-Voigt-Straße, auf einem in einer Senke liegenden Baugelände, zwei miteinander in Verbindung stehende Institutsbauten für Lebensmittelchemie und Pharmazie (Projektleiter Klaus Peter Heinrici). Um teure Aufschüttungen zu vermeiden und den Bauplatz gänzlich ausnutzen zu können, aber auch um der durch den Generalbebauungsplan vorgegebenen parallelen Anordnung der Gebäude zueinander Folge zu leisten, setzte Kramer den Gebäudekomplex nach hinten verschoben in diese Senke hinein. Dem Doppelbau – eine Stahlbetonskelettkonstruktion, ausgefacht mit gelbem Ziegel – wurde ein Hörsaal vorgelagert, der in einen Stahlbetonrahmen eingehängt und auf Pylone gestellt ist. Hörsaal und Institutsbau werden durch einen auf Rundstützen stehenden überdachten Gang mit der Straße verbunden. Der Eingang des Instituts für Lebensmittelchemie liegt an der Westseite in einem eigens angefügten Treppenhaus, das zur Gräfstraße hin vorstößt. Den Instituten sind vor die Fassade Brises-soleils – Sonnenblenden, deren Verwendung auf Le Corbusier zurückgeht[47] – gehängt worden; zum Schutz gegen die Sonne und um dennoch einen gleichmäßigen Lichteinfall zu erreichen.

Diese Komposition von Gebäuden weist erneut eine Kontrastierung auf, die durch die Unterschiede von Material und Konstruktion erzeugt wird. Hinzu kommt, daß die Brises-soleils der Fassade eine sehr plastische Wirkung verleihen. Auch die östliche Schmalseite wirkt durch die hinter dem weitergeführten Skelett liegende Nottreppe räumlich. Es steht außer Zweifel, daß das Institut für Pharmazie und Lebensmittelchemie zu den Meisterwerken der Nachkriegsmoderne in Deutschland gezählt werden darf.

Hörsaalgebäude I (1956–58), Ansicht gegen die Gräfstraße

Seinen ausgeprägten Sinn für Konstruktion konnte Kramer auch bei dem Bau der Hörsaalgebäude unter Beweis stellen (Projektleiter Helmut Alder). Diese sollten an das alte Hauptgebäude anschließen, was zur Folge hatte, daß die Gebäudehöhe weitgehend vorgegeben war. Als weitere zu berücksichtigende Faktoren kamen ein kleines Baugelände sowie die hohen Bedarfszahlen hinzu. Daher entwickelte das Bauamt einen platzsparenden Hörsaaltyp, bei dem die Hörsäle wie Keile wechselweise untereinander angeordnet sind. Um von außen hereindringenden und damit störenden Lärm auszuschalten, sind die Hörsäle fensterlos und vollklimatisiert.[48] An der Nord- und Südseite sind die tragenden Wände des Kubus mit Klinkern belegt, die durch ein vorgeblendetes Betonskelett getragen werden.[49] Somit werden die massiven Wände fein gegliedert. Nach Westen hin ist dem 1958 entstandenen Bau ein Treppenhaus angeschlossen, dessen Kathedralglasfassade Einblick in den ansonsten geschlossenen Baukörper gewährt und so zum optischen Bezugspunkt wird.

1964 mußte Kramer dann aus Altersgründen aus dem Universitätsbauamt ausscheiden. Er hinterließ eine herausragende Universitätsbebauung, deren Konzeption jedoch weder in architektonischer noch in städtebaulicher Hinsicht weitergeführt wurde. Einsicht zeigte man lediglich bei der Stadt- und Universitätsbibliothek, deren Bau Kramer als privater Architekt zwischen 1962 und 1964 durchführte. Es ist Kramers größtes Einzelprojekt nach dem Kriege gewesen, mit dem er auch städtebaulich einen Akzent in Frankfurt setzen konnte. Noch der erste Generalbebauungsplan für die Universität aus dem Jahre 1953 sah vor, die Bibliothek auf dem Gelände zwischen Bockenheimer Landstraße und Mertonstraße anzulegen. Der ständig wachsende Raumbedarf führte jedoch dazu, den Bebauungsplan über die Bockenheimer Landstraße hinaus zu erweitern. Damit wurde der Bibliotheksbau zum Kopfstück der gesamten Anlage, was auch durchaus der Campusidee entspricht.[50] Gemeinsam mit dem Bibliotheksdirektor Clemens Köttelwesch plante Kramer seit 1959 diesen Neubau, der im Ergebnis seinerzeit die modernste Bibliothek Europas darstellte: Erstmalig wurde hier das Freihandsystem angewandt. Damit lehnt sich die Frankfurter Universitätsbibliothek an das amerikanische Bibliothekswesen an, »einen hohen Prozentsatz des vorhandenen Literaturgutes dem direkten Zugriff des Benutzers anzubieten.«[51]

Der Bibliotheksbau ist insgesamt in drei Gebäudeteile untergliedert: ein Verwaltungsbau und das Magazin- und Lesesaalgebäude, die beide durch einen kleinen Verbindungstrakt miteinander verbunden werden. Der dreigeschossige Verwaltungsbau mit einem Untergeschoß ist ein 70 Meter breiter, quergelagerter Kubus in Stahlbetonskelettkonstruktion, ausgefacht mit einem schwarz-violetten Ziegel. Besondere Betonung erfährt durch seine Höhe das Erdgeschoß mit dem Haupteingang. Für diesen wurde die Fassade zurückgezogen, so daß die davor befindlichen Betonstützen eine Art Kolonnadenmotiv bilden; möglicherweise auf den Portikus der im Krieg zerstörten Stadtbibliothek bezugnehmend. Die dahinter liegende Eingangshalle ist gleichzeitig Informationszentrum und Leihstelle. Der eigentliche Bibliotheksbau, in dem sich die Magazine- und Lesesäle befinden, besteht aus einem viergeschossigen 50 x 30 Meter großen Skelettbau (Raster: 5m x 5m, bei einem Modul von 1,25m) mit zwei Untergeschossen, bei dem die Geschosse, dem Rastermaß entsprechend, eine lichte Höhe von 5 Metern aufweisen. Diese Höhe erlaubt den Einbau von sekundären Zwischengeschossen, deren Lage sich von Abteilung zu Abteilung potentiell verändern kann. Sie beruhen auf einer Dreiteilung des Hauptrasters und ihre Konstruktion besteht aus einer in die Hauptstruktur hineingestellten Eisenstruktur von ca. 1,50 Meter Modulmaß, die zugleich als Konstruktion der Bücherregale ausgebildet ist. Zur Vermeidung großer Lesesäle[52] trotz eines Bedarfs von 1000 Sitzplätzen entschied man sich für kleine Speziallesesäle sowie kleine abgeschlossene Arbeitszellen innerhalb der Magazine, sogenannte ›Carrels‹ oder ›Cubicals‹, die Kramer aus Amerika ›mitbrachte‹, und die vielfach Nachfolge gefunden haben.

die Ecken führen auf das tragende Element zurück, indem sie bis zur Stütze zurückgezogen werden. Auf der Höhe des unter dem Erdgeschoß liegenden Zwischengeschosses wird eben jene Ecklösung auch in Stahlbeton ausgeführt. Es ist, als habe man hierin Kramers Antwort auf die architektonische Frage von Sein und Schein zu sehen. Und schon Julius Posener bemerkte, daß diese Ecklösung »ebenso klar und ebenso architektonisch (ist) wie Mies van der Rohes Ecklösungen (bei den IIT-Bauten, A.d.Verf.)«.[54] Wesentlicher Teil der Fassade sind auch hier die Brises-soleils – senkrechte Lamellen –, die durch Selenzellen automatisch gesteuert werden. Der metallische Baukörper verändert dadurch ständig seine Oberflächenstruktur, wird zur beweglichen »metallischen Plastik«.[55] Material und Höhe machen ihn zum dominierenden Bauglied, während der Verwaltungsbau vermittelnd zur Universität wirkt. Gleichwohl unterstreicht der dunkle Ziegel, dessen Verwendung auf die Universitätsbibliothek beschränkt bleibt[56], ihre besondere Stellung innerhalb der Universitätsbebauung. Julius Posener sah in diesem Bau »eine Würde, die anderen nettbehäuteten Hoch- und Großbauten«[57] der sechziger Jahre abgeht.

Doch schon lange lassen – aufgrund ihres schlechten Erhaltungszustandes – die Bauten jene Würde vermissen, die Posener in ihnen noch zu entdecken vermochte. So darf es auch

Stadt- und Universitätsbibliothek (1959–64), Ansicht von der Zeppelinalle. Foto U. Edelmann

Stadt- und Universitätsbibliothek, Magazin, Ecklösung. Foto C. Lichtenstein (1991)

Die Außenhaut des Bibliotheksbaus stellt eine Curtain-Wall-Konstruktion dar, aus Aluminiumelementen und Fensterflächen. Hier ist das Skelett nun nicht mehr sichtbares, sondern nur noch »spürbares Formelement«.[53] Lediglich

nicht verwundern, daß die Bauten in zunehmendem Ausmaße ablehnende Kritik erfahren[58] und nur noch der Fachmann oder der Liebhaber die Qualität und damit den Wert dieser Bauten erkennt.[59]

Im Zuge der seit 1987 anhaltenden Planungen zur Erweiterung der Universität Frankfurt ist es nun zu einer erneuten Diskussion um die Universitätsgebäude Kramers gekommen. Grund hierfür war die Wettbewerbsausschreibung, die vier der insgesamt dreiundzwanzig Universitätsgebäude Kramers zur Disposition stellte: die 1963 entstandene Mensa, das Studentenwohnheim Bockenheimer Warte aus dem Jahre 1956, das Philosophicum sowie das Fernheizwerk. Ziel der Ausschreibung war es, nach fünfundzwanzigjähriger weitgehend konzeptionsloser Bebauung wieder ein »signifikantes und geordnetes Erscheinungsbild«[60] der Universität herzustellen. Dieser Gedanke erinnert an das, was ja auch Kramer anstrebte. So nehmen die Entwürfe der Architekten Ungers und Schneider/Webler nach den heftigen Diskussionen nun zwar einerseits auf die vorhandene Bebauung von Kramer maßstäblich Rücksicht – erhalten blieben dabei Mensa und Philosophicum.[61] Der Charakter der Universität wird dennoch grundlegend verändert werden: die Universität wird zu einem weiteren Beispiel für die sogenannte Stadterneuerung Frankfurts durch postmoderne Architektur werden, bei der diese architektonisch an die wichtigsten wirtschaftlichen Zentren Frankfurts, die Messe und das Bankenviertel Westend, angegliedert werden soll.[62] Und wieder einmal mehr fallen solchen »Stadtbild-Verbesserern«[63] Bauten der fünfziger Jahre zum Opfer.

Die fortschreitende Zerstörung der Architektur der fünfziger Jahre hat in den letzten Jahren eine intensivere Auseinandersetzung mit dieser Epoche sowohl durch die Denkmalpflege als auch innerhalb der Kunst- und Kulturwissenschaften herausgefordert. Dabei ist deutlich geworden, daß sich für die Architektur dieser Epoche kein verbindender Stilbegriff finden läßt, außer die zeitumschreibende Formulierung »Architektur der fünfziger Jahre.« Denn jene Zeit ist gekennzeichnet von unterschiedlichen Strömungen, die sich auch stilgeschichtlich durchaus überlagern können. Es wird daher differenzierter Untersuchungen bedürfen, die architektonische Vielfalt jener Epoche zu erfassen und gegeneinander abzugrenzen. Versuche, einfache Kriterienkataloge zu erstellen[64], können hierfür nur erste Anhaltspunkte bieten. Im Sinne eines solchen möglichen »Kataloges« seien im folgenden die Kramer-Bauten grob in das Architekturgeschehen der fünfziger Jahre eingeordnet.

Die Betrachtung der Universitätsgebäude hat

gezeigt, daß Kramer bei seinen Planungen an den Grundsätzen des Neuen Bauens der zwanziger Jahre weitgehend festhielt; sogar auf damals bereits verwendete Formen zurückgriff. Als Beispiele seien hier neben Konstruktion und Material vor allem Details wie abgehängte Vordächer und Türgriffe genannt. Neben diesem ›älteren‹ Formenrepertoire nahm Kramer bei der Gestaltung seiner Bauten auch Elemente der weiterentwickelten Moderne auf – Curtain Walls und Brises-soleils sind hier stellvertretend zu nennen. Bezüge zum Neuen Bauen der zwanziger Jahre sowie zu den Entwicklungen der weitergeführten Moderne machen deutlich, daß es sich bei Kramers Bauten um eine konsequente Fortführung des Projektes der Moderne handelt. Scharf abzugrenzen sind die Universitätsgebäude daher gegen Traditionalismus, ›kleinteilige Rasteritis‹ oder die Nierentischästhetik der Fünfziger.

Ein sorgfältiger Umgang mit diesen Bauten, sowohl in den vergangenen Jahrzehnten als auch bei den Planungen der kommenden Baumaßnahmen, wäre daher von unschätzbarem Wert gewesen. Hätte doch Frankfurt dann einen Universitätskomplex, der sowohl in seiner Architektur als auch in seiner gesellschaftspolitischen Aussage für eine wichtige Epoche deutscher Nachkriegsgeschichte repräsentativ gewesen wäre.

Anmerkungen

1 Vgl. F. Kramer, Bauen für die Wissenschaft, in: Deutsche Universitätszeitung 6/1960; Zu danken habe ich Frau Prof. Lore Kramer, die mir freundlicherweise zu dem noch von Ferdinand Kramer angelegten Privatarchiv immer wieder Zugang gewährte.

2 F. Kramer, 50 Jahre Architektur – Bericht aus meinem Leben, Vortrag in der Technischen Universität München, 12.2.1976, in: Egoist 2/1976, S. 86.

3 F. Kramer, Typoskript, Privatarchiv Kramer.

4 Vgl. G. Brackert, Design-Report 10/1976, S. 2.

5 Vgl. im einzelnen Ferdinand Kramer – Architektur & Design, Hrsg. Bauhaus Archiv, Berlin 1982, S. 73; hierzu auch F. Kramer, vgl. Anm. 1, S. 17.

6 F. Kramer, vgl. Anm. 1, S. 17.

7 F. Kramer, vgl. Anm. 1, S. 19.

8 F. Kramer, vgl. Anm. 2, S. 86.

9 F. Kramer, vgl. Anm. 1, S. 18.

10 ebd.

11 »Der Bauplatz wurde nicht innerhalb des Frankfurter Universitätszentrums gewählt, da hier die Reserven an Gelände zu gering waren und aus Sicherheitsgründen eine Verlegung auf freies Gelände in Universitätsnähe bevorzugt wurde«: F. Kramer, Die Funktion des Architekten beim Reaktor- und Institutsbau, in: Atomenergie in Hessen 8–9/1958, S. 342.

12 K. Rückbrod, Universität und Kollegium. Baugeschichte und Bautyp, Darmstadt 1977, S. 157f.

13 Vgl. Bebauungsplan der Universität Frankfurt am Main, 1953; Frankfurts künftige Universitätsstadt, in: FR, 17.3.1953.

14 F. Kramer, vgl. Anm. 1, S. 19.

15 Vgl. hierzu V. M. Lampugnani, Architektur und Städtebau im 20. Jahrhundert, Stuttgart 1980, S. 100.

16 Eine umfassende Arbeit über die Universitätsbauten Ferdinand Kramers ist in Vorbereitung.

17 G. Remszhardt, Universität Frankfurt – Problem und Modell, in: Bauwelt 28/1963, S. 791.

18 ebd.

19 Vgl. E. Neumann, »Frankfurter Typographie«, hier

20 Vgl. F. Wurm, Bauten für den zweiten Blick. Die Architektur des Ferdinand Kramer, in: Frankfurter Hefte 2/1989, S. 145.

21 Heute befindet sich das Rektorat im 10. Stock des sog. Juridicums; das ehemalige Rektorat wurde einem Funktionswandel unterzogen. Nicht mehr im Original vorhanden sind die Türgriffe, die Lampen, sowie die Sperrholztür.

22 F. Jerusalem, Modernes Barbarentum, in: FAZ, 11.3.1953.

23 Der Glattmacher ist wieder da, vgl. hierzu F. Wurm und Th. Edelmann, Schöne Grüße vom Barbaren. Zum Tode des Frankfurter Architekten, in: az, 16.11.1985.

24 Vgl. Chr. Hackelsberger, Die aufgeschobene Moderne, München 1985, S. 28f.: »2.: ›Grundsätzliche Forderungen‹ bedeutender Architekten in Baukunst und Werkform«.

25 F. Kramer, Typoskript, Privatarchiv Kramer.

26 Vgl. hierzu auch W. Pehnt, Das Ende der Zuversicht, Berlin 1983, S. 70.

27 F. Kramer, Rede eines Baumeisters vor Naturwissenschaftlern, in: Bauwelt 49/1958, S. 780: »(…) Aber seien Sie versichert. Leicht hätte so ein zweckmäßiges Gebäude ein Ausbund von Häßlichkeit werden können – so wie manche ältere Fabriken. Daß wir dieses Gebäude schön machen wollten dürfen Sie uns glauben. Nur meinen wir, die Schönheit darf sich niemals der Zwecke schämen und so tun als hätte sie nichts mit ihnen zu schaffen.«

28 F. Kramer, vgl. Anm. 27, S. 780.

29 F. Kramer, vgl. Anm. 2, S. 87.

30 F. Kramer, Hochschulplanung gestern und heute, in: Bauen & Wohnen 8/1962, S. 315.

31 F. Kramer, vgl. Anm. 1, S. 20.

32 W. Gropius, Grundsätze der Bauhausproduktion, 1926, zitiert in: U. Conrads, Programme und Manifeste zur Architektur des 20. Jahrhunderts, Braunschweig 1981, S. 90.

33 So konnte beispielsweise durch die Konstruktion des Hörsaalgebäudes »der übliche Durchschnittspreis von DM 2.500,- pro Sitz halbiert werden«: F. Kramer, Hörsaalgebäude der Universität Frankfurt/M, in: Bauwelt 48/1958, S. 1172; auch beim Biologischen Camp wurden die Kosten unterschritten.

34 Vgl. J. Joedicke, Geschichte der modernen Architektur. Synthese aus Form, Funktion und Konstruktion, Stuttgart 1958, S. 126.

35 J. Posener, Die Architektur Ferdinand Kramers, in: Vgl. Anm. 19, S. 13.

36 Baukunst und Werkform, Sonderheft 1, 1955, S. 19.

37 Vgl. auch H. Rahms, Ein Hochhaus für Philosophen, in: FAZ, 15.2.1961; Dieselb., Ferdinand Kramers Frankfurter Universitätsbauten, in: Vgl. Anm. 19, S. 27.

38 F. Kramer, Seminargebäude der Universität Frankfurt, in: Bauwelt 15/1961, S. 427.

39 F. Kramer, Seminargebäude der Philosophischen Fakultät, Typoskript, Privatarchiv Kramer.

40 Siehe hierzu F. Kramer, vgl. Anm. 38, S. 428f.

41 F. Hart, W. Henn und H. Sonntag, Stahlbauatlas, München 1974, S. 35.

42 F. Kramer, vgl. Anm. 38, S. 427ff.

43 D. Bartetzko, Illusionen in Stein, Hamburg 1985, S. 175.

44 Vgl. IIT-Campus von Mies van der Rohe.

45 Einen solchen Industriebau haben wir mit E. Eiermanns Textilfabrik in Blumenberg.

46 Frankfurts bedeutendste neue Bauten (V), Technik mit musischem Moment, in: NP, 22.5.1956.

47 Siehe hierzu M. Besset, Le Corbusier, Genf 1987, S. 129f.; Le Corbusier, oeuvre complète 1946–52, Zürich 1955, S. 12.

48 Die Fensterlosigkeit hat zweierlei Gründe: 1) Verbesserung der Konzentration der Studenten; 2) mit Fenstern wäre eine solche Lärmisolierung nicht zu erreichen gewesen. Dieser Hörsaaltyp hat, obwohl er nicht immer auf Zustimmung stieß, in einigen Universitäten Nachfolge gefunden.

49 Die Klinker sind heute mit braunen Asbestzementschindeln verkleidet, wodurch der ästhetische Eindruck zerstört wurde.

50 Vgl. die Campusuniversität von Thomas Jefferson; siehe auch H. W. Rothe, Über die Gründung einer Universität zu Bremen, in: FAZ, 3.3.1961, S. 2; vgl. W. Bauhuis, Für und wider Freihandsysteme, in: ZfBB 8/1961, S. 115.

51 F.-H. Philipp, Hochschulstruktur, Bibliotheksstruktur und Bibliotheksbau, in: ZfBB, Sondernr. 27, 1978, S. 24.

52 C. Köttelwesch, Die Universitätsbibliothek Frankfurt am Main, in: Buch und Welt, 1965, S. 131f.

53 Zu diesem Begriff vgl. nochmals J. Joedicke, Anm. 34.

54 J. Posener, vgl. Anm. 35, S. 14.

55 Ähnlich H. Rahms, Ferdinand Kramers Universitätsbauten, in: Vgl. Anm. 19, S. 26.

56 Schwarz-violetter Ziegel findet sich nur noch bei dem weiter entfernt liegenden Walter-Kolb-Studentenwohnheim von Ferdinand Kramer, 1960 errichtet.

57 J. Posener, vgl. Anm. 35, S. 13.

58 Vgl. hierzu FAZ, Leserbriefe vom 12.11.1987.

59 Der von Fabian Wurm gewählte Titel eines Artikels »Bauten für den zweiten Blick«, Anm. 20, ist m.E. hierfür symptomatisch.

60 Krämer gegen Kramer? in: Uni Extra Regional 4/1988, S. 8.

61 Universität Frankfurt erhält ein neues Gesicht, in: Uni-Report 22, 11.1.1989, S. 1f.

62 »Das Torhaus«, Ecke Bockenheimer Landstraße und Senckenberg Anlage bildet eine »Art Vorposten«; vgl. Anm. 60, S. 8.

63 Vgl. G. Weiß, Baudenkmale der Fünfziger Jahre, in: Berichte der Denkmalpflege in Niedersachsen 2/1990, S. 42.

64 Hierzu eine Möglichkeit: G. Weiß, vgl. Anm. 63, S. 44ff.

Ich übergebe Ihnen heute ein Hochhaus zum Gebrauch. Es mußte ein Hochhaus werden, weil unsere Universität mitten in der Stadt liegt und keinen Campus besitzt. Will sie sich ausdehnen, dann muß sie zwangsläufig in die Höhe wachsen. Sie werden aber vielleicht an diesem Hochbau schon eine Neuerung bemerkt haben. Er hat keine tragenden Mauern oder Stützen in seinem Innern. Das ist keine Marotte des Architekten, sondern die Konsequenz einer Entwicklung, die noch lange nicht abgeschlossen ist: die Anordnung der Stützen im Raum, die die größtmögliche Freiheit der räumlichen Aufteilung gibt. Voraussichtlich wird sich in der Philosophischen Fakultät, für die dieses Haus entstand, im Laufe der nächsten Jahrzehnte noch vieles umgruppieren.

Schon jetzt hatten wir mit den verschiedenartigsten Wünschen für die Raumeinteilung zu rechnen, die sogar während der Bauzeit öfters geändert werden mußte. Wie groß soll z. B. ein Seminarraum sein? Da hatten wir uns nach den angegebenen Zahlen zu richten. Wenn aber die Tendenz dahin geht, künftig wieder Seminare mit weniger Teilnehmern zu veranstalten, dann wird in diesem Hause die räumliche Veränderung relativ einfach sein. Für den Architekten hieß das: ›flexibel‹ bauen. Er muß Räume vergrößern und verkleinern können, eventuell auch Stockwerke zu einer Einheit zusammenfassen, er muß mit einem Wort: montieren. Dies Gebäude ist im wesentlichen ein Montagebau.

Das Haus hätte sich natürlich auch als Eisenbeton-Konstruktion ohne Innenstützen bauen lassen. Der Bau hätte zweifellos wuchtig gewirkt – wie z. B. die repräsentative Fassade vom Haus der Deutschen Kunst in München, die den Nationalsozialisten so gut gefiel. Wir haben aber eine Konstruktion vorgezogen, die

einerseits praktischer und andererseits billiger ist, und die überdies mit ihren Stützen sehr elegant wirken kann: den Stahlskelettbau mit Außenstützen ohne Betonummantelung. Diese Bauweise war bisher nicht erlaubt. Auf unsere Anregung hat die interessierte Industrie umfangreiche Versuche angestellt, um zu beweisen, daß bei Feuerkatastrophen die Außenstützen nicht den gefährlichen Temperaturen ausgesetzt sind, die der Gesetzgeber annahm. Dieser Bau ist also als eine Ausnahme von dem betreffenden Gesetz entstanden: der erste seiner Art, der sicherlich Schule machen wird. Er ließ sich in kürzerer Zeit, mit weniger Arbeitskräften verwirklichen, als es die heute übliche Bauweise kann. Sie werden sich vielleicht daran erinnern, daß das Skelett des 9-stöckigen Hauses binnen drei Wochen montiert wurde. Ohne die Verzögerungen bei der Anlieferung der Brüstungsplatten wegen des Stahlstreikes in den USA wäre der Bau innerhalb eines Jahres fertig gewesen.

Schwieriger war hingegen die Frage der Einrichtung der Räume. Wie soll ein Studierzimmer aussehen? In der Kunstgeschichte gibt es ein sehr instruktives Beispiel für den Wandel der Ansichten zu diesem Thema. Ich meine das Gehäus des heiligen Hieronymus. Die ältesten Darstellungen zeigen ihn auf einem Thron in der Kirche. Dann wird allmählich die Kirche zum Gehäus. Die Kapellennischen beginnen sich mit Büchern zu füllen – vorzugsweise übrigens mit unordentlich aneinander gelehnten und aufeinander getürmten Folianten. Der Thron wird zum Stuhl, und aus dem Altar macht der Heilige einen Schreibtisch. Man merkt es daran, daß sich zu Kruzifix und Bibel nacheinander Instrumente, Totenschädel, Sanduhr und andere arbeitshindernde, aber kontemplationsfördernde Gegenstände auf dem Tisch ansammeln. Der Löwe vervollständigt das Interieur als romantisches Haustier. Er fehlt in den späteren Darstellungen nie, ohne daß es jemals gelungen wäre, den allegorischen Bezug dieses edlen Raubtieres auf die Tätigkeit des Forschers hinreichend aufzuklären. Auch spätere, weniger fromme und weniger allegorische Zeiten haben das Gehäus des Hieronymus noch lange als das Sinnbild der Klause des gelehrten Mannes betrachtet. Türme von unaufgeräumten Büchern, wenig bis gar kein Platz auf dem Schreibtisch, und vor allem ein ostentativ unzureichender Lichteinfall sind seine Requisiten. Woher kommt die Unordnung? Ist sie vielleicht die notwendige Konsequenz davon gewesen, daß die Kirche zum Interieur gemacht wird, daß Thron und Altar sozusagen zum Hausgebrauch entweiht werden? Sicher ließe sich hier eine innenarchitektonische Parallele zu der Verwirrung denken, die eintrat, als Gott sah, daß die Menschen nicht ihm, sondern sich zu Ehren den babylonischen Turm bauten. Aber ich habe in der zuständigen kunsthistorischen Literatur nirgendwo Erläuterungen über die obligate Unordnung in der Studierstube des Heiligen finden können. Sie ist obligat, denn sie herrscht auch weiterhin vor, als Dürer den Hieronymus in ein bürgerliches Wohngehäus versetzt, und sie ist seitdem – noch einmal durch Faust's Studiergehäus sanktioniert – zu einer Art von Atmosphäre der geistigen, der Gelehrtenarbeit schlechthin geworden. Als Architekt habe ich mir eine eigene Auslegung jener Tatsache der Unordnung gestattet: Hieronymus hat sich die Kapelle als eine Notwohnung eingerichtet, und er wird mit den Bedingungen, die für einen anderen Zweck gedacht waren, nicht fertig. Aus dieser Not hat man später eine Tugend machen wollen: die Tugend des Geistes, der sich von keiner Unordnung, ja nicht einmal von Löwen als Mitbewohnern am Denken hindern läßt. Ich muß aber gestehen, daß ich mich an diesem Vorbild nicht orientieren konnte...

Im aufgeräumten Bauen und Einrichten ist eine Forderung, ähnlich der berühmten Zauberregel, keinesfalls an einen weißen Elefanten zu denken. Und was den gehinderten Lichteinfall betrifft: Unsere Aufgabe bestand nicht darin, eine Arbeitsatmosphäre, sondern Arbeitsbedingungen zu schaffen. Richtiges Licht, ausreichende Luft, angenehme Sitze, leicht transportable Tische (Möbel kommt von mobile – beweglich), nicht zu lange Wege oder Kletterpartien zu den Büchern, und ähnliches mehr.

Das ging allem anderen vor – jedoch nur bis zu einer gewissen Linie, die heute oft und leicht überschritten wird. Es ist die Grenzlinie zwischen dem Zweckmäßigen und dem Bequemen. Natürlich haben wir darauf geachtet, daß den Benutzern dieses Hauses Möbel zur Verfügung stehen, die so bequem sind, daß sie lange sitzen können, ohne vom Sitzen zu ermüden. Aber doch nur so, daß sie den Stuhl nicht störend empfinden, und nicht etwa als Einladung zur völligen Entspannung, wie sie im Schlaf eintritt. Es gibt eine Arbeitsbequemlichkeit und eine Ausruhbequemlichkeit, und beides sollte sauber geschieden bleiben.

Gestatten Sie, daß ich mich, wie immer bei meinen Übergabereden, hierzu wieder auf den Schutzpatron dieser Universität berufe. Eckermann berichtet (Freitag, den 25. März 1831): »Goethe zeigte mir einen eleganten grünen Lehnstuhl, den er dieser Tage in einer Auktion sich hatte kaufen lassen. ›Ich werde ihn jedoch wenig oder gar nicht gebrauchen‹, sagte er, ›denn alle Arten von Bequemlichkeit sind eigentlich ganz gegen meine Natur. Sie sehen in meinem Zimmer kein Sofa, ich sitze immer in meinem alten hölzernen Stuhl und habe erst seit einigen Wochen eine Art Lehne für den Kopf anfügen lassen. Eine Umgebung von bequemen geschmackvollen Meublen hebt mein Denken auf und versetzt mich in einen behaglichen passiven Zustand. Ausgenommen, daß man von Jugend auf daran gewöhnt sei, sind prächtige Zimmer und elegantes Hausgerät etwas für Leute, die keine Gedanken haben und haben mögen...‹«

(Typoskript, Privatarchiv Kramer, Ffm.)

Fabian Wurm

NACHMITTAGS AUF DER FIFTH AVENUE

Anmerkungen zu einigen Träumen von und über Ferdinand Kramer

Er antizipierte eine neue Welt – im kleinen. Die Dinge und Gebäude, die Ferdinand Kramer entwarf, griffen voraus, stellten Gewohntes in Frage, waren gedacht für einen anderen, nicht alltäglichen Alltag. Sie schienen für künftige Lebensformen konzipiert und sollten sich zu einer neuen Ordnung fügen, ohne sie dogmatisch festzuschreiben. Kramers Häuser und Gegenstände waren flexibel. Objekte einfachster Art, fast unscheinbar. Erst im Gebrauch offenbarten sie sich ganz. Sie waren wandelbar. Ver-rückt: Nichts stand mehr an seinem festen Platz. Der fixe Standpunkt schien zu schwinden. Dynamik erfaßte die ehedem stabilen Elemente. Da schien Amerika ganz nah.

Ganze Wände ließen sich demontieren; Bett, Schrank und Stuhl waren zerlegbar, Teewagen und Leiter faltbar. Und den Hocker konnte man gleichermaßen als Tisch, Regal und Sitzgelegenheit benutzen – Metamorphosen eines Gegenstandes.

Das Mobiliar präsentierte sich im Wortsinn: absolut beweglich. Die Gegenstände waren entortet und konnten überall aufgestellt werden. Manche Objekte sollten sogar – nach Gebrauch – ganz und gar verschwinden, der faltbare Tisch aus Wellpappe etwa, auf den ein Schachbrett gedruckt war, der auch vier Löcher für Trinkgefäße enthielt und der nach seiner Benutzung mit nur einem Streichholz beseitigt werden konnte.

Da verschwanden Dinge – oder rollten plötzlich vorbei. Seine Küche stellte Kramer auf Räder. Nicht nur sämtliche zum Kochen notwendigen Geräte fanden sich in der ›combined kitchen‹, sogar ein eingebautes Radio sah der Entwurf vor.

Kramers Möbel waren Nomaden: Anpassungsfähig, flexibel wie die erfolgreichste Erfindung seiner amerikanischen Zeit, der Papierregenschirm ›Rainbelle‹.[1] Ein fast fernöstlich anmutendes Objekt hielt Einzug in New York. Einwegkonstrukte – wenn auch viel zu schön zum Wegwerfen.

Selbst die Gebäude der Zukunft sollten nicht für die Ewigkeit bestimmt sein. »Die bewußte Verringerung der Lebensdauer eines Hauses ist nötig. Vielleicht bereitet ein Haus, das uns heute noch komfortabel erscheint, bereits der nächsten Generation eine Belastung«[2], schrieb Kramer 1929. Schon in Frankfurt interessierten ihn die amerikanischen Kataloghäuser. Später, in Amerika, war er von den ›Knock-Down-Houses‹ fasziniert, von den Fertighäusern, die verschifft werden konnten. »Erstaunlicherweise waren diese amerikanischen Häuser auch unzerlegt transportierbar. In Nantucket oder Cape Cod beispielsweise, (…) wenn Hering oder Wal ausblieben und nicht mehr an der gleichen Stelle gefischt werden konnte, wurden die Kamine gekappt und das ganze Dorf an den Strand gerollt und auf dem atlantischen Ozean schwimmend transportiert bis zu der Stelle, wo Wal und Hering nun gesichtet waren, wo es bessere Lebensbedingungen gab«.[3]

In präzisen Zeichnungen hat er seine Entwürfe dargelegt – ohne Farbe, meist ohne Schraffur. Mitunter waren die Objekte unscheinbar, fast anonym, erst im Gebrauch gaben sie ihr Geheimnis preis. Größe und Auffälligkeit waren für Kramer keine Kategorien. Sein Œuvre ist gering an gefälligen, augenfälligen Objekten. So wie auch der Architekt und Designer am liebsten unsichtbar geblieben wäre, als Person hinter seinen Objekten verschwunden. »Er selbst blieb im Verborgenen, als jemand, der wunderbare Dinge zum Fenster herausreicht und es gleich wieder schließt.«[4] Im verborgenen hat er seine *wunderbaren Dinge* ausgetüftelt, der Erfinder, dessen »konstruktive Energie«[5] Siegfried Kracauer bereits 1924 in der ›Frankfurter Zeitung‹ hervorgehoben hat.

Kramers Eisenofen hatte es dem Kritiker angetan. Jener raucharme Allesbrenner, der später als ›Kramer-Ofen‹ bekannt wurde. Das Prinzip des Geräts hatte Kramer im Schützengraben entwickelt, während des ersten Weltkrieges, aus dem er als Pazifist zurückkam. Die später gründlich überarbeiteten Modelle – kleine, leichte schwarze Kisten statt der handelsüblichen ›Monumente‹ – wurden auf der Werkbundausstellung ›Die Form‹ in Stuttgart, Frankfurt und Berlin erstmals einer größeren Öffentlichkeit gezeigt.

Da mußten Kramers ingeniöse Gegenstände aus dem Rahmen fallen – denn ›künstlerisch‹ veredelt waren sie nicht. Siegfried Kracauer – selbst Architekt, und wie Kramer einmal Schüler Theodor Fischers – notierte nach dem Besuch der Ausstellung: »Was die Realität unseres Lebens von den Dingen fordert, soll in ihnen ausgedrückt werden, nicht mehr. Gefordert wird aber heute von den Dingen, daß sie sachgemäß konstruiert sind, daß sie, sofern es sich um Massenerzeugnisse handelt, die unglaubliche Geste der Individualschöpfung vermeiden und daß sie die in der Zeit wirksamen Kräfte widerspiegeln.«[6] Weder der »kubische Fanatismus«[7] der Bauhaus-Exponate,

noch die in der Ausstellung gezeigten Schmuck-
stücke, Tücher, Vasen und Stühle konnten
Kracauers ungeteilten Beifall finden.

Stattdessen hat er die »Formsicherheit« der
eher unscheinbaren Bedarfsartikel hervorgehoben: »Die technischen Dinge, die von außen
her dem Künstler viele Notwendigkeiten aufer-
legen, haben die lauterste Form erhalten, so
die Eisenöfen des Frankfurter Architekten
Kramer.«[8] Anderen Öfen habe man, um sie zu
retten »die Ornamente abgeschlagen wie den
Häusern vom Kurfürstendamm.«[9] Vergebliche
Mühe. Denn, »durch bloße Negation wird das
Positive noch längst nicht erlangt – es sei denn
in umgekehrter Fichtescher Dialektik, die das
Ich aus dem Nicht-Ich entspringen ließe – und
an den mondänen Ergebnissen sieht man sich
allzu schnell satt.«[10]

Kramer selbst hat die eigenen Entwürfe nur
ungern erläutert. Anders als die bekannten
Protagonisten der Avantgarde – von Loos bis
Le Corbusier, Gropius und May – hat er keine
Proklamationen, Programme oder Pamphlete
verfaßt. Keine Propaganda in eigener Sache
betrieben. Mit Manifestationen tat er sich
schwer.
Geäußert hat er sich allenfalls zu den Bauten
anderer, zu scheinbaren Beiläufigkeiten, aber
auch zu zentralen Themen moderner Gestaltung. So schrieb er in den späten zwanziger und
frühen dreißiger Jahren Texte über die Rationalisierung von Wohnung und Haushalt oder über
die Fertigungsmethoden des traditionsreichen
Stuhlherstellers Thonet – ›Täglich 18 000
Stühle‹.[11] Und einmal mehr: Ein Traum von
Amerika. Kramer verglich die »Serienherstellung präzis durchgearbeiteter Modelle« bei
Thonet »mit den Typen der Serienfabrikation
der amerikanischen Automobilindustrie.« Das
Serielle faszinierte den jungen Frankfurter
Architekten, der unter May in der Abteilung
Typisierung arbeitete. Mit Interesse beobach-
tete er die Versuche, Fabrikationsmethoden auf
den Bau von Häusern anzuwenden. Experimente, wie sie von Le Corbusier mit der Siedlung Frugès in Pessac unternommen wurden –
ein Jahr bevor man in Frankfurt daran ging, die
Mechanisierung des Wohnungsbaus in größerem Maßstab zu planen.

Mit Bewunderung hat Kramer das Experiment
von Pessac öffentlich vorgestellt. Sein Text war
einer der ersten Aufsätze, die in Deutschland
über die französische Siedlung erschienen. Le
Corbusier, den Architekten von Pessac, der sich
gelegentlich als Poet, als ›homme de lettres‹
bezeichnete, hätte Kramer gerne auch in Frankfurt bauen sehen.[12]

Die kommenden Dinge, die Möbel und das
neue Haus: Das waren die Entwürfe, die Kra-

mer interessierten. Der in Serie gefertigte
zerlegbare Thonetstuhl und das mechanisierte
Gebäude, dessen Stahlskelett-Konstruktion die
freie Disposition ganzer Bauteile ermöglichte.
Das Prinzip lautete abermals: Flexibilität. Es
solle, so Kramers Wunsch, dem zukünftigen
Bewohner freigestellt bleiben, beliebig über
die Anzahl der Räume und deren einzelne
Größe zu entscheiden.

Da sollten Möbel und Wände gerückt werden.
Und gleich auch einige bourgeoise Attitüden
korrigiert. »Manche bürgerliche Vorstellung
von gemütlicher Ecke usw. wäre noch auszuräumen«,[13] schrieb Ferdinand Kramer 1930 in
der ›Frankfurter Zeitung‹, der großen Plattform
des liberalen Bürgertums in der Weimarer Zeit,
jenem »Urblatt der Gediegenheit«,[14] wie Ernst
Bloch mit anerkennender Ironie attestierte.
Dort hat Kramer, der Frankfurter Bürger, zu
Beginn der dreißiger Jahre gelegentlich Archi-
tekturbücher vorgestellt.

Der Baumeister als Rezensent: In einer Besprechung zweier Bücher zu Einrichtungsfragen hat
er – eigentlich untypisch – ein Credo formuliert:
Der Titel des Aufsatzes war bezeichnend:
›Möbelingenieure und neue Wohnung‹. Da war
die neue Welt ganz nah.

*Manche bürgerliche Vorstellung von gemütli-
cher Ecke wäre noch auszuräumen:* Ein Jahr
später erschien – wiederum in der ›Frankfurter
Zeitung‹ – ein Feuilleton, das suggerierte,
Kramers Forderung habe sich andernorts
bereits eingelöst: »Am heutigen Tag hat in
Berlin eine wahre Völkerwanderung der Möbel
eingesetzt, es ist, als führen sie ins Weekend
hinaus. Vor allem in den Großwohnungen des
Westens und in den Grunewaldvillen hat sie die
Unruhe gepackt. Dort standen sie lange Jahre
so sicher, als seien sie mit den Zimmerfluchten
und Dielen verwachsen und rührten sich nicht.
Jetzt aber sind sie, durch die Krise aufge-
scheucht, zu richtigen Wandermöbeln geworden, in denen allerdings nicht der Frühling
juckt, sondern der Herbst.«[15]
Das war 1931. Und wieder war es Siegfried
Kracauer, der genaue Beobachter der vermeintlich flüchtigen Phänomene einer neuen
Zeit, der in seinem Artikel ›Möbel auf Reisen‹
das Innenleben der bürgerlichen Wohnung
sichtbar machte. Büffet und Bett, Divan und
Küchenschrank geben sich in seinem Text ein
Stelldichein. Die »gemischte Gesellschaft«
erwartet den Möbelwagen: »Weit draußen in
einer Vorortstraße bleibt ihr Beförderungsmittel
mit einem Ruck stehen, und da nichts weiter
erfolgt, kampieren sie einstweilen im Freien.«[16]

Verstaubter Hausrat, bislang fest mit der Stadt-
wohnung verwurzelt, findet sich plötzlich in
eine moderne Umgebung versetzt. Für Kra-

cauer gleicht diese Begegnung von Altem und Neuem einer Entzauberung der Requisiten des Bürgertums: »Das sind keine Möbel mehr, das ist altes Sack und Pack. Gedrechselte Säulchen schrauben sich sinnlos in die Höhe, Klaviere, deren Politur abgeschabt ist, verlieren durch die Konfrontation mit den kahlen Hausfassaden den letzten inneren Halt, und die Fruchtkränze am Nachtkästchen, die holdselig sein sollen, lächeln blöd und verwirrt. Leerer Schmuck einer endgültig abgelaufenen Zeit: hier, an der Schwelle seines kommenden Bestimmungsortes, wird er ohne Erbarmen entzaubert.«[17]

Ein Abschied nicht ganz ohne Trauer. Kracauer prognostizierte, daß die zukünftigen Möbel »mit den Quadratzentimetern genauso rechnen müssen wie ihre Besitzer mit den Pfennigen« — und dann sei die »Zeit des Glanzes unwiderruflich dahin«.[18] Kramer indes beschied, die Einrichtungsgegenstände »dürfen nur noch billig sein. Sie müssen in ihrer Form und ihrem Zweck sich den an Raumzahl und Grundrißfläche reduzierten Wohnungen anpassen. Ihre Instandhaltung darf keine unnötige Zeit in Anspruch nehmen.«[19] Zeit schien nun kostbar; die Devise ›time is money‹, die angeblich von Henry Ford stammt, hielt – ab Mitte der zwanziger Jahre – Einzug auch in den Bereich der Architektur.

»Wir haben also Amerika direkt vor den Toren«,[20] so der ›Frankfurter General-Anzeiger‹ 1928 über das Neue Frankfurt, ›Die elektrische Römerstadt‹, den gerade fertiggestellten Vororttrabanten im Niddatal. Im Team der Planer spielte Kramer besonders als Entwerfer von Typenmöbeln eine verdienstvolle Rolle. Da war Amerika greifbar nah. Ein Spaziergang in der Peripherie der Mainstadt genügte, um in eine neue Welt zu tauchen: »Wer Verwandte oder Bekannte hat, die im Laufe des kommenden Halbjahres hinaussiedeln, dem eröffnet sich ein Wallfahrtsziel, das er seufzend bestaunen kann und die elektrische Herrlichkeit kostet den Mieter weniger als uns übrige Großfrankfurter die entsprechende Rechnung.«[21] Vergesellschaftetes Glück im Grünen. Für Planer und Architekten, die nunmehr beinahe Sozial- und Möbelingenieuren gleichkamen, war die Neue Welt Vision und Versprechen: Eine Form höherer vernunftmäßiger Ordnung, die eine betriebliche Organisationstheorie hervorgebracht hatte; bei der Produktion und Einrichtung von Haus und Wohnung gedachte man sie nunmehr anzuwenden.

Amerika, das war – auch für Kramer – die große Projektion, so wie sie Ilja Ehrenburg 1927 in der damals so viele Stimmen vereinenden ›Frankfurter Zeitung‹ gedeutet hatte: *als imaginäres amerika*, als *kult der nackten*

vernunft.[22] Allerdings: Die große Weltwirtschaftskrise hatte die amerikanische Vision verfinstert. Als Ernst May 1930 Frankfurt verließ, ging er mit einer großen Gruppe von Architekten in die Sowjetunion. Kramer blieb zunächst in Frankfurt, wo das Bauen freilich immer schwerer wurde. Für die Nationalsozialisten fielen Kramers Entwürfe unter die Rubrik ›Entartete Architektur‹.[23] 1938 folgte er seiner als Jüdin verfolgten Frau in das Exil nach New York.

An seine ersten Eindrücke dort hat er sich noch lange erinnert. »Ich wußte nicht ob ich wache oder träume«[24] … Plötzlich waren wieder alle da. In der Neuen Welt. An einem Ort versammelt. Herbert Bayer und Walter Gropius, Mies van der Rohe und Ludwig Hilberseimer; das Equipment kam von weit her: Stahlrohrsessel und Stahlblechlampen hatten sie mitgebracht, ebenso ihre vergilbten Pläne für die Städte der Zukunft. Raum und Zeit schienen durcheinandergeraten. »Die Metallobjekte waren da, angelaufen, mit Dellen, und sonderbarerweise war auch das dazugehörige, ebenfalls gealterte Berliner Ausstellungspublikum mehr als 5 000 Kilometer mittransportiert worden«, erinnerte sich Kramer – an einen Traum. »Es war ein Spätnachmittag auf der Fifth Avenue«, so erzählte er später seine phantastische Geschichte, »Frank Lloyd Wright kam mit seinem großen Sombrero, einer weißen Nelke im Knopfloch und einem bildschönen Mädchen am Arm. Gropius hielt eine Rede, die ich schon mehrfach in Deutschland gehört hatte.«[25]

Da war Amerika ganz fern. Die Eröffnung der ersten Bauhaus-Ausstellung 1938 in New York geriet in Kramers Vision – welch eine Pointe – zu einem surrealen Straßentheater aus Europa. »Gegenüber der Avenue hatte Dali Schaufenster für das Modegeschäft Bonwit-Teller dekoriert: Engel mit schwarzen Rabenflügeln in durchsichtigen Nachthemden. Dali – nicht einverstanden mit diesem Arrangement – zertrümmerte die Schaufensterscheiben, und zum Abschluß in diesem Durcheinander erschien mit viel Radau Polizei und Feuerwehr.«[26]
Ein Spektakel zwischen Traum und Wirklichkeit. Der amerikanische Alltag war weit banaler. Kramer arbeitete zunächst als Anonymus. Für das Büro des berühmten Norman Bel Geddes, wo er für kurze Zeit einer von 300 Designern war. Für Bob Jacobs, den Corbusier-Schüler, den Kramer noch aus Europa kannte. Und für Ely Kahn. Die Karrieren machten andere: Mies van der Rohe und Gropius zum Beispiel; sie lehrten in Chicago beziehungsweise in Harvard. »Es war eine besondere Ironie der Emigration, daß ›Bauhaus‹ nunmehr für kapitalistischen Erfolg und nicht für soziale Emanzipation stand.«[27]

Kramers Verhältnis zur amerikanischen Exilheimat war – trotz der Erfolge seines portablen Mobiliars – stets ambivalent, schwankte zwischen Faszination und Ablehnung. Gewohnt hat er zunächst inmitten von »improvisierten Möbeln aus Apfelsinenkisten«.[28] In New York, jener Stadt, deren Architektur er durchaus bewundern konnte – die Straßenschluchten von Manhattan hat er in eindrucksvollen Photographien festgehalten. Andererseits erschien ihm das Häusergewirr als Verkörperung des Chaos. Denn die Bebauung der Metropole folgte keinem Plan, sondern vornehmlich der privaten Aneignung von Grund und Boden, was noch im kleinsten Detail, in den vielfältigen Formen der Kanalisationsdeckel etwa, sichtbar wurde. Das ungeordnete New York war eine Herausforderung für den Planer, den Frankfurter Spezialisten auf dem Feld der Typisierung.

Dolf Sternberger hat in der Zeitschrift ›Die Wandlung‹ eine amerikanische Begegnung mit Kramer beschrieben, den er in seinem kurzen Prosa-Stück ›Im Gewimmel‹ nun Otto nannte. »Otto, der Architekt, gab mir heute im Gespräch eine Zahl an, die aufs höchste überrascht: die durchschnittliche Höhe der Häuser von New York, in Stockwerken ausgedrückt, betrage viereinhalb Stockwerke – gegen fünf in London und fünfeinhalb in Paris. Dies gilt natürlich nicht von Manhattan, sondern von der ganzen Stadt, von ›Greater New York‹. Aber Otto behauptet, daß man bei einer rationellen mittleren Höhe von 16 Stockwerken je Haus (abermals in ganz New York) das schreckliche Gedränge und das steinerne Getürm von Manhattan vollkommen auflösen und es dahin bringen könne, daß bei gleicher Bewohnerschaft drei Viertel der Insel für Parks frei würden.«[29]

New York inspirierte die Frankfurter Emigranten – auch Max Horkheimer, für dessen Institut Kramer damals arbeitete. »Von meinem Fenster aus sehe ich das Empire State Building, das höchste der Welt«, notierte der Leiter des emigrierten Instituts für Sozialforschung, »es trägt auf der Spitze eine schwierig zu deutende Apparatur und ein Kreuz. Da das Gebäude neueren Datums ist, nehme ich an, daß auf dem Kreuz die Zahl aller Menschen und aller office-desks der Welt angegeben ist. Man kann es aber von hier aus nicht sehen.«[30]

Das war ein ganz anderes Zahlenspiel als die Rechnung Ottos alias Kramer. Horkheimer summierte die Attribute der *Verwalteten Welt,* bilanzierte die Kosten des Fortschritts. »Doch gibt das Empire State Anlaß zu weitergehenden Betrachtungen. Abends, wenn die Lichter angehen, entdeckt man, daß die höchsten Stockwerke, trotz aller Wohnungsnot, nicht beleuchtet sind. Ich habe nachgeforscht und

die Antwort erhalten, die klimatischen Bedingungen seien zu schlecht. Die Winde wirkten störend und die Vögel, die sich an den Fenstern die Köpfe zerstießen, beeinträchtigten die Arbeit. So gemahnt das nicht ganz beleuchtete Empire State den nächtlichen Betrachter an die Hemmnisse des Fortschritts.«[31]

War da Amerika noch nah? Unweit von New York hatte Kramer Ende der dreißiger Jahre die Leitung zweier Siedlungsgesellschaften der Stiftung des Frankfurter Instituts für Sozialforschung übernommen. Hier begegneten sich alte und neue Welt.

Spät, im Sommer 1952, kehrte Ferdinand Kramer – der darauf bestand, die mühsam erworbene amerikanische Staatsbürgerschaft bis zu seinem Lebensende zu behalten – in seine Geburtsstadt Frankfurt zurück. Max Horkheimer, mittlerweile Rektor der Frankfurter Universität, hatte eine Europareise des Emigranten mit Geldern des Instituts für Sozialforschung ermöglicht. Friedrich Rau, der Bildungsreformer, der in jener Zeit Kurator der Frankfurter Universität war, hat ihn dann zum Bleiben überredet, damit der eine neue Universität entwerfe – jenseits von »Abkapselung und Zunftenge«.[32] Eine offene Universität, im Sinne der Gründungsväter, der Bürger der Stadt. Ein Ort, an dem die konzentrierte Forschung ebenso Raum hat wie der Dialog, der Streit der Fakultäten.

Jenseits von Abkapselung und Zunftenge: Die Öffnung der Universität hat Kramer demonstrativ durch die Beseitigung des alten neobarocken Portals nebst seines Figurenschmucks vorgeführt. Wieder eine jener Entrümplungsaktionen. Und gleichzeitig eine Rückbesinnung auf die Bürgeruniversität, die einmal der Aufklärung verpflichtet war. Kramer habe den neuen Eingang, so drückte es Gert Selle aus, »mit einer einzigen entscheidenden Geste – wie mit dem Messer des aufklärerischen Gedankens – in die dekorative Fassade der alten Universität geschnitten«.[33] Und längst nicht nur in ihre Fassade.

Der Architekt, der mit seinen Schnitten, mit seinem Beharren auf funktionale Prinzipien auf die Versöhnung mit dem Objekt zielt – und dabei ebenso den Regenschirm wie die Universität für alle im Auge hat: das war die Vision des Gestalters Ferdinand Kramer. Einem Frankfurter Freund ist der Architekt im Traume erschienen. Ferdinand Kramer habe sich, so ist in einem Traumprotokoll von Theodor W. Adorno zu lesen, »ganz der Malerei zugewandt und eine neue Gattung erfunden, die ›praktikable Malerei‹. Die sei derart, daß man einzelne Figuren herausziehen könnte, eine Kuh, oder ein Nilpferd. Die könne man dann streicheln, und das fühle sich dann an wie das weiche Fell oder die dicke Haut. Eine weitere Art wären Städtebilder, die aus architektonischen Aufrissen entwickelt waren, sowohl kubistisch wie infantilistisch aussahen und überdies an Cézanne erinnerten, rosa getönt wie in wirklicher Morgensonne – deutlich sah ich so ein Gemälde.«[34]

Adorno selbst mochte – wie auf der Berliner Werkbundtagung 1965 ausgeführt – nicht so ohne weiteres an jene Dinge glauben, »die nicht länger gegen die Menschen sich vermau-ern und dem diese keine Schande mehr antun«, weil doch »alles Nützliche in der Gesellschaft verstellt, verhext«[35] sei. Die theoretische Würdigung Kramers praktikabler Malerei hat er deshalb – noch im Traume – einem anderen überlassen, dem Redakteur der *Frankfurter Zeitung*: »Benno Reifenberg habe über die praktikable Malerei einen Aufsatz veröffentlicht unter dem Titel: ›Die Versöhnung mit dem Objekt‹.«[36]

Anmerkungen

1   It's raining new business – F. Kramer, Umbrella, Hrsg. K.-A. Heine und M. Lenz, Rodgau 1987.

2   F. Kramer, Die Wohnung für das Existenzminimum, in: Die Form 24/1929.

3   L. Kramer, Kontinuität und Weiterentwicklung im Exil, in: Ferdinand Kramer, Architektur und Design, Bauhaus-Archiv/ Museum für Gestaltung, Berlin 1982, S. 20.

4   Peter von Haselberg, zeitweilig Redakteur der Frankfurter Zeitung und Mitarbeiter des Instituts für Sozialforschung, im Gespräch mit dem Autor am 2.10.1990.

5   S. Kracauer, Werkbundausstellung ›Die Form‹, in: FZ, 29.7.1924. Neben seiner ausgewiesenen Film-, Literatur- und philosophischen Kritik hat Kracauer als Redakteur der ›Frankfurter Zeitung‹ auch eine Reihe von Texten zu Fragen der Architektur geschrieben, das Neue Bauen vorgestellt und kommentiert. So rezensierte er die Zeitschrift ›Das Neue Frankfurt‹ (FZ, 2.6.1928) und beschrieb das Haus von Stadtbaurat Ernst May in Frankfurt-Ginnheim (FZ, 19.9.1926). Nicht zuletzt in diesen Aufsätzen hat Kracauer seine ambivalente Haltung zur zeitgenössischen Gestaltung formuliert: »Sachlichkeit ist ästhetisch gefordert, weil sie die moderne Lebenswirklichkeit so unromantisch hinnimmt, wie sie sich gibt. Daß dieser Konstruktivismus nur ein Durchgangsweg zur erfüllteren Gestaltungen sein kann, muß nicht ausdrücklich erst gesagt werden.« (S. Kracauer, Das Heim des Architekten, in: FZ, 19.9.1926).

6   S. Kracauer, Werkbundausstellung ›Die Form‹, vgl. Anm. 5.

7   ebd.

8   ebd.

9   S. Kracauer, Zur Stuttgarter Werkbund-Ausstellung ›Die Wohnung‹, in: FZ, 31.7.1927.

10   S. Kracauer, Stuttgarter Kunst-Sommer, Werkbundausstellung ›Die Form‹, in: FZ, 10.7.1924.

11   F. Kramer, Täglich 18000 Stühle, in: FZ, April 1929.

12   Ferdinand Kramer versuchte vergeblich, Le Corbusier in Frankfurt Bauaufgaben zu verschaffen. Der Designhistoriker Christian Borngräber schreibt: »1928 hielt er [Le Corbusier] dort im Physikalischen Verein einen Vortrag über ›Die Ästhetik des flachen Daches‹. Im Anschluß daran versuchte Ferdinand Kramer ihm einen Siedlungsauftrag im Neuen Frankfurt zu vermitteln. Ernst May geht jedoch auf diesen Vorschlag nicht ein. Er befürchtet weitere Schwierigkeiten mit der Stadt; der Franzose ist ihm bei der Veränderung alter Wohngewohnheiten zu radikal. Mit Blick auf die Stuttgarter Weißenhof-Siedlung fragt May: wer soll denn in diesen Häusern wohnen?!« Vgl. Chr. Borngräber, Le Corbusier in Moskau, in: Rassegna 3/1979.

13   F. Kramer, Möbelingenieure und neue Wohnung, in: FZ, 6.4.1930.

14   E. Bloch, Briefe 1903–1975, Hrsg. K. Bloch u.a., Bd. 1, S. 309.

15   S. Kracauer, Möbel auf Reisen, in: FZ, 3.10.1931.

16   ebd.

17   ebd.

18   ebd. Der Text ›Möbel auf Reisen‹ folgte keineswegs kulturpessimistischen Diagno-sen. Für Kracauer allerdings war die »erbarmungslose Entzauberung« im Zeichen der Rationalisierung ein zweideutiger Prozeß; was er in seinem Aufsatz ›Ornament der Masse‹ ausgeführt hat. Der Kapitalismus »rationalisiert nicht zu viel, sondern zu wenig«, aber: »die Ratio des kapitalistischen Wirtschaftssystems ist nicht die Vernunft selbst, sondern die getrübte Vernunft.« (S. Kracauer, Ornament der Masse, Essays, Frankfurt/M 1963).

19   F. Kramer, Individuelle oder typisierte Möbel, in: Das Neue Frankfurt (DNF) 1/1928.

20   Die elektrische Römerstadt, in: Frankfurter General-Anzeiger 18.8.1928.

21   ebd.

22   I. Ehrenburg, über das dessauer bauhaus, in: FZ, 28.5.1927.

23   Kramer wurde am 6. September 1936 mit Berufsverbot belegt, seine Arbeiten hatte man 1937 in einer Ausstellung als »entartete Architektur« diffamiert.

24   Interview mit F. Kramer in Frankfurt am Main am 20.11.1978, in: Die Zwanziger Jahre des Deutschen Werkbunds, Deutscher Werkbund (Hrsg.), Werkbund-Archiv Bd. 10, Gießen, 1982.

25   ebd.

26   ebd.

27   A. Heilbut, Kultur ohne Heimat, Deutsche Emigranten in den USA nach 1930, Berlin 1987.

28   F. Kramer, In Amerika, in: Materealien, Hefte zur Gestaltung, 1/1986.

29   D. Sternberger, Im Gewimmel, in: Die Wandlung 2/1949.

30   M. Horkheimer, New Yorker Notizen 1945. Zur Architektur, in: Gesammelte Schriften Bd, 12, Frankfurt/M 1985, S. 307.

31   ebd.

32   F. Rau im Gespräch mit dem Autor, Dezember 1987.

33   G. Selle, Abschied von Ferdinand Kramer, Totenrede anläßlich der Trauerfeier für Ferdinand Kramer am 8.11.1985 in Frankfurt.

34   T. W. Adorno, Traumprotokolle, in: Ders., Gesammelte Schriften, Bd. 20,2, Frankfurt 1986, S. 277. Adorno stellte den Protokollen eine Notiz voran: »Die Traumprotokolle, aus einem umfangreichen Bestand ausgewählt, sind authentisch. Ich habe sie jeweils gleich beim Erwachen niedergeschrieben und für die Publikation nur die empfindlichsten sprachlichen Mängel korrigiert.« 19 Traumprotokolle hatte Adorno für ein geplantes, aber nicht erschienenes Buch zusammengestellt. Lediglich drei Protokolle waren zunächst in der Zeitung ›Aufbau‹ unter dem Titel ›Träume in Amerika‹ veröffentlicht worden. Das gesamte Typoskript aus dem Nachlaß wurde erstmals 1986 von Rolf Tiedemann herausgegeben.

35   T. W. Adorno, **Funktionalismus heute**, in: Ders., Ohne Leitbild, **Parva Aesthetica**, Frankfurt 1967, S. 123.

36   T. W. Adorno, Traumprotokolle, vgl. Anm. 34.

Biographie Ferdinand Kramer

1898	Carl August Friedrich Ferdinand Kramer geboren in Frankfurt (22.Januar). Vater: Gustav Kramer (1859-1928), Inhaber des namhaftesten Frankfurter Hutgeschäftes. Mutter: Anna Maria Kramer, geborene Leux (1868-1947)
1908–16	Oberrealschule in Frankfurt; Abitur
1916–18	Teilnahme am Ersten Weltkrieg, an der Front u.a. in Rußland und Frankreich
1919–22	Architekturstudium TU München (unter Theodor Fischer, Vorlesungen bei Wölfflin). Lebenserwerb beim Kulissenmaler Leo Pasetti (Falckenbergs Kammerspiele). Bekanntschaft mit Malern und Literaten, u.a. Ricarda Huch, Karl Wolfskehl, Willi Baumeister
1919	Einige Monate am Bauhaus Weimar. Vorzeitiger Weggang wegen der ihn nicht befriedigenden (noch nicht etablierten) Architektenausbildung. Bleibende Freundschaften u.a. mit Gerhard Marcks und Xanti Schawinsky
1920	Eintritt in den Deutschen Werkbund (DWB)
1922	Studienabschluß an der TU München mit dem Diplom
1923/24	Während der Inflation ohne Arbeit als Architekt. Beschäftigung mit Gebrauchsgerät, Entwurf des Blechofens

1924	Organisatorische Mitarbeit und Teilnahme an der vom DWB veranstalteten Ausstellung ›Die Form‹. Reise nach England und den Niederlanden (mit Lilly Reich).
1925	Spätsommer: Beginn der Arbeit am Hochbauamt Frankfurt/M unter Ernst May (1886-1970). Wohnsitz: Oppenheimerstraße 44, Frankfurt am Main-Sachsenhausen
1925	Erster Preis beim Wettbewerb für Hausrat-GmBH Möbel. Ruf an die Deutschen Werkstätten AG, Hellerau-Dresden (dem er nicht folgt)
1925/26	Privater Vertrag für die Produktion des gußeisernen ›Kramer-Ofens‹

Ferdinand Kramer, um 1924

1925	Ferdinand Kramer ist – wie er erst wenige Jahre vor seinem Tod vernimmt – im Gespräch als einer der Architekten der Weißenhofsiedlung in Stuttgart (Ausstellung ›Die Wohnung‹, 1927 veranstaltet durch den DWB). Schließlich statt eines eigenen Baues Einrichtung einiger Wohnungen, Bauleitung des ›Plattenhauses‹ von Ernst May
1926	Besucht und fotografiert die Siedlung Frugès in Pessac (bei Bordeaux) von Le Corbusier und Pierre Jeanneret (1927 von ihm in ›Stein, Holz, Eisen‹ publiziert)
1926–28	Dozent zu Fragen der ›funktionellen Architektur‹ an der Kunstschule Frankfurt/M (Direktor: Fritz Wichert)
1928	Besuch der Bauausstellung ›Novy Dum‹ in Brünn (Tschechoslowakei). In diesem Zusammenhang erster Besuch bei Adolf Loos in Wien
1928	Wettbewerb Budgeheim
1929	Einladung zur Teilnahme an der Ausstellung ›Der Stuhl‹, Gewerbemuseum Basel (Mai-Juni), die Ferdinand Kramer annimmt
1929	Mitarbeit an der Organisation des 2. CIAM-Kongresses in Frankfurt: »Die Wohnung für das Existenzminimum« (Oktober). Aus diesem Anlaß veranlaßt FK die erste deutschsprachige Publikation von Adolf Loos' Aufsatz »Ornament und Verbrechen« außerhalb Österreichs (Frankfurter Zeitung, 26.10.1929)
1930	Ruf wegen der Planung einer Universitätsstadt in Haiderabad, Indien. Erneutes Treffen mit Adolf Loos
1930	Erwägt eine Bewerbung als Baudirektor der Stadt Stuttgart (Februar). Heirat mit Beate Feith (Juni).
1930	Weggang namhafter Architekten in die Sowjetunion (u.a. mit der Gruppe um Ernst May). Kramer beendet seine Tätigkeit am Hochbauamt Frankfurt/M. Ab Juni selbständige Arbeit als Architekt, u.a. zahlreiche Wohnungsumbauten und -einrichtungen
1933	Oktober: Austritt aus dem DWB

1937	Ausschluß aus der Reichskammer der bildenden Künste, Verunglimpfung als ›entarteter‹ Architekt, Berufsverbot
1938	März: Emigration in die USA (New York)

Ferdinand Kramer: Atlantiküberquerung, undatiert (1938?)

1939	Arbeit im Atelier von Norman Bel Geddes und im Architekturbüro Kahn & Jacobs. Wohnsitz: 401 West End Ave., New York City
1939	Kontakt zum Institute for Social Research, mit dessen Mitgliedern er z. T. von Frankfurt her befreundet ist (Theodor Wiesengrund Adorno, Max Horkheimer, Leo Löwenthal)
1939	Planungsauftrag für den ›Freedom Pavilion‹, inoffizieller Beitrag eines demokratischen Deutschland an der New Yorker Weltausstellung 1939 (nicht zustandegekommen). Starkes Interesse für neuenglische ›Knockdown-Houses‹ (Balloon Frame-Konstruktion)
1940	Juli: Die University of the State of New York (SUNY) erteilt Kramer die Lizenz zur Berufsausübung als Architekt. September: Eintragung im Berufsregister
1943	Gründung der Products Marketing Corp. (mit Fred Gerstel, Paul M. Mazur). Büroadresse: 103 Park Avenue, New York City. Wohnadresse: Greyrock Park, Westchester County, NY
1945	›Naturalization‹ in den Vereinigten Staaten (14.März)
1946	Aufnahme durch das ›American Institute of Architects‹ als ›Member‹ (15.März)

Ulm 1950

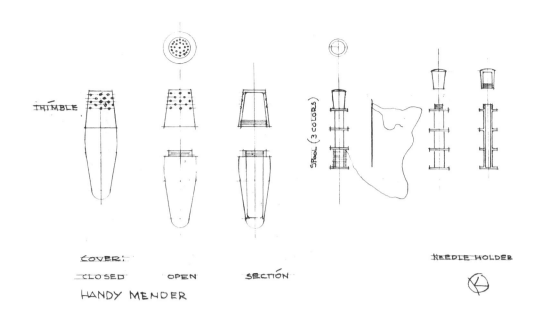

›Handy Mander‹, Werkzeichnung zu einem
Nähzeug, um 1945

1947	Reise nach Deutschland, um seine Mutter wiederzusehen, kommt aber erst kurz nach ihrem Tod an
1948–51	›Rainbelle‹
1952	September: Amtsantritt als Baudirektor der Johann-Wolfgang-Goethe-Universität, Frankfurt/M. Äußerst intensive Planungs- und Projektierungstätigkeit. Einrichtung einer Wohnung im Dachgeschoß des Hauptgebäudes der Universität
1953	Vorstellung des ›Generellen Bebauungs-plans‹ der Johann-Wolfgang-Goethe-Uni-versität (April). Leitbild der ›Campus‹-Uni-versität
1954	Erwägt Rückkehr in die USA, entschließt sich aber zum Bleiben in Frankfurt

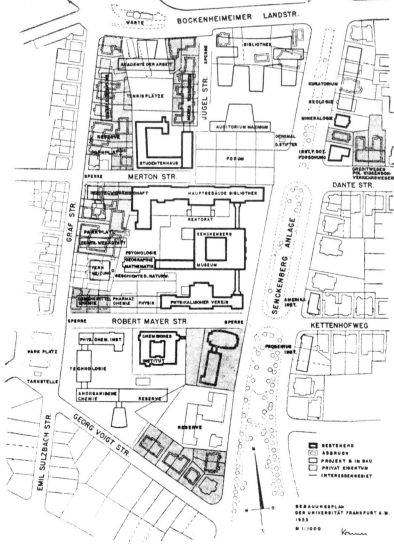

Erster Generalbebauungsplan der Johann-
Wolfgang-Goethe-Universität, Frank-
furt/M, April 1953

In der Stadt- und Universitätsbibliothek
Frankfurt/M, um 1965

Ferdinand Kramer in seinem Atelier an der
Schaubstraße, um 1980

1957	Verlust der US-Citizenship wegen ständigem Aufenthalt in seinem Geburtsland; Staatenlosigkeit; erhält Nansen-Paß
1957	Berufung als Direktor der Staatlichen Hochschule für bildende Künste, Hamburg (als Nachfolger von Gustav Hassenpflug). Lehnt nach langem Überlegen ab.
1958	Zum 60.Geburtstag Goetheplakette des Hessischen Kultusministeriums
1961	Heirat mit Lore Koehn, Schülerin u.a. von Gerhard Marcks und Otto Lindig, damals Dozentin für Keramik an der Werkkunstschule Offenbach. Geburt der Tochter Barbara
1963	Goethe-Medaille der Stadt Frankfurt. Geburt der Tochter Anna-Alexandra
1964	Pensionierung als Universitätsbaudirektor; Weiterführung der Berufstätigkeit als selbständiger Architekt. Führt den Bau der Stadt- und Universitätsbibliothek als selbständiger Architekt zu Ende
1968	Bau eines Mehrfamilienhauses an der Schaubstraße 12–14, Frankfurt/M, in dem er mit seiner Familie fortan wohnt
1970	Geburt der Tochter Katharina
1971	Erhält die US-Citizenship zurück; FK hat zwei Staatsangehörigkeiten
1981	Ehrendoktorate der Universität Stuttgart und der Technischen Universität München
1981	Wilhelm Leuschner-Medaille des Landes Hessen
1982/83	Ausstellung im Bauhaus-Archiv/Museum für Gestaltung Berlin (9.Dezember bis 23.Januar)
1985	Tod in seinem Heim nach schwerer Krankheit (4. November)

Tafelteil

1 ›Kramer-Stove‹; Adaptation des Kramer-
Ofens für die USA, 1943

2 ›Service Wagon‹, Servierboy, 1943

3 Klappstuhl aus dem ›Planks and Pegs‹-
Programm, 1943

4 ›Three-in-One‹-Möbel (Hocker – Tisch –
Regal), US-Design Patent 136694, 1943)

5 ›Lounge, Love Seat, Settee‹, Gartenmöbel
aus Zypressenholz, mit Kunststoffbespannung, 1943

6 ›Telephone Stand‹, Telefontischchen, 1945

7 ›Combination Furniture‹, Gästezimmer
zum Programm der Kombinationsmöbel,
1945

8 ›Combined Kitchen and Service Wagon‹,
Kombination Küche/Servierwagen, US-
Patent 2309513, 1941

9 ›Aluminum Chair‹, Freischwingerstuhl aus
Aluminium (angeblich entworfen für die
›World's Fair‹, New York 1939)

10 ›Folding Service Cart‹, Zusammenklappbarer Servierboy, 1945

11 ›Adjustable Chair‹, verstellbarer Armlehnstuhl, 1945

12 ›Chaise‹, verstellbare Liege, 1946

13 ›Folding Yacht and Lounge-Chair‹,
Klappsessel, 1947

14 ›Folding Yacht Chair‹, Klappsessel, 1947

15 ›Record Units‹, Schallplattenbehälter
aus Metall, 1948

16 ›Floor Lamp – 2 Reflectors‹, Stehleuchte
mit Aluminium-Doppelreflektoren, 1946

17 Stehleuchte (Deckenfluter), verstellbarer
Metallreflektor, Dreifuß mit Gummiunterla-
gen, höhenverstellbare Ablagefläche, 1946

18 ›Telescoping Platform‹, ausziehbares
Podest zur Ausstattung von Ladengeschäften, 1945

19 ›Vinylite Trays‹, Acrylglasbehälter zur
Ausstattung von Ladengeschäften, 1945

20 ›Display/Adjustable Shelf‹, flexibel eingehängte Behälter in Einbauregal (für
›Bloomingdale's‹), um 1945

21 ›Shelving for Oilcloth‹, Regal für Wachstuch, mit Schneidevorrichtung (für ›Bloomingdale's‹), 1946

22 ›Vizual Display: Fish Tackles‹, ›Vizual‹-
Ständer, Ausführung für Angelruten, 1947

23 ›Vizual Display: Shoes‹, ›Vizual‹-Ständer
für Schuhe, 1947

24 ›Vizual Display: Men's Hats‹, ›Vizual‹-
Ständer für Herrenhüte, 1947

25 ›Vizual Display: Dresses, Suits, Coats‹,
›Vizual‹-Kleiderständer mit gewendetem
Kopfstück, 1947

26 ›Rainbelle‹, Entwurfszeichnung zum
Regenschirm aus gefaltetem Kraftpapier,
1948

Es handelt sich bei den auf den folgenden
Seiten reproduzierten Zeichnungen um
Werkzeichnungen in Bleistift auf festes
Transparentpapier. Sämtliche Blätter stam-
men aus der amerikanischen Periode Kra-
mers.

Die Blätter sind in Originalgröße reprodu-
ziert, mit Ausnahme der Nr. 3, 6, 11, 16 und
20, deren Abbildung 90-95% der Originalgröße aufweist.

Die Blätter sind von Ferdinand Kramer —
vermutlich zu einem späten Zeitpunkt —
beschnitten worden und weisen Spuren von
Ausradierungen auf, die mit Sicherheit von
ihm herrühren. Auch sind in einzelnen Fällen
die Beschriftungen der Blätter von ihm
abgeändert worden, vermutlich im Zusammenhang mit dem nachträglichen Beschnitt.
Dies betrifft jedoch nur einzelne Blattbe-
zeichnungen am unteren Rand.

PATENT PENDING

Tafel 1

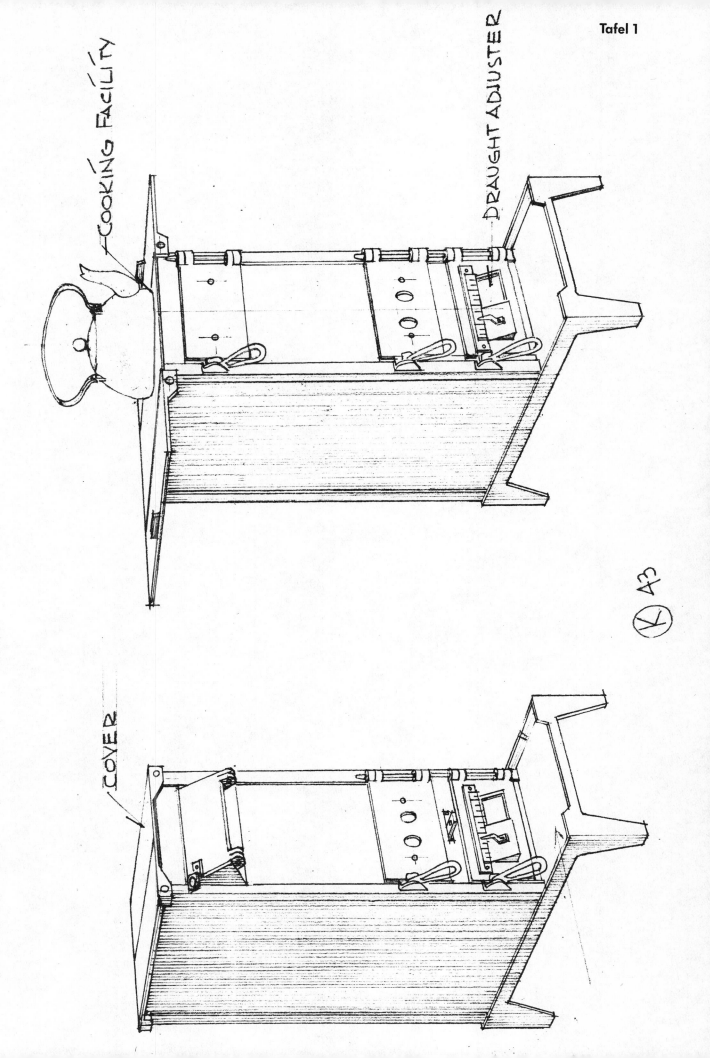

COOKING FACILITY

DRAUGHT ADJUSTER

COVER

A3

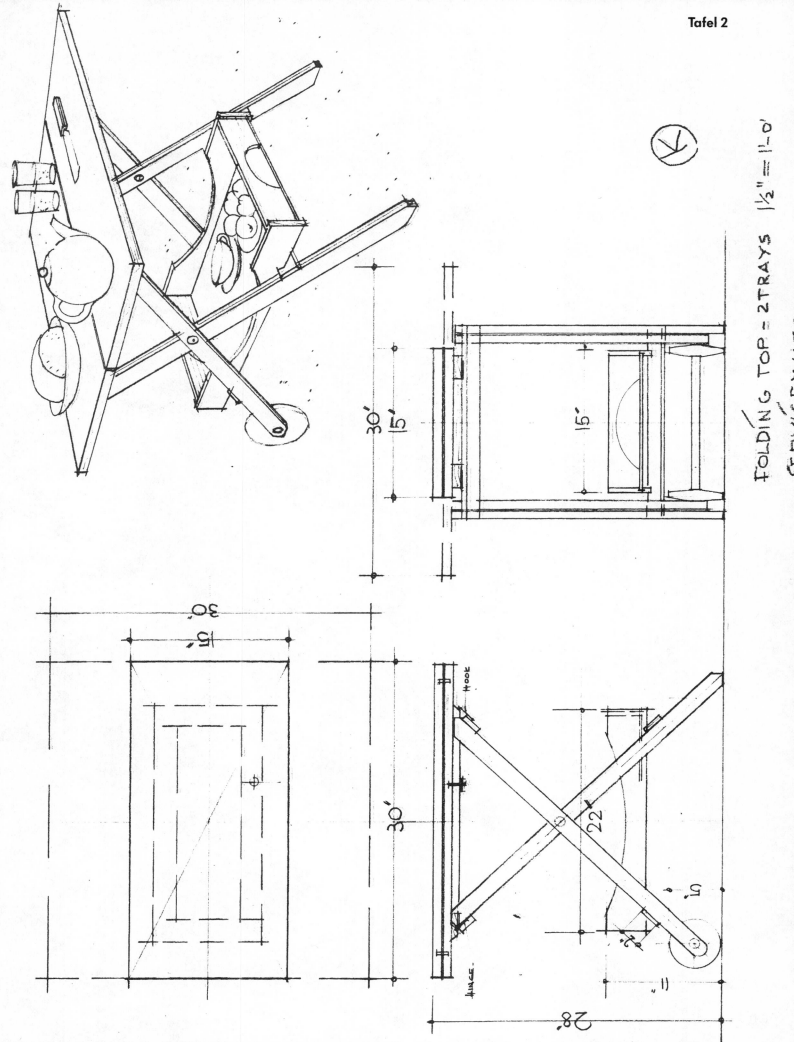

FOLDING TOP = 2 TRAYS   ½" = 1'-0'

SERVICE WAGON

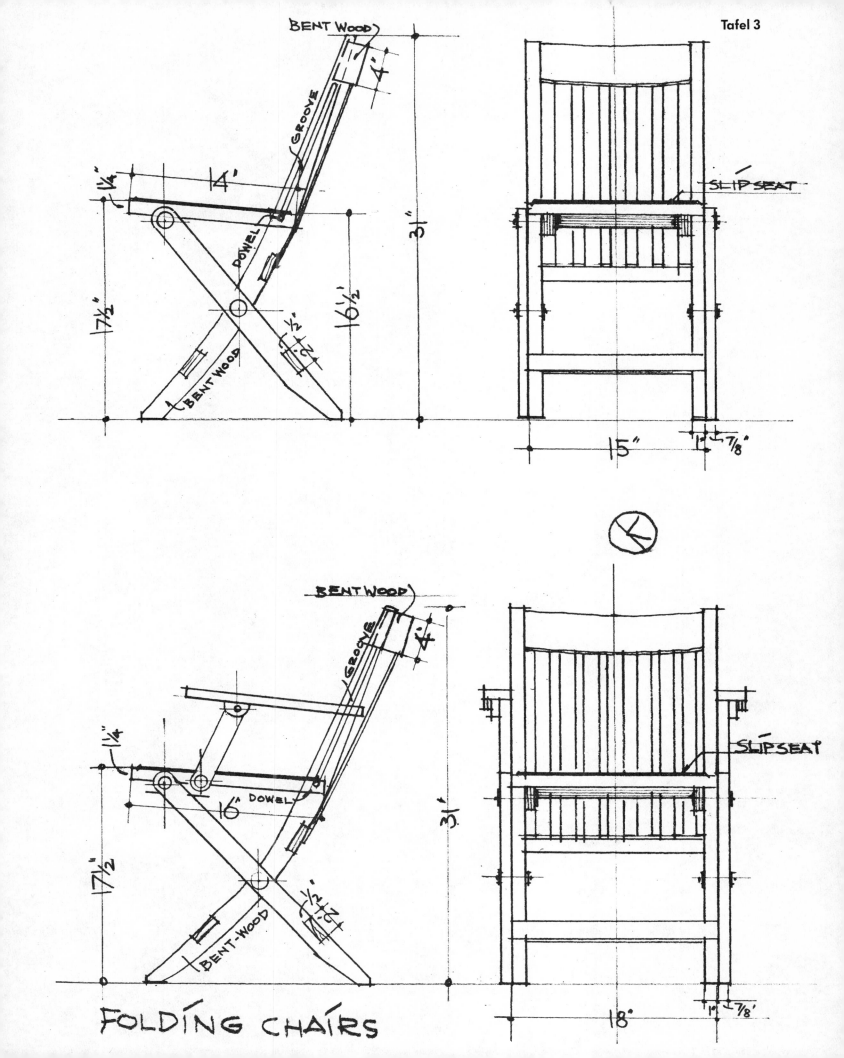

BENT WOOD)
GROOVE
4"
1¼"
14"
31"
7½"
16½"
DOWEL
½"
2"
BENT WOOD

SLIP SEAT
15"
1" 7/8"

BENTWOOD)
GROOVE
4"
1¼"
16" DOWEL
31"
7½"
½"
2"
BENT-WOOD

SLIP SEAT
18"
1" 7/8'

FOLDING CHAIRS

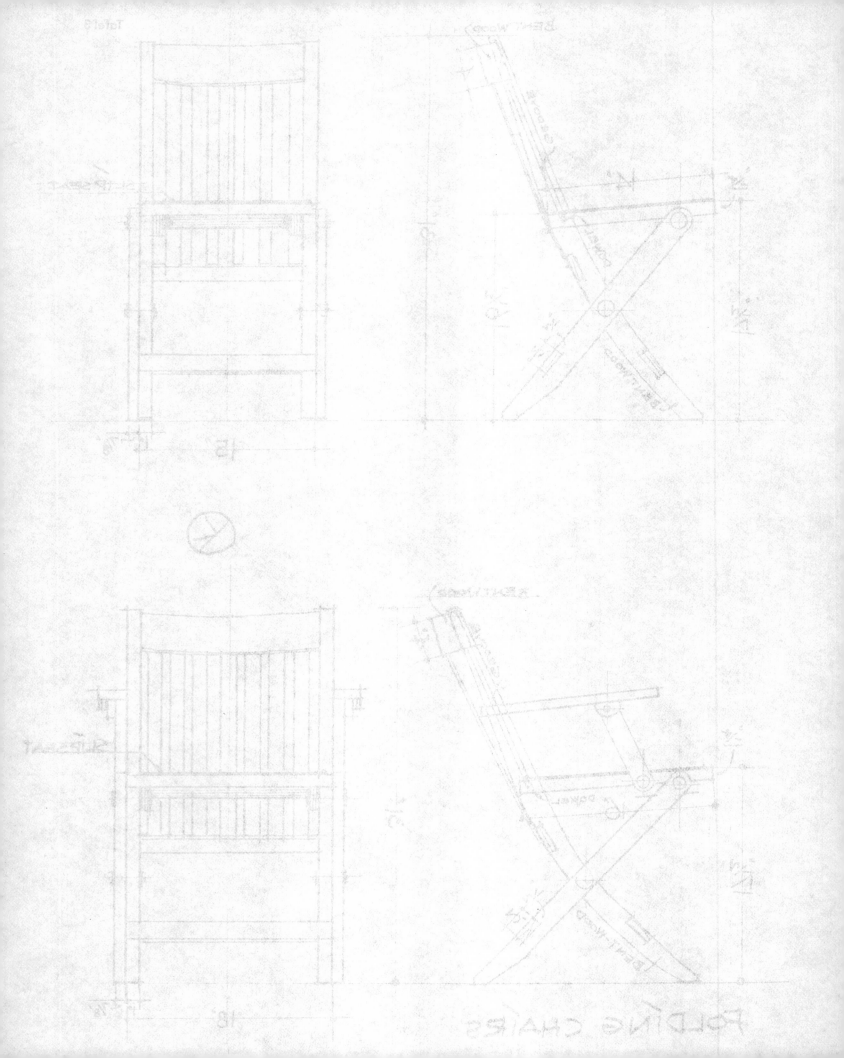

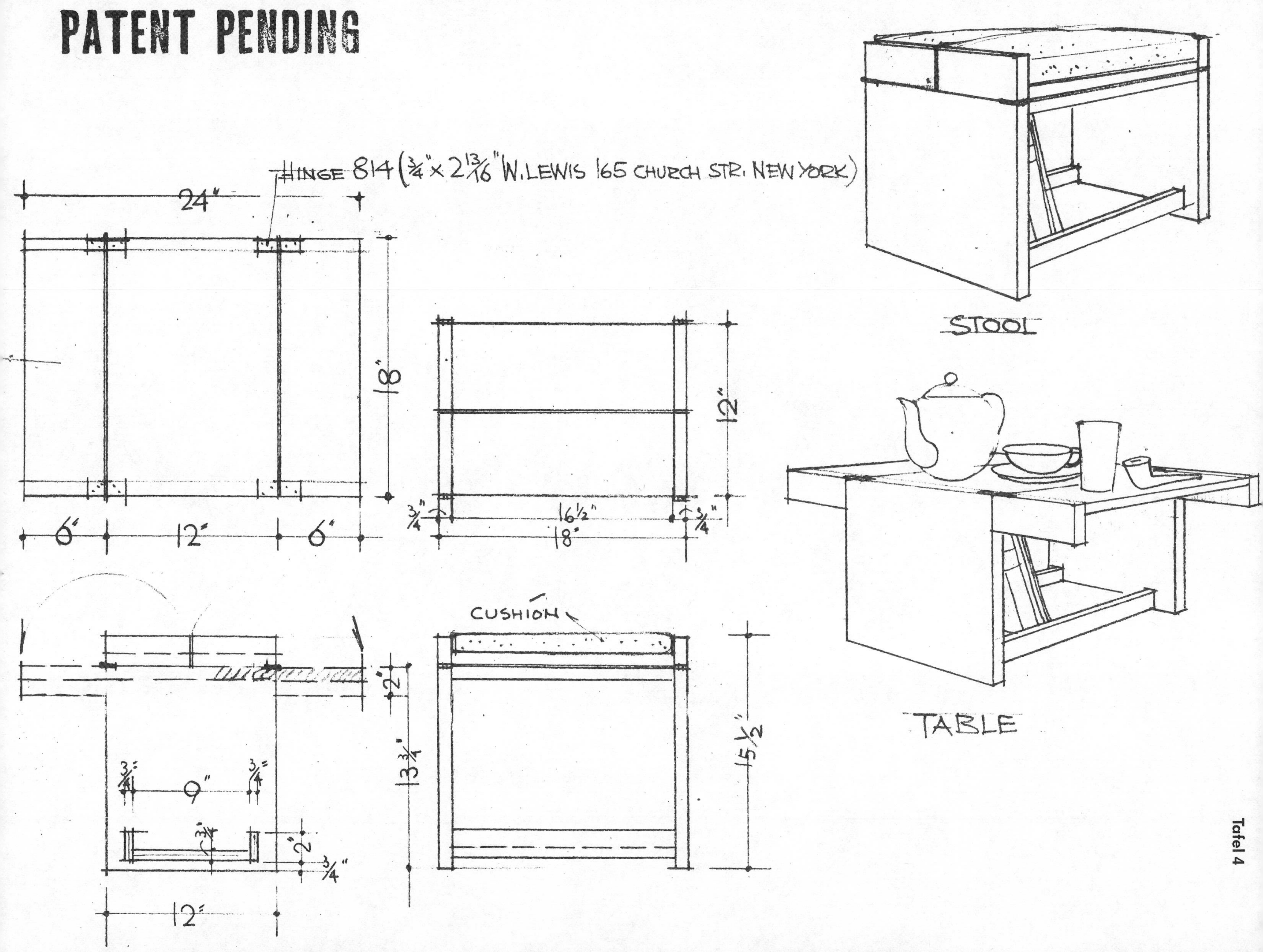

PATENT PENDING

STOOL

TABLE

HINGE 814 (¾" × 2¹³⁄₁₆" W. LEWIS 165 CHURCH STR, NEW YORK)

CUSHION

24"

18"

6"

6"

12"

12"

16½"

8"

¾"

15½"

13¾"

2"

9"

¾"

3½"

2"

3"

2"

¾"

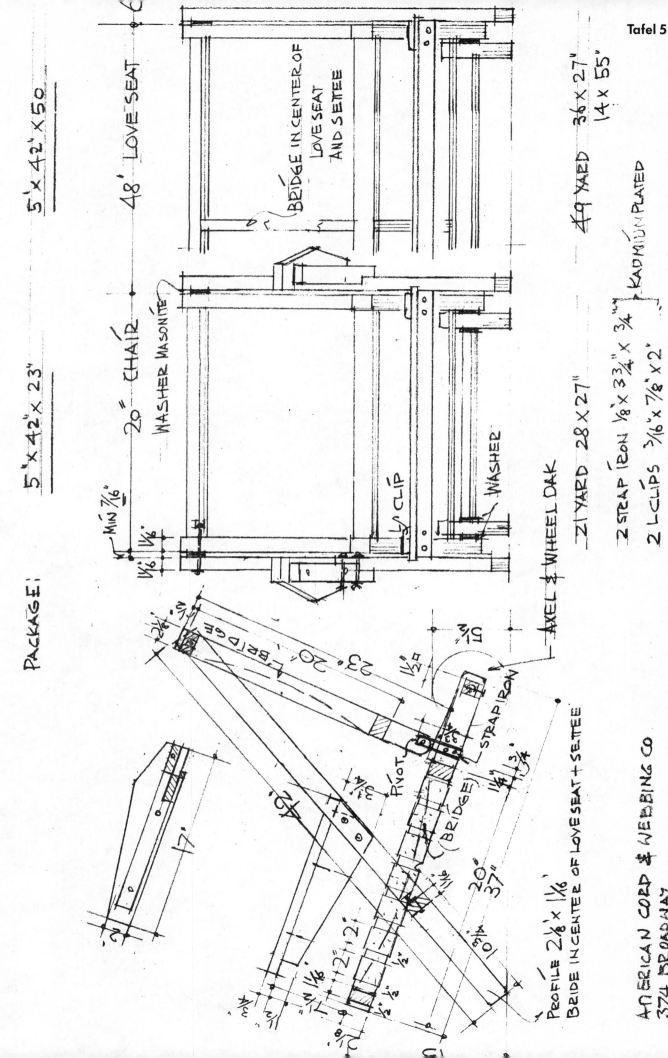

PACKAGE:

5' x 42' x 50

5' x 42' x 23'

48' LOVE SEAT

20" CHAIR

WASHER MASONITE

BRIDGE IN CENTER OF
LOVE SEAT
AND SETTEE

MIN 7/16"

1/16"   1/16"

1/16"

L CLIP

WASHER

AXEL & WHEEL OAK

21 YARD   28 x 27"

46 YARD   36 x 27"
14 x 55'

2 STRAP IRON 1/8' x 33/4" x 3/4" } KADMIUM PLATED
2 L CLIPS 3/16' x 7/8' x 2'
BOSTICH CLIPS

23'   20' BRIDGE

5/16

1 1/2"

STRAP IRON

PIVOT

(BRIDGE)

STRAP IRON

1 1/4"   3/4

17'

'2'

20"
37"

2 1/2   2"

1 1/16

PROFILE 2 1/8" x 1 1/16'
BRIDE IN CENTER OF LOVE SEAT + SETTEE

AMERICAN CORD & WEBBING CO
374 BROADWAY
TEL BEEKMAN 3-2326

BRIDGEPORT FABRICS, BRIDGEPORT, CONN.

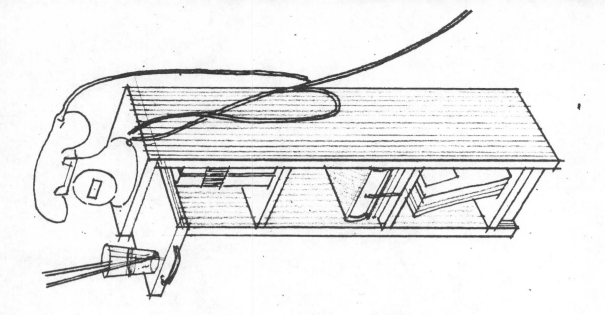

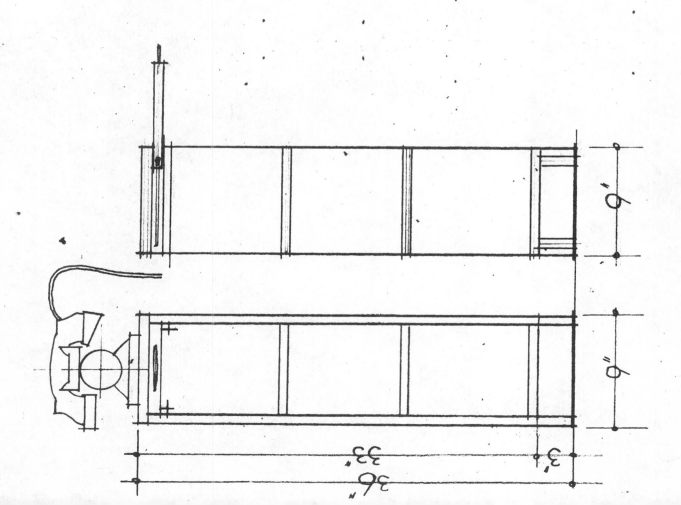

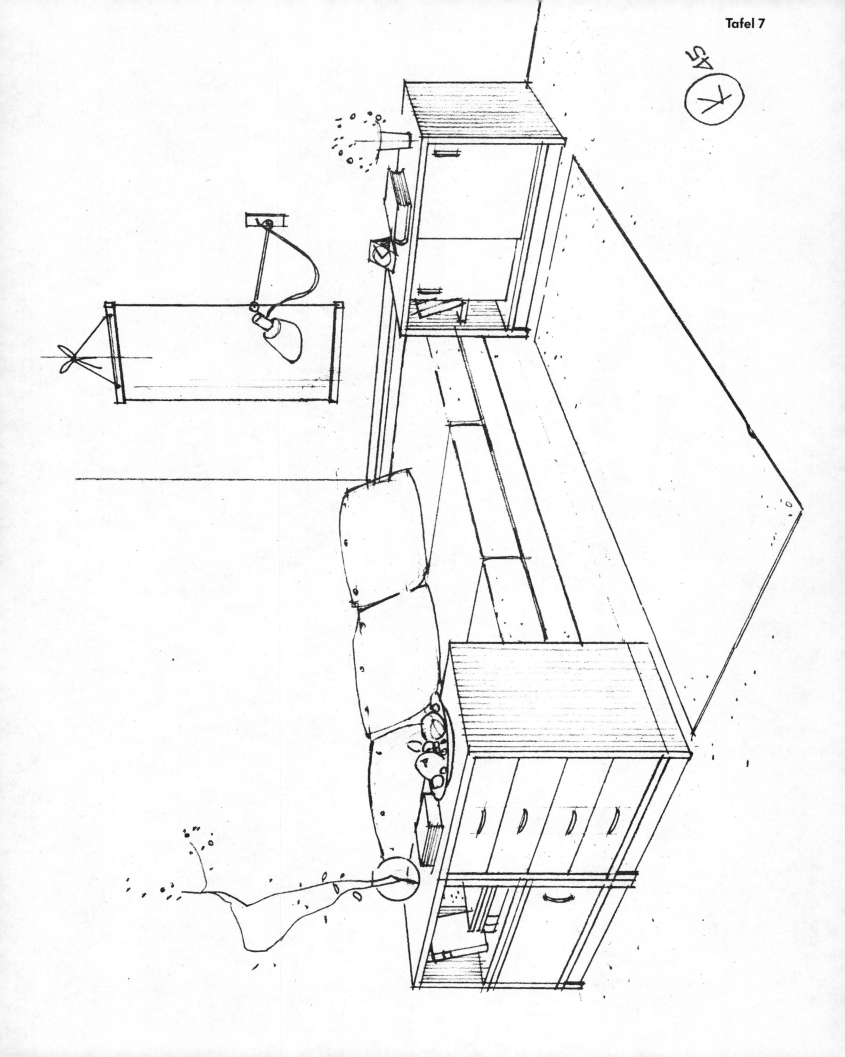

45

Werkkatalog

Ausgewählt und kommentiert von Claude Lichtenstein
Mitarbeit Barbara Hauß-Fitton

Die Adressen der ausgeführten Bauten sind in der Werkliste aufgeführt

Reisebüro der Hamburg-Amerika-Linie,
Frankfurt/M, Umbau und Einrichtung,
1924/25

Kramers früheste dokumentierte architektonische Arbeit ist das Reisebüro der Hamburg-Amerika-Linie beim Hotel ›Frankfurter Hof‹ in der Kaiserstraße, 1924 entstanden im Auftrag der Hapag und der Messegesellschaft (nicht erhalten).

Die Einrichtung war für das damalige Frankfurter Publikum höchst unkonventionell: profillose Theken, Bänke mit schwarzem Roßhaar bezogen, weiße Wände, die Beleuchtung aus aneinandergefügten Soffittenlampen, eine Uhr ohne Zahlen – das hatte man in Frankfurt am Main noch nicht gesehen. »Es gab einen Riesen-Skandal und Geschrei in der Zeitung, wodurch Ernst May auf mich aufmerksam wurde…« (F. Kramer, Interview, in: Die Zwanziger Jahre des Deutschen Werkbunds, Gießen 1982, S. 211)

1 2

1 + 2 Zwei Ansichten, um 1925

Ofen aus Schwarzblech,
›Schiffmannsofen‹, Kamingerät, Metallgerät, 1924

Kramer entwarf diese Gegenstände in einer Zeit ohne architektonische Aufträge. Er verkaufte sie im ›Haus Werkbund‹ der Frankfurter Internationalen Messe. 1924 wurden sie auch in der Werkbundausstellung ›Die Form‹ gezeigt, wo sie von Kritikern wie z.B. Siegfried Kracauer wegen ihrer sachlichen und

konstruktiven Haltung besonders hervorgehoben wurden. – Die Leitung der Ausstellung ›Die Form‹ lag in den Händen von Lilly Reich, Robert Schmidt und Ferdinand Kramer. Kramer entwarf auch das Plakat zur Ausstellung und den Umschlag des Ausstellungskatalogs.

»Es gab eine Zeit in Frankfurt, in der ich keinen Auftrag hatte. Ich arbeitete in einer Schreiner- und Schlosserwerkstatt und stellte Gegenstände des täglichen

1 2
3

1 ›Schiffmannsofen‹, Ofenkörper Schwarzblech, Füße und Aschenschale Messing.
Ausführung Emil Graf, Frankfurt/M

2 Ofen aus Schwarzblech

3 Kamingerät: Behälter (Messing), Zange,
Schaufel, Schürhaken (Messing und Eisen,
Griffe Ahornholz). Ausführung: Emil Graf,
Frankfurt/M

Bedarfs her, die auf dem Markt fehlten, zu verbessern waren oder formal der Generation ›Schmücke Dein Heim‹ angehörten. Unser Motto hieß damals ›Das Kunstgewerbe aus dem Kunstgewerbe herauswerfen‹, uns interessierte der Kochtopf, nicht die Vase! (...) Die wahrscheinlich nützlichsten Stücke meiner handgemachten Produkte waren meine Blechöfen, ein kleiner Schiffmannsofen, wie ich sie auf der Werft meines Großvaters gesehen hatte, und ein nicht verzierter, energiesparender ›Allesbrenner‹.« (F. Kramer, Geplant und gebaut

für das ›Existenzminimum‹, in: Basler Magazin 1978/2, S. 3.)

Der ›Schiffmannsofen‹ gehörte zur Einrichtung der Frankfurter Wohnung Lilly Reichs in der Fahrgasse.

4 6
5 7
  8

4–8 Metallgerät: Ausführung Emil Graf, Frankfurt/M:
Milchkanne (Kupfer), Wasserkanne (Messing), Kochtopf (Kupfer), Teekanne (Kupfer), Wasserkessel (Messing).

Typenmöbel für die Hausrat GmbH, 1925

Wettbewerb der Hausrat/Gemeinnützige Möbelversorgung für das Rhein-Main- und Lahngebiet GmbH, Frankfurt/M. Aufgabe: Entwurf von preiswerten Typenmöbeln für eine Dreizimmerwohnung (Küche, Schlaf- und Wohnzimmer). Ausschreibung am 27.7.1925 in der Frankfurter Zeitung, Abgabe der Entwürfe: 30.9.1925.

»Verlangt werden (…) Entwürfe (…), die sich für das Siedlungshaus, insbesondere die Wohnung des Arbeiters, des Beamten und Angestellten eignen, wobei besonderer Wert auf ruhige, gut proportionierte Möbelformen von einfacher Herstellungsart, die als Typenmöbel Verwendung finden können, gelegt wird.« (Wortlaut der Ausschreibung)

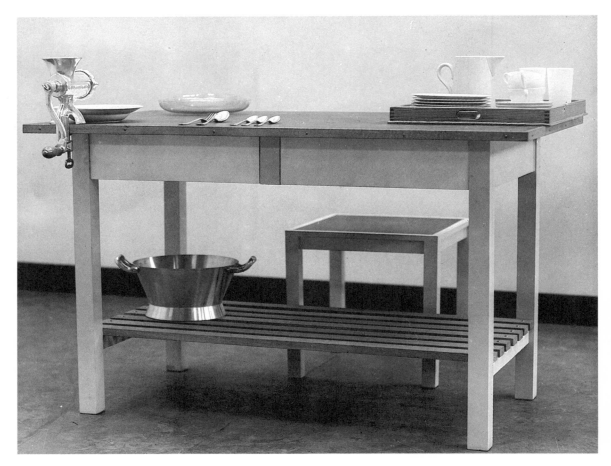

1
2 3
   4

1 Küchentisch. Holz, Emaillelack, Gestell grau, 2 Schubladen weiß, Tischplatte 130 x 75 cm mit Linoleumeinlage schwarz, Tischplattenleiste und Abstellrost Kiefer geölt bzw. Buche natur. Foto G. Leistikow

2 Anrichte mit Geschirrbord. Beplankung in Sperrholz, Rahmenwerk grau, Schubladen und Flügeltür weiß, Abdeckfläche Linoleumeinlage schwarz

3 Schrank mit Aufsatz. Holz, Beplankung in Sperrholz, Emaillelack, Rahmenwerk grau, Schubladen und Türen weiß, Abstellfläche Linoleumeinlage schwarz

4 Handtuchgestell. Holz, Emaillelack weiß. – Hocker. Holz, Emaillelack grau/weiß, Sitzfläche Linoleumeinlage schwarz

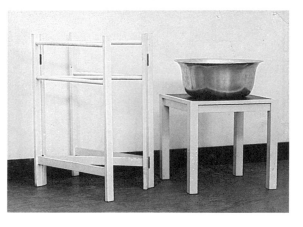

In einem Brief vom 2.11.1925 wird Kramer die Erteilung des ersten Preises (bei 52 Eingaben) mitgeteilt; Preisgeld 1000 Reichsmark. Die preisgekrönten Entwürfe wurden in der Zeitschrift ›Hausrat‹ (Organ des Verbandes der Gemeinnützigen Deutschen Hausratgesellschaften) veröffentlicht und im November 1925 im ›Haus Werkbund‹ fünf Tage lang ausgestellt.

Die Möbel wurden durch die Erwerbslosenzentrale der Stadt Frankfurt/M am Schönhof gefertigt und durch die ›Hausrat GmbH‹ vertrieben. Über die Stückzahlen liegen keine Angaben vor. Gegenüber untenstehenden Angaben wurden auch spätere, im Material und in den Maßen abweichende Varianten angeboten.

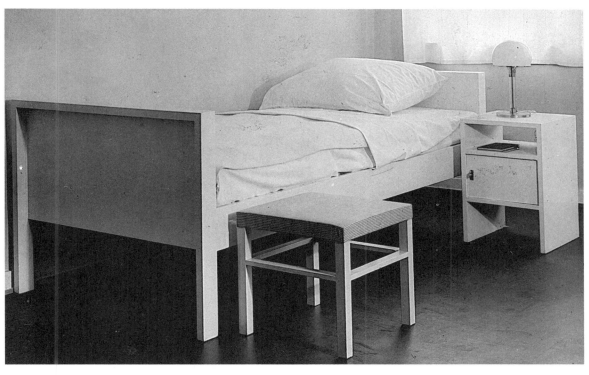

5
6 7

5 Bett. Holz, Emaillelack weiß, Größe 200 x 100 cm. Hocker. Holz, Emaillelack weiß, Sitz gepolstert und mit kariertem Bezug bespannt

6 Kleider- und Wäscheschrank. Holz, Beplankung Sperrholz, Emaillelack weiß, 130 cm breit, mit englischen Zügen und Einlegeböden, Flügeltüren

7 Nachttisch. Holz, Tischlerplatte, Emaillelack weiß, Platte mit weißer oder schwarzer Linoleumeinlage, Variante mit Schublade

8 9

10

11 12

8 Eßtisch. Eiche, Blatt 100x100cm, ausziehbar auf 180 cm. Stuhl. Eiche, Sitz und Lehne Rohrgeflecht oder Ledergurte, Rückenlehne angeschraubt. Foto G. Leistikow

9 Schreibtisch. Holz, Platte Linoleumeinlage weiß, 2 Schubladen. Foto P. Wolff. Hocker. Holz, Sitz Rohrgeflecht oder Ledergurte

10 Büffet. Holz, 3 Schubladen und 2 Flügeltüren. Foto P. Wolff

11 Bücherregal. Holz, 100 oder 150 cm hoch, kombinierbar mit Zeitschriftenregal, 100 oder 150cm hoch, Ablageflächen ausziehbar, Foto P. Wolff

12 Nähtisch. Holz, Platte Linoleumeinlage weiß, 1 Schublade. Foto P. Wolff

**Kindergarteneinrichtung Hallgartenstraße,
Frankfurt/M, 1925/26**

Ausführung durch die Erwerbslosenzentrale der Stadt Frankfurt/M. Gemäß Fritz Wichert, Direktor der neuen Kunstschule in Frankfurt, löste Kramer die Aufgabe zusammen mit der Möbelklasse der Kunstschule. Seit 1926 hatte Kramer einen Lehrauftrag in der dortigen Klasse für Innenarchitektur inne. »Farbenakkord: schwarz-grau-weiß. Schwarz das auf den Tischplatten

eingelegte Linoleum und vorkommende Greifleisten, weiß die Hauptflächen, grau das Rahmenwerk (...) Die Schränke meistens mit Schiebetüren, um Raum zu sparen, und unter weitgehender Ausnutzung der Vorteile des Sperrholzes konstruiert (...) Die Tische (...) lassen sich wie Bauklötze gruppieren und zu allen nur denkbaren Gebilden zusammenstellen. Alle Möbel sind lackiert und leicht abwaschbar.« (F. Wichert, Ein Städtischer Kindergarten, in: DNF 4/1927, S. 88)

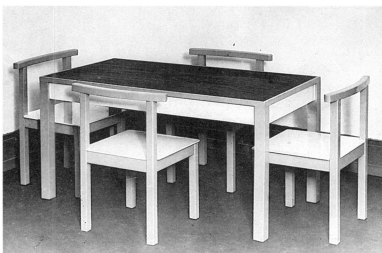

1 2
3
4 5

1 + 2 Spielzimmer des Kindergartens Hallgartenstraße

3 Kindertisch. Drei Größen, Holz, Emaillelack, Gestell grau, Zarge weiß, Tischblatt mit schwarzer Linoleumeinlage. **Kinderstuhl.** Verschiedene Größen, Holz, Emaillelack, Gestell grau, Sitzfläche weiß

4 Geschirrschrank. Sperrholz, Emaillelack, Rahmenwerk grau, Türen weiß, oben und unten Schiebetüren, Leisten der ausziehbaren Abstellflächen schwarz

5 Spielzeugschrank. Sperrholz, Emaillelack, Rahmenwerk grau, Schiebetüren weiß, Griffleisten schwarz, 2 Einlegeböden auf Zahnleisten

Fenster- und Türbeschläge, 1925–30

Diese Entwürfe Ferdinand Kramers sind während seiner Arbeit am Hochbauamt der Stadt Frankfurt/M entstanden. Die genaue Datierung der einzelnen Arbeiten ist nicht in allen Fällen möglich. Wahrscheinlich hat Kramer bereits vor seiner Anstellung im Frankfurter Baudezernat im Herbst 1925 Beschläge entwickelt. Den Vertrag mit der Firma Ernst Wagener schloß er erst im Jahr 1930 ab.

1 2
3

1 Sperrholztür mit Stahlzarge (Frankfurter Normen). Türblatt weiß lackiert, Zarge weiß oder schwarz lackiert

2 + 3 Türdrücker und Fensterbeschläge. Weißbronze massiv und Weißbronze mit Griffen aus Triolith, Hersteller: Ernst Wagener GmbH, Metallwarenfabrik Solingen

4 + 8 Türdrücker und Fensterolive (Frankfurter Normen). Weißbronze oder Eisen Schwarzlack gebrannt, Hersteller: Ernst Schönau GmbH, Frankfurt/M

5–7 Fensterolive und Türdrücker (Ernst Wagener). Der verkröpfte Türdrücker (6) wurde u.a. im Haus Erlenbach (1930) verwendet; der mit einfach gebogenem Hals (7) im Altersheim der Budge-Stiftung (1928/ 30).

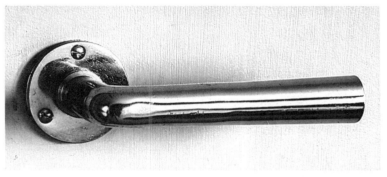

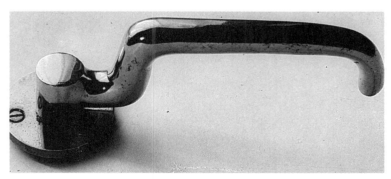

Kramer-Ofen, 1926

Mit diesem ›irischen Dauerbrandofen‹ gelang Ferdinand Kramer ein erstaunlicher Wurf. Als ›Allesbrenner‹ war er geeignet zur Verfeuerung verschiedenster Brennstoffe. ›Kramer-Ofen‹ war das beim Reichspatentamt eingetragene Markenzeichen. Er war der früheste nach fortschrittlichen gestalterischen Auffassungen entworfene Gußeisen-Ofen (Ornamentlosigkeit,

daher geringere Staubentwicklung; Kompaktheit). Zudem war er jener mit dem besten Wirkungsgrad. In unabhängigen Gutachten (von Prof. Kayser, Berlin, und Walter Curt Behrendt) wurde dem ›Kramer-Ofen‹ bescheinigt, die mit ihm erzielten Ergebnisse stellten »Grenzwerte des Erreichbaren« dar. Dies war das Resultat einer grundlegenden konstruktiven Neuerung. Der ›Kramer-Ofen‹ besaß eine ›Sturzzug-Vorrichtung‹, dank derer die heißen Gase im Ofeninnern nach unten geleitet und unten abgeführt wurden und dort ihre Hitze abgaben.

1

2 2 2

1 Frankfurter Register 3, Beilage in: DNF 3/1928

2 Ansichten des ›Kramer-Ofens‹. Zwei Größen, Ausführungen ›schwarz gewichst‹ oder ›emailliert‹

DAS FRANKFURTER REGISTER 3
KRAMER OFEN

GUSSEISERNER DAUERBRANDOFEN IRISCHER BAUART / AUSFÜHRUNG SCHWARZ EMAILLIERT, BESCHLÄGE VERNICKELT MIT STURZZUG, KOCHEINRICHTUNG UND AUFKLAPPBAREM DECKEL

NACH NEUEN GESICHTSPUNKTEN ENTWORFEN VON ARCHITEKT DIPL.-ING. F. KRAMER FRANKFURT AM MAIN

Kramer-Ofen Typ A		No.	1	2
Heizfläche	in qm		1,074	0,855
Mittlere Heizleistung	WE/st		3 600	2 800
Heizleistung ●	in cbm		180	140
Ganze Höhe	in cm		80	70
Körper-Breite	in cm		28	26
Körper-Tiefe	in cm		40	37,5
Fußstellung	in cm		31,5/43,5	28,5/40,0
Durchmesser des Rohrstutzens (außen unten)	in cm		12,5	12,5
Höhe bis Unterkante Rohrstutzen	in cm		64	54
Gewicht mit Verpackung	ca. kg		90	72

● Diese Angabe gilt nach den z. Zt. gültigen, von der Vereinigung deutscher Eisenofen Fabrikanten aufgestellten Richtlinien unter der Voraussetzung normaler Bauweise, bei einer Außentemperatur von +0°C für eine Raumsoll-Temperatur von +20°C

BURGER EISENWERKE G. M. B. H. BURG (DILLKREIS)
EISENWERKE HIRZENHAIN HUGO BUDERUS G. M. B. H.
HIRZENHAIN (OBERHESSEN)

Dadurch kam er ohne das charakteristische aufsteigende verzweigte Abzugrohr (Konvektor) aus und trat viel diskreter in Erscheinung als die üblichen Öfen.

Kramer hatte vertraglich geregelt, daß er auch bei einer Anstellung am Frankfurter Hochbauamt seine Entwicklungen unabhängig verwerten könne. Er schloß im Dezember 1926 einen Vertrag mit zwei Firmen, die den Ofen unabhängig voneinander produzierten: die Hugo Buderus GmbH in Hirzenhain/Hessen und die Burger Eisenwerke GmbH in Burg/Dillkreis. Seine Gewinnbeteiligung erstreckte sich nicht auf Öfen, die im Rahmen des Frankfurter Wohnungsbauprogramms verwendet wurden. Der Erfolg dieses Ofens verschaffte ihm bald über Hessen und Deutschland hinaus auch Anwendung im Ausland. Insgesamt sollen mehr als drei Millionen ›Kramer-Öfen‹ produziert worden sein.

STURZZUG ÖFEN	NO	1 1/2	2 1/2
GANZE HÖHE	MM	760	660
KÖRPERBREITE	MM	280	260
KÖRPERTIEFE	MM	400	375
HEIZFLÄCHE	QM	1,10	0,90
HEIZLEISTUNG BEI DAUERHEIZUNG	CBM	115	85
HEIZLEISTUNG BEI ZEITHEIZUNG	CBM	70	50
HEIZLEISTUNGS RICHTZAHL	CBM	85	60

IRISCHER DAUER BRANDÖFEN NO 1 1/2 – 2 1/2   KRAMEROFEN 1925

SCHNITT

ZULUFT

BURGER EISENHÜTTE & EISENWERKE HUGO BUDERUS

ARCHITEKT DIPL. ING. FERDINAND KRAMER

3
4 5

3 F. Kramer: Werkzeichnung (dat. 8.12.1935, Schablonenschrift nachträglich ergänzt)

4 ›Kramer-Ofen‹. Schnittbild

5 Inserat in ›Das Werk‹, 1929

Kachel=Oefen
Elektrische Oefen
Cheminées

Gustav Bodmer & Cie.
ZÜRICH / HOLBEINSTRASSE 22

**Großgarage der Frankfurter Automobil-
droschkengesellschaft, Frankfurt/M,
1926/27**

Die Zentralgarage in der Gutleutstraße war Ferdinand Kramers erster Neubau von großem Umfang. Der Eisenbetonskelettbau wurde im Auftrag des Städtischen Hochbauamts errichtet. Er enthielt Werkstätten, eine Lagerhalle,

Büros, Personalräume und eine Benzintankanlage im Hof. Beide Kopfbauten waren unterkellert. Die Fenster hatten Eisenrahmen und Kippflügel, eiserne Faltschiebetüren dienten als Garagentore.

In einer Beschreibung aus dem Jahr 1927 heißt es: »Beton, Eisen, Glas mit knappster Erscheinung des Technischen, ohne Verschönerungsabsicht, doch durch kräftige, großlinige Konstruktionseinfachheit einem modernen Zeitgefühl

**NEUBAU GROSSGARAGE GUTLEUTSTRASSE DER
FRANKFURTER AUTOMOBILDROSCHKENGESELLSCHAFT**

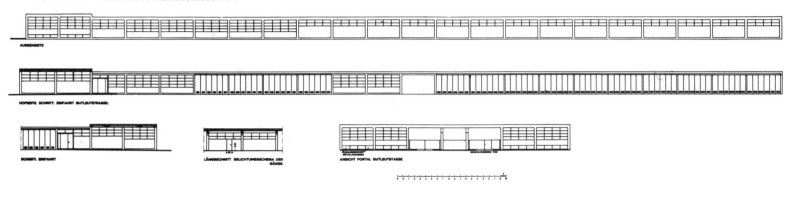

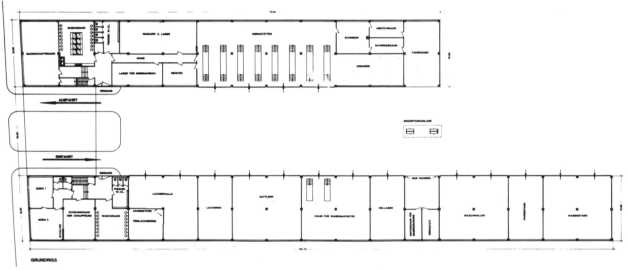

1
2

1 Grundriß, Aufriß und Schnitte.

2 Zapfsäulen, ziffernlose Uhr, Vertikal-
schiebeladen und Direktstrahler. Foto
H. Collischonn

166

für klare Gelenke und schnittige Eindeutigkeit entsprechend. Dabei trotz aller Betonform von guten Verhältnissen, für die das breitgelagerte Rechteckformat der Scheiben Verhältniseinheit ist.« (C.Z., Garage in Frankfurt a.M., in: Deutsche Bauhütte, 11/1927)

3
4
5 6

3 Straßenfront (Gutleutstraße) mit Ein- und Ausfahrt. Foto P. Wolff

4 Blick in die Durchfahrt. Foto H. Collischonn

5 + 6 Ansichten der Ein- und Ausfahrt. Foto H. Collischonn

Beleuchtungskörper, um 1927

Kramer entwarf für die Firmen Bünte & Remmler sowie Chr. Zimmermann eine Reihe von Decken- und Hängeleuchten in opakem Lusiataglas, die als Frankfurter Normen verkauft wurden. (Dabei war er Konkurrent und Kollege z.B. von Adolf Meyer und Christian Dell.) Die Fassungen der Gläser waren aus Messing, erhältlich in den Ausführungen poliert, brüniert oder vernickelt.

Sehr bezeichnend für Kramers Entwurfsauffassung ist auch die Kugelzugleuchte, die er patentieren ließ. Der Patentanspruch betrifft die Konstruktion und Form des Knaufs. Die Mechanik des Schnurrollers war nicht Gegenstand von Kramers Entwurf. Kramer gab dem Knauf die Form einer Kugel, die ihrerseits aus zwei miteinander (lösbar) verbundenen Halbkugeln bestand.

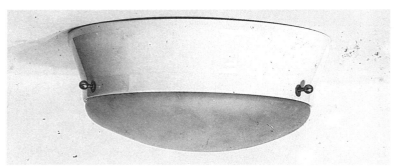

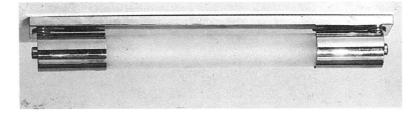

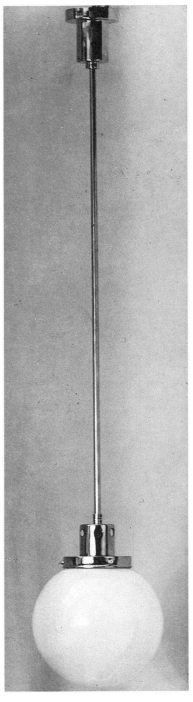

1   6 7
2
3
4
5

1 Deckenleuchte (B & R Nr. 02088; Zimmermann Nr. 03399)

2 Deckenleuchte (B & R Nr. 02104; Zimmermann Nr. 02853)

3 Deckenleuchte (B & R Nr. 02087; Zimmermann Nr. 04079)

4 Deckenleuchte (B & R)

5 Decken- und Wandleuchte (B & R Nr. 02561; Zimmermann Nr. 02619)

6 Hängeleuchte (B & R Nr. 01568; Zimmermann Nr. 02612)

7 Inserat Fa. Chr. Zimmermann, in: DNF 1/1928

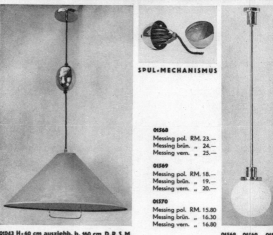

8 9 10
        11

8 Prospektblatt Fa. Bünte & Remmler

9 Kugelzuglampe ›Kramer‹ mit Lackpapierschirm (B & R Nr. 01043; Zimmermann Nr. 02913)

10 Konstruktion des Schnurrollenknaufs

11 F. Kramer: Werkzeichnung (o. D.)

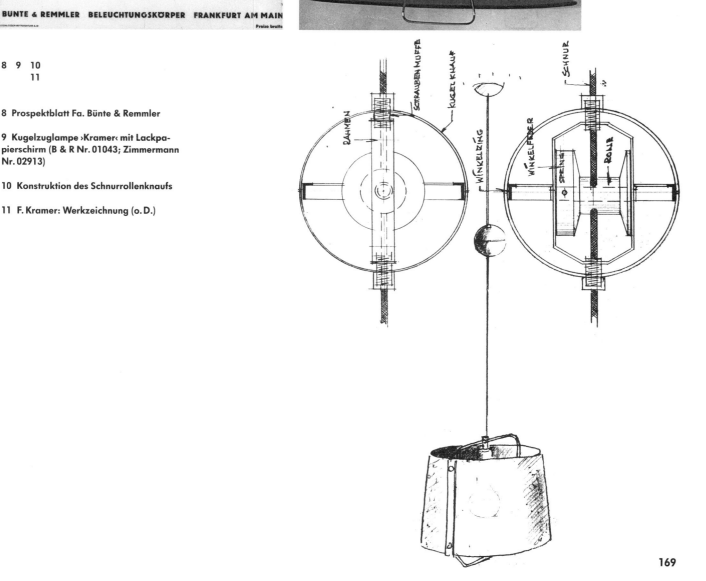

Kombinationsmöbel, 1928

Eine große Anzahl von Kramers Möbeln wurden vom Frankfurter Warenhaus Julius Obernzenner vertrieben. Im Gegensatz zu den ›Hausrat GmbH‹-Möbeln waren sie aus Massivholz gefertigt (größtenteils Nußbaum und Palisander) und entsprechend teurer.

Hinsichtlich ihrer ›Typologie‹ stehen diese Möbel fast ungebrochen in der Tradition (England, Biedermeier!). Z.B. war der Bücherschrank mit Glastüren damals in bürgerlichen Haushalten die übliche Art, Bücher aufzubewahren. Neuartig waren diese Möbel hingegen in ihrer vereinfachten Formensprache und mit Elementen wie z.B. Schiebetüren. Ungewöhnlich feingliedrig sind die Konstruktionsteile (Streben, Zargen usw.).

1 2
3 4 5
6

1 Büffet. Nußbaum mattiert, innen Gabun, Mittelteil 150 cm breit, 46 cm tief, Seitenteil 50 cm breit

2 Auszugtisch. Nußbaum mattiert, Platte 120 x 80 cm, 2 Auszüge. – Stuhl (mit und ohne Armlehne). Sitz mit Polster und Stoffbezug oder Rohrgeflecht

3 Schreibkommode. Nußbaum mattiert, innen Gabun, 110 cm breit, 120 cm hoch, Platte aufklappbar

4 Vitrine. 120 cm breit, 130 cm hoch, 2 verstellbare Böden

5 Bücherschrank. 150 cm breit, 170 cm hoch, Unterteil mit Schiebetüren, Oberteil mit 3 gläsernen Türen, verstellbare Regale

6 Schreibtisch. Platte 140 x70 cm, 2 Seitenschränke, links offen rechts mit englischen Zügen

7   8
9
10

7   Klapptisch mit drehbarer Platte. Zusammengeklappt 30 x 60 cm breit, aufgeklappt
60 x 60 cm, Drehwinkel 90 °. – Teetisch mit
Klappflügeln und 2 Schubladen, 55 x
40/90 cm. – Beistelltisch. Holz, Schleiflack,
35 x 50 cm

8 + 9 Sofa, Holzgestell und -füße, Rücken
und Sitz mit 6 Federkissen, 200 cm lang,
Bezug Leinenstoff. Analoge Ausführung als
Fauteuil

10   Anrichte, 90 cm breit, 45 cm tief, 2 Schubladen und 1 Boden

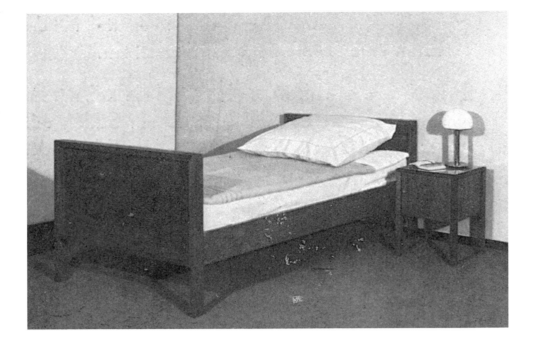

11
12

11 Bett. Nußbaum mattiert, lichte Größe
100 x 200 cm (Entwurf entspricht dem Typen-
bett der Hausrat GmbH). – Nachttisch.
Nußbaum mattiert, innen Gabun, Kristall-
glasplatte mit Stoffunterlage oder Opak-
glasplatte

12 Kleiderschrank. Nußbaum mattiert,
innen Gabun, eintürig 65 cm breit, zweitürig
130 cm breit, kombinierbar mit: Wäscheschrank. Nußbaum mattiert, innen Gabun,
65 cm breit, mit 5 ausziehbaren Böden im
Oberteil und/oder mit 5 englischen Zügen
im Unterteil

**Werkbundausstellung ›Die Wohnung‹,
Stuttgart, Weißenhofsiedlung, 1927**

Erst in den sechziger Jahren erfuhr Kramer, daß bereits 1925 durch die Organisatoren der Werkbundausstellung ›Die Wohnung‹ in Stuttgart erwogen wurde, ihn zum Bau eines Hauses in der Weißenhofsiedlung (1927) einzuladen. Dazu kam es zwar schließlich nicht, aber Kramer erhielt den Auftrag, einige

Inneneinrichtungen in Stuttgart-Weißenhof auszuführen: zwei Wohnungen im Block Mies van der Rohes, ein Reihenhaus von Oud und das Frankfurter ›Plattenhaus‹ auf dem Experimentiergelände. Er verwendete dafür größtenteils eigene Möbel von der Hausrat-GmbH und von Obernzenner. Überdies hatte Kramer als Bauleiter des Plattenhauses von Ernst May die Aufgabe, das sogenannte Frankfurter Montageverfahren der Öffentlichkeit vorzustellen.

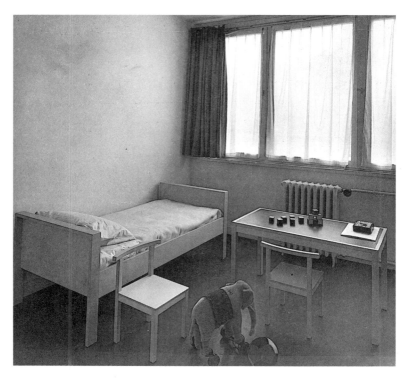

1
2 3

1 Kinderzimmer im Wohnblock Mies van der Rohes. Bett, Kindertisch und -stühle aus Holz, Emaillelack grau/weiß, Tischplatte mit Linoleumeinlage schwarz, Deckenleuchte

2 Eßzimmer im Wohnblock Mies van der Rohes. Auszugtisch und Beistelltisch (mit dreh- und klappbarer Platte) in Nußbaum, Stühle und Hocker Nußbaum mit Rohrgeflecht, Polstersessel, Kugelzuglampe mit Schnurroller

3 Wohnraum im Reihenhaus Nr. 9 von J.J.P. Oud. Auszugtisch Rüsterholz, Stühle und Liege Rüsterholz und Ledergeflecht, Kugelzuglampe mit Schnurroller, Beistelltisch

Möbel für die Firma Gebrüder Thonet AG,
um 1927–1930

Um 1928 bereiste Kramer die Tschechoslowakei und Österreich und suchte unter anderem die Werke der Firma Thonet auf. Fasziniert von der massenhaften Produktion guter und preiswerter Sitzmöbel, schrieb Kramer den Artikel ›Täglich 18 000 Stühle‹ (unter anderem in ›Die Form‹ 1929, S. 206–209

publiziert). Damals stand er bereits als Berater in Verbindung mit Thonet.

Der Thonet-›Kramerstuhl‹ entstand im Zusammenhang mit dem Berufspädagogischen Institut der Stadt Frankfurt (Architekt Max Cetto), mit dessen Einrichtung Kramer befaßt war. Er wurde unter der Bezeichnung B 403 (ohne Armlehne) und B 403 F (mit Armlehne) gefertigt. Er war erhältlich in den Ausführungen naturfarben gebohnt oder schwarz lackiert.

1

1 ›Kramerstuhl‹, Modell Thonet B 403. Sitz und Rückenlehne Sperrholz, Füße Bugholz, dunkel gebeizt, klar lackiert

Wenig später entwarf Kramer für Thonet den kombinierbaren Kleider- und Wäscheschrank aus Sperrholz, außen schwarz mattiert, innen naturfarbig gebohnt, mit variabler Innenausstattung (Höhe 180 oder 185 cm, Breite 60 cm, Tiefe 50 oder 55 cm). Von Kramer stammt auch der Bücherschrank B 116 go, Sperrholz, außen schwarz mattiert, innen naturfarbig gebohnt, Höhe 180 cm, Breite 100 cm, Tiefe 30 cm.

Kramer erwähnte überdies ein Frankfurter Verkaufsgeschäft von Thonet AG in der Kaiserstraße, das er 1929 zusammen mit Mart Stam eingerichtet habe. Leider haben sich davon im Nachlaß Kramers keine Dokumente erhalten.

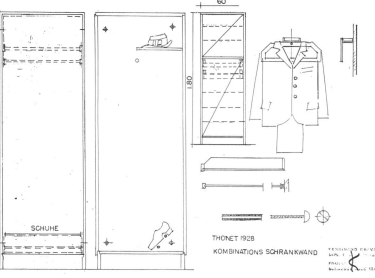

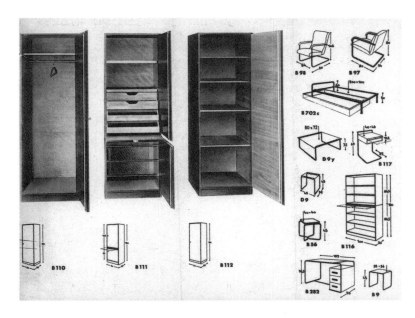

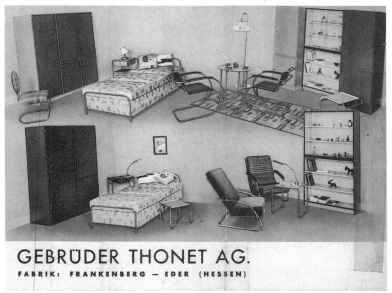

2 3
4 5

2 Prospektblatt Fa. Thonet o. J. Kleider-Wäsche-Schrank Modell B 111 und B 110

3 F. Kramer: Schnittzeichnung Thonet Kleider-Wäsche-Schrank (nach 1950 gezeichnet)

4 + 5 Werbebroschüre Gebr. Thonet AG, o. J. Mit Stahlrohrmöbeln, Kramers Kombinationsschrank B 110–113 und Kramers Bücherschrank B 116

Zusammenklappbares Tellergestell, 1927

Als Zeitangabe für diese Arbeit nennt Ferdinand Kramer das Jahr 1927. Als Hersteller wird die Firma Lämmle AG Eisenmöbelfabrik in Stuttgart-Zuffenhausen genannt, die bekannt war u.a. für Spitalmobiliar aus Metall; möglicherweise steht der Entwurf in Zusammenhang mit der Ausstellung ›Die Wohnung‹ in der Weißenhofsiedlung. Er ist abgebildet in ›Die Mitarbeit des Künstlers am industriellen Erzeugnis‹, in: Die Form 8/1930, S. 200. Es ist indessen nicht erwiesen, daß der Gegenstand in großer Zahl hergestellt wurde. 1941 meldete Kramer ihn in den USA zum Patent an. Er wurde aber nicht seriell produziert. Gemäß Beate Kramer stellt das Tellergestell die Weiterentwicklung eines Einrichtungsstücks dar, das Kramer von England her bekannt war. Der Patentanspruch betraf in erster Linie die Lösungen, dank deren die kreisrunden Tellerhalter und das Dreibein platzsparend zusammengelegt werden konnten.

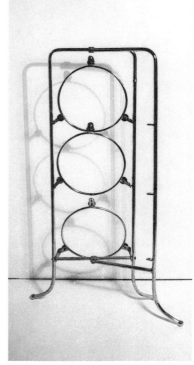

1 2
   3

1 Tellergestell, zusammenklappbar (US-Patent Nr. 2, 227, 358; 29. Sept. 1942). Aufnahme vor dem Krieg. Foto P. Wolff

2 Tellergestell, zusammengeklappt. Foto C. Lichtenstein

3 F. Kramer: Zeichnung des Tellergestells, datiert 1927, vermutlich aber nach 1952 angefertigt

**Einrichtung Bügelklasse und Schneiderei,
Berufspädagogisches Institut, Frankfurt/M,
1929**

Das Berufspädagogische Institut der Stadt Frankfurt war als Berufsschule gemäß einer praxis-orientierten Ausbildung der Schüler ausgestattet. ›Das

Neue Frankfurt‹ berichtete im Januar 1929 über einen neuen Anbau vom Architekten Max Cetto mit Lehrküche von Grete Schütte-Lihotzky. Möglicherweise standen Ferdinand Kramers Einrichtungen im Zusammenhang mit der neuen Ausstattung des Instituts. Der berühmte ›Kramer-Stuhl‹ von Thonet wurde angeblich für die Einrichtung der Schneiderklasse entworfen.

1
2

1 Bügelklasse

2 Ferdinand Kramer: Lesetisch, Stahlrohr-gestell mit Holzplatte und -ablage, aufklappbar für Lesestellung. Abb. in: L. Neun-dörfer, So wollen wir wohnen, o.J. [1931], S. 161.

**Entwurf Montessori-Kinderhaus, Nußallee,
Frankfurt/M, 1928**

Kramer entwarf im Auftrag der Stadt Frankfurt ein Kinderhaus, dem die reformpädagogischen Vorstellungen Maria Montessoris zugrundelagen (Anleitung zum selbständigen Spielen und eigenverantwortlichen Handeln). Im Erdgeschoß, dem ein versenkter Hof vorgelagert sein sollte, waren drei ›Zellen‹ (Gruppen) vorgesehen. Das Obergeschoß, erreichbar über einen Laufgang

von der Straße her, war für Altstadtkinder gedacht, die auf der großen Terrasse einen Ausgleich für die fehlende Sonne zuhause finden sollten. Kramers Entwurf zeichnet sich durch große Klarheit aus (Rastermaß 3,5 x 3,5m). Es ist nicht bekannt, warum das Projekt nicht ausgeführt wurde.

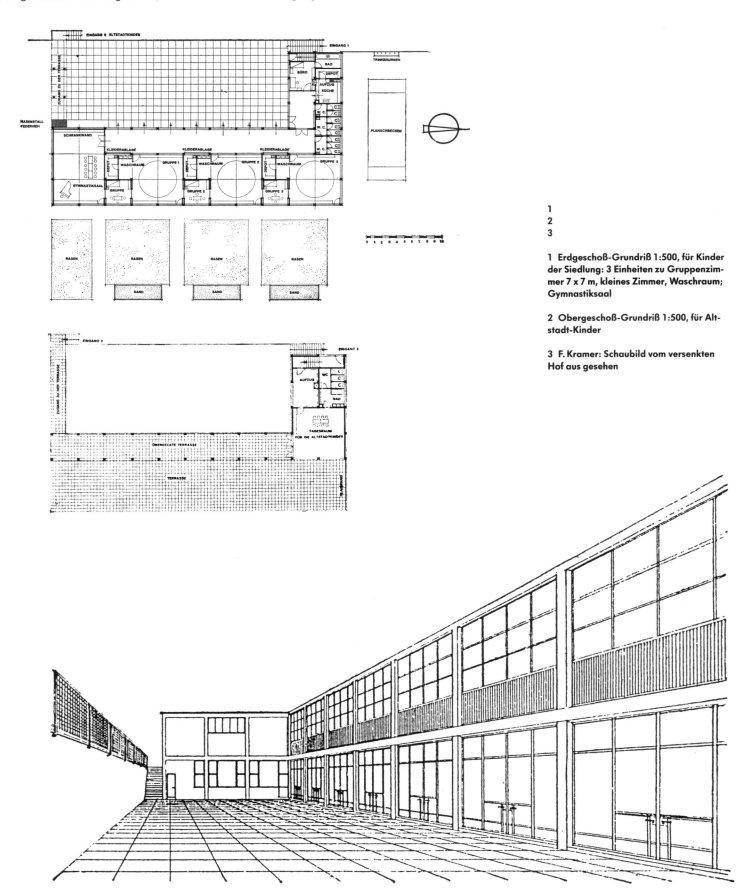

1
2
3

1 Erdgeschoß-Grundriß 1:500, für Kinder der Siedlung: 3 Einheiten zu Gruppenzimmer 7 x 7 m, kleines Zimmer, Waschraum; Gymnastiksaal

2 Obergeschoß-Grundriß 1:500, für Altstadt-Kinder

3 F. Kramer: Schaubild vom versenkten Hof aus gesehen

**Einrichtung eines Kindergartens, Bruchfeld-
straße, Frankfurt/M, 1928**

Der Städtische Kindergarten und die Kinderkrippe waren Bestandteil des
Gemeinschaftshauses in der May-Siedlung Bruchfeldstraße (im Volksmund
›Zickzackhausen‹ genannt). Kramer richtete Spiel- und Schlafsäle, Gruppen-
zimmer, Gymnastikraum, Bade- und Waschraum, Küche, Kinderbibliothek,

Büroräume und ärztliche Untersuchungszimmer ein. Die Kindermöbel
entsprachen denen des Kindergartens Hallgartenstraße. Dazu kam der
kreisrunde Speisetisch für Kleinkinder (abgebildet auch bei A. Schwab, Das
Buch vom Bauen, Berlin 1930) und die stapelbaren Kinderliegen aus Aluminium
und Segeltuch.

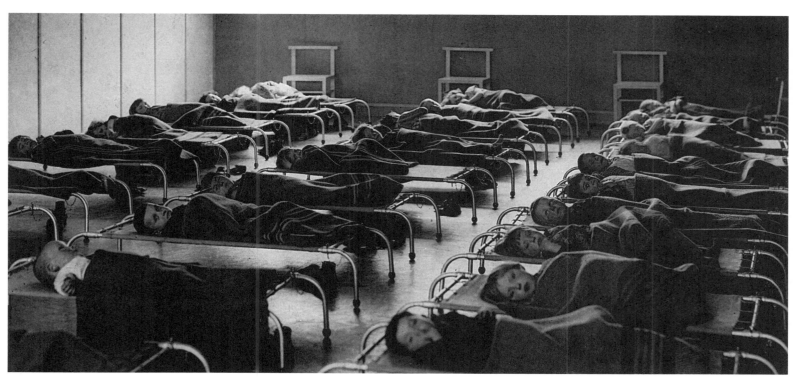

1
2 3 4

1 Liegeraum mit Aluminium-Liegen. Foto
P. Wolff

2 Speisetisch für Kleinkinder. Foto P. Wolff

3 Tisch mit Stühlchen. Foto P. Wolff

4 Dachterrasse des Kindergartens

**Alterswohnheim der Budge-Stiftung,
Frankfurt/M, 1928–1930**

Gemeinschaftsarbeit von Mart Stam, Werner M. Moser und Ferdinand Kramer,
hervorgegangen aus einem 1928 durchgeführten Wettbewerb (1. Preis). Henry
und Emma Budge waren Deutsch-Amerikaner, mit deren finanzieller
Unterstützung die Stadt Frankfurt den Bau realisierte. Erika Habermann, als

Mitbeteiligte am Entwurf erwähnt (DNF 10/1928/, S. 191–194), war Gold-
schmiedin, eine Bekannte von Kramer. – Die H-förmige Anlage war die
Weiterentwicklung eines T-förmigen Altersheim-Entwurfs von Moser für Zürich
(vgl. S. Giedion: Une maison de retraite pour vieillards à Francfort s. Main, in:
Cahiers d'Art 6/1930, S. 322). Der Entwurf wurde in Kramers Wohnung an der
Oppenheimerstraße 44 aufgezeichnet. Aus juristischen Gründen (Stam und
Moser waren zum Zeitpunkt der Ausschreibung noch nicht in Frankfurt ansässig)

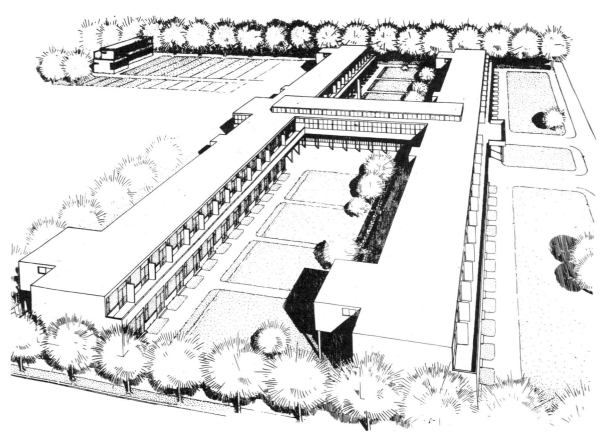

1
3 2

1 Budgeheim, Wettbewerbsentwurf, 1928;
Schaubild

2 Wettbewerbsentwurf, Grundrisse von
Erd- und Obergeschoß

3 Flugaufnahme. Die vier zweigeschossigen Wohnflügel waren in Mauerwerksbau-
weise erstellt, der dreischiffige Mittelbau in
Stahlskelettbauweise (Flexibilität)

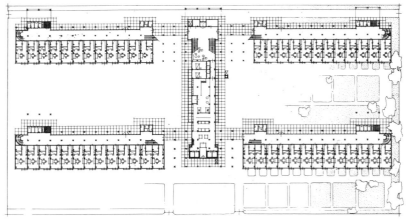

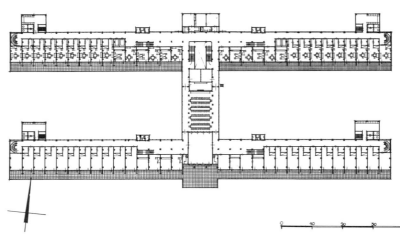

wurde dem Projekt die Auszeichnung abgesprochen. Ernst May setzte daraufhin wegen seiner Qualitäten durch, daß es dennoch gebaut werde. An der Bauausführung war Kramer nur noch am Rande beteiligt. – Das Bauvorhaben entstand vor dem Hintergrund, alten Menschen des bürgerlichen Mittelstandes ein komfortables und neuzeitliches Heim zu geben und geräumige Altbauwohnungen für kinderreiche Familien zu gewinnen. »Wir wollten kein Altersheim im bisher üblichen Sinne, keine Kasernierung alter Menschen und keine entwürdigende Bevormundung, sondern ein kollektiv bewirtschaftetes Rentnerhotel (…) Eine klare und übersichtliche Planung sollte das oftmals behinderte Seh- und Orientierungsvermögen alter Menschen erleichtern.« (F. und L. Kramer, Kollektiv – die Entstehung des Budgeheims, in: Archithese 2/1980, S. 15.)

4 6
5 7

4 Nordostflügel mit Angestelltenhaus, frühmorgens. Das Heim umfaßte 94 Einzimmerwohnungen und 6 Zweizimmerwohnungen für Ehepaare; die Insassen benutzten grundsätzlich ihre eigenen Möbel. Foto H. Reeck

5 Eßraum im Obergeschoß. Durch schwenkbare, an den Stützen befestigte Leichtwände konnte der Raum verschieden aufgeteilt werden. Foto H. Reeck

6 Eingangshalle mit Treppe zum Obergeschoß. Foto H. Reeck

7 Gartenzimmer (Rauchzimmer). Möbel von Gebrüder Thonet AG. Foto H. Reeck

**Minimaltreppe, Sitzbadewanne, Wasch-
becken, um 1928**

Die Idee der raumsparenden Sitzbadewanne stammt angeblich von Ferdinand Kramer. In seinem Nachlaß befindet sich allerdings keine Patentschrift dazu. Die vorliegende Sitzbadewanne war ein Serienprodukt, Bestandteil der Frankfurter Normen. Hersteller: Eisenwerke Hirzenhain Hugo Buderus GmbH, Vertrieb: Bamberger, Leroi & Co.

Die Sitzbadewanne wurde in den Ganghäusern der Siedlung Westhausen verwendet. Deren Badezimmer-Grundriß entsprach jedoch nicht dem ›Belco Camera Bad‹ des Frankfurter Registers (Entwurf Karl Gutmann).

1 2
3

1 Karl Gutmann: ›Belco Camera Bad‹, Typen-Badezimmer mit Sitzbadewanne nach F. Kramer

2 F. Kramer: Waschbecken, weiß emailliert

**3 F. Kramer: Toilettenpapierhalter, Guß-
eisen, weiß emailliert. Foto E. Hase**

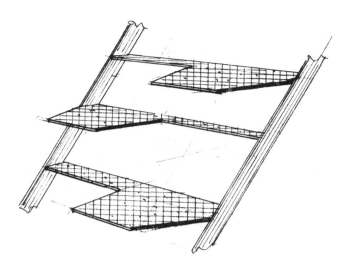

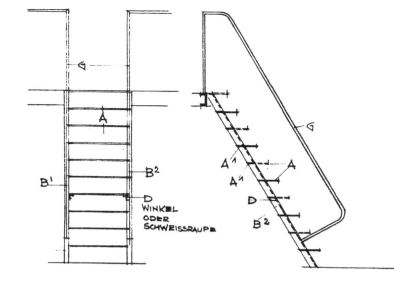

WINKEL
ODER
SCHWEISSRAUPE

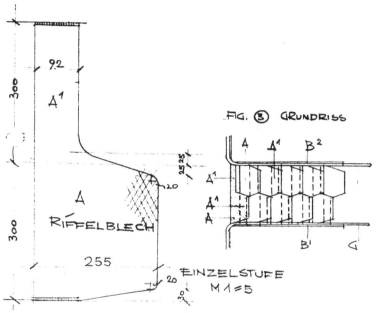

FIG. ③ GRUNDRISS

RIFFELBLECH

EINZELSTUFE
M 1 = 5

4 5
6 7

4 F. Kramer: Zeichnung der ›Minimaltreppe‹, perspektivische Ansicht

5 F. Kramer: Zeichnung der ›Minimaltreppe‹, Front- und Seitenansicht, Aufsicht
Stufe, Grundriß

6 ›Minimaltreppe‹, aufgenommen in der
Wäscherei der Siedlung Westhausen. Foto
P. Wolff

7 F. Kramer: das Prinzip der ›Minimaltreppe‹, Skizze auf der Rückseite der Abb. 6

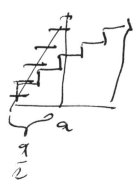

Außenganghäuser in der Siedlung West-hausen, Frankfurt/M (mit Eugen Blanck), 1929-30

Die neun in Zeilenbauweise erstellten viergeschossigen Außenganghäuser sind Kramers einziger in weitgehend eigener architektonischer Verantwortung entstandener Wohnbaukomplex im Zeichen des ›Neuen Frankfurt‹ geblieben. Die 3-Zimmerwohnung bedeckt 50 m², ist also von äußerster Sparsamkeit. Die

Kleinstküche (2 bzw. 3 m²) entspricht nicht der ›Frankfurter Küche‹. Auch das Bad ist – dank der Sitzbadewanne – von minimaler Größe (ca. 2 m²). Im Gegensatz zu anderen Außenganghäusern aus jener Zeit legt Kramer das Kinderzimmer an die Gangseite (Nordwestlage), erreicht dabei aber einen verhältnismäßig großzügigen Wohnraum von gut 18 m². Dessen Balkon – über eine vierflügelige Tür erreichbar – war eine wichtige Erweiterung, damals angesichts der Zeitumstände nur durch rigorose Ausnutzung sämtlicher anderer Einsparungsmöglichkeiten möglich.

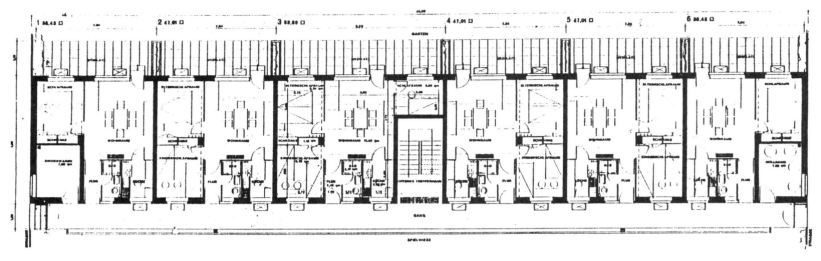

1

2   3

4   5

1 Ganghäuser Westhausen, Grundriß des Erdgeschosses.

2 Ganghäuser Westhausen von Süden. Foto G. Leistikow

3 Ganghäuser von der heutigen Ludwig-Landmann-Straße aus, Foto G. Leistikow

4 + 5 Ganghäuser Nordseite, Fotos P. Wolff

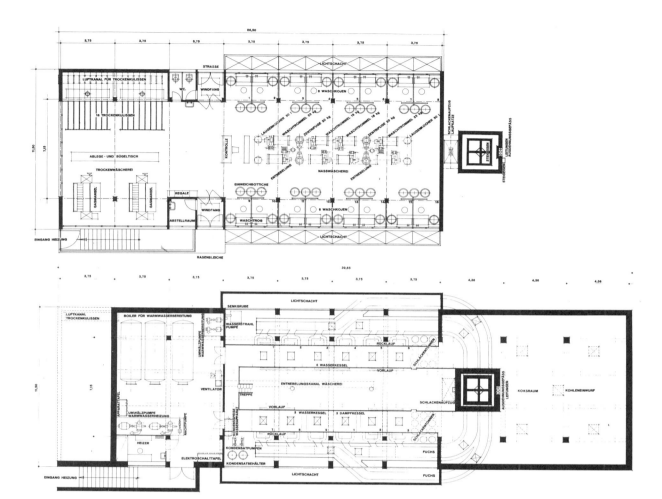

6
7 8

6 Zentrale Wäscherei (im Erdgeschoß des
Fernheizwerks), Grundriß; Fernheizung
(Untergeschoß), Grundriß

7 Innenansicht der Wäscherei; Foto
P. Wolff

8 Fernheizung mit Kamin. Von dort aus
wurde die Siedlung auch mit Warmwasser
zentral versorgt

Wohnhaus Erlenbach, Frankfurt/M., 1930

Die Baueingabepläne zum Haus Erlenbach datieren vom Februar 1930, sind also noch während Kramers Anstellung beim Hochbauamt entstanden. Sie tragen Spuren von beamtlicher Fürsorge: Anstelle des projektierten Flachdaches wurde behördlicherseits ein Walmdach eingetragen. Dies zeigt, daß das Flachdach damals außerhalb der großen öffentlichen Wohnbaupro-

gramme noch immer ein Politikum war. Kramer brachte schließlich seine Vorstellungen durch. Das Haus Erlenbach wurde als ›Einfamilienhaus‹ eingereicht. Es scheint aber, daß es zwei Wohnungen umfaßte: eine Erdgeschoß-Wohnung und eine im Ober- und Dachgeschoß. Heute enthält das denkmalgeschützte Haus drei Partien, ansonsten ist es weitgehend unverändert.

1

1 Ansicht vom Garten (Süden). Foto
E. Hase

2
3 5
4 6

2 Ansicht von der Hans-Sachs-Straße (Norden). Foto E. Hase

3 Detail: Ausgang in den Garten. Foto E.Hase

4 Eingangstüre. Foto E. Hase

5 Grundriß Dachgeschoss 1:200

6 Grundriß Erdgeschoß 1:200

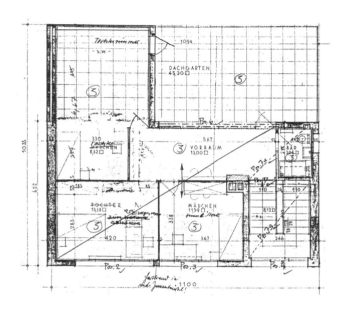

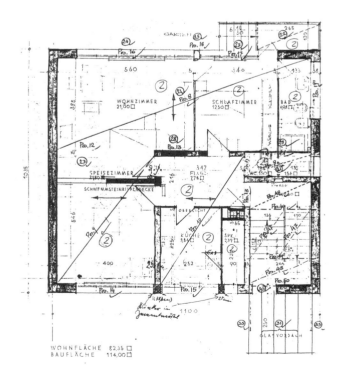

Auftraggeber zum Umbau des Café Bauer war der Eigentümer der Liegenschaft, Max Abeles, für den Kramer schon zuvor gearbeitet hatte. Fotografien aus der Zeit vor dem Umbau sind keine bekannt. Vermutlich wurden die runden, dunkel gestrichenen Stützen von Kramer als Unterfangung eingebaut. Als

Vorhänge wählte Kramer Zeppelin-Ballonstoff (vgl. auch die ›Studiobühne‹ der Universität, 1954!). Dem Raum verlieh das Mobiliar, vor allem der ›Pariser Kaffeehausstuhl‹ von Thonet, eine besondere Note. Eine Pionierleistung Kramers war die elektrische Raumbeleuchtung: Zeiss-Ikon-Strahler, die aufgereiht und gegen die Decke gerichtet auf einem heruntergehängten Rohr montiert waren.

1 2
3

1 **Café Bauer, Frankfurt/M, Schillerstraße.
Foto P. Wolff**

2 **Café Bauer, Indirekte Raumbeleuchtung
mittels auf Trägerrohr aufgesetzter Zeiss-
Ikon-Strahler. Lösung von hoher konstruktiver Eleganz. Foto P. Wolff**

3 **Café Bauer. Abb. in: DNF 1/1931, S. 18**

Nach diesem Umbau war das Café wegen seiner neuzeitlichen und heiteren Atmosphäre eine Attraktion in Frankfurt. Zahlreiche Intellektuelle verkehrten hier, insbesondere aus dem Kreis der Frankfurter Zeitung. Gemäß einer Notiz Kramers auf der Rückseite der nebenstehenden Fotografie sollen sich u.a. Siegfried Kracauer, Friedrich T. Gubler, Walter Benjamin und Theodor W. Adorno hier getroffen haben.

Dieses Café existierte leider nicht lange. Bereits 1932 wurde es (wenigstens teilweise) in Läden umgebaut (Auftraggeber erneut M. Abeles). Einer davon, das Wäschegeschäft Epstein, ist dokumentiert. Es läßt trotz seiner sorgfältigen Gestaltung den Verlust des öffentlichen Ortes, der das Café Bauer war, noch heute bedauern.

4
5 6 7

4-7 Wäschegeschäft Epstein, Frankfurt/M, Schillerstraße. Fotos E. Hase

**Volksofen, 1931; Kochofen, 1931; Fenster-
bank, um 1932**

Der ›Volksofen‹ ist eine verbesserte Ausführung des ›Kramerofens‹. Die Verbesserung betrifft vor allem die Integration der Aschenfangschale in den Ofenfuß. Dieser besteht nun aus einem Stück; die Aschenfangschale war größer und konnte nicht mehr entfernt werden. Beides wurde in der Patentschrift als der Sicherheit dienlich erwähnt. Die Variante mit trichterförmigem Aufsatz

wurde als Kochofen bezeichnet (zwei Platten). Hersteller dieser beiden Öfen war die Firma Buderus GmbH. in Hirzenhain (Oberhessen). Die Zeitschrift ›Die Form‹ bildete sie unter der Überschrift »Ein gutes Beispiel neuer Typenware« ab (Heft 8/1931, S. 316).

Für dieselbe Firma entwickelte Kramer eine gußeiserne Fensterbank, die in den Ausführungen ›gestrichen‹ und ›porzellanemailliert‹ angeboten wurde. Sie wies einen abgekanteten Querschnitt auf und war aus Elementen addierbar, somit

für verschiedene Fensterbreiten anwendbar. Es scheint aber, daß wegen des Stillstands im Wohnungsbau nach 1930 und nach der wenig später erfolgten Machtübernahme seitens der Nationalsozialisten dieses bauliche Detail (das für eine fortan verhaßte Architekturauffassung stand) sich kaum auf dem Markt etablieren konnte.

```
1   1                    4
  2   3                5   6
                         7
```

1 Buderus-Volksofen. Die eingebaute Aschenschale ist charakteristisch für die Professionalisierung des Designs: Reduktion der Teile. Foto E. Hase

2 Buderus-Volksofen. Zeichnung aus der Patentanmeldung (von fremder Hand), 4.2.1931

3 Buderus-Volkskochofen. Foto E. Hase

4 Buderus-Volksofen, Prospektblatt Format DIN a 4, schwarz/rot. Typografische Gestaltung von Kramer (?) – Gemäß Vertrag mit Buderus war Kramer verpflichtet, die Firma mit »schriftstellerischem, künstlerischem und sachlichem Rat zu unterstützen, soweit es seine dienstliche Inanspruchnahme zuläßt.«

5 Buderus-Fensterbank, Prospektblatt Format DIN a 4, schwarz/rot

6 + 7 Buderus-Fensterbank. Ober- und Unterseite. Fotos E. Hase

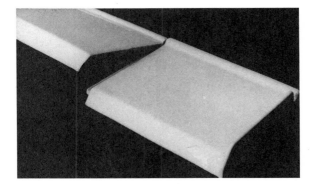

Ladeneinrichtungen Mosthaf und Rosenblum, 1932;
Verwaltungsgebäude der Deutschen Vereinigten Schuhmaschinen Gesellschaft, 1936

Nach seinem Weggang vom Städtischen Hochbauamt Frankfurt hatte Kramer eine Fülle von Aufträgen – die meisten von ihnen betrafen Umbauten und

Neueinrichtungen von Wohnungen, viele davon für Juden, die ihre Wohnungen nach wenigen Jahren verlassen mußten. Keine dieser Arbeiten ist im Nachlaß Kramers dokumentiert. Bei den wenigen Neubauten, die er seit 1933 bauen konnte, war Kramer mit den kulturpolitischen Maßstäben des Nazismus konfrontiert. In den USA faßte Kramer 1939 seine Erfahrungen für eine Tageszeitung in die folgenden Worte: »Residential building in Germany has undergone a complete change. The modern style as we know it here has

1

1 Ladengeschäfte Mosthaf, Rosenblum, Biebergasse 2, Frankfurt/M, 1932

192

disappeared. They don't use wide corner windows any more. No window may exceed regulation width because the windows need steel beams for support (...) Steel is so scarce in Germany that we had to get through lots of red tape in order to get it even for military fortifications and bridges. Each stress and strain had to be carefully accounted for in order that no metal would be wasted.« (F. Kramer, in: ›Daily Item‹, New York, 6.4.1939.)

Damit meint Kramer wohl nicht zuletzt seine Erfahrungen mit der Stahlskelett-konstruktion des Verwaltungsgebäudes ›Deutsche Vereinigte Schuhmaschinen Gesellschaft‹, errichtet kurz vor seinem Berufsverbot 1937. Der Satteldach-Bau existiert noch, ist aber zur Unkenntlichkeit verändert. Die ehemals straffe Fassade mit den scharf eingeschnittenen quadratischen Vertikalschiebefenstern erhielt (entweder noch vor dem Krieg oder kurz danach) eine aufgedoppelte Schicht von Fassadenplatten und steinerne Fensterrahmen mit Zwischenpfosten.

2 3
4 5

2 **Verwaltungsgebäude Deutsche Vereinigte Schuhmaschinen Gesellschaft, Friedrich-Ebert-Anlage 35, Ansicht gegen die Straße (Zustand um 1937)**

3 **Blick aus einem Fenster**

4 **Ansicht gegen den Hof, mit Aufzugsturm**

5 **Stahlskelett, rechts Ferdinand Kramer**

**›Combined Kitchen and Service Wagon‹ –
Elektrischer Küchen- und Servicewagen,
1941;
Zusammenklappbare Aluminiumleiter für
Schlafwagen, um 1941**

Diese fahrbare Kleinküche sollte imstande sein, Lebensmittel und Getränke aufzubewahren, zu kochen bzw. zu kühlen, zu servieren und zu mixen. Im Detail

sah der Entwurf vor: Grillplatte, Toaster, Eierkocher, Kühlschrank mit Eisfach, Radiogerät, Anschlüsse für Kaffeemaschine, Warmluftheizer, Ventilator, Mixer, Flaschen- und Büchsenöffner, Zigarettenanzünder sowie Schubfächer. Die Arbeitsfläche (aus Glas) war von unten beleuchtbar. Die elektrische Energie stammte – mittels eingebauter Kabelrolle – vom Netz. Der Entwurf wurde patentiert. Anwendungsbereiche: privates Heim (Garten, Terrasse), Spitäler, Restaurants. Angeblich wurde eine Testserie für das Management der General Electric Corporation gefertigt.

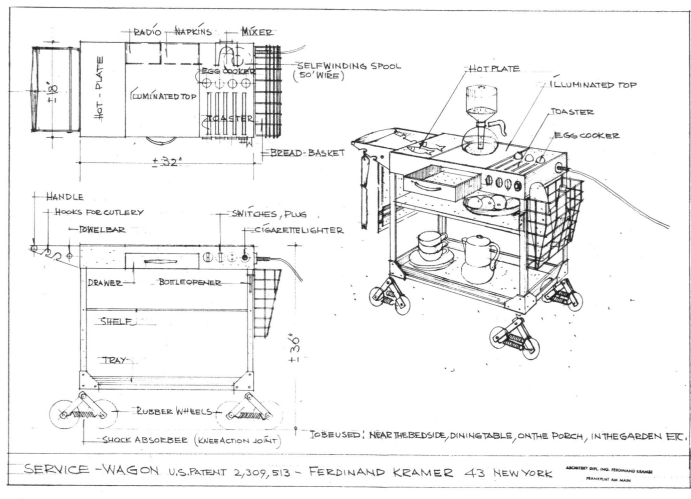

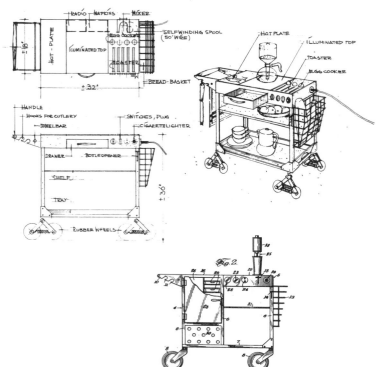

1
2
3   4

**1 ›Combined Kitchen and Service Wagon‹,
Modell ohne Kühlschrank**

**2 Modell mit Kühlschrank (Zeichnung in
Originalgröße: siehe Tafel Nr. 8)**

**3 Zeichnung aus der Patentschrift (US-
Patent Nr. 2309513 – angemeldet
13.1.1941, erteilt 26.1.1943)**

**4 Zusammenklappbare Aluminiumleiter
für Schlafwagen, Entwurf, ca. 1941, von
Ferdinand Kramer später angefertigte
Zeichnung**

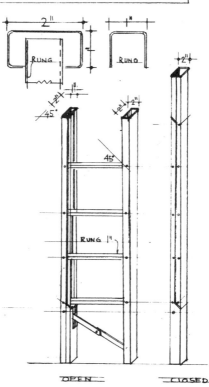

Wohnhaussiedlungen in Greyrock Park und Alden Estates, Port Chester, NY, ab 1939/40

Kramer hatte die architektonische und administrative Leitung der Siedlungsgesellschaften ›Alden Estates‹ und ›Greyrock Park on Sound‹ in Port Chester (Westchester County, NY) inne. Beide Areale gehörten dem ›Institute of Social Research‹ (dem 1934 an der Columbia University neugegründeten Frankfurter Institut für Sozialforschung). Kramer übernahm vermutlich die Parzellierung des Geländes, er erarbeitete Typengrundrisse und entwarf verschiedene Varianten der in traditioneller ›Balloon frame‹-Bauweise erstellten Häuser.

Daily Item, 6.4.1939: »Mr Kramer's chief delight and recreation is the inspection of our old New England homes. Frame dwellings are a novelty to him and he

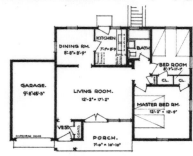

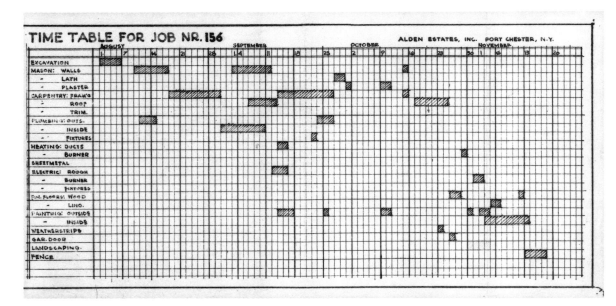

1 2
3

1 + 2 Alden Estates, zwei Prospektblätter: »A Planned Community for Nice People«

3 Zeittabelle zu einem der Häuser von Alden Estates, Baubeginn 1. August (Aushub), Abschluß 16. November (Umzäunung)

recently made a tour of Connecticut and Massachusetts, searching for the best examples of Colonial architecture and historical points of interest (…) Asked about his opinions on the house of tomorrow, Mr. Kramer said: ›It is the prefabricated house that will come into its own. All the signs point to it. Lower cost of production, conservation of raw materials, increased efficiency will all tend to give the workingman better living conditions for the money he has to spend.‹«

American Journal, 25.6.1939: »›I find the old American frame house one of the most modern forms architecturally in that it represents functional design‹, said Mr. Kramer yesterday. »It is native, and America still seems to me a country in which the wooden house is most at home. It takes more than an angle or two to make a house modern in design. The early American house was modernity at its best, for it represented building for use – not for show (…) Your American construction methods are far superior to Europe's.‹«

4
5
6

4 Ferdinand Kramer: Haus in Greyrock Park, 1942

5 Ferdinand und Beate Kramers Cottage-Haus, Greyrock Park (Umbau)

6 Ferdinand Kramer: Haus in Alden Estates, 1942

›Knock-Down-Furniture‹ (mit Fred V. Gerstel), 1942/43

Zerlegbare Möbel, als platzsparende Pakete zu transportieren und leicht zusammenzusetzen. Neben dem Markennamen ›Knock-Down-Furniture‹ wurde als Umschreibung des gewählten Konstruktionsprinzips auch der Begriff ›Planks and Pegs‹ verwendet (peg: Holzdübel). Die Möbel zeichnen sich durch das fast vollständige Fehlen von Metallteilen aus. Die Elemente aus Sperrholz und verleimten Brettern wurden durch Holzkeile und -dübel (in fast herkömmlicher Zimmermanns-Tradition) miteinander verbunden. Diese Steckstiftverbindung aus Holz ließen Kramer und Gerstel schützen (US-Patent Nr. 2362904 – Invention – beantragt 20.1.1943, erteilt 14.11.1944, Gültigkeitsdauer 17 Jahre). Diese Möbel dürften das erste Produkt der ›Products Marketing Corporation‹ gewesen sein, an der Kramer mit 20%, Fred V. Gerstel mit 20%, Paul M. Mazur

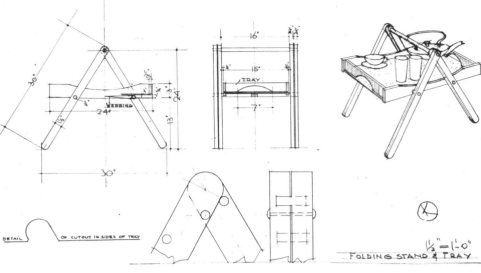

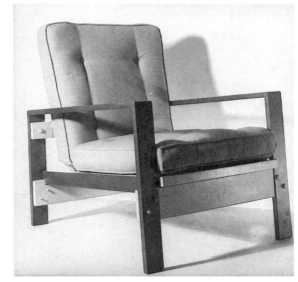

1 2
  3 5
4

1 Beistelltisch (›Put-A-Way Stand‹), klappbarer Ständer mit Tablett, Holz natur oder lackiert (rot, grün, blau, gelb, weiß), US-Design-Patent Nr. 138159 (beantragt 15.3.1944, erteilt 27.6.1944, Gültigkeitsdauer 14 Jahre). Foto R. Bleston

2 Ferdinand Kramer: Werkzeichnung zum ›Put-Away-Stand‹. Andere Zeichnungen zeigen verschiedene Varianten: auch mit Rädern, mit/ohne Griff zum Schieben usw.

3 vier KD-Schrankelemente, verschieden kombinierbar: Modelle mit Schubladen, Türen, herunterklappbarer Fläche, offen. Foto R. Bleston

4 Armlehnsessel, Rückenlehne verstellbar, Sitz- und Rückenkissen mit Stoff bezogen. Foto R. Bleston

5 Klappstuhl, Sitzfläche Leder; Foto R. Bleston

mit 20% und die Allied Purchasing Corp. mit 40% beteiligt waren. Der Entwurf geht wohl in erster Linie auf Kramer zurück, während Gerstel, der zuvor in der tschechoslowakischen Sperrholzindustrie tätig gewesen war, als Manager und technologischer Berater amtiert haben dürfte. Hergestellt wurden die Möbel durch die Williams Furniture Company in Sumter/South Carolina, vertrieben durch die Allied Purchasing Corp.

Zu diesem Programm gehörte auch der ›3-in-1‹-Hocker, der im Tafelteil abgebildet ist (Taf. Nr. 4); vgl. auch den Beitrag von Lore Kramer.

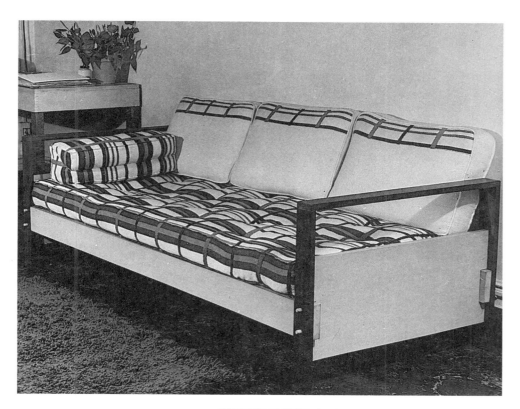

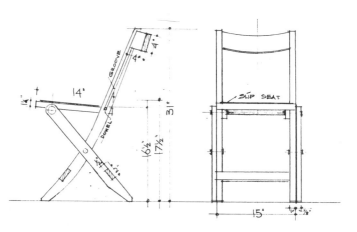

6
8 7

6 Bettsofa, Matratze und Polsterkissen mit Stoff bezogen

7 Bettsofa, Einzelteile mit den gut sichtbaren Steckdübeln

8 Ferdinand Kramer: Klappstuhl, Werkzeichnung

›Put-Away‹ Abstellschränke, 1943/44

Diese billigen Möbel sind als eine Ergänzung des ›Knock-Down‹ Programms anzusehen. Auch sie wurden zusammen mit Fred V. Gerstel entwickelt. Es sind Kombinationsmöbel, basierend auf einem teiligen System von Außenmaßen. Sie waren ausgelegt für Selbstmontage. Diese ist dank der dafür entwickelten Verbindungsstücke (Clips) aus Aluminium, die über bereits eingedrehte Schrauben gestreift werden, denkbar einfach. Die Rahmen bestanden aus Zedernholz, die Füllungen aus gehärtetem Preßspan (›Masonite‹) von 3 mm Stärke.

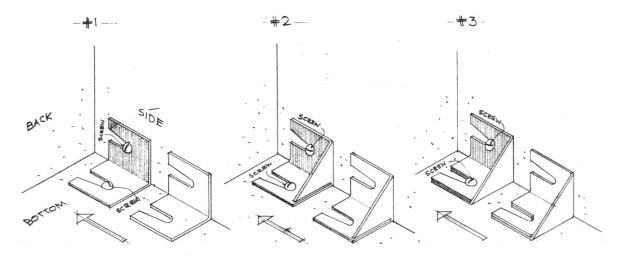

1

2 3 4

5

1 Ferdinand Kramer: Aluminium-beschläge, Werkzeichnung

2 + 3 Montage des Kleiderschranks. Diese Fotos erschienen in Anzeigen verschiedener Warenhäuser

4 ›Put-Away‹-Garderobe, aufgestellt, mit Fotografien zu den Montageschritten

5 Inserat zur ›Put-Away‹-Truhe bzw. -Schrank, Ausführung in Sperrholz

6
7 8

6 Schrank/Truhe, vertikal oder horizontal benutzbar, Holzplatten mit Metall-Steck-verbindungen, zwei Ausziehböden, US-Patent (Invention) Nr. 2362904. Foto R. Bleston

7 Ferdinand Kramer: ›Cabinet‹, Werkzeichnung

8 Ferdinand Kramer: ›Put-Away-Schrank, Werkzeichnung

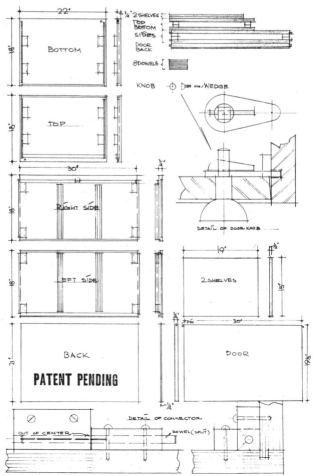

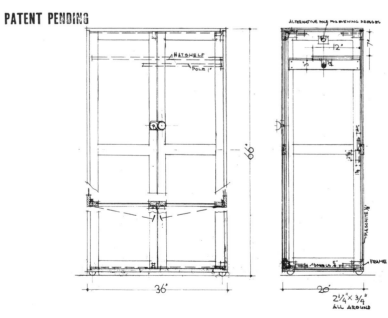

Projekt für Wochenendhäuser, Konstruktionssystem Konrad Wachsmann, General Panel Corporation, NYC, 1944

Die ›Products Marketing Corporation‹, das Büro von Ferdinand Kramer und Fred V. Gerstel, befand sich an derselben Adresse in Manhattan wie die ›General Panel Corporation‹ von Konrad Wachsmann (103 Park Avenue). Der

örtlichen Nähe entsprach im vorliegenden Fall eine enge Verwandtschaft in der Problemstellung.

Den Entwürfen für Wochenendhaus-Typen lag ein Modul von 3 Fuß 4 Zoll zugrunde (quasi 1,0 Meter!), der sich auf Grundfläche, Dach, die Außenwände und die Inneneinteilung erstreckt. Als Verbindungsstück für die Paneele sollte ein

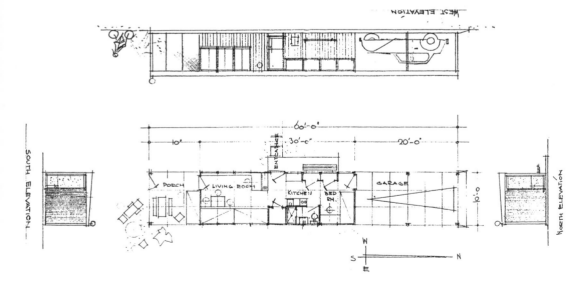

1   2
               3

1 Ferdinand Kramer: Wochenendhaus, Typ mit integriertem Naßteil (Bad, Küche), Länge 60 Fuß, Breite 10 Fuß

2 Ferdinand Kramer: Wochenendhaus nach dem Konstruktionssystem Konrad Wachsmann, Perspektive (nach einer Blaupause)

3 Ferdinand Kramer: Wochenendhaus, Typ mit ausgelagertem Naßteil, Länge 50 Fuß, Breite 2 x 10 Fuß

Metallelement dienen, das einen Anschluß von Bauteilen in den drei räumlichen Hauptebenen vorsah (nur rechte Winkel). Die Bäder sollten vorfabriziert sein. Die Errichtung des Hauses auf den vorbereiteten Fundamenten wäre angeblich in zwanzig Minuten möglich gewesen. Zu diesem von Wachsmann und Gropius entwickelten System lieferten neben Ferdinand Kramer auch Elsa Gidoni, Paul Bromberg, Richard Neutra und Walter Gropius selber Wohnhausentwürfe.

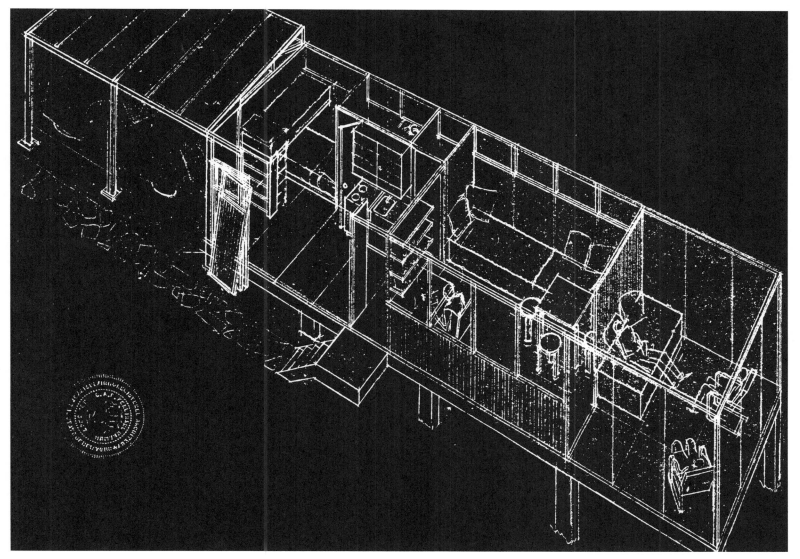

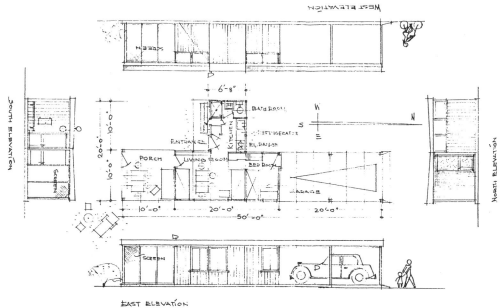

Entwurf für Typenhäuser (mit Calvert Coggeshall), 1944

Der Entwurf dieser Typenhäuser wurde 1945 in ›Ladies' Home Journal‹ veröffentlicht. Es ist anzunehmen, daß es sich dabei um einen Planungsauftrag dieser Illustrierten gehandelt hat, im Rahmen dessen auch das sehr naturalistische Modell und dessen professionelle Farbaufnahmen finanziert wurden. Der Mit-Autor Calvert Coggeshall stammte aus dem Bekanntenkreis von Ferdinand und Beate Kramer und war Designer.

Den Typenhäusern wurde eine Rahmenkonstruktion von 9 Fuß Achsmaß zugrundegelegt. Gedacht war an die Anwendung von vorfabrizierten Bauteilen. Die beiden Stirnwände sollten die Windaussteifung in Querrichtung, die Treppenhauswand in Längsrichtung gewährleisten.

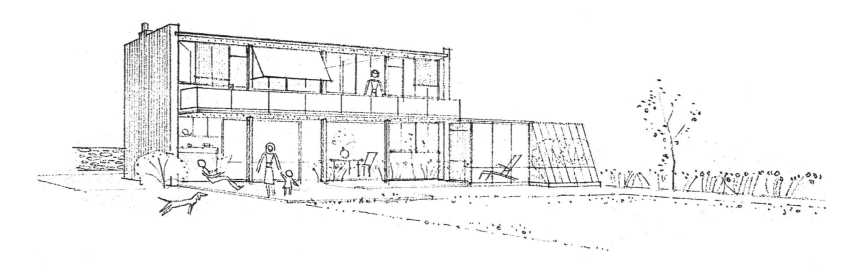

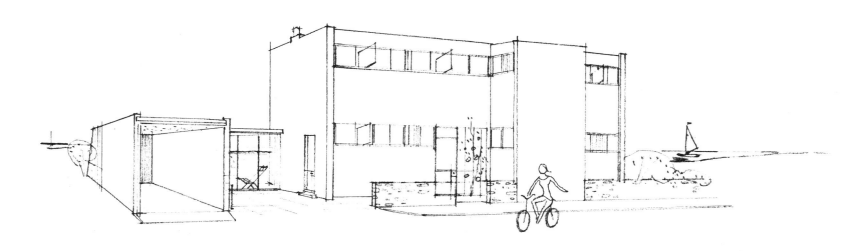

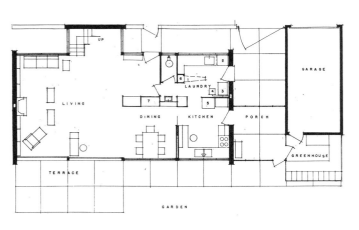

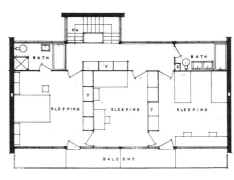

1
2
3

1 4-achsiger Haustyp, Perspektive Aussichtsseite, Zeichnung Ferdinand Kramers

2 4-achsiger Haustyp, Perspektive Ankunftsseite, Zeichnung Ferdinand Kramers

3 4-achsiger Haustyp, Grundrisse Erd- und Obergeschoß, M. 1:200

Der Typ A weist einen 5-jochigen Grundriß auf, der Typ B einen 4-jochigen. Die Grundrisse mit den nach außen verlegten Treppenhäusern zeichnen sich durch große Ökonomie aus, was einerseits knappe Wirtschaftsräume ergibt (Küche, Bad, Waschküche), andererseits einen großzügig bemessenen Wohnraum. Es lassen sich Bezüge zu Le Corbusiers Ferienhaus in Les Mathes bei Bordeaux (1936) herstellen, aber auch zu Bauten aus den zwanziger Jahren von den Basler Architekten Artaria und Schmidt (eine persönliche Bekanntschaft Kramers mit

Schmidt vor dem Krieg ist nachgewiesen). Das Element des im Obergeschoß vor den Schlafzimmern durchlaufenden Balkons wird bei Kramers Wohnhäusern der fünfziger und sechziger Jahre mehrfach wiederkehren.

»Good architects and wise clients generally agree that in many ways the work space is the most important part of the house, like the commander's bridge of a ship. So here it is given a generous size, with a broad garden outlook for the

4
5

4 Fotografie des Modells (Modell 1:20?), aufgenommen für das ›Ladies' Home Journal‹. »The upstairs balcony, onto which all bedrooms open, shades the downstairs windows in the summertime, while the little prebuilt greenhouse catches full sunlight all the year round«

5 »Upstairs and Down«. Artikel in ›Ladies' Home Journal‹

kitchen (…) and immediate access to front door and dining room to street, garden garage and greenhouse. Compact, yet with plenty of elbow room, and well organized for ease of operation, it has brightness, aeriness and view, making it as practical and pleasant as the housewife could want it. It gives the cue for livability to the house as a whole, upstairs and down (…) By placing the stairs in a protruding stair well, the two floors are connected without cutting awkwardly into either plan, a common fault of traditional designs. As far as cost is concerned, here again we have a house composed of relatively few and greatly simplified mass-produced parts (…)« – Richard Pratt, Upstairs and Down, in: Ladies' Home Journal, Okt. 1945.

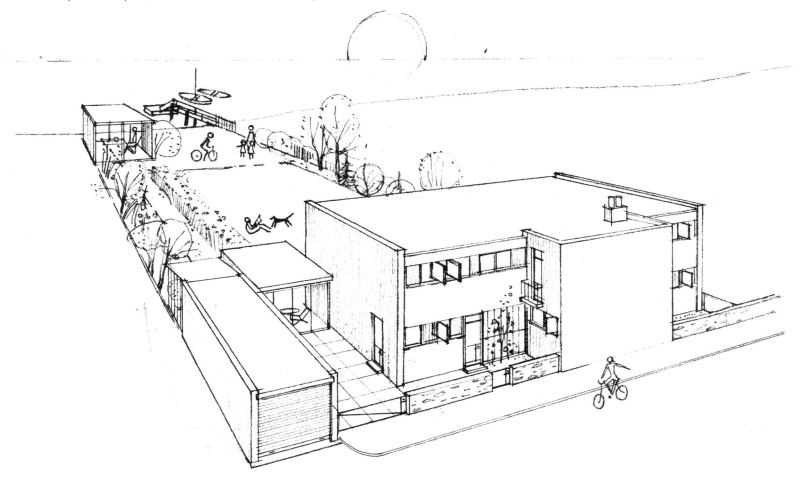

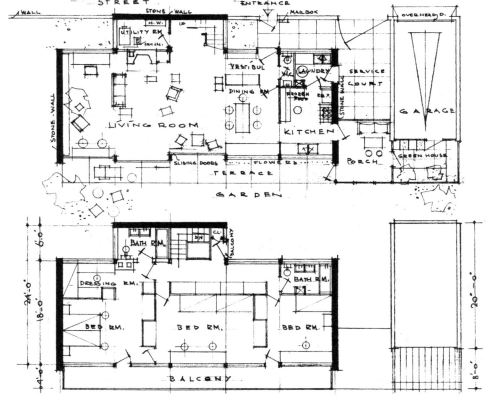

6
7

6 5-achsiger Haustyp, Perspektive, Zeichnung Ferdinand Kramers

7 5-achsiger Haustyp, Fassaden, M.1:200

›Put-Away‹-Gartenmöbel

Diese Möbel sind eine Ergänzung des ›Knock-Down‹-Programmes, entwickelt zusammen mit Fred V. Gerstel (Products Marketing Corporation). Sie wurden weitgehend mechanisiert und in Großserien gefertigt; Hersteller war die Williams Furniture Company in Sumter, South Carolina. Vertrieb durch die ›Allied Purchasing Corp.‹. Alle Modelle waren falt- bzw. zerlegbar. Sie bestanden aus weiß lasiertem Zypressenholz mit Gurtenbespannung. Diese, gewebt aus Kunstfasern, wurde unter dem Namen ›Koroseal‹ in den Farben weiß, gelb, braun oder zweifarbig kombiniert angeboten. Mrs. Eleanor Roosevelt soll solche Möbel für den Garten des Weißen Hauses gekauft haben.

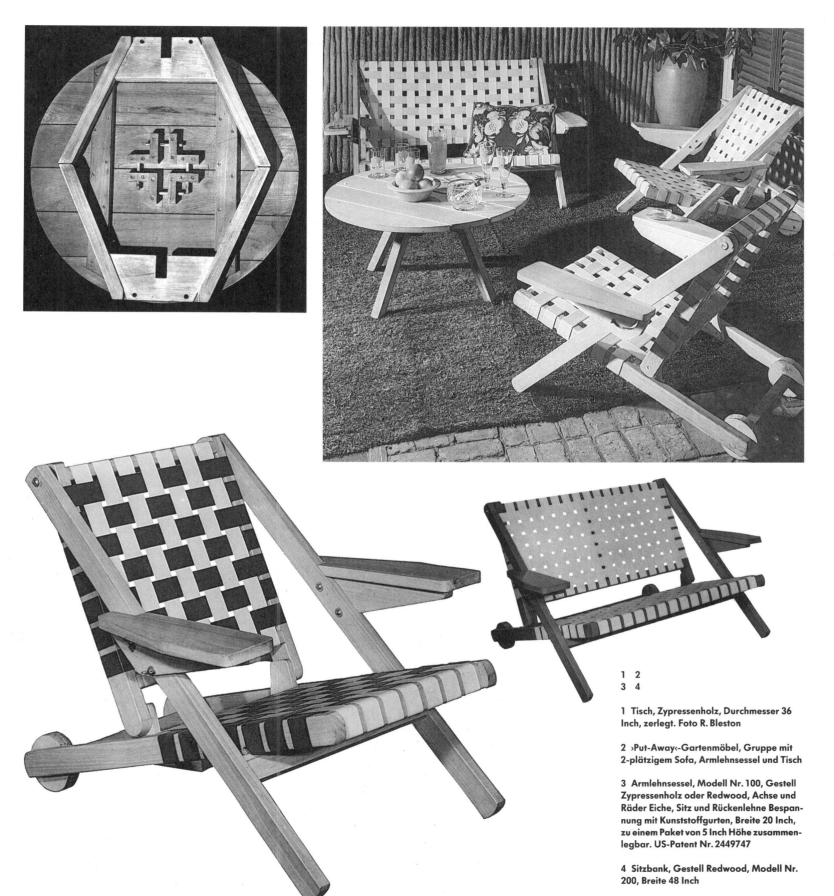

1 2
3 4

1 Tisch, Zypressenholz, Durchmesser 36 Inch, zerlegt. Foto R. Bleston

2 ›Put-Away‹-Gartenmöbel, Gruppe mit 2-plätzigem Sofa, Armlehnsessel und Tisch

3 Armlehnsessel, Modell Nr. 100, Gestell Zypressenholz oder Redwood, Achse und Räder Eiche, Sitz und Rückenlehne Bespannung mit Kunststoffgurten, Breite 20 Inch, zu einem Paket von 5 Inch Höhe zusammenlegbar. US-Patent Nr. 2449747

4 Sitzbank, Gestell Redwood, Modell Nr. 200, Breite 48 Inch

207

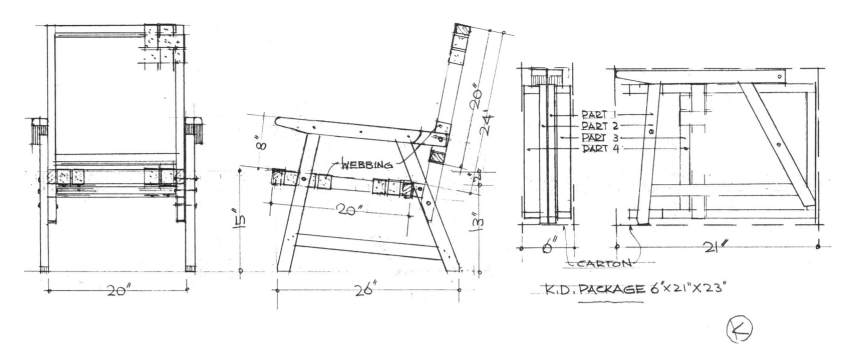

5
6

5 Ferdinand Kramer: Zeichnung eines Gartenstuhls, Gestell Holz, Sitz und Rückenlehne Kunststoffbespannung (nicht produziert)

6 Put-›Away‹-Gartenmöbel, Fotografie aus ›Look‹ (?)

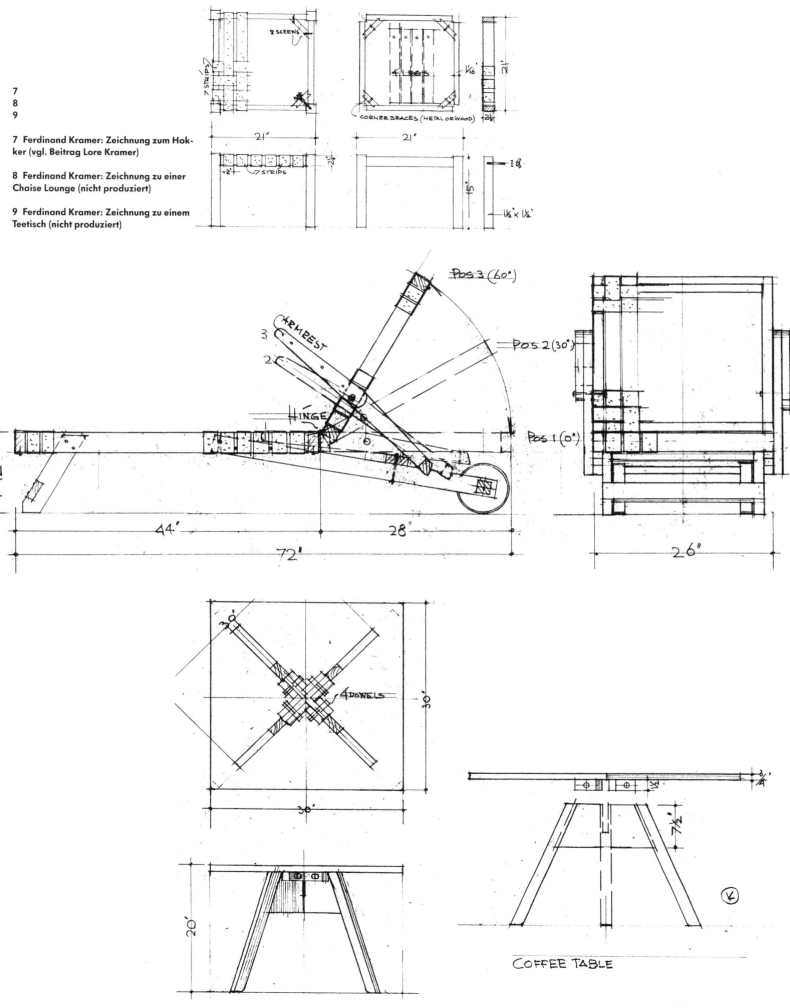

7
8
9

7 Ferdinand Kramer: Zeichnung zum Hokker (vgl. Beitrag Lore Kramer)

8 Ferdinand Kramer: Zeichnung zu einer Chaise Lounge (nicht produziert)

9 Ferdinand Kramer: Zeichnung zu einem Teetisch (nicht produziert)

COFFEE TABLE

Kombinationsmöbel / ›Combination Furniture‹, 1945

Als Versuch einer weiteren Systematisierung zeichnete Kramer nach seinen ›Knock-Down‹-Möbeln im Zeitraum von Februar bis September 1945 zahlreiche Typenmöbel und Einrichtungsbeispiele (vereinzelte auch noch später). Die Blätter betreffen Entwürfe von Schrankmöbeln, Betten sowie von Einzelmöbeln. Ziel war unter anderem die Festlegung eines sinnvollen Maßsystems, mittels dessen die Möbel möglichst vielfältig kombinierbar werden sollten. Kramer verwendete diese Arbeit wenig später beim Entwurf von Verkaufsmobiliar des Warenhauses ›Bloomingdale's‹ in analoger Weise.

Grundeinheit ist das Längenmaß von 21 Inch. Ein Einzelbett war 4 Einheiten lang bzw. 2 Einheiten breit (84 x 42 Inch). Dasselbe gilt von der Schrankeinheit:

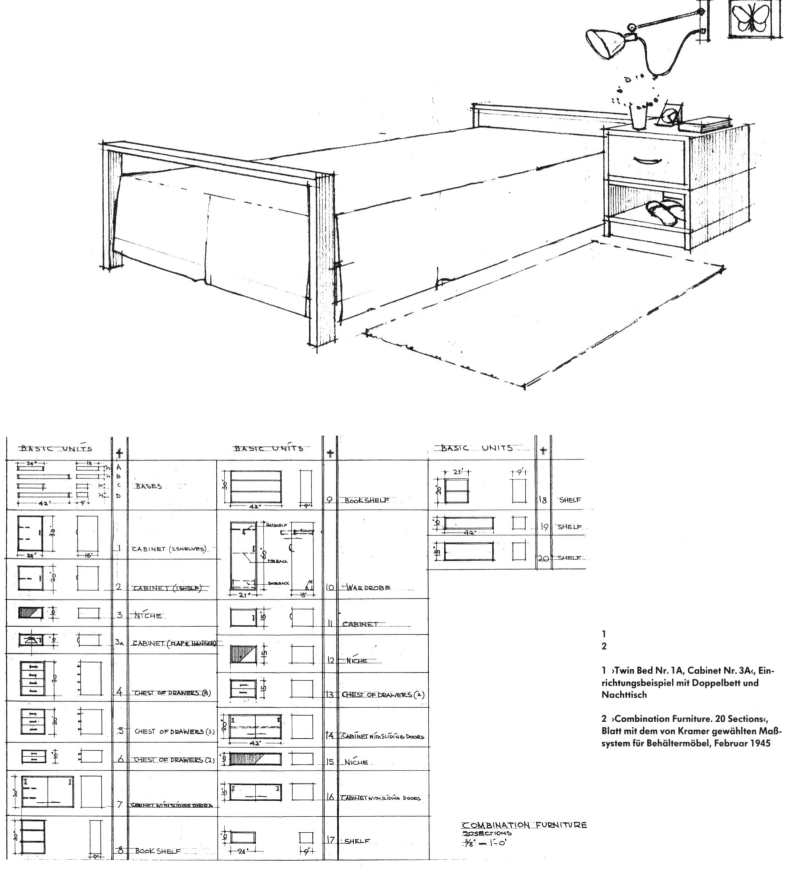

1
2

1 ›Twin Bed Nr. 1A, Cabinet Nr. 3A‹, Einrichtungsbeispiel mit Doppelbett und Nachttisch

2 ›Combination Furniture. 20 Sections‹, Blatt mit dem von Kramer gewählten Maßsystem für Behältermöbel, Februar 1945

Breiten-Einheit 21 Inch. In der Höhe basierten die Elemente auf dem Vielfachen von 5 Inch, in der Abstufung: 10 – 15 – 20 – 30 – 60 Inch; Tiefe 18 Inch. Umgerechnet auf das metrische System fällt auf, daß Kramer in der Horizontalen auf der Basiseinheit von 50 cm (21 Inch), in der vertikalen auf der von 12,5 cm (5 Inch) arbeitete.

Im Gegensatz aber zu einem voll ausgebauten offenen System (z.B. dem

Programm M 125 von Hans Gugelot) beruht Kramers Konzept auf dem Grundelement der Box; werden zwei Elemente addiert, verdoppeln sich die entsprechenden Wände oder Böden.

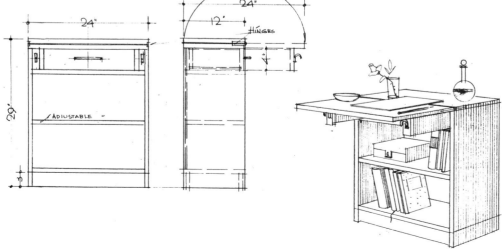

3
4
5

3 ›Type Twin beds Nr. 1B‹, Einrichtungsbeispiel mit Schränkchen und eingehängtem Tischblatt

4 Nachttisch, schmale Ausführung (16 Inch)

5 Regal mit ausklappbarer Schreibfläche und ausziehbarer Zarge

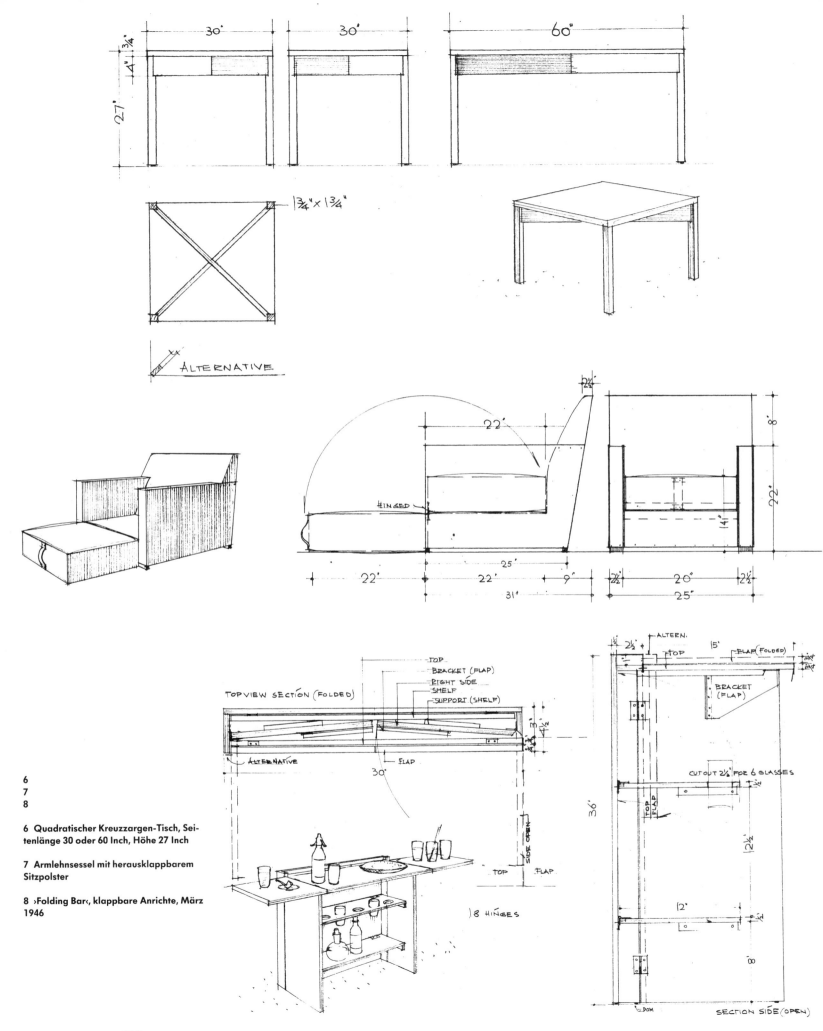

30" 30" 60"

3/4" 4" 27"

1 3/4" × 1 3/4"

ALTERNATIVE

22" 8" 22" 2 1/2"

HINGED 14"

22" 22" 9" 2 1/2" 20" 2 1/2"

25" 31' 25"

TOP VIEW SECTION (FOLDED)

TOP
BRACKET (FLAP)
RIGHT SIDE
SHELF
SUPPORT (SHELF)

ALTERNATIVE

FLAP

30"

3" 4 1/2"

SIDE OPEN

TOP FLAP

18 HINGES

ALTERN.
TOP 15' FLAP (FOLDED)
BRACKET (FLAP)

CUT OUT 2 1/2" FOR 6 GLASSES

36' TOP FLAP 2 1/2"

12"

8"

DOM SECTION SIDE (OPEN)

6

7

8

6 Quadratischer Kreuzzargen-Tisch, Seitenlänge 30 oder 60 Inch, Höhe 27 Inch

7 Armlehnsessel mit herausklappbarem Sitzpolster

8 ›Folding Bar‹, klappbare Anrichte, März 1946

Aluminiummöbel, 1945-47

Mitte der vierziger Jahre, vor allem zwischen 1945 und 1947, entwarf Kramer eine Reihe von Metallmöbeln, die vor allem für den Außenbereich bestimmt waren. Das Gestell der Sitzmöbel bestand meist aus Aluminiumrohr oder -flachstäben, die Sitzfläche und Rückenlehne aus Stoffbespannungen oder Polsterkissen. Einige dieser zahlreichen Entwürfe wurden produziert und

verkauft; die Aluminiumliege ›Feather-Lite‹, die besondere Aufmerksamkeit erregte, wurde 1947 auf der Designausstellung »Good Design is Your Business« in Buffalo gezeigt.

Die ›Feather-Lite‹-Liege war stapelbar und wog 10 amerikanische Pfund. Das Gestell bestand aus 1 Inch starkem Aluminiumrohr, die Liegefläche aus imprägniertem Segeltuch mit Kopfkissen (orange, gelb, grün, blau) oder

1
2
3

1 Entwurf einer Liege ›Folding Feather-Lite‹, zusammenklappbar, 1940

2 Entwurf einer Liege mit seitlich eindrehbaren Füßen, 1940 (vgl. Frankfurt, Kindergarten Bruchfeldstraße 1928)

3 Entwurf einer Hängematte mit klappbarer Aufhängevorrichtung: Zweibein, Druckstab und Sonnenschutz, Juni 1946

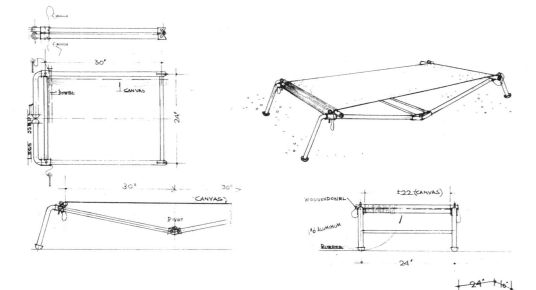

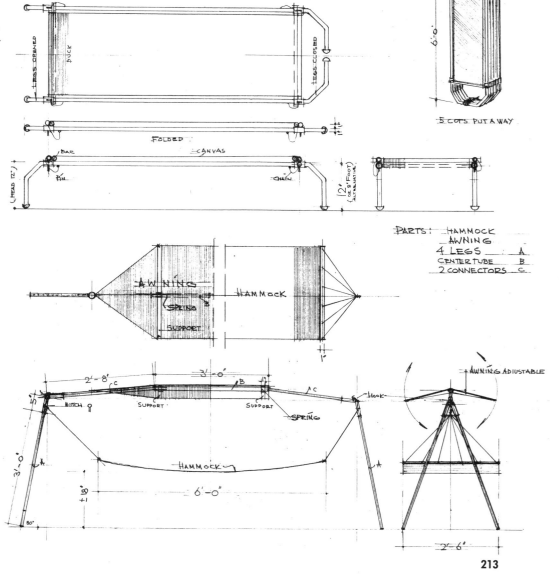

zusätzlicher Polsterauflage. Die Stoffbahn war mittels Hartholzstangen eingehängt. Vertrieb ab 1946 durch verschiedene Waren- und Versandhäuser.

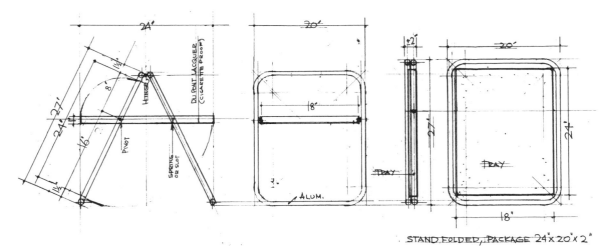

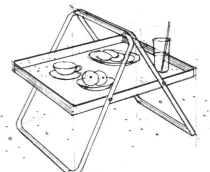

4
5
6 7

4 ›Folding Stand, C‹, Entwurf eines klappbaren Beistelltisches, April 1946 (vgl. ›Knock-Down‹-Programm)

5 Liege ›Feather-Lite‹, stapelbar, Segeltuchbespannung in verschiedenen Farben. Zeichnung zu einer Anzeige, 1946

6 Liege ›Feather-Lite‹ mit gespannter Segeltuchbahn. Foto R. Bleston

7 Liege ›Feather-Lite‹ (›Aluminum Sun Chaise‹), Anzeige in der ›Chicago Tribune‹, 6.5.1947

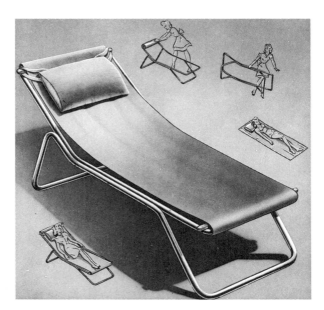

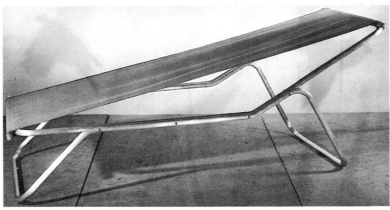

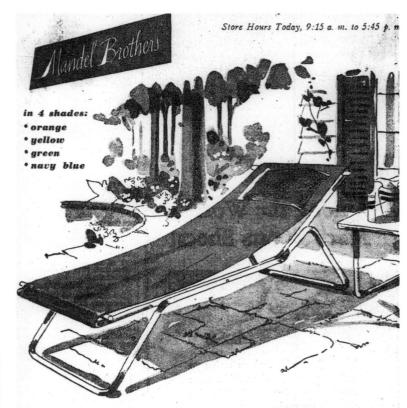

214

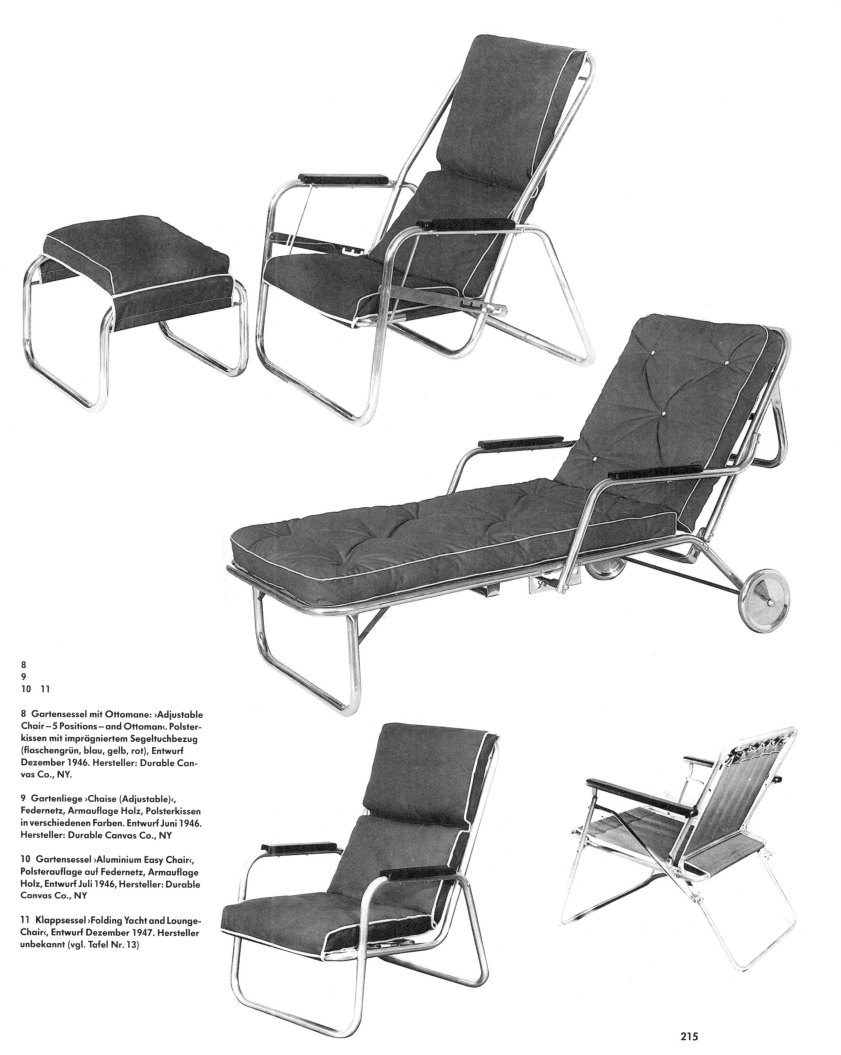

8
9
10 11

8 Gartensessel mit Ottomane: ›Adjustable Chair – 5 Positions – and Ottoman‹. Polster-kissen mit imprägniertem Segeltuchbezug (flaschengrün, blau, gelb, rot), Entwurf Dezember 1946. Hersteller: Durable Canvas Co., NY.

9 Gartenliege ›Chaise (Adjustable)‹, Federnetz, Armauflage Holz, Polsterkissen in verschiedenen Farben. Entwurf Juni 1946. Hersteller: Durable Canvas Co., NY

10 Gartensessel ›Aluminium Easy Chair‹, Polsterauflage auf Federnetz, Armauflage Holz, Entwurf Juli 1946, Hersteller: Durable Canvas Co., NY

11 Klappsessel ›Folding Yacht and Lounge-Chair‹, Entwurf Dezember 1947. Hersteller unbekannt (vgl. Tafel Nr. 13)

215

Ladeneinrichtungs-System ›Vizual‹, 1945-47

Mit diesem Prinzip unter dem Namen ›Vizual‹ stellte Ferdinand Kramers und Fred V. Gerstels Firma ›Products Marketing Corporation‹ ein neuartiges Prinzip einer Laden- und Warenhauseinrichtung vor. ›Vizual‹ war das Resultat einer Verkaufsanalyse konventioneller Geschäftseinrichtungen. In Abgrenzung zu diesen stellten Kramer und Gerstel folgende Kriterien für eine gute Ladeneinrichtung auf: 1) attraktives, schlichtes Aussehen 2) Sichtbarkeit der Waren (Größe und Form des Trägers; Beleuchtung!) 3) Gute Zugänglichkeit der Waren für den Verkäufer 4) kompakte Form mit großem Fassungsvermögen 5) leicht handhabbare und prägnant wirkende Beschilderung 6) Sicherheit 7) Flexibilität und Eignung für die verschiedensten Waren 8) Schutz vor Staub 9) wirtschaftliche Konstruktion 10) Exklusivität dank gesetzlichem Schutz.

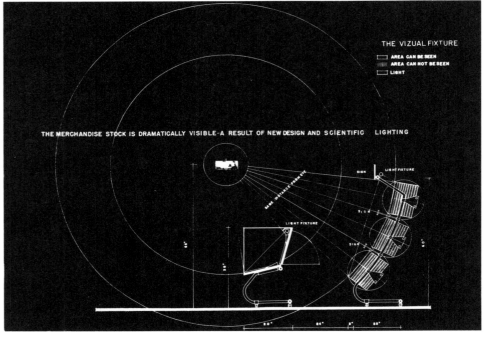

Aus diesen Überlegungen entwarf Kramer ein neues Einrichtungselement, das vor allem auf dem Prinzip der optimalen Sichtbarkeit der Ware – d.h. des geeignetsten Blickwinkels und einer gleichmäßigen Entfernung zwischen ausgestellten Waren und dem Auge des Käufers – basiert. Das Trägerelement war konkav gekrümmt und sah schwenkbare Regale vor. Als Warenbehälter entwarf Kramer eine Reihe von Acrylglasschalen (Plexiglas, ›Vinylite Trays‹), die ihrerseits ein System bildeten (Fixierung in den schwenkbaren Kulissen, Bezug

zur Größe der Waren, Vorrichtung zur Befestigung von Waren- und Preisangaben usw.).
Diese Acrylglashalter wurden in großer Zahl hergestellt und an verschiedene Warenhäuser verkauft. Sonst aber wurde das System in dieser Form nicht verwirklicht, hingegen lag es konkreten Planungen Kramers für Warenhauseinrichtungen zugrunde (Siehe die Entwürfe für die Einrichtung von ›Bloomingdale's‹ und ›Aldens‹; siehe auch: Tafelteil, Nr. 19, 22–25).

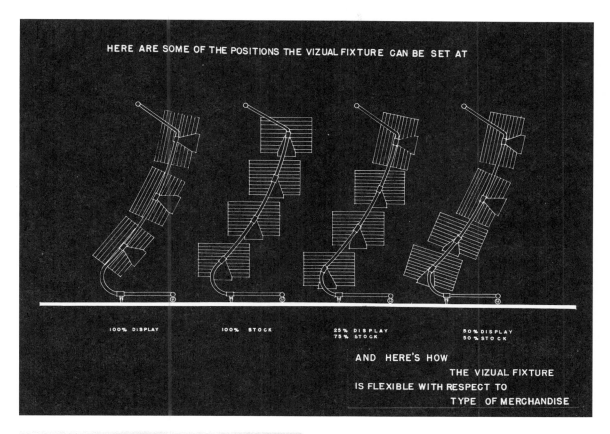

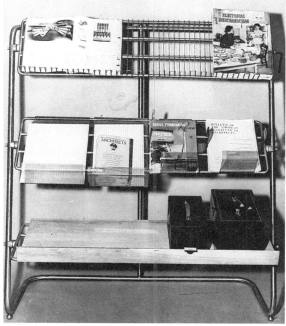

| 1 | 3 |
| 2 | 4 |

1 Xanti Schawinsky: Darstellung einer Ladeneinrichtung nach dem Prinzip der ›Vizual Fixtures‹ von Ferdinand Kramer, vermutlich 1945/46

2 Xanti Schawinsky (?): ›The Vizual Fixture‹, Darstellung der optimierten Sichtbarkeit der Waren beim ›Vizual‹-System, vermutlich 1945/46

3 Xanti Schawinsky (?): ›The Vizual Fixture, Stock and Display Positions‹, Darstellung der flexiblen Stellung der Warenbehälter beim ›Vizual Fixture‹, vermutlich 1945/46. Kramer ließ diese frühe Form patentieren (US-Patent Nr. 2495109, angemeldet 14.6.1945, erteilt 17.1.1950, gültig 17 Jahre)

4 ›Vizual Fixture‹, Prototyp (?), Stahl- oder Aluminiumrohr, schwenkbare Traversen mit Zahngelenken, vermutlich um 1946

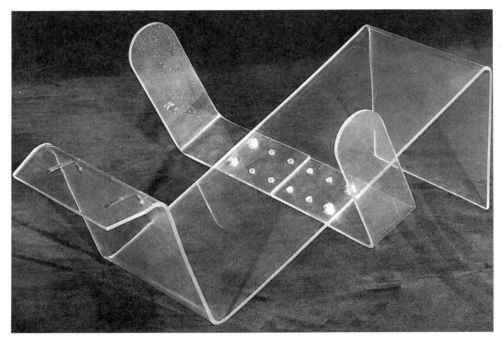

5
6
7

5 + 6 Hemdenbehälter ›Shirt Rack‹ aus Acrylglas. Seitenarme verstellbar, 9 3/4″ breit, 10 3/4″ lang, Ablage 5″ tief. Die Warenbehälter wurden aus dem Material ›Vinylite‹ durch die Bakelite Corp. hergestellt und von der Products Marketing Corp. vertrieben

7 Rechteckbehälter ›Display Trays‹, 10″/15″ lang, 5″/10″/12″ breit, unterer und oberer Rand 2″ tief, seitlich 3″ tief, Wandstärke ca. 2,5 mm. US-Patent Nr. 147591 (›Design‹), angemeldet 6.3.1946, erteilt 31.9.1947, gültig 3 1/2 Jahre

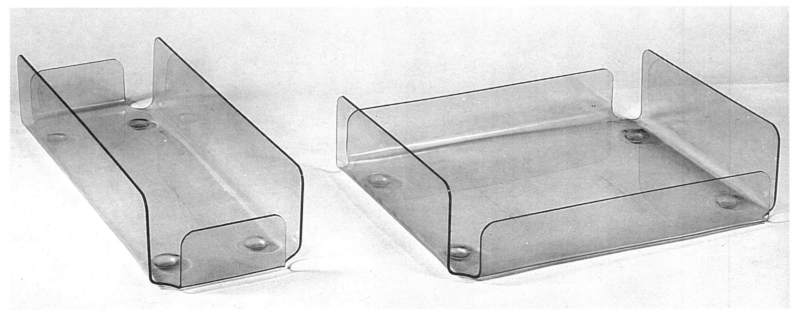

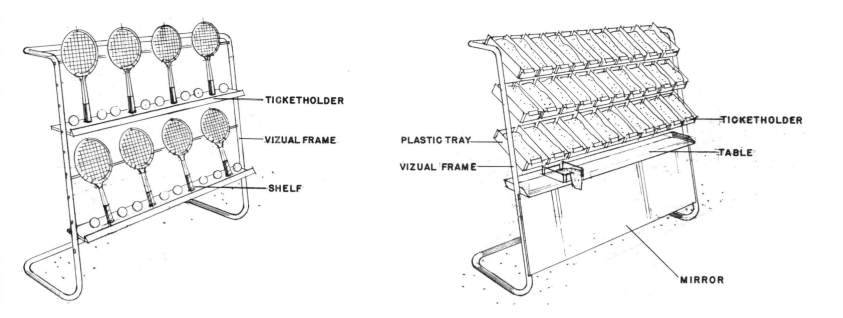

TICKETHOLDER

VIZUAL FRAME

SHELF

PLASTIC TRAY

TICKETHOLDER

VIZUAL FRAME

TABLE

MIRROR

8 9
   10

8 + 9 Ferdinand Kramer: Varianten zu
›Vizual Fixture‹, Ausarbeitungsstand 1947,
vereinfachte Form, Verzicht auf Vertikal-
strebe

10 Ferdinand Kramer: Verkaufseinheit:
modifizierter Typus der ›Vizual Fixtures‹,
Ausführung in Holz (vgl. ›Aldens‹-Modell),
1946

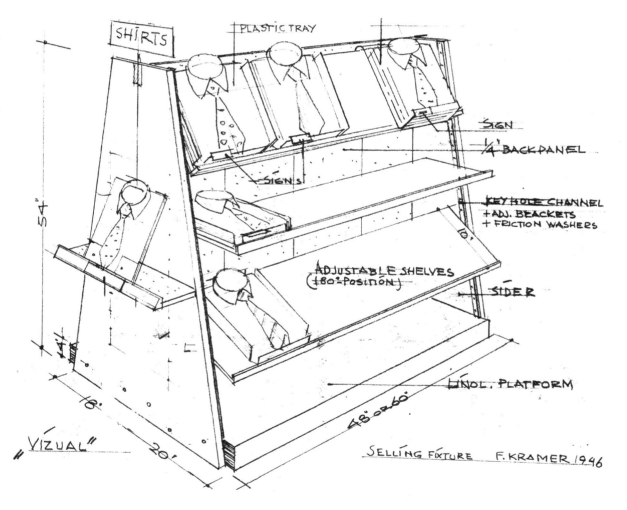

SHIRTS

PLASTIC TRAY

SIGN

1/4" BACK PANEL

SIGN'S

KEY HOLE CHANNEL
+ ADJ. BRACKETS
+ FRICTION WASHERS

ADJUSTABLE SHELVES
(+80°-POSITION)

SIDER

LINOL. PLATFORM

"VIZUAL"

SELLING FIXTURE   F. KRAMER 1946

Warenhaus ›Bloomingdale's‹, New York City: Einrichtung der Abteilung für Koffer und Taschen / Einrichtung des ›Basement‹

1945/46 arbeitete Ferdinand Kramer u.a. für das bekannte New Yorker Warenhaus ›Bloomingdale's‹. In Anlehnung an das Einrichtungssystem ›Vizual‹ zeichnete er detaillierte Entwürfe für zwei Abteilungen des Warenhauses: 1) Für die Abteilung für Gepäckstücke und Taschen – ›Luggage Department‹ 2) Für das ›Basement‹, d.h. das Untergeschoß für textile Haushaltswaren. Im Gegensatz zum ›Vizual‹-Prinzip handelt es sich hierbei um hölzerne Korpusse, mit denen Kramer indessen versuchte, die Erkenntnisse der ›Vizual Fixtures‹ auf eine vertrautere Form zu übertragen. Der Entwurf betraf kombinierbare Verkaufsmöbel (›Sectional Display and Selling Units‹). Es handelte sich – gemäß

1
2

1 Einrichtung ›Bloomingdale's Luggage Department‹, Grundriß mit eingezeichneten Verkaufsmöbeln (vermutlich 1945)

2 ›Luggage Shelving‹, Wandregal für Koffer, indirekte Beleuchtung hinter Curtainwall-Blende mit lichtdurchlässigem Beschilderungsstreifen, November 1945

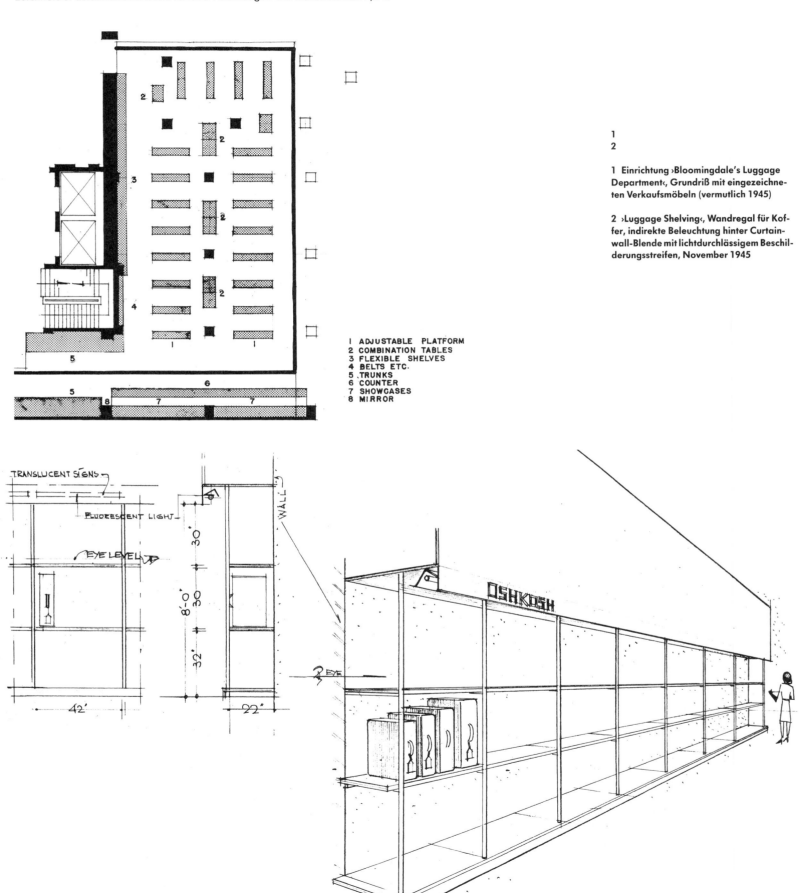

1 ADJUSTABLE PLATFORM
2 COMBINATION TABLES
3 FLEXIBLE SHELVES
4 BELTS ETC.
5 TRUNKS
6 COUNTER
7 SHOWGASES
8 MIRROR

Beate Kramer – um einen Auftrag. Ob etwas davon ausgeführt wurde, läßt sich nicht mit Bestimmtheit sagen. Die Entwürfe sind detailliert ausgearbeitet und enthalten genaue Materialangaben, doch die Detailliertheit der Zeichnungen steht im Widerspruch zum Fehlen von Fotografien der ausgeführten Arbeit.

Im Unterschied zu üblichen Warenhauseinrichtungen sind hier die Waren nicht horizontal gelagert, sondern auf geneigten Böden und Regalen ausgestellt; so bieten sie sich besser den Blicken des Käufers dar. Teilweise sind sie in Vitrinen ausgelegt, teilweise in aufgesetzten Elementen und in Plexiglasbehältern. Kramer strebte eine Verringerung der Korpustiefe von den üblichen 30 Inch auf 20 Inch an (ca. 75 bzw. 50 cm), was einen Gewinn an Verkaufsfläche bedeutete. Ins System einbezogene Schienen und Plexiglasklemmen dienten der klaren Beschilderung der Waren. Der Aufbau von Korpussen und Aufsätzen folgt einem modularen System (Kombinierbarkeit der Komponenten in

3
3   4
3   4

3 Kofferständer, anodisiertes Aluminium-rohr (3/4 Inch), Böden mit Gummi- oder Linoleumbelag, Winkel verstellbar, November 1945 und Januar/Mai 1946

4 ›Telescoping Table‹, höhenverstellbar, anodisiertes Aluminiumrohr, Platte mit Kork-, Gummi- oder ›Formica‹-Belag, November 1946

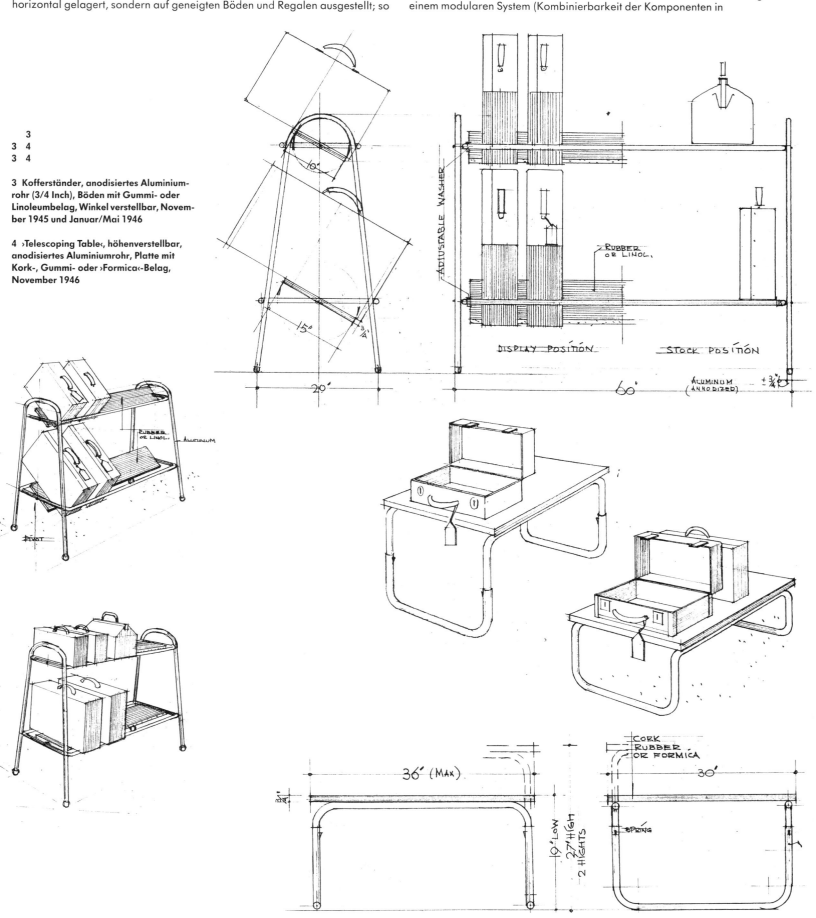

221

horizontaler und vertikaler Richtung). Dies bedeutete einen neuen Grad an Flexibilität und optischer Wirksamkeit. Entwicklungsmäßig scheint hier ein Zusammenhang zu den ›Combination Furniture‹ gegeben (siehe dort).

Der Entwurf für die Abteilung ›Bloomingdale's Basement – Domestics‹ zeigt individuelle Lösungen für Wandregale, die vermutlich den vorgegebenen Maßen des betreffenden Gebäudeteils entsprechen.

Einzelne Möbelentwürfe ergeben sich aus dem spezifischen Warenangebot (textile Haushaltswaren) der Geschäftsabteilung. Gleichzeitig finden typisierte Schrankelemente des 1945–46 von Kramer entwickelten Einrichtungssystems ›Sectional Display and Selling Units‹ Verwendung – z.B. als Unterschränke innerhalb eines Wandsystems, oder als freistehende und gruppierte Warenmöbel in Verbindung mit verschiedenen Aufsatzelementen.

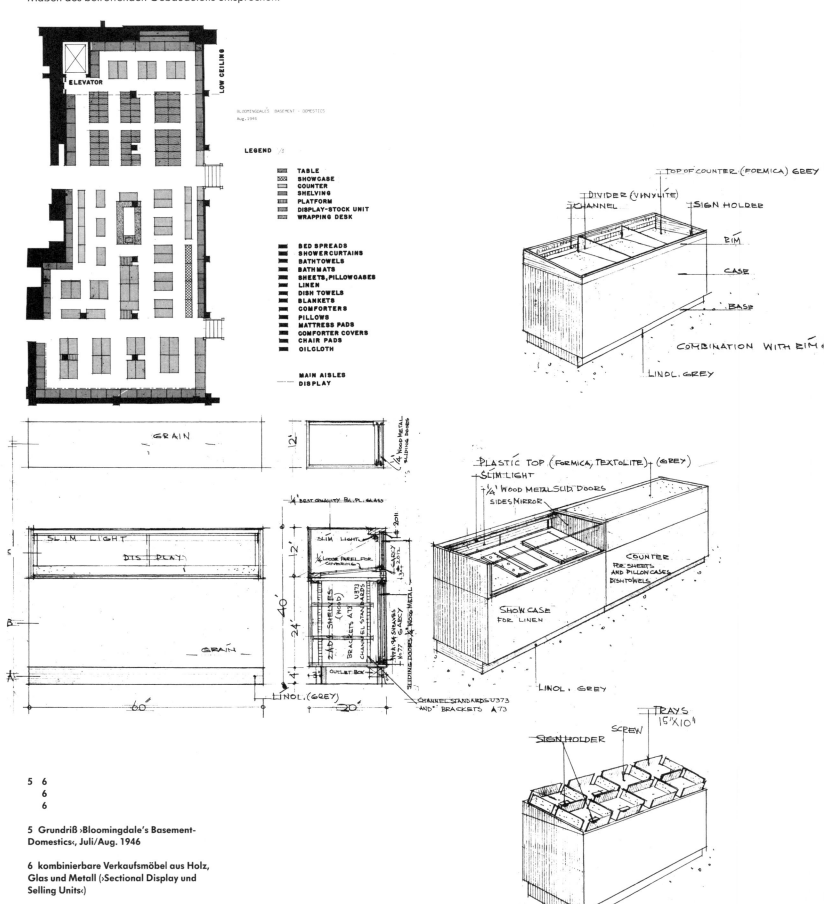

5 6
  6
  6

5 Grundriß ›Bloomingdale's Basement-Domestics‹, Juli/Aug. 1946

6 kombinierbare Verkaufsmöbel aus Holz, Glas und Metall (›Sectional Display und Selling Units‹)

7
8 9
10 11

7 Wandsystem für Wachstuchrollen mit Schneideschiene ›Shelving for Oilcloth‹, Eiche gebeizt, Metallbeschläge verchromt, März/August 1946

8 Kleiderständer (›Costumer‹), Konstruktion in Holz oder Metall, Werkzeichnung Januar 1946

9 Zusammenklappbarer Kleiderständer, Gestell anodisiertes Aluminiumrohr, Werkzeichnung Jan. 1946

10 Blatt mit den Teilen des Einrichtungssystems: Sockel – Kasten (Counter) – offenes Fach (Shadow Box) – Vitrine (Showcase) – Aufsätze oder Podeste (Countertop, Bin, Platform)

11 Ständer für Bettüberwürfe ›Bloomingdale – Bedspreads‹, Gestell Aluminiumrohr (1 Inch), Deckplatte Glas, Querstäbe ›telescoping rods‹ ausziehbar, Holzstange in Aluminiumrohr, Werkzeichnung Februar 1946

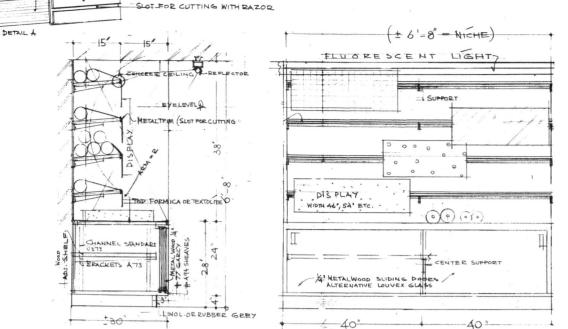

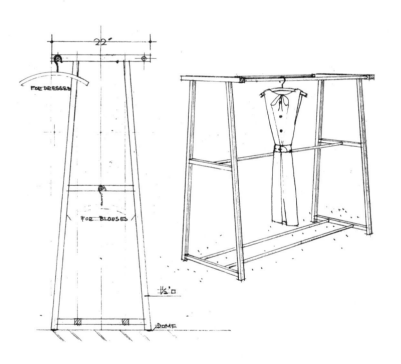

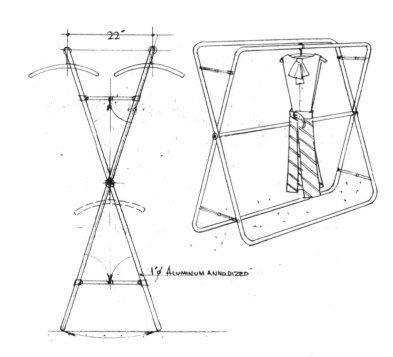

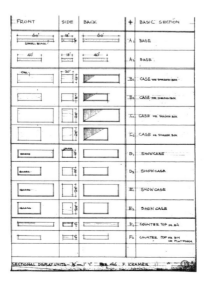

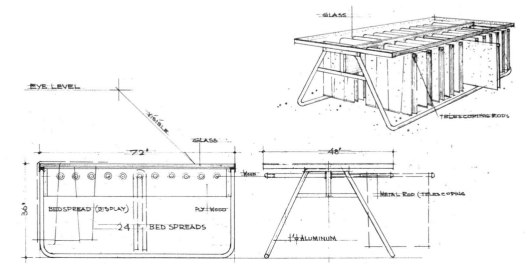

223

**Umbau und Einrichtung des Warenhauses
›Aldens‹, Kankakee, Illinois (abgerissen
1991), 1946/47**

Aldens war ein großes, damals vor allem im mittleren Westen angesiedeltes Versandhaus. Der Kontakt zwischen Aldens und Kramer kam durch den Bankier Paul M. Mazur zustande, einem Mitinhaber der Firma ›Products Marketing Corporation‹. Kramer erhielt 1946–47 den Auftrag, eine Verkaufsfiliale an der 200 South Schuyler Avenue in Kankakee (Illinois) umzubauen und seine neuen Warenhauskonzepte auszuprobieren. Aldens betrachtete diesen Bau als Versuchsgeschäft (›pilot store‹). Am Äußern ließ Kramer ornamentale Gesimse, Akroterien und Fassadenreliefs des um 1912 erbauten Gebäudes entfernen und neue Schaufenster im Erdgeschoß einbauen. Das Versuchsgeschäft war größtenteils mit Kramers kombinierbaren Verkaufsmöbeln (›Sectional Display

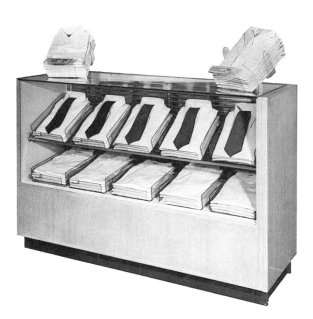

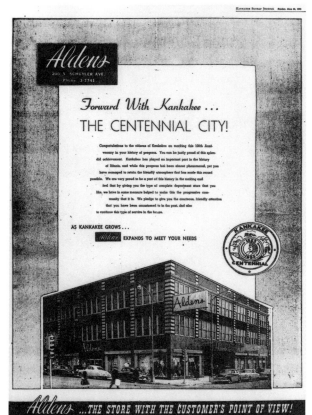

and Selling Fixtures‹, 1945–46) eingerichtet. Zusätzlich wurde ein Wandregal mit eingehängten Acrylglashaltern verwendet.

1 3
2 4   5
   4   6 7

4

1 Das Gebäude in Kankakee, Äußeres, vor 1946

2 Das ›Aldens‹-Geschäft, nach Kramers Umbau (Anzeige, 1953)

3 + 4 Verkaufskorpusse mit Acrylglasbehältern, Eiche, Glas in verschiedenen Zusammenstellungen

5 Wandregal, Holz, Sockel und Seitenwände Linoleum schwarz [?], anstelle von Regalbrettern verstellbare Querstäbe aus Metall, die in seitlichen Schienen eingehängt sind und zur Aufnahme von Winkelbehältern aus Plexiglas dienen

6 ›Develops Merchandise Trays For Display and Forward Stock‹, in: Women's Wear Daily, 23.12.1947

7 Brief von Aldens' Präsident Robert W. Jackson an Ferdinand Kramer, 17.7.1946

WOMEN'S WEAR DAILY, TUESDAY, DECEMBER 23, 1947

Develops Merchandise Trays For Display and Forward Stock

FACED with the problem of designing a fixture which will bring forward stock into the retail display operation, Ferdinard Kramer, architect and store designer evolved a series of merchandise trays to meet the situation.

These trays, now being used by a number of stores, resulted from a study made by Mr. Kramer, who was retained by Bloomingdale's, Allied Department Stores and Alden's, Chicago, to develop a fixture which should possess attractiveness, simple appearance, merchandise visibility, accessibility of merchandise to sales person, adequate space, flexibility to display additional and different merchandise, protection of merchandise from dust and dirt, economy of construction and other elements for good selling.

Varying in size from 12x4⅜x3 to 15x12 inches and ranging in price from $1.69 to $4.16, the units may be used for the stocking and displaying of men's socks, gloves, scarfs, shirts, shorts, towels, women's blouses, sweaters, pajamas, pillowcases, infants' wear, gloves, hosiery, handkerchiefs, girdles, lingerie, aprons, knit underwear and ties.

Made of transparent · vinylite plastic in heavy gauge, rigid construction, the trays are being marketed by Products Marketing Corp., 103 Park avenue. They have smooth edges and rounded corners which are open for merchandise accessibility. It was stated by Mr. Kramer that these units may be used in store's present showcases by taking out the shelves and arranging the trays on rods so that the merchandise is better displayed and brought face to face with the greatest number of customers.

At right is case of men's shirts using new merchandise trays. The trays are tilted to place goods in line with customer's vision thus bringing forward stock into display. Case being used by Alden's model store in Kankakee.

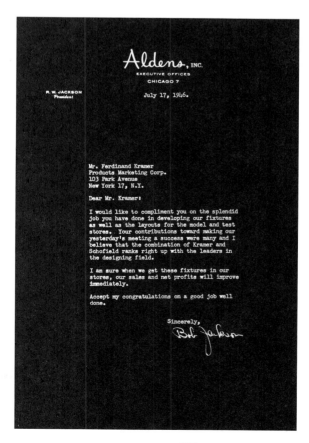

225

**Entwurf eines neuen Warenhaustyps für
›Aldens‹ und der Einrichtungsmethode
›Visual Planning‹, 1946/47**

Im Gegensatz zu den Ladenmöbeln für das ›Aldens‹-Geschäft in Kankakee bestehen diese Möbel nicht aus einigen kombinierbaren Grundelementen, sondern vielfach sind sie ihrer Funktion entsprechend speziell angepaßt. Da sie aber einheitliche Maße aufweisen, sind sie ebenfalls verschieden kombinier-

bar. Die Serienelemente der Kankakee-Möbel finden auch hier Verwendung. Man kann von einer Erweiterung und Spezifizierung der Ladeneinrichtung für Kankakee sprechen. Eine Vorwegnahme der heutigen ›Verkaufspsychologie‹ mit Videos und Unterhaltungsmusik liegt in Kramers Vorschlägen, Lichtbildapparate (›Balopticons‹) zur Darstellung von Waren einzusetzen und der Ermüdung des Käufers mit leichter Musik (Kramer spricht sogar von ›Muzak‹) im Hintergrund entgegenzutreten.

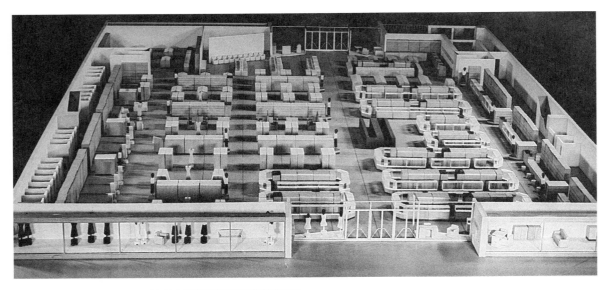

1	4
2	5
3	

1 ›A Visual Planning Method‹: Modell eines Ladens (›X-Store‹), Maßstab ca. 1:25, Typen der Einrichtungsmöbel und magnetische Tafel

2 Magnetische Tafel: mit Eingängen, Schaufensterbeleuchtung und maßstabsgetreuen Miniaturmöbeln (Privatarchiv Kramer, Frankfurt/M.)

3 ›Aldens X-Store‹: Typus eines Warenhauses für Städte von 30–60'000 Einwohner: Front gegen die Straße

4 ›Aldens X-Store‹: Grundriß des Erdgeschosses, M. 1:500. Dank der selbsttragenden Konstruktion des Obergeschosses ist das Hauptgeschoß stützenfrei (Fläche ca. 40 x 60 Meter)

5 ›Aldens X-Store‹: Grundriß des Mezzanins; die Grundfläche wird von einer geschoßhohen Trägerkonstruktion überdeckt, die zugleich als Warenlager dient

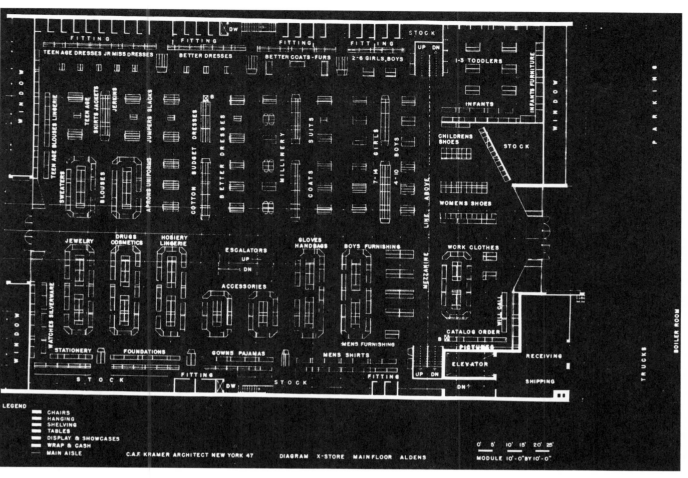

LEGEND
- CHAIRS
- HANGING
- SHELVING
- TABLES
- DISPLAY & SHOWCASES
- WRAP & CASH
- MAIN AISLE

C.A.F. KRAMER ARCHITECT NEW YORK 47   DIAGRAM X-STORE MAIN FLOOR ALDENS

0' 5' 10' 15' 20' 25'
MODULE 10'-0" BY 10'-0"

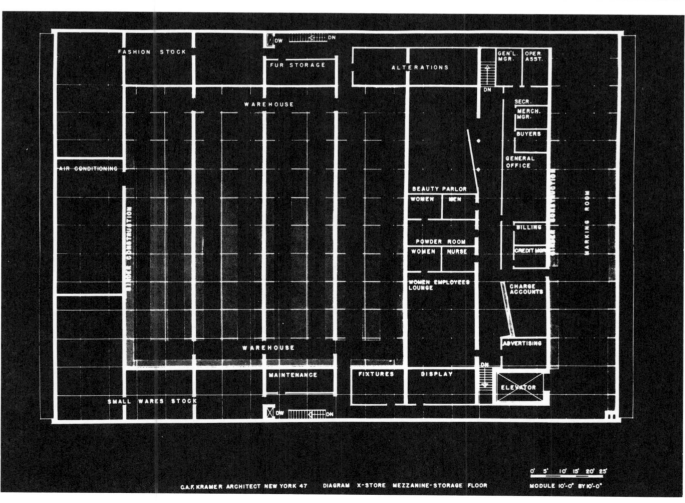

C.A.F. KRAMER ARCHITECT NEW YORK 47   DIAGRAM X-STORE MEZZANINE-STORAGE FLOOR

0' 5' 10' 15' 20' 25'
MODULE 10'-0" BY 10'-0"

227

Sperrholz-Tische ›Packaged Coffeetables‹, 1950

Dieser Entwurf verbindet die ›Do-it-yourself‹-Idee mit dem Prinzip der sparsamen Verwendung von Material: Bei der Herstellung dieser Tische fällt nahezu kein Abfallmaterial an. Der Entwurf wurde mit ›Schnittmustern‹ im Bildmagazin ›Look‹ zusammen mit einem Modeentwurf Beate Kramers

vorgestellt (›Look‹, 5.6.1951).

Nach der Vorlage dieses Tisches wurde ein Wegwerftisch für Coca-Cola aus Wellpappe produziert. Er trug ein aufgedrucktes Schachbrett und besaß vier Stanzungen zur Aufnahme von Pappbechern.

1 2
3

1 Beate und Ferdinand Kramer in einer Bildreportage ›Designed Couple Cut Corners‹, ›Look‹-Magazin, 5. 6. 1951

2 Wellpappe-Tisch, Werbegeschenk für Coca-Cola, um 1951

3 Ferdinand Kramer: Werkzeichnung für Sperrholztische: ›Square‹, ›Hexagon‹, ›Circle‹

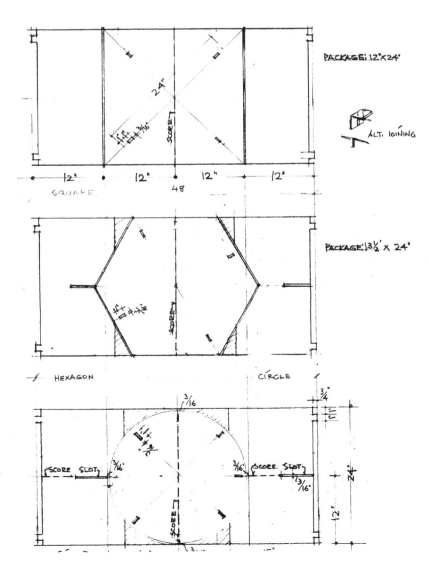

228

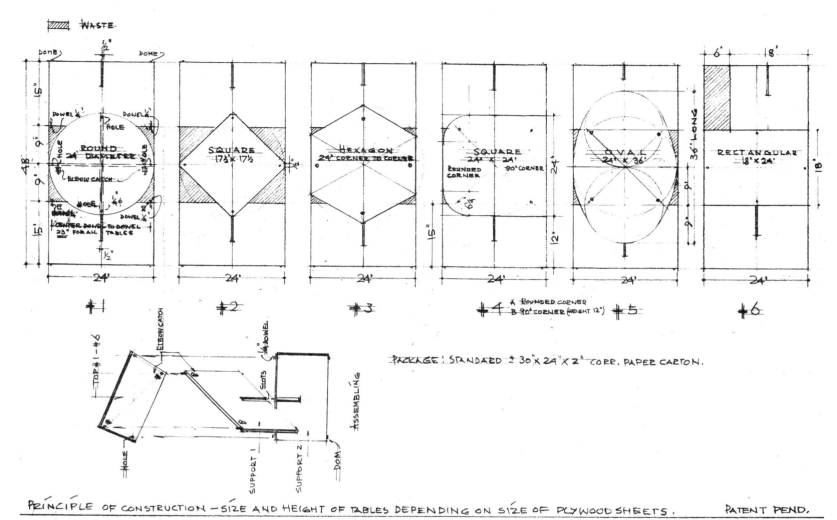

PRINCIPLE OF CONSTRUCTION — SIZE AND HEIGHT OF TABLES DEPENDING ON SIZE OF PLYWOOD SHEETS.   PATENT PEND.

DIAGRAM OF PACKAGED COFFEE TABLES 1"=1'-0"   MATERIAL: 2 FACED PLYWOOD ½"   F. KRAMER A.I.A. —NEW YOR
(2'-0" X 4'-0" SHEET) & 2 ELBOWCATCHS & 4 DOWEL PINS

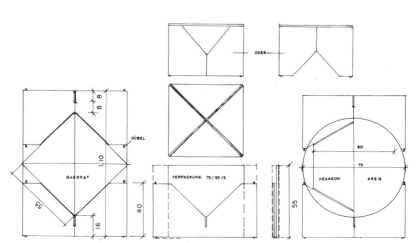

4
5

4 Sperrholztisch, sechs Varianten: Kreis, Raute, Hexagon, Quadrat, Ellipse, Rechteck. Aus einer doppelseitig furnierten Sperrholzplatte (oder Kiefer massiv) von 24 x 48 inches (2x4 Fuß) geschnitten, Teile zusammensteckbar. Verbindungselemente: vier Holzdübel, zwei Metallwinkel

5 Ferdinand Kramer: Werkzeichnung, nach 1952 angefertigt.

Ferdinand Kramer wurde durch einen Bekannten auf den Zusammenhang zwischen dem Automobilismus und der Verkaufskurve von Regenschirmen hingewiesen, woraus die Idee eines billigen Wegwerfschirms entstand. »Do you know that people almost stopped buying umbrellas when automobiles were first marketed? But when traffic and parking problems arose, up zoomed umbrella sales! People had to walk – sometimes in the rain – to parked cars.« (F.Kramer, in: Rain Made Him Rich – A Sixty-Second Story, in: ›Parade‹ Sunday Picture Magazine, 4.5.1952.)

Die ›Rainbelle‹ bestand aus verstärktem Papier mit Kunststoffbeschichtung (plastic vinyl coating on kraft paper). Er war aus einem einzigen Bogen von 8 Fuß Länge und 2 Fuß 6 Inch Breite gefaltet. Der Kreis entstand also ohne

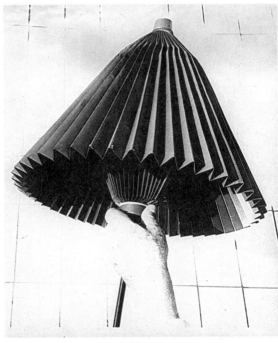

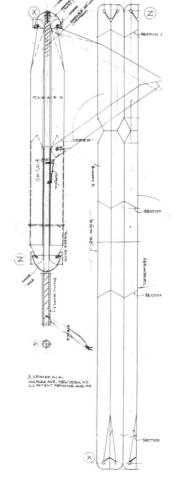

1 3
2 4 6
  5

1 ›Rainbelle‹, Blick von unten

2 ›Rainbelle‹, beim Öffnen

3 Beim Modellbauer (Atelier Schleicher), Frühling 1950. Foto E. Gross

4 + 5 ›Rainbelle‹. Funktionsmodell aus Papier von Ferdinand Kramer, 1948

6 ›Rainbelle‹, Seitenriß und Längsschnitt, Original im Maßstab 1:1, Werkzeichnung, August 1949

Beschnitt aus einem langgestreckten Rechteck. Dies war das Resultat einer ingeniösen Faltung. Das Meisterstück war die Faltbarkeit der ›Rainbelle‹, worin sie jedem gewöhnlichen Schirm entspricht; wo Kramer eine Gelenkwirkung brauchte, wurde das Papier durch eine Stanzung absichtlich geschwächt. »It turned out that my one-piece job was the first radical change in umbrella construction in 50 years« (F. Kramer, s. oben).

Der Entwurf datiert von 1948/49. Die serienmäßige Herstellung begann erst 1951. Der Schirm wurde in zwei Größen produziert: Normalgröße (Ladies' size, $ 1.98) und Kindergröße (Junior size, $ 1.49). Es gab ihn in den Farben rot, grün, blau, dunkelblau und schwarz.

Herstellung und Vertrieb erfolgten durch die Folding Products Manufacturing Corp. (Präsident Fred R. Oppenheimer) in Long Island, NY. Verkauft wurde der

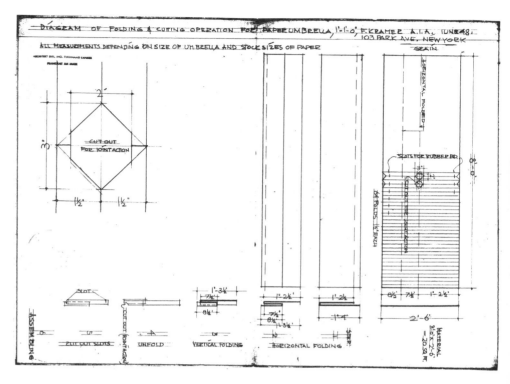

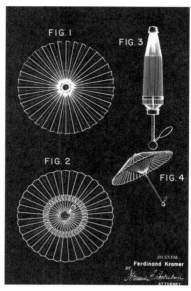

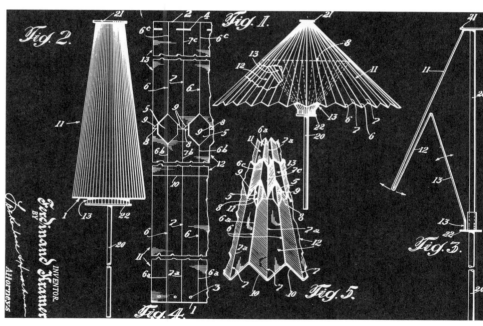

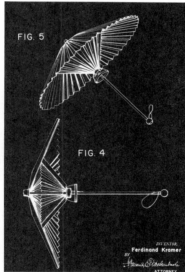

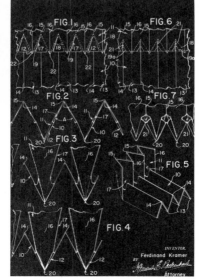

7   8
11   9
     10

7 Ferdinand Kramer: Faltplan mit Arbeits-schritten (Fortgang von rechts nach links), Werkzeichnung Juni 1948

8–11 Zeichnungen aus der Patentschrift (Blueprints)

Schirm landesweit in Warenhäusern wie Montgomery Ward, J.L. Hudson (Detroit), Wanamaker's (Philadelphia), Mandel Bros. (Chicago), Jordan Marsh Co., W. Filene's Sons Co. (Boston), Dennison's, Bloomingdale's, Saks, B. Altman & Co., Lord & Taylor (New York City). Nach der Publikation in der Illustrierten ›Look‹ wurde auch in der ›Washington Post‹ und ›Philadelphia Inquirer‹ über den Papierschirm berichtet. Innerhalb der ersten sechs Wochen wurden ca. 58000 ›Rainbelles‹ verkauft (Umsatz $100000). Dennoch war das Unternehmen nicht gewinnbringend (siehe Beitrag von Fred R. Oppenheimer). Laut Kramer dauerte die Entwicklung der Produktionswerkzeuge zwei Jahre, die Maschine kostete eine Viertelmillion Dollar, war etwa 40 Meter lang und produzierte sieben Schirme pro Minute.

A Sixty-Second Story

PORT CHESTER, N. Y.

NOT EVERY MAN can sit down with a piece of wrapping-paper in his hand and fold it into an international business!

But that's exactly what Ferdinand Kramer did. An architect and industrial designer, Kramer sat in his home one afternoon, folding, unfolding and refolding paper. He wanted to design a new kind of umbrella.

● "I got intrigued with umbrellas when a friend showed me some figures about their sales," says Kramer. "Do you know that people almost stopped buying umbrellas when automobiles were first marketed? But when traffic and parking problems arose, up zoomed umbrella sales! People had to walk—sometimes in the rain—to parked cars."

● Kramer also discovered that although the U. S. Patent Office had granted patents every few years on paper umbrellas, nobody had ever designed one from a *single* piece of paper.

A Radical Change

"That's when I took the wrapping-paper off the groceries and started experimenting!" says Kramer. "It turned out that my one-piece job was the first radical change in umbrella construction in 50 years."

Kramer's work wasn't finished with his pleated, wrapping-paper umbrella. It took a year to get machinery to make it and to perfect paper that would withstand wind and rain.

● But today, Kramer's gaily-colored parasol-type "Rainbelles" are sold in the U. S. and abroad. They're inexpensive—ranging from $1.29 to $1.98.

● "The ladies tell me they don't misplace their umbrellas any more," says Kramer with a twinkle. "They're too pretty to lose!"

FERDINAND KRAMER: he folded a piece of paper . . .

Rain Made Him Rich

12   13

12 ›Rainbelle‹ mit Mannequins

13 »A Sixty Second Story (Rubrik): Rain Made Him Rich«. Bericht in ›Parade‹, Sunday Picture Magazine, 4.5.1952 (der Titel war nicht eben zutreffend)

14
16 15

14 Etikette

15 + 16 Feature in der Illustrierten ›Look‹:
»Pleated Paper Umbrella opens new era«
(›Look‹, 17.7.1951)

Johann-Wolfgang-Goethe-Universität, Frankfurt/M, Generalbebauungsplan 1952/53; Umbau des Haupteinganges und des Rektorates, 1953

Als erstes erarbeitete Kramer als Universitätsbaudirektor (seit September 1952) den Generalbebauungsplan zum noch immer stark zerstörten Universitätsgelände am Nordrand der Frankfurter Innenstadt. Gegenüber dem ersten Plan von 1953 unterscheidet sich der präzisierte Entwurf von 1956 in wesentlichen Punkten (Vgl. Pläne Seite 82 und 102).

Das Hauptgebäude (Jügelhaus) wurde von Kramer 1953 auf bezeichnende Weise umgebaut. Er ließ den alten, zu schmalen Portalvorbau abbrechen und eine breite Eingangsnische in die neubarocke Fassade von 1906 schlagen. Dies tat er – angesichts der architektonischen Qualität des Altbaues durchaus plausibel – ohne denkmalpflegerische Rücksichten, aber alles andere als unsensibel. Dies läßt sich auch von seinem Umgang mit der Eingangshalle und dem ins Erdgeschoß verlegten Rektorat sagen.

1 2 5
  3 6
  4

1 **Eingang zum Hauptgebäude (›Jügelhaus‹), nach dem Umbau durch Kramer. Foto Stadtarchiv Ffm.**

2 **Haupteingang von innen. Foto S. Neubert**

3 **Hauptgebäude, Halle zum Nebeneingang. Foto U. Wenzel / K. Zollna (1991)**

4 **Sitzungszimmer im Rektorat. Foto S. Neubert**

5 **Haupteingang, Nachtaufnahme, im Hintergrund der Eingang zum Rektorat. Foto S. Neubert**

6 **Hauptgebäude, Erdgeschoß-Grundriß, M. 1:400**

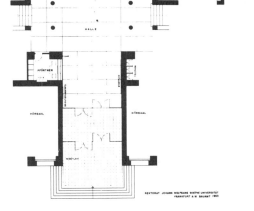

Die Versuchs- oder Studiobühne war ein Teil des neugegründeten ›Instituts für
Deutsche Sprechkunde‹. Zu dessen Aufgaben gehörten u.a.

Vorlesungen über Gestaltungsfragen, Lyrik und Prosa, über freie Rede und ihre
Gesetze sowie verschiedene Formen der Diskussion. Seine technische Aus-
stattung ermöglichte die Herstellung von Tonbändern für Deutschunterricht im
Ausland und praktische Übungen für Sprechbildung und Hörspielversuche vor
dem Mikrophon. Neben der Versuchsbühne umfaßt das Institut: Bibliothek,
Archive, Sammlung, technische Räume.

1 2
3
   4

**1 + 2 Die Wohnung Ferdinand Kramers, im
Jügelhaus gelegen. Fotos S. Neubert**

3 Versuchsbühne, Querschnitt, M. 1:100

**4 Detail: klappbarer Bühnenzugang in der
Mittelachse des Zuschauerraums**

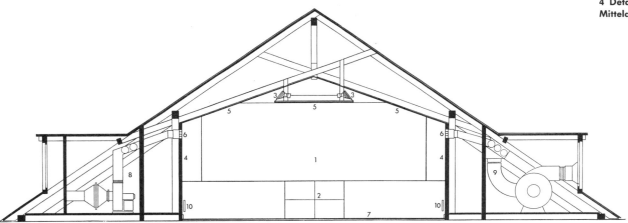

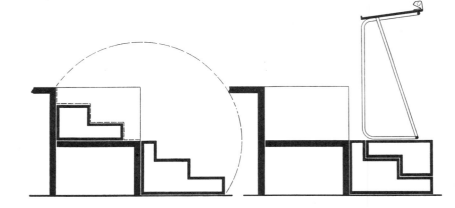

Der Zuschauerraum der Studiobühne bietet bei 70 m² maximal 100 Sitzplätze (Klappstühle). Für die Versuchsbühne entwarf Kramer ein Rednerpult aus verchromtem Stahlrohr, das in der Universität vielfach Verwendung gefunden hat. Die Stirnwände bei Eingang bzw. Bühne waren zitronengelb, Längswände und Decke weiß gestrichen, der Blendschutz unter den Reflektoren signalrot, die Türen ›französischblau‹: In Kramers Architektur konnte der Farbe durchaus ein gewichtiger Part zufallen! Der Raum weist indirekte Beleuchtung (Siemens-reflektoren) und künstliche Lüftung auf. Bühnenabschluß: Nesselvorhänge, Bühnenvorhang: Zeppelin-Ballonstoff, Bodenbelag graues Linoleum bzw. grau gestrichen (Bühne). Die Raumausstattung ist zwar renovierungsbedürftig, aber weitgehend unverändert.

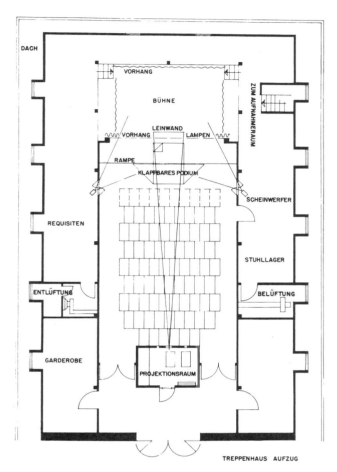

5 6
7 8

5 Versuchsbühne, Grundriß, M. 1:200

6 Blick von der Bühne in den Zuschauer-raum

7 Ausziehbares Rednerpult, Skizze von Ferdinand Kramer

8 Aus einem Programmzettel

NEUE BÜHNE IM STUDENTENHAUS
AN DER JOHANN-WOLFGANG GOETHE UNIVERSITÄT
FRANKFURT (MAIN)

GIDE

ANDRÉ GIDE
DIE RÜCKKEHR DES VERLORENEN SOHNES
IN DER ÜBERTRAGUNG
VON RAINER MARIA RILKE

JEAN COCTEAU
AUS DEM **TASCHENTHEATER**
IN DER ÜBERTRAGUNG
VON WERNER RIEMERSCHMIDT

COCTEAU

Fernheizwerk, 1953 (Mitarbeiter Walther Dunkl)

Das Fernheizwerk für das Universitätsgelände war einer der ersten Bauten Kramers nach seinem Amtsantritt. Sein Bau bezweckte eine möglichst saubere und rationelle Heizwärmeerzeugung; das System der Wärmeerzeugung war das von Hochdruck-Heißwasser.

Der helle, nahezu quadratische Kesselraum enthielt drei parallele Brennanlagen. Ursprünglich war die Anlage für Kohlenverfeuerung eingerichtet (heute Heizöl); deswegen auch der hochgezogene schlanke Bunkerteil mit den Eisenbeton-Trichtern über den Heizkesseln. Tiefbunker und Schlackenaufzug wurden nach außen verlegt, um den An- und Abtransport der Kohle bzw. der Verbrennungsreste zu erleichtern (Sauberhaltung der Betriebsräume). Die

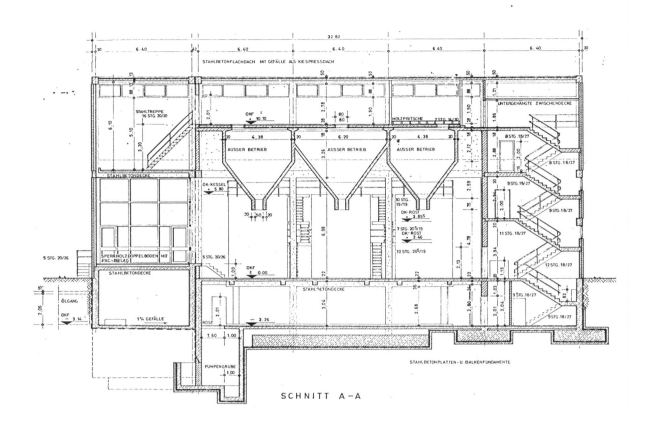

SCHNITT A–A

1

2

1 Längsschnitt, M. 1:250 (Planaufnahme 1971), mit der Erweiterung nach Norden (links)

2 Erdgeschoß-Grundriß, M. 1:250, vor der Erweiterung

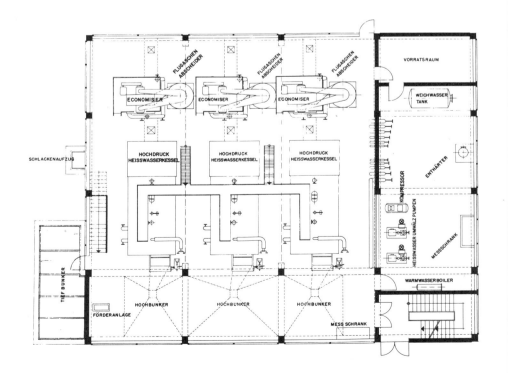

238

Fassaden zeichnen sich durch schöne Proportionen des Betonrahmens und der Fenster sowie durch eine sorgfältige Detaillierung aus: Klinkerausfachung, Fensterprofile und -anschlüsse, Spenglerbleche. Später wurde der Bau – noch durch Kramer – um eine Achse nach Norden erweitert. Die Änderung fällt kaum auf, so sorgfältig ist sie gemacht.

Um die Richtung des Energieflusses sichtbar zu machen, wurden die Rohrleitungen in verschiedenen Kennfarben gestrichen. Diese technisch begründete Lösung entfaltete zusammen mit den weißen Wänden und den schimmernden Aluminiumkesseln eine außergewöhnliche ästhetische Wirkung. Die ›Neue Presse‹ würdigte damals die »Technik mit musischem Moment« (22.5.1956).

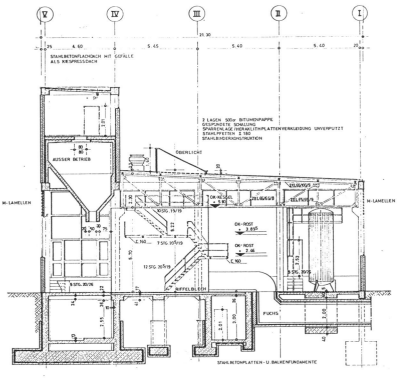

SCHNITT B–B

3 4
5 6

3 Querschnitt, M. 1:250 (Planaufnahme 1971)

4 Ansicht von der Gräfstraße, sichtbar die Pfeiler-Verdoppelung wegen der Erweiterung. Foto C. Lichtenstein (1991)

5 Innenaufnahme, um 1953. Foto Grieshaber

6 Innenaufnahme, Blick in den Pumpenraum, um 1953

239

**Amerika-Institut und Englisches Seminar,
1953/54 (Mitarbeiter: Helmut Alder)**

Die frühe Entstehungszeit und die abgesonderte Lage des Amerika-Instituts liegen begründet in seiner Finanzierung durch amerikanische Stiftungsgelder. Das Gebäude enthält das Englische Seminar, Amerika-Institut und die Commonwealth-Abteilung, alle mit eigenen Handbibliotheken. Es beherbergte auch das erste Sprachlabor in der Bundesrepublik.

Das Institut liegt auf einer schmalen Parzelle und weist eine Bautiefe von nur 10,80 m auf. Das gewählte Konstruktionsraster ist flexibel genug, um verschiedene Funktionen aufzunehmen. Die Fassade gegen die Senckenberg

Anlage bildet die Verschiedenartigkeit der Funktionen ab: Der Hörsaal (mit ansteigender Bestuhlung) liegt hinter einer Fläche aus Glasbausteinen, die eigentlichen Büroräume hinter hochliegenden Fenstern und einer hellgelben Klinkerverkleidung. Das Dachgeschoß weist eine über die gesamte Länge reichende Loggia gegen Westen auf, ein Erholungsbereich mit Blick auf das Universitätsgelände jenseits der Senckenberg Anlage.

Von besonderem Reiz ist die Eingangsfront am Kettenhofweg an der Südseite. Sie ist weitgehend geschlossen, aber gerade wegen der sparsamen Akzente des Foyerfensters und des abgehängten Vordaches alles andere als ›stumm‹ (siehe Beitrag von A. Hansen). Der Bau wurde 1954 offiziell als Beispiel vorbildlicher Architektur Hessens ausgezeichnet.

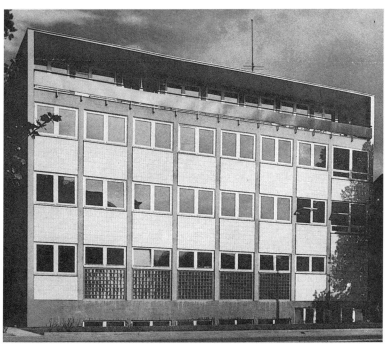

1 2
3 4
  5

1 Amerika-Institut, Ansicht von der Senckenberg Anlage

2 Amerika-Institut, die Loggia im 3. Obergeschoß

3 Amerika-Institut, erhöhtes Erdgeschoß mit abgetrepptem Hörsaal (vgl. Abb.1: Glasprismen-Ausfachung)

4+5 Amerika-Institut, Grundrisse Erd- und 1. Obergeschoß, M. 1:250

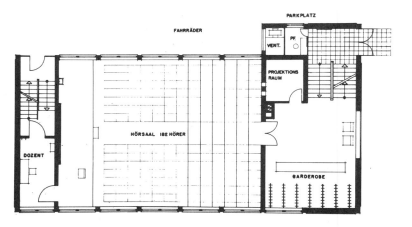

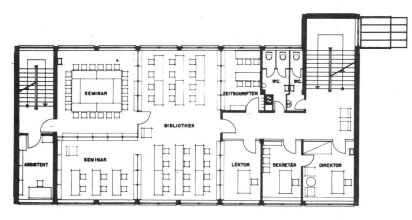

Geologisch-Paläontologisches Institut, 1954 (Mitarbeiter: Helmut Alder); Geographisches Institut, 1964

Diese beiden – durch eine erst später überbaute Parzelle voneinander getrennten – sehr ähnlichen Institute sind beispielhaft für eine äußerste Ausnutzung des umbauten Raumes. Bei einer Gebäudetiefe von 12.20 m

sind die Stützen in zwei Schiffen von 4.50 bzw. 6.80 m Lichtmaß angeordnet. Das breitere Schiff (u. a. mit dem Hörsaal) ist gegen die ruhige Hofseite gelegt. Verkehrs- und Erschließungsflächen sind auf ein Minimum reduziert. Die Kompaktheit der Institute findet in der großzügigen Geste der sorgfältig detaillierten Dachterrassen eine Kompensation, die an ihnen den Eindruck von Enge nicht aufkommen läßt.

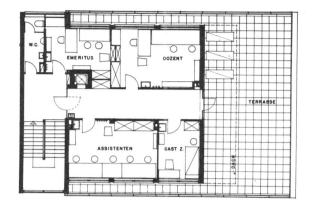

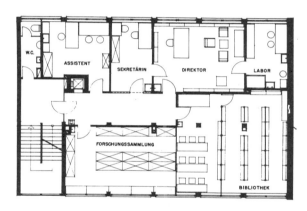

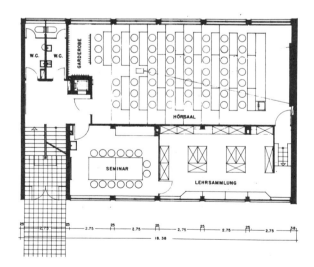

1 2
1 3
1

1 Geologisch-Paläontologisches Institut, Grundrisse von Erd-, 1. Ober- und Dachgeschoß, M. 1:250

2 Geologisch-Paläontologisches Institut, Ansicht gegen die Senckenberg Anlage. Foto Grieshaber

3 Geographisches Institut, Ansicht gegen die Senckenberg Anlage. Foto C. Lichtenstein (1991)

241

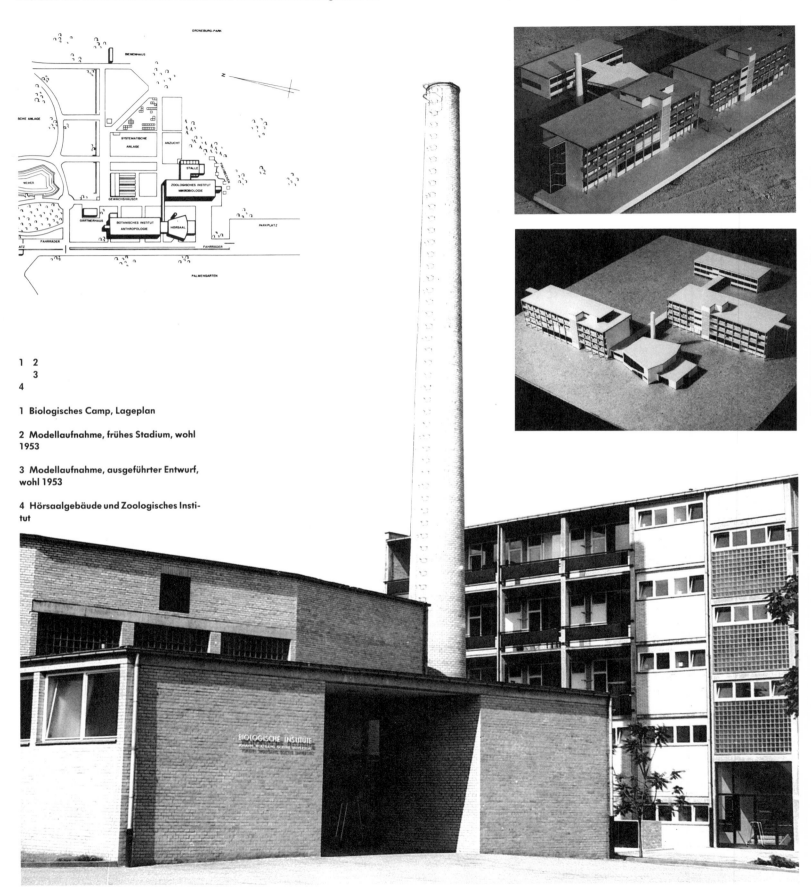

Biologisches Camp: Zoologie/Mikrobiologie, Botanik/Anthropologie, 1954-56. Mitarbeiter: Helmut Alder (Hörsaalgebäude) und Walther Dunkl (Institute)

Das Biologische Camp bildet ein Gebäude-Ensemble am Rand des Botanischen Gartens. Die Bezeichnung ›Camp‹ wurde bewußt gewählt; hier wurden im Interesse des wissenschaftlichen Fortschrittes Institute zusammengefaßt, die

noch vor dem Krieg ein Eigenleben geführt hatten. Auf der einen Seite sind Zoologie, Mikrobiologie und kinematische Zellforschung baulich gruppiert; auf der anderen Seite Botanik und Anthropologie. Das Raumprogramm umfaßte auch ein großes Auditorium.

Aus der Forderung nach leichtem Kontakt zwischen den wissenschaftlichen Spezialgebieten formulierte der damalige Kurator der Johann-Wolfgang-Goethe-Universität, Friedrich Rau, 1957: »Daraus folgte zum ersten die

1   2
    3
4

1 Biologisches Camp, Lageplan

2 Modellaufnahme, frühes Stadium, wohl 1953

3 Modellaufnahme, ausgeführter Entwurf, wohl 1953

4 Hörsaalgebäude und Zoologisches Institut

Notwendigkeit eines hohen Grades baulicher Variabilität und zum andern eine organische Raumeinteilung in dem Sinne, daß die Institute in größere Institute so zusammengelegt bzw. einander angenähert werden, daß, was fachlich zusammengehört, auch räumlich verbunden ist.« (Rau war ein wichtiger Partner Kramers in allen Fragen baulicher und institutioneller Entwicklung, der sich große Verdienste um die Realisierung der Universitätsbauten erworben hat). Als Konsequenz aus dieser Forderung wurden die Bauten so konstruiert, daß sie

dereinst aufgestockt oder horizontal erweitert werden könnten; das Eisenbetonskelett sorgte für eine prinzipiell leichte Veränderbarkeit des Innenausbaues.

In einem ersten Entwurf waren die beiden Hauptteile Zoologie und Biologie in einer Zeile angeordnet, zwischen ihnen als Zäsur der Zugang zum Auditoriumsgebäude, an das seinerseits rückwärtig das Laborgebäude angeschlossen

5 6
    7
    8

5 Großer Hörsaal, Innenaufnahme

6 Decke des großen Hörsaales

7 Hörsaaltrakt, Längsschnitt, M. 1:250

8 Grundriß, M. 1:250

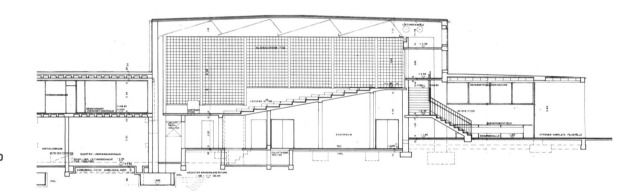

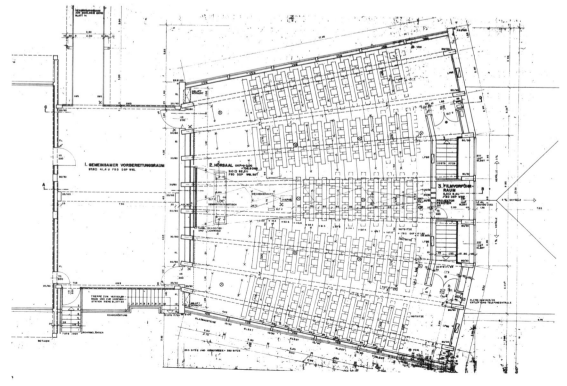

hätte. Das doppelseitig belichtete Auditorium wäre dabei das Herzstück gewesen, jedoch nur als Aufenthaltsort und nicht als Verkehrsmitte, also nur um den Preis, daß die Institute miteinander nicht durch Korridore kommuniziert hätten.

In der Ausführung wurden die einzelnen Komponenten – unter Beibehaltung

ihrer ›Leistungsform‹ – anders gruppiert. Die beiden Institutstrakte und auch das Auditorium sind Z-förmig versetzt an einen Verbindungsgang angeschlossen, der, obwohl als aufgeständerte Stahl-/Glaskonstruktion von äußerst filigraner Wirkung, nun zur eigentlichen Ordinate wird.

Die beiden Haupttrakte sind mit je über 50 m Länge wesentlich größer als die

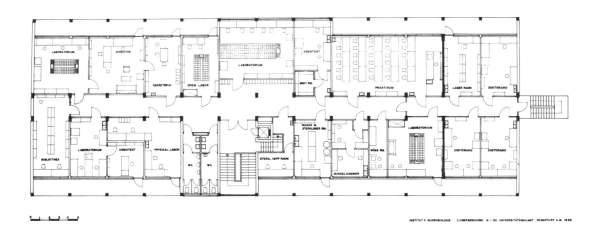

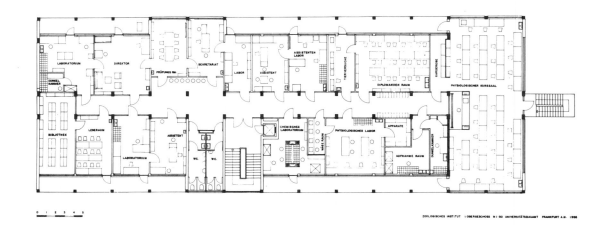

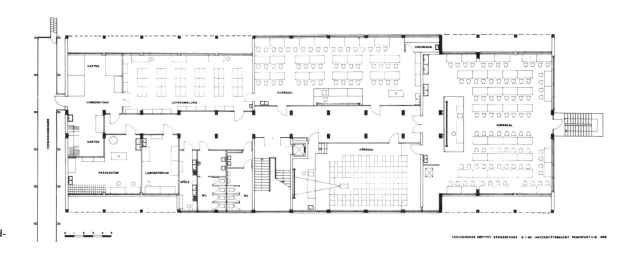

9 10
   11
   12

**9 Feuertreppe, Zoologisches Institut, Süd-
seite**

**10 Zoologisches Institut, Grundriß
3. Obergeschoß, M. 1:400**

11 Grundriß 1. Obergeschoß, M. 1:400

**12 Grundriß hochliegendes Erdgeschoß,
M. 1:400, links der Verbindungsgang zum
Hörsaalgebäude**

bisher gebauten Institute an der Senckenberg Anlage. Vor allem mit einer Bautiefe von rund 20 m liegen sie in einer anderen konstruktiven Kategorie; das Konstruktionssystem ist artikulierter als bei den kleineren Instituten. Kramer und sein hier verantwortlicher Mitarbeiter Walther Dunkl entschieden sich für ein dreischiffiges System, also mit vier Stützenreihen, wobei das mittlere Schiff (Korridor) mit 2,50 m Achsmaß sehr schmal, die beiden Seitenschiffe mit ca.

8.20 m Tiefe aber breit sind. Dieser regelmäßigen konstruktiven Ordnung überlagert ist nun die räumliche, die im Sinn des von Friedrich Rau Gesagten damit kompatibel, aber nicht identisch ist.

Die räumliche Ordnung ist durch eine Loggien-Zone entlang der beiden Längsseiten gekennzeichnet. Je nach Bedarf ist von dieser Möglichkeit

13
14 15 16

13 Biologisches Institut, Ansicht gegen die Gewächshäuser. Foto H. Schwöbel

14 Verbindungsgang, stirnseitiger Abschluß, Austritt über ›Minimaltreppe‹

15 Kurssaal, Blick gegen Feuertreppe

16 Feuertreppe, selbsttragende Eisenbetonkonstruktion

Gebrauch gemacht worden: an beliebiger Stelle innerhalb eines Geschosses und allenfalls von Geschoß zu Geschoß anders. So besitzen die beiden Haupttrakte eine fast uneingeschränkt variable Wabenstruktur. Was den baulichen Ausdruck von Flexibilität und Variabilität betrifft, sind diese Bauten wohl die radikalsten Beispiele dafür in Kramers Werk. ›Radikal‹ heißt aber nicht ›nur-funktionell‹; die vorliegende architektonische Struktur ist ein frühes

Ausführungsbeispiel für eine ›offene‹ Architekturauffassung. Zugleich ist sie in ästhetischer Hinsicht bewältigt, war die Form ein Thema für Kramer und Dunkl.

17   19
18

17 + 18 Gärtnerwohnhaus, vor dem Bau der Zoologischen und Biologischen Institute, 1954

19 Gärtnerwohnhaus, Grundriß M. 1:200

20 Türblatt in den Instituten, mit Wandtafel. Foto H. Schwöbel

21 Laborgebäude und Gewächshäuser, Planung 1954-56, erbaut 1966. Foto H. Schwöbel

22 Wirtschaftsgebäude, Grundriß, M. 1: 200

23 Wirtschaftsgebäude, Planung 1954-56, erbaut 1966. Foto H. Schwöbel

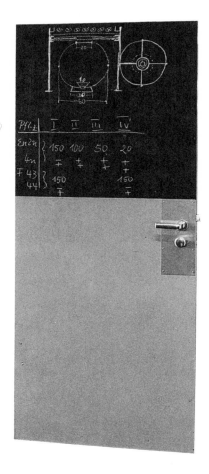

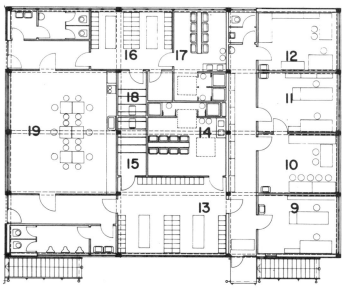

**Studentenwohnheim Bockenheimer Warte,
1957-58 (Mitarbeiter: Helmut Alder)**

Das Studentenwohnheim an der Bockenheimer Warte ist der einzige Bau
geblieben, der von Kramers anfänglicher Idee einer Campusuniversität zeugt
(Einheit von Studieren und Wohnen). Der viergeschossige Bau umfaßt 48
Doppel- und 31 Einzelzimmer, pro Stockwerk einen Besucherraum, eine

Teeküche (im Mittelrisalit) und zwei Waschräume (am Ende der beiden Flügel).
Das Erdgeschoß des Skelettbaus ist offen behandelt. Es dient als Durchgang,
zum Einstellen von Fahrrädern und enthält zudem einen voll verglasten Clubraum und eine Tutorenwohnung. Anläßlich der Einweihung sagte Kramer:
»Ja, aber wo bleibt die Gemütlichkeit? hörte ich immer noch im Geiste. Zwischen der Schenke ›Zum Schlagbaum‹ und der ›Mexicana-Bar‹ steht dieses
Haus so wesensfremd. Alte und neue Gemütlichkeit konkurrieren hier um die

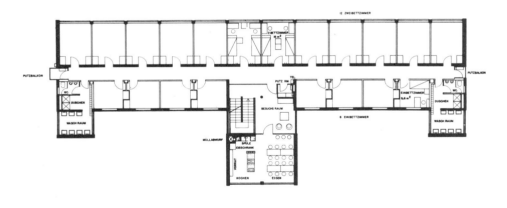

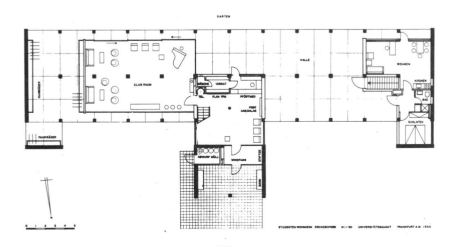

1 2
3 5
4

1 Ansicht gegen Norden

2 Südansicht, Fassadendetail der Doppel-
zimmer

3 Obergeschoß-Grundriß, M. 1:400

4 Erdgeschoß-Grundriß, M. 1:400

5 Erdgeschoß, Blick von Osten gegen den
Mittelrisalit

jungen Leute (…) Die Wände sind erbarmungslos weiß, die Betonsäulen und -träger schalungsrauh, nicht einmal abgeschliffen, mit Löchern wie die Rinde eines Baumes (…) Weiß ist ein Hintergrund. Was da ist, wird vor ihm kräftiger, wenn es überhaupt Kraft hat (…) Das Weiß als Hintergrund wird Ihnen unmerklich ein Gefühl der Freiheit geben (…) Sie wollen ja nicht ewig hier wohnen, nicht sich so einrichten, daß Sie nachher aus Ihrem Fuchsbau gar nicht mehr herauskommen (…) Gemütlich ist heute nicht mehr der Schlupfwinkel, die Bude, die gedeckte Farbe, die ebenso wie die kaschierte Konstruktion einem vormacht, in der Umwelt gäbe es keine Entscheidungen und keine konstruktiven Aufgaben. Sich ihnen stellen, ist dem Gemüt zuträglicher.« (abgedruckt in: Bauwelt 17/1959, S.519f).

6 7
8 9

6 Nordansicht des Mittelrisalits (Teeküchen), Fassadendetail

7 Mittelrisalit, von Osten, Glasprismen (Treppenhausbelichtung)und Entlüftungsöffnungen der Vorratsschränke (Küchen)

8 Erdgeschoß, Eingangshalle

9 Detail des Treppengeländers M. 1:25 (an zahlreichen Bauten Kramers vorkommend)

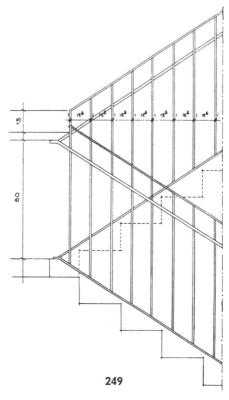

Institute für Pharmazie und Lebensmittel-chemie, 1954-57 (Mitarbeiter: Klaus Peter Heinrici)

Der Standort dieser Institute am Südrand des Universitätsgeländes wurde mit dem Generalbebauungsplan 1954 festgelegt. Der Entwurf entwickelte sich in

analoger Weise zu den Instituten von Biologie und Zoologie: Auch hier wurde der große Hörsaal als freistehender Baukörper den Hochbauten vorgelagert und separat erschlossen. Dafür waren zum einen erneut konstruktive Gründe bestimmend (Stützenraster), zum andern auch die Dreieckform des Areals, die hier von der ›Geometrie‹ des übrigen Geländes abweicht. Der langgestreckte fünfgeschossige Institutsbau schließt die Universtitätsbebauung nach Süden ab;

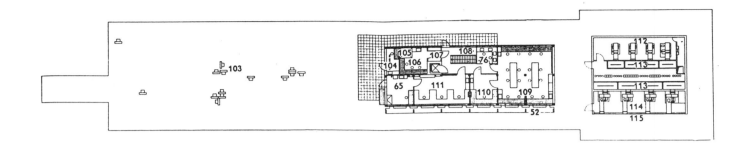

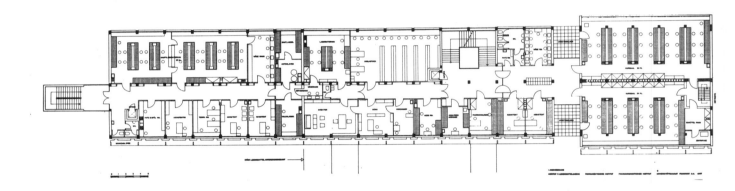

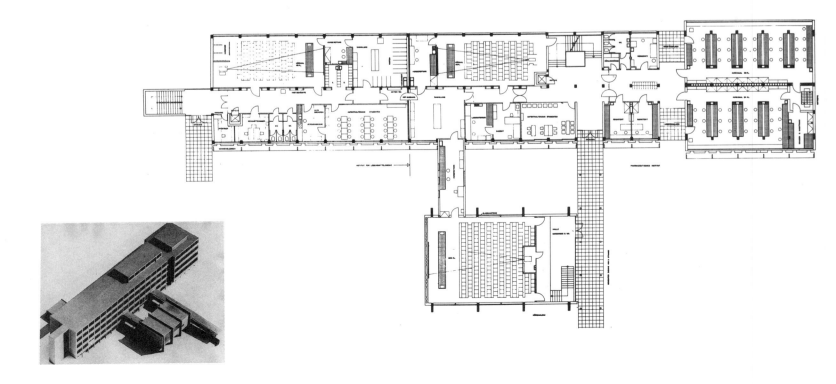

der Hörsaalbau stößt gegen die schräg verlaufende Georg-Voigt-Straße vor.

Das Areal bildete vor dem Bau eine natürliche Mulde. Im Interesse möglichst geringer Erdverschiebungen (und sicherlich aus ästhetischen Erwägungen) wurde davon abgesehen, sie aufzufüllen. Die Gebäudetrakte wurden in die Mulde hineingestellt. Von der Straße führt ein gedeckter Verbindungssteg am

aufgeständerten Hörsaaltrakt vorbei ins Eingangsgeschoß (1. Obergeschoß).

Der Komplex enthält zwei Institute von verwandtem Installationsgrad: das Institut für Lebensmittelchemie mit 7 600 m³ und das Pharamzeutische Institut mit 17 100 m³ umbauten Raumes. Die Institute besitzen eigene Eingänge und Vertikalerschließungen.

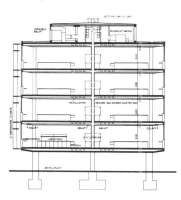

1
2
3
4

5
6

1 Grundriß Dachgeschoß, M. 1:500

2 Grundriß 1. Obergeschoß, M. 1:500

3 Grundriß Eingangsgeschoß, M. 1:500. Links das Institut für Lebensmittelchemie, rechts das Pharmazeutische Institut

4 Modellaufnahme, noch ohne Sonnenblenden, um 1956

5 Ansicht von Osten, Hörsaaltrakt, Zugangssteg. Foto H. Schwöbel

6 Schnitt durch den Osttrakt mit den Kurssälen, freies Erdgeschoß als Autoparkplatz, M. 1:500

Der fünfgeschossige Längsbau ist zweischiffig und auf einem Raster von 3,50 m Achsmaß und zwei Schiffen von je 7,50 m Tiefe aufgebaut; Bautiefe rund 15 m. Im nördlichen Schiff liegen kleinere Hörsäle und Seminarräume, im südlichen Aufenthaltsräume und Büros. Der östliche Gebäudekopf des Pharmazeutikums kragt mit den Kurssälen bei gleichbleibendem Konstruktionsraster beidseitig aus und erricht eine Bautiefe von 19 m. Im Gegensatz zur (außenliegenden)

Konstruktion des ›Biologischen Camps‹ liegt sie hier im Innern.

Bemerkenswert ist der Sonnenschutz auf der Südseite: ›Sonnenbrecher‹ nach dem bewunderten Vorbild Le Corbusiers (Marseille, St. Dié usw.). Kramers Blendschutz ist aber filigraner. Es sind Eisenbetonpanels, teils vorfabriziert, teils an Ort gegossen, die in überaus eleganter Weise zu einem Gitter gefügt sind.

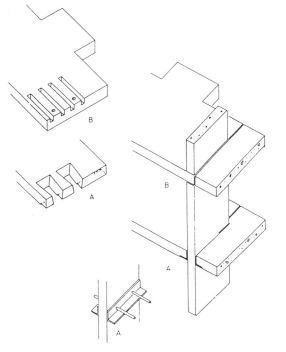

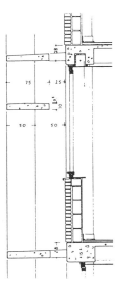

7
8 9 10

7 Institut für Lebensmittelchemie, Südfassade. Foto P. Förster

8 Konstruktionsschema der Sonnenblenden: Horizontale Platten A gleichzeitig mit Geschoßdecken betoniert (durch Ausleger verbunden), vertikale Lamellen damit vergossen, horizontale Kämpferplatten B mit diesen vergossen und verschraubt. – Die Sonnenblenden mußten kürzlich vollständig erneuert werden

9 Fassadenschnitt M. 1:75. Plattenstärke an der Außenfläche 10 cm

10 Labor. Foto P. Förster

Die formale und farbliche Interaktion zwischen dem – von der Fassade abgelösten – grauen Gitter und der dahinterliegenden Wand mit den gelblichen Klinkersteinen ist bemerkenswert: Das Gitter wirkt gegenüber den Variationen der Fenster und Brüstungen homogenisierend, zugleich tut es dies auf transparente Weise und ohne die Unterschiede zu leugnen. Dieses Bauwerk gehört ohne zu übertreiben zu den wirklichen Meisterwerken deutscher Nachkriegsarchitektur.

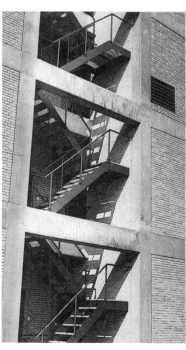

11
12   13

11 Ansicht von der Georg-Voigt-Straße

12 Pharmazeutisches Institut, Eingangshalle und Aufenthaltsraum für Studenten. Kramer verwendete oft die abgebildeten jugoslawischen Sperrholz-Klappsessel. Foto H. Schwöbel

13 Feuertreppe an der östlichen Stirnfront. Foto H. Schwöbel

Institut für Kernphysik, 1956—58
(Mitarbeiter: Walter Dunkl)

Diese im Westen Frankfurts gelegene Anlage fand seinerzeit international
große Beachtung, ganz entsprechend den damaligen Hoffnungen, die in die
Kerntechnologie gesetzt wurden. Lehre und Forschung waren aus finanziellen
Gründen auf das Gebiet der Neutronenphysik beschränkt.

Die Anlage umfaßt das Laboratoriums- und Hörsaalgebäude, durch einen
gedeckten Gang damit verbunden zwei Teilchenbeschleuniger, den Reaktor mit
zugehörigen Laboratorien und Kontrollräumen sowie Nebengebäude. Zentrales Stück der ausgedehnten Anlage ist der Versuchsreaktor in einem
Rundbau von 20 m Durchmesser. Über dessen Untergeschoß aus Schwerbeton
erhebt sich eine leichte polygonale Stahlkonstruktion mit Asbestzementdek-

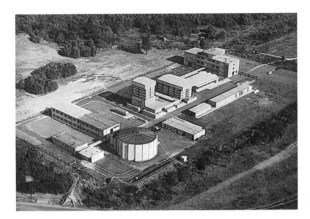

1 3
2
   4

1 Luftansicht der gesamten Anlage

2 Das Reaktorgebäude im Bau

3 Werkstattgebäude, vom Eingang aus
gesehen, hinten ein Teilchenbeschleuniger

4 Grundriß des Reaktorkomplexes; poly-
gonaler Reaktor mit angefügtem Laborato-
riums- und Kontrollgebäude, oben (am
Ende des Verbindungsganges) das Radio-
chemische Labor

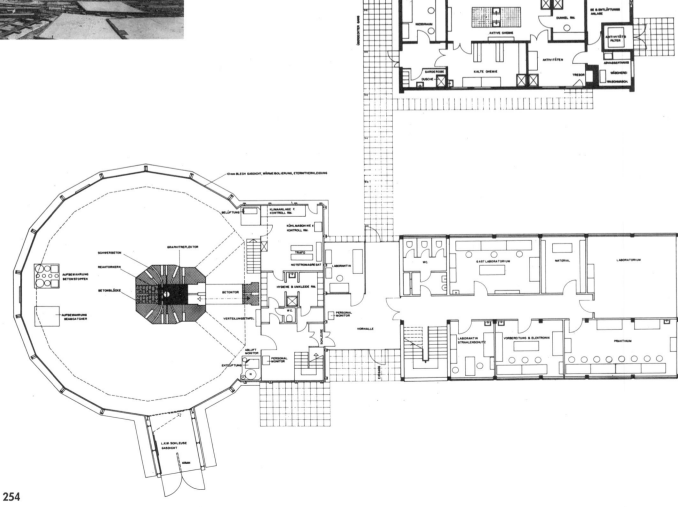

254

kung; daran angefügt ist das rechteckige Reaktorlaboratorium, welches Einblick in die Reaktorhalle gestattet.

Dieselbe Konstruktion wurde für die beiden Bauten mit den Beschleunigern angewendet. Die außenliegende Stahlkonstruktion mit den Windverstrebungen ergibt ein Muster, das dem technischen Charakter der Anlage auf reizvolle Art entspricht.

Die ›Technizität‹ ist denn auch das hervorragende Merkmal des Komplexes. Gasdichte Türen, Schleusen, geschlossener Abwasserkreislauf und schwere Ummantelungen waren die damals neuartigen Mittel, um den Gefahren der Materie zu begegnen. Das inmitten eines Wohngebietes gelegene Institut ist noch immer in Betrieb; der Reaktor wird seit Jahren nicht mehr benützt.

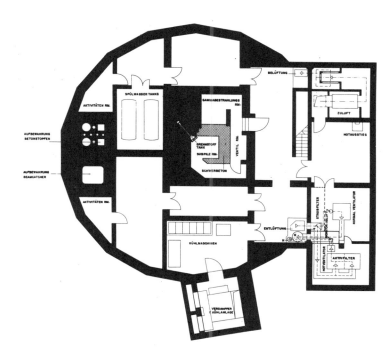

5 7
6

5 Reaktorhalle, Blick gegen die Schalt-warte. Foto P. Förster

6 Untergeschoß mit Reaktorkern M. 1:300

7 Teilchenbeschleuniger mit offenem Ver-bindungsgang. Foto H. Schwöbel

Hörsaalgebäude I der Universität, 1956-58
(Mitarbeiter: Helmut Alder)

Der Bau ist bestimmt von der ungewöhnlichen Anordnung der Hörsäle. Im Unterschied zur üblichen Bauweise mit einer auf die Geschoßdecke aufgesetzten hölzernen Hörsaalbestuhlung sind hier die Zwischendecken geneigt; die Hörsäle sind als gegeneinander versetzte Raumkeile angeordnet. Die ungenutzten Räume unter dem Fußboden entfallen dadurch, wodurch das umbaute Volumen äußerst intensiv genutzt ist. An dieser Disposition hatte Kramers Mitarbeiter Helmut Alder wesentlichen Anteil. Bei ihr stehen Raum und Konstruktion in enger Entsprechung.

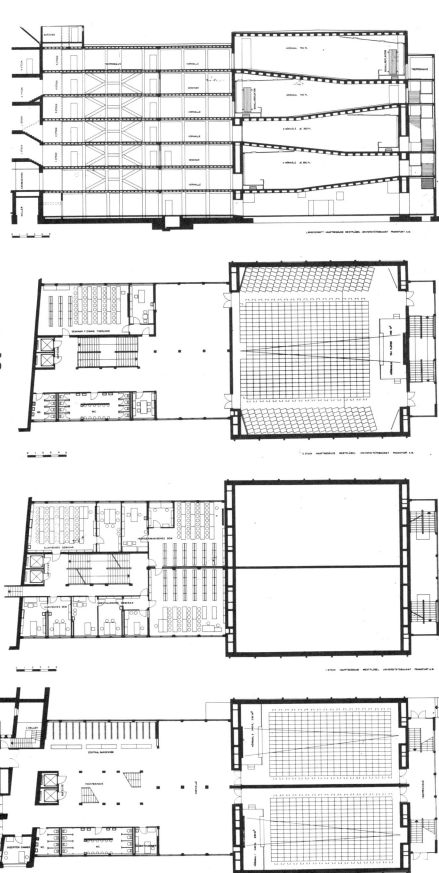

1
2
3
4

1 Längsschnitt M. 1:500

2 Grundriß 5. Obergeschoß, mit großem Hörsaal, M. 1:500

3 Grundriß 1. Obergeschoß, Zwischenbau mit Seminarien, Hörsäle Luftraum, M. 1:500

4 Grundriß Erdgeschoß, Anschluß ans Hauptgebäude, M. 1:500

Die Hörsäle sind von beiden Schmalseiten aus erschlossen; ihre Front liegt abwechselnd gegen den Verbindungsbau oder das außenliegende Treppenhaus. Der Gebäudeschnitt gibt Aufschluß über die Geschoßteilung. Ausgehend vom übernommenen Erdgeschoßniveau des Altbaus, baut die Struktur sich nach oben entsprechend der Höhenverhältnis von 1 zu 2 auf: Ein Hörsaal ist vorne doppelt so hoch wie hinten, wobei den vorgelagerten Hallen im Verbindungsbau die Geschoßhöhe von 3,45 Meter (Lichtmaß 3,10 m) zugrundeliegt.

Differenztreppen vermitteln zum Jügelhaus (Altbau).

Der Zwischentrakt ist ein Eisenbeton-Skelettbau mit Hohlkörperdecken, der Hörsaaltrakt ein Massivbau mit Unterzügen, beide in Ortbauweise erstellt. Die feinen Betonraster der Hörsaal-Außenwände sind in erster Linie formal bedingt (nur in zweiter Linie konstruktiv), um die fensterlosen, mit vertikal stehenden, hellgelben Kacheln verkleideten Wände zu gliedern.

5 6
7 8

5 Hörsaalgebäude I, Ansicht von der Gräfstraße, vor dem Bau des Hörsaalgebäudes II. Foto K. Meier-Ude (1961)

6 Das außenliegende Treppenhaus

7 Großer Hörsaal mit 750 Plätzen, 3. Obergeschoß

8 Kleiner Hörsaal mit 350 Plätzen. Foto C. Lichtenstein (1991)

Das scheibenförmige Gebäude beherbergt auf neun Geschossen zwölf Seminarien und Institute für fast 1200 Studenten, Doktoranden und Professoren. Es war einer der ersten Stahlskelettbauten in der Bundesrepublik mit offen-

liegenden – nicht durch Beton ummantelten – Stützen. Aus Gründen der Feuersicherheit war dazu eine behördliche Ausnahmebewilligung vonnöten.

Voraussetzung dafür war die Anordnung der Doppel-T-Profile DIE 30 außerhalb der Fassaden und die geringe Gebäudetiefe von 10 Metern (keine innenliegende Stützen). Die Geschosse sind in den durch sie gebildeten Rahmen

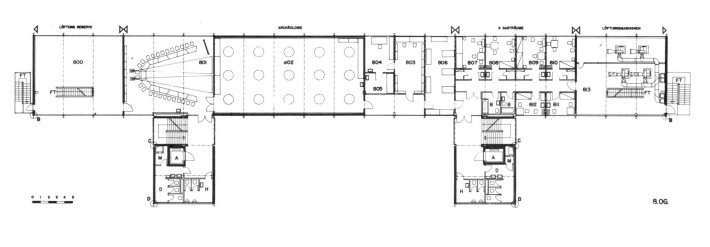

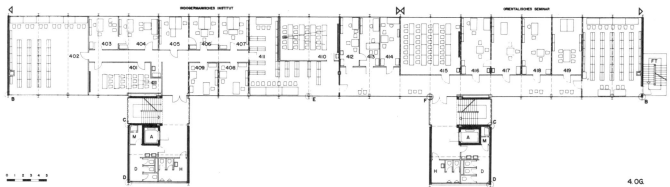

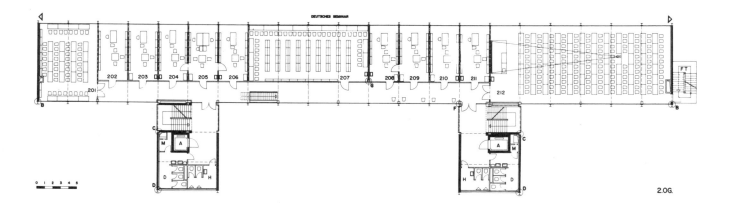

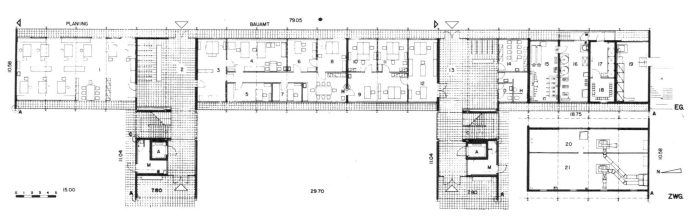

›hineingeschoben‹. Das Stahlskelett wurde in drei Wochen errichtet. Die Brüstungsplatten – eine wenige Zentimeter starke Sandwich-Konstruktion – sind an den Stützeninnenseiten befestigt. Die einzelnen Geschosse sind vielfältig unterteilbar. Die Fenster sind nach dem Muster des ›Chicago Frame‹ dreigeteilt – mit Anschlußmöglichkeiten für leichte Trennwände. Das oberste Geschoß geht in der Benutzung der Struktur noch weiter. Sondernutzungen wie die archäologische Sammlung sind fensterlos und durch Oblichter erhellt. Deren Unterschied zu den Normalräumen wurde von Kramer betont. Möglich gewesen wäre die Verwendung von analogen Wandpanels wie in den Normalgeschossen, nur fensterlos. Die gewählte Lösung ist indessen architektonisch weit suggestiver. Die betreffenden Bereiche zeigen sich als eingehängte, den Bau nach oben abschließende Beton-Volumen, durch welche

1   2   3
            4

1   Grundrisse von Erdgeschoß, 2., 4. und 8. Obergeschoß, M. 1:500

2   Ansicht von der Hofseite

3   Philosophisches Institut, nördliche Stirnseite mit aufgehängter Feuertreppe. Foto C. Lichtenstein (1991)

4   Philosophicum, Ansicht von der Gräfstraße. Foto U. Wenzel / K. Zollna (1991)

die ›Monotonie‹ der Normalgeschosse geschickt gebrochen – dialektisch gesprochen ›aufgehoben‹ – wird.

Das Gebäude ist mit den beiden Erschließungs- bzw. Sanitärtürmen sehr ökonomisch konzipiert und ist typisch für Kramers Methode der Grundrißbildung (vgl. den Typ B des Wochenendhauses nach Wachsmann, 1944). Trotz seiner Rigorosität ist der Bau reich an Feinheiten: die Feuertreppe, die

Glasprismen-Ausfachung der Treppenhäuser, die Nahtstellen von Erschließungstürmen und Längsbau usw.

»Institute zu bauen ist kein genormter Auftrag (…) So wäre also die Frage, wer den Architekten über diese Anforderungen unterrichtet – der Institutsdirektor, die Fakultät, die Universitätsverwaltung? Regelmäßig werden die letzteren beiden Instanzen ihre Sachkenntnis wiederum vom Erstgenannten beziehen.

5 6

5 Detail der Feuertreppe, Nordseite

6 Vertikalschnitt durch die Fassade,
M. 1:40

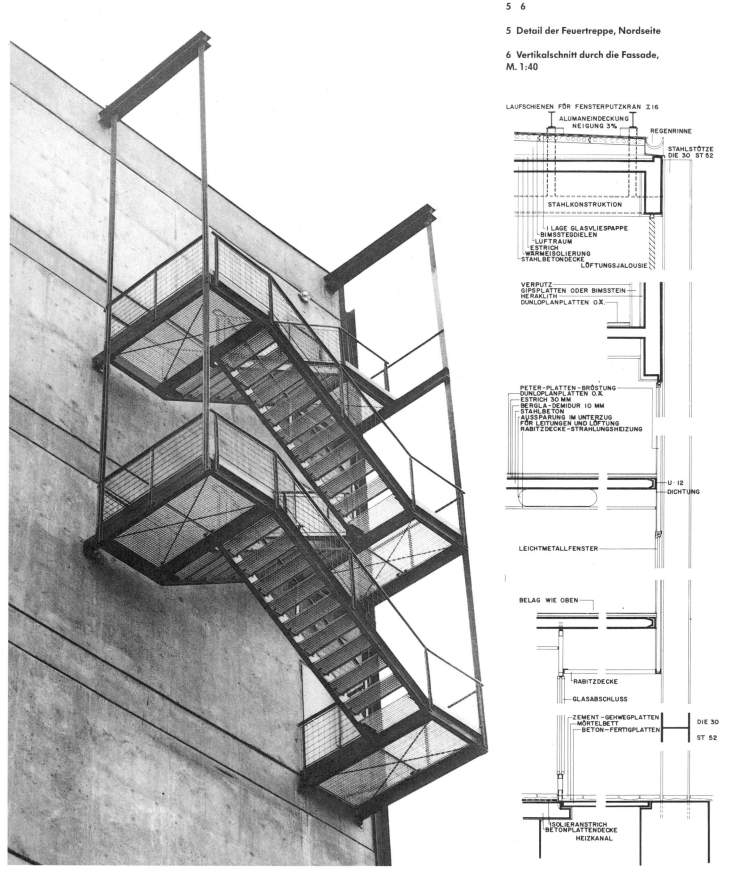

260

Aber auch auf ihn darf sich der Architekt keineswegs als letzte und souveräne Information verlassen. Der Grund ist zunächst, daß auch diese Fachleute über ihre eigene Arbeitsweise nur ein traditionell angesammeltes Wissen haben können. Der Ausblick auf optimale Arbeitschancen ist ihnen deshalb fremd, weil sie nie industriell, sondern nur etatistisch zu denken gelernt haben, also sparsam im Hinblick auf Investitionen und verschwenderisch im Hinblick auf die Ökonomie der Arbeitskraft und der Zeit. Von ihrer Seite muß also der Architekt stets auf den überraschenden Einwand gefaßt sein, daß seine Vorausplanung völlig utopisch sei, während seine Methode des Denkens in Räumen ihnen eher an der Sache vorbeizugleiten scheint. So hat der Institutsarchitekt häufig fast eine Detektivaufgabe, die Wünsche und den tatsächlichen Bedarf des Institutsleiters zu koordinieren, durch weitere Informationsquellen diese Auskünfte mit den allgemeinen technischen Anforderungen in Einklang zu bringen.« (F.Kramer, Hochschulplanung gestern und heute, in: Bauen + Wohnen 8/1962, S.315.).

Haus ohne Dach und Wände
Richtfest für das Philosophische Seminar

In drei Wochen montiert: ein Hochhaus aus Stahl. Foto: Kern

7 10
8 11
9

7 Bibliothek eines Seminars, mit Arbeits-
plätzen

8 Bibliothek eines Seminars, Metalltische
von Kramer für dieses Gebäude entworfen
(Hersteller: O. Kind, Kotthausen)

9 Das Treppenhaus Süd

10 Das Philosophicum im Bau: Stahlskelett,
Aufnahme Oktober 1958

11 Korridorzone, lokale Vertikalverbin-
dung zwischen zwei Geschossen

Studentenwohnhaus Walter Kolb, 1960–61

Das siebengeschossige Gebäude enthält 69 Studentenzimmer von minimaler Grundfläche (8,4 m²) und eine Tutorenwohnung. Am innenliegenden Treppenhaus (das von einem Oblicht erhellt wird) sind die Längsseiten des Hauses halbgeschossig versetzt angeschlossen. Jedes Halbgeschoß besitzt eine Sanitäreinheit (Dusche, Waschgelegenheit, WC) für sechs Zimmer, immer zwei Halbgeschosse zusammen eine geräumige Küche. Im Erdgeschoß liegen eine Garderobe (11), eine Bibliothek (13), ein Vortragssaal (14) und ein Büro (12), im Untergeschoß ein Clubraum. Die monatliche Miete betrug zu Beginn (incl. Reinigung) 35 Mark. Ferdinand Kramer: »Studenten haben erfahrungsgemäß Gemeinschaft am liebsten in der Form, daß 4, 5 oder 6 eng beieinander hocken und sich die Köpfe heiß reden. Dafür sind die Zimmer groß genug geplant, und niemand ist beengt.« (Bauen und Wohnen 8/1962, S.324.)

1 2
   3
4 5 6

1 Walter-Kolb-Studentenwohnheim, Ansicht gegen den Beethovenplatz

2 Studentenzimmer

3 Saal im Erdgeschoß

4 Längsschnitt, M. 1:300

5 Erdgeschoß-Grundriß, M. 1:250

6 Obergeschoß-Grundriß, M. 1:250

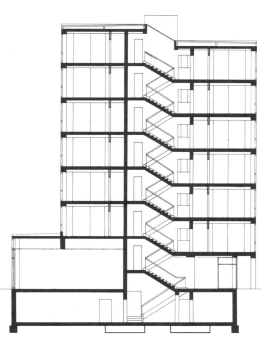

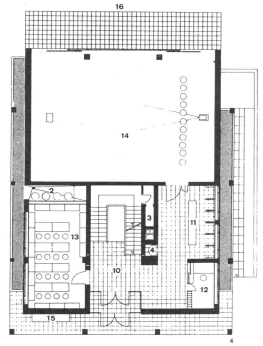

1 2
3
4

1 Institute für Mathematik und Physik I,
Ansicht gegen die Robert-Mayer-Straße.
Foto Stadtarchiv Ffm.

2 Anschluß an den ›Physikalischen Verein‹.
Foto Stadtarchiv Ffm.

3 Hof-Fassade, M. 1:500

4 Erdgeschoß-Grundriß, M. 1:500

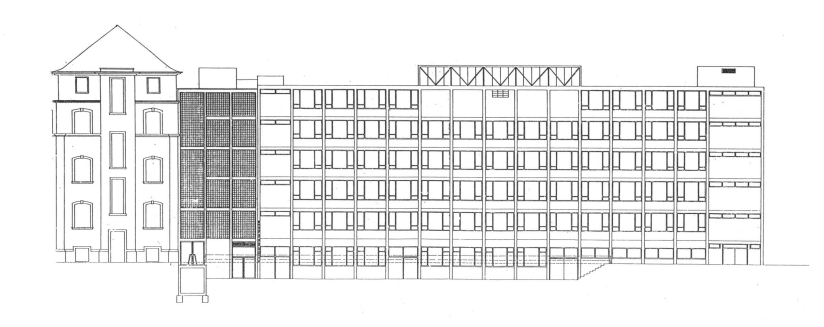

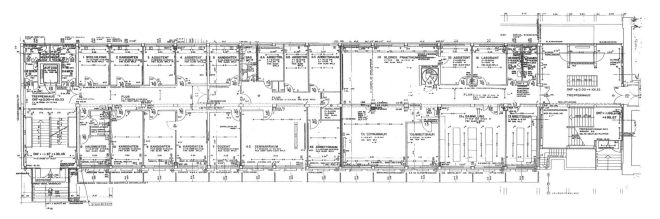

Niklaus Pevsner würdigte in der ›Architectural Review‹ vom Oktober 1963 diesen Bau als »a straightforward, fully-airconditioned rectangular box, with northlight monitors over the kitchens«. Ferdinand Kramers Absichten kommen in seiner eigenen Charakterisierung am besten zum Ausdruck: »In dieser Mensa können 3000 bis 5000 Personen während der Mittagszeit verköstigt werden. Für das Publikum gibt es kein Warten in langen Queues. Es gibt immer genügend Platz ohne Gedränge, kürzeste Wege ohne Verkehrskreuzungen zwischen Service und Eßtisch. Es gibt keine Küchen- und Essensgerüche. Die Räume sind vollklimatisiert. Keine Benzingase, kein Staub und Lärm dringen von der Straße

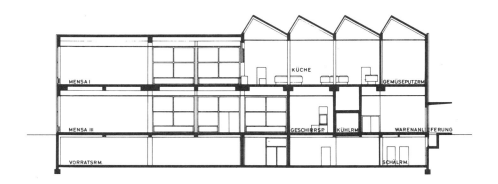

herein. Die Wand zur Küche ist gefallen; die Vorgänge, die mit der Zubereitung des Essens zu tun haben, sind sichtbar geworden. Der Appetit soll visuell bestätigt werden.

Für die Küche: genaueste Planung, gleichbedeutend mit der assemblyline einer rationellen Produktion mit arbeitssparenden Methoden, von der Anlieferung, der Aufbewahrung, der Verarbeitung, dem Service, Benutzung von hochwertigen Materialien (Nirosta und Chromargan), um Abnutzung und Verschleiß und Arbeitszeit auf ein Minimum zu bringen (…) Nicht einen Augenblick habe ich während der Planung und der Vorbereitung dieses Baues die Hauptsache aus den Augen verloren: in diesem Hause soll es gut schmecken!…« (F.Kramer, Mensa der Universität in Frankfurt/Main, in: Bauwelt 28/1963, S.792.)

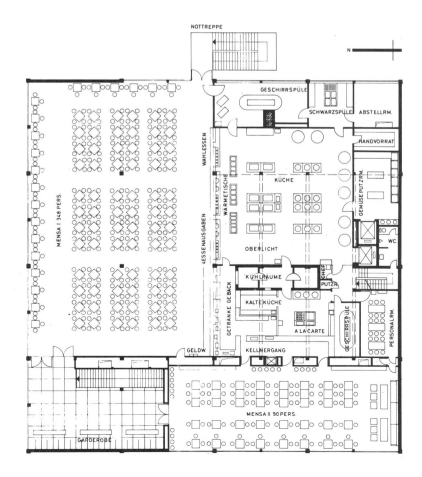

1   3 4
2   5

1 Ansicht von Nordwesten. Foto Stadt-archiv Ffm. (1979)

2 Schnitt, M. 1:400, im Obergeschoß unter dem Sheddach: Küche und Gemüseputz-raum

3 Küche

4 Kleine Mensa mit 90 Plätzen (Milchbar), Resopal-Wandbild von HAP Grieshaber, Foto H. Schwöbel

5 Grundriß Obergeschoß, M. 1:400

Stadt- und Universitätsbibliothek, 1959–64

Während des Bombardements in den Jahren 1943/44 gingen fast 600 000 Bände der alten Universitätsbibliothek verloren, 400 000 Bände verblieben ihr. Beim Umzug in Kramers Neubau (Winter 1964/65) umfaßte der Bestand 850 000 Bände. Der Bau wurde für zwei Millionen Bände ausgelegt. Ferdinand Kramer führte den Auftrag zum Neubau der Stadt- und Universitätsbibliothek nach

seiner Pensionierung und als selbständiger Architekt zu Ende. Es ist sein größter Einzelbau, zugleich ist es einer der bedeutendsten Architekturbeiträge der Bundesrepublik.

Kramer griff bei deren Planung direkt auf den eigenen, früheren Wettbewerbsentwurf für die Deutsche Bibliothek zurück (geplant für ein unmittelbar benachbartes Areal jenseits der Zeppelinallee, Wettbewerb 1953). Es gibt offen-

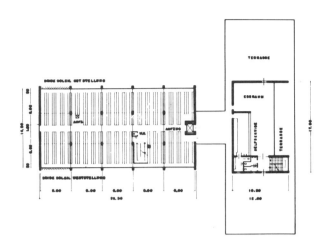

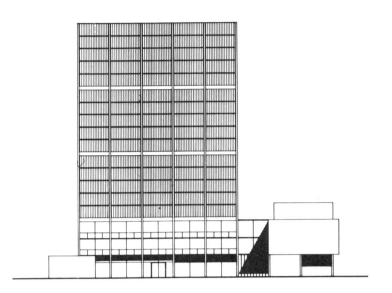

1 2
3 4
5 6

1 Ferdinand Kramer: Wettbewerbsentwurf für die Deutsche Bibliothek, Frankfurt/M, 1953. Rastermaß 5 m, Systemgrundriß M. 1:600

2 Westansicht M. 1:600

3-5 Ausschnitt aus dem Erläuterungsblatt: a) Detail eines Sekondärgeschosses, b) verstellbare Sonnenblenden, c) Bücherspeicher-Geschoß mit je 5 Zwischengeschossen

6 Stadt- und Universitätsbibliothek Frankfurt/M, Modellaufnahme, erstmals veröffentlicht im Mai 1960. Foto Grieshaber

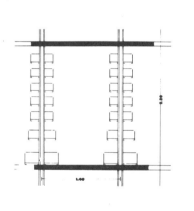

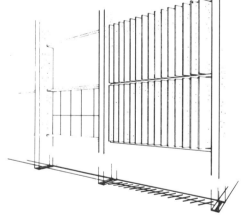

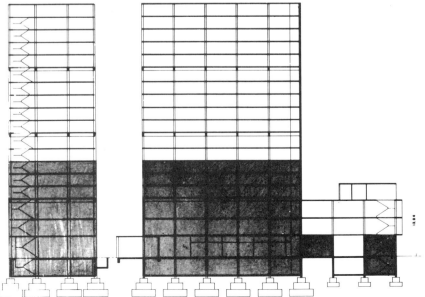

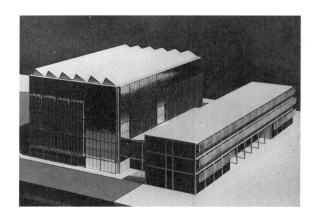

sichtliche Parallelen und grundlegende Unterschiede zwischen Kramers beiden Entwürfen. Sie betreffen vor allem das Büchermagazin. 1953 entwarf Kramer einen vielgeschossigen Bücherspeicher, eine Stahlskelettkonstruktion von 5 x 5 Meter Rastermaß. Bemerkenswert war dessen konstruktiver Aufbau: Er sollte aus 12 m hohen Primärgeschossen bestehen, in die ihrerseits je 5 Sekundärgeschosse hineingestellt sein sollten. Es scheint, daß Kramer sich bei dieser Raumstruktur von einem historischen Vorbild inspirieren ließ, das er sehr

bewunderte: der Bibliothèque Nationale in Paris von Labrouste (1858). Wie dort sah er leichte Stabgitterböden im Bücherspeicher vor.

Kramer übernahm von seinem Entwurf zur Deutschen Bibliothek für die Stadt- und Universitätsbibliothek die Idee der auf den Bücherregalen ruhenden Zwischengeschosse, und ebenso die Filterung des Tageslichts durch bewegliche Sonnenlamellen. Auch die baukörperliche Gliederung eines nied-

7
8 9

7 Ansicht von der Zeppelinallee. Foto U. Edelmann

8 Nordfassade, Basement mit Glasprismenbelichtung und vertiefter, umlaufender Zufahrt (Anlieferung). Foto C. Lichtenstein (1991)

9 Eckausbildung, Sonnenschutzlamellen, durch Selenzelle gesteuert. Austretendes Licht in der Dämmerung. Foto Stadtarchiv Ffm.

267

rigen Verwaltungstrakts und des achsial damit korrespondierenden Bücherspeichers ist analog. Statt fünf Binnengeschossen hat hingegen ein Hauptgeschoß der Stadt- und Universitätsbibliothek nur deren zwei: Der Magazintrakt besteht aus drei solcher 5 Meter hohen Hauptgeschosse in Eisenbeton, in die, je nach Abteilung und Geschoß, die Eisenkonstruktion von Bücherregalen und Zwischenboden variabel und flexibel eingebaut ist

(variabel: zur Zeit des Baus verschiedenartig; flexibel: im Lauf der Zeit veränderbar).

Mit diesen konstruktiven und kompositorischen Bezügen kontrastiert jedoch die

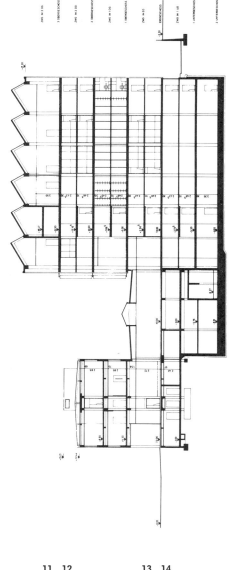

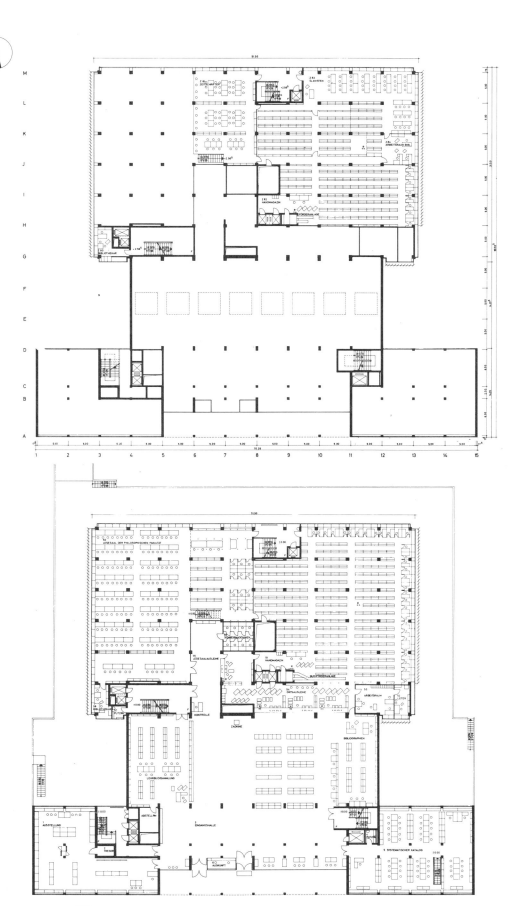

Interpretation der Bauaufgabe. Das Funktionieren der Stadt- und Universitäts-bibliothek wurde von Ferdinand Kramer und dem Bibliotheksdirektor Clemens Köttelwesch – die eng zusammenarbeiteten – grundlegend anders imaginiert als noch 1953.

Kramer kritisierte die im Nachkriegs-Europa gängige bibliothekarische Praxis,

aus organisatorischen und Platzgründen die systematische Aufstellung zu-gunsten des numerus currens aufzugeben: »Wollte man vollkommen kon-sequent sein, so wäre das Richtigste, einen Stollen ständig weiter auszu-bauen, in den die nachdrängenden Bücher allmählich hineingeschoben werden.« (F. Kramer: Bibliothek der Universität Frankfurt, [Vortrag vor dem Wissenschaftsrat], in: Bauen + Wohnen 8/1962, S.322.) Stattdessen vertrat er

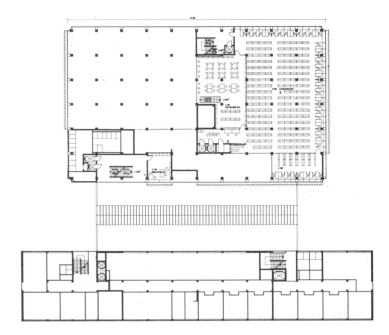

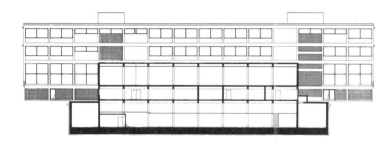

das angelsächsische Prinzip der systematischen Aufstellung, verbunden mit dem Freihandsystem, und zitierte dafür den amerikanischen Slogan »Make the book available.« Kramer begründete dies so: »Die wichtigste Neuerung der amerikanischen Bibliothek ist aber die Zugänglichkeit des Magazins für den Leser. Das Magazin wächst mit dem Lesesaal zu einer Einheit zusammen. Außerdem werden Bücher in dem Lesesaal aufgestellt. Die Bibliothek benutzt den amerikanischen Begriff des ›Visual Merchandising‹. Flächenmagazine und Lesesäle liegen seitlich nebeneinander angeordnet, um die kürzeste Ver-

bindung zwischen Buch und Leser herzustellen. Der Bücherturm ist überholt wegen seiner komplizierten vertikalen Bewirtschaftung und dem zeitraubenden Transport mit Paternostern. In den amerikanischen Magazinen befinden sich entlang der Fenstergänge oder Außenwände, aber auch innerhalb der Regale die sog. ›Carrels‹ oder ›Cubicles‹: individuelle Arbeitsplätze, offene und verschließbare Kojen. Der Verlust an gestohlenen Büchern wird prozentual, wie bei jedem Selfservicegeschäft, einkalkuliert. Wichtiger als die hierdurch entstehenden Verluste sind die Kenntnisse, die die Leserschaft mitnimmt.

Selbstverständlich bleiben wertvolle Bücher und Rara unter der Kontrolle der Bibliotheksleitung. Der Zugang des Lesers in das Magazin verlangt zwangsläufig die systematische Aufstellung der aktuellen Literatur, die Aufgliederung in Fachgruppen. Hierdurch wird die ungeheure Menge von Büchern verteilt und wieder leicht und rasch zugänglich gemacht. – Der bekannte Grundsatz, daß der Weg des Buches nicht den Weg des Benutzers kreuzt, bleibt bestehen. Zur Rationalisierung und Einsparung von Personal, d.h. Reduzierung von laufenden Kosten, gehört die Buchförderanlage, Rohrpost, Telefon, Schnellaufzüge usw. Der gesamte Baukomplex ist konzentriert und ineinandergeschoben und nicht nach seinen Funktionen oder der veralteten Dreiteilung ›Verwaltung, Lesesaal, Magazin‹ getrennt. Der Fortfall fester Mauern als Begrenzung gibt die Möglichkeit der Flexibilität: Raumgruppen können ausgetauscht werden. Es kann die Idee des ›open Plan‹ verwirklicht werden. Magazin kann Lesesaal, Lesesaal kann Magazin werden.« (F. Kramer, op. cit.)

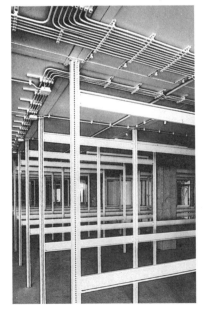

18
19 20

21 22
23
    24

18 Raum mit dem Systematischen Katalog, Erdgeschoß Verwaltungsgebäude, Ostflügel. Blick auf Magazinteil (vgl. 10 unten rechts). Foto Boese

19 Eingangshalle, unter Zwischenbau (Oblichtfelder). Foto U. Edelmann

20 Ossip Zadkine: Skulptur ›Prometheus‹, Eingangshalle. Foto H. Schwöbel

21 Ein Lesesaal mit Zwischengeschoß (links)

22 Ortsausleihe mit automatischer Buchförderanlage. Im Gebäude zudem: Rohrpostanlage mit 32 Terminals

23 Büchermagazin mit örtlicher Verbindungstreppe ins Zwischengeschoß

24 Konstruktion der Zwischengeschosse: tragende Regalposten

Hörsaalgebäude II, 1964

Das Hörsaalgebäude II übernimmt als wichtigstes Merkmal vom fünf Jahre älteren Vorgängerbau die Anordnung der Hörsäle. Auch hier sind sie keilförmig gegeneinander versetzt und von beiden Schmalseiten aus erschlossen. Der Bau schließt in rechtem Winkel ans Hörsaalgebäude I an.

Dessen Südfassade mit dem feingliedrigen Betonraster ist dabei zur Wand des Haupttreppen-Bereichs geworden. Nicht zufällig halten die neuen Zwischendecken einen Abstand gegenüber der Wand ein; sie sind, vermutlich aus konstruktiven Überlegungen separat angestützt. Zum Wohl der Architektur, die ›leicht‹ bleibt, und bei der Alt und Neu, Vorher und Nachher ablesbar bleiben.

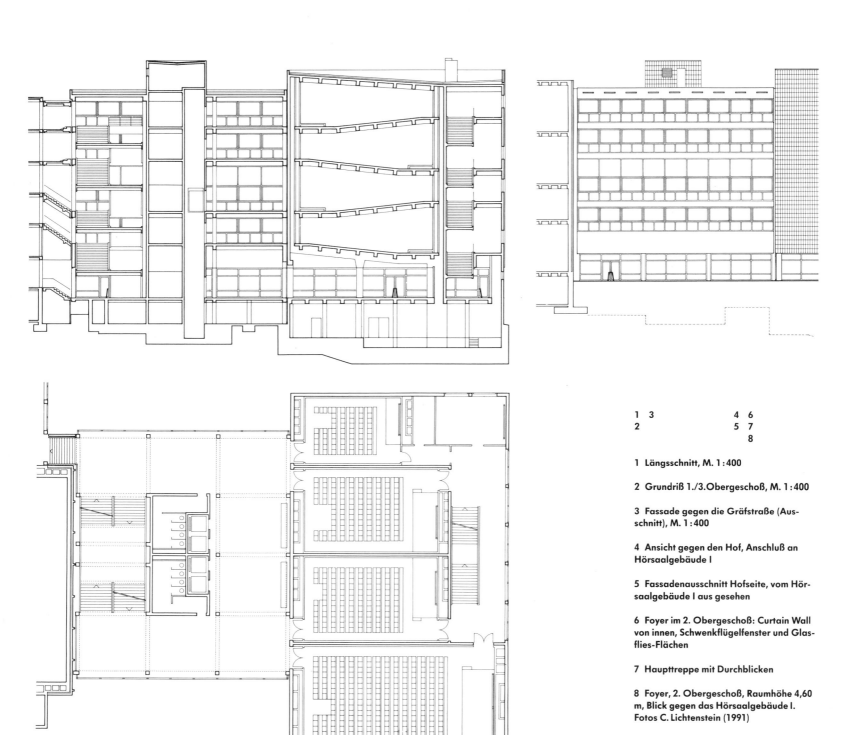

1 3   4 6
2   5 7
           8

1 Längsschnitt, M. 1:400

2 Grundriß 1./3. Obergeschoß, M. 1:400

3 Fassade gegen die Gräfstraße (Ausschnitt), M. 1:400

4 Ansicht gegen den Hof, Anschluß an Hörsaalgebäude I

5 Fassadenausschnitt Hofseite, vom Hörsaalgebäude I aus gesehen

6 Foyer im 2. Obergeschoß: Curtain Wall von innen, Schwenkflügelfenster und Glasflies-Flächen

7 Haupttreppe mit Durchblicken

8 Foyer, 2. Obergeschoß, Raumhöhe 4,60 m, Blick gegen das Hörsaalgebäude I. Fotos C. Lichtenstein (1991)

Aus der Anordnung der Hörsäle resultieren (bei gleicher Grundfläche) verschieden hohe Foyers: im 2. Obergeschoß ist es 4.60 m hoch, in den übrigen Geschossen nur 2.60 m. Die Differenz von zwei Metern wird in der Fassade auf außerordentliche Weise abgebildet. Sie ist eine Curtain-Wall-Konstruktion von großer Eleganz, mit breitgelagerten Schwenkflügelfenstern und Drahtglas-Brüstungselementen. Die Mehrhöhe des Foyers wird durch ein Band aus Glas- flies-Flächen überbrückt, durch das gefilterte Helligkeit in den tiefen Raum flutet. Horizontale und vertikale Gliederung sind in den beiden Fassaden des Foyers (gegen die Straße und den Hof) von abgeklärter Ruhe.

Das eingeschossige (teilweise unterkellerte) Wochenend- und Ferienhaus war Kramers erster Wohnhaus-Auftrag nach seiner Rückkehr nach Frankfurt. Die Eingeschossigkeit mag typische amerikanische Wohnhäuser reflektieren.

Charakteristisches Merkmal des Grundrisses ist die ausgeprägte Trennung in den gemeinschaftlichen Wohnteil und einen ›Schlafteil‹ mit individuellen Zimmern, die auch privatem Rückzug tagsüber dienen. Der Grundriß, obwohl großzügig bemessen, ist insofern ökonomisch, als der Wohnteil keinen abgetrennten Flur aufweist und so auch der Erschließung der individuellen Zimmer dient.

Mit den über das flach geneigte hölzerne Pultdach hinausreichenden Flügel-
mauern aus 50 cm starkem Köppener Sandstein-Mauerwerk und mit der Leicht-
bau-Mischkonstruktion der Längswände (hier mit Stahlprofilen, Vierkanthöl-
zern, senkrechter Lärchenschalung) variiert das Haus Themen, die Kramer
immer wieder beschäftigen.

1   4
2 3   5

**1 Wohnzimmer mit Kaminwand und Ein-
baumöbeln**

2 Ansicht aus Südwesten

3 Ansicht aus Osten

4 Eingang und Garage

5 Grundriß, M. 1:200

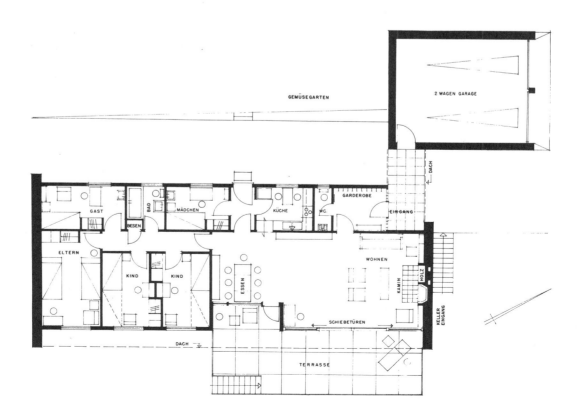

**›Comödienhaus‹ Wilhelmsbad, Erneuerung
und Erweiterung, 1968—69**

Der bedeutende barocke Badekurort Wilhelmsbad bei Hanau wurde Ende des 18. Jh. unter dem Erbprinzen (und späteren Kurfürsten) Wilhelm von Hessen-Kassel durch den Architekten Franz Ludwig Cancrin (1738—1816) erbaut. Ferdinand Kramer erhielt 1968 den Auftrag zur dringlichen Wiederherstellung

und Erweiterung des ›Comödienhauses‹ von 1781 (auch ›Scheunentheater‹ genannt).

Kramer verhielt sich dem Bau gegenüber selbstbewußt und behutsam zugleich. Er übernahm dessen wesentliche Elemente: die gesamte hölzerne Konstruktion mit dem ansteigenden Parkett, den umlaufenden Rang und den Logenkranz im Obergeschoß. Entsprechend dem ursprünglichen Zustand wurden die 1850

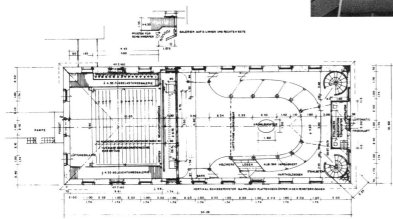

276

angefügten Stuck-Dekors der Logenbrüstungen wieder durch die ursprünglichen illusionistisch gemalten Baluster ersetzt (weiß, grau, mit schwarzen Schlagschatten). Ebenso wurden die 1850 angefügten Stuck-Kapitelle der Logen entfernt. Im Deckenspiegel wurde der gemalte Himmel wieder freigelegt. Der Kronleuchter wurde von Kramer entworfen, wie auch die übrige in die Decken eingelassene Beleuchtung. Durch die Gesamtheit dieser Maßnahmen wurde dem Inneren ein ›konstruktives‹ Aussehen zurückgegeben, das ebenso ›Cancrin‹ wie ›Kramer‹ ist.

Im Äußeren fügte Kramer ein hölzernes Garderobengebäude an, das, vom Boden abgehoben und durch eine verglaste Passerelle vom Altbau getrennt, sich unmißverständlich als Erweiterung des 20. Jh. zu erkennen gibt. Auch die Veränderungen des Äußeren am Theaterbau – die Bühnenrampe mit dem abgehängten Vordach – sind souveräne Eingriffe. Was Kramer – der wiederholt als ›Glattmacher‹ angegriffen wurde – hier leistete, kommt keineswegs aus einem geschichtsfeindlichen Bewußtsein.

1 2
  3   5
4   6

1 Theaterraum, Zustand vor dem Umbau

2 Theaterraum, vom umlaufenden Rang aus gesehen

3 Theaterraum, frontal, nach der Rekonstruktion der Balustraden. Neuer Eingang an der hinteren Schmalseite, Gestühl und Leuchten von Kramer

4 Obergeschoß-Grundriß, M. 1:400, Logentrennwände aus dünnen Holzpanels

5 Bühnenseite des ›Comödienhauses‹, Rampe mit Treppe und Vordach

6 Garderobegebäude, Leichtbaukonstruktion auf Betonstützen, hinten rechts der Verbindungsgang zum Altbau

Barbara Hauß-Fitton

Werkliste

Allgemeine Hinweise:

Quellen- und Literaturangaben sind in Kursivschrift gesetzt. In manchen Fällen ist ein Werk nur durch die angegebene Quelle belegt. Dies gilt besonders für die Angabe ›Auftragsliste 1923-37‹, die sich auf eine Zusammenstellung der Aufträge Kramers vermutlich um 1937/38 (vor der Emigration) bezieht, sowie für die Angabe ›curriculum vitae‹, die sich auf von Kramer erstellte Lebensläufe um 1952 und später bezieht. Es war nicht in allen Fällen möglich, Angaben zu Literatur aus dem Privatarchiv Kramers zu überprüfen bzw. ergänzen.

Abkürzungen:

DNF – Das Neue Frankfurt
Ffm – Frankfurt am Main
FAZ – Frankfurter Allgemeine Zeitung
FN – Frankfurter Nachrichten
FR – Frankfurter Rundschau
FZ – Frankfurter Zeitung
ZfBB – Zeitschrift für Bibliothekswesen und Bibliographie
Priv.arch.Kramer – Privatarchiv Kramer, Frankfurt/M
Herst. – Hersteller
erh./nicht erh. – erhalten/nicht erhalten
* Im Werkkatalog dokumentiert

Signet (Holzstich) für Albert Vogtländer-Tetzner, 1913
Originalabdruck, Priv.arch.Kramer

Typografische Arbeiten, 1919-22
Für die Verlage: Eugen Rentsch/Zürich-Erlenbach; O.C.Recht/München; Delphin/Dachau; Orchis/München
Brief von F.Kramer an S.Pollack, o.D., Priv.arch.Kramer

Umbau und Einrichtung einer Ökonomie, 1922-23
Pöcking/Starnberger See, Adresse unbekannt, Auftraggeber Baron von Waldhausen, Ausführung der Möbel Deutsche Werkstätten, Hellerau, nicht erh.
Auftragsliste 1923-37, Priv.arch.Kramer. – R.Brüderlin, Geplant und gebaut für das »Existenzminimum«, in: Basler Magazin, 14.1.1978, S.3

* Metallgerät und Kleinmöbel, 1923-24
Ausführung Metallgerät Emil Graf, Ffm, Ausführung Holzarbeiten Zimmermann & Holl, Ffm, Verkauf im Haus Werkbund der Frankfurter Internationalen Messe, manufakturielle Herstellung. Darunter: Schiffmannsofen; Blechofen; Kamingerät (in den 50er Jahre wieder ausgeführt); Kohlenkasten; Messingkanne; Wasserkessel; Milchkanne; Wasserkanne; Teekanne; Kochtopf; 2 Schreibtischlampen; Holzkästchen; Schreibtisch (Kannen, Kamingerät und Holzkästchen erhalten, Privatbesitz)
Die Form ohne Ornament, Hrsg. W.Riezler, Bücher der Form Bd.1, Stuttgart/Berlin/Leipzig 1924. – Die Form, Ausstellung des Deutschen Werkbundes im Städtischen Kunstgewerbemuseum vom 21.September bis 21.Oktober 1924, Frankfurt/M 1924. – S.Kracauer, in: FZ, 10.7.1924. – S.Kracauer, Stuttgarter Werkbund-Ausstellung ›Die Form‹, in: FZ, Das Illustrierte Blatt, 29.7.1924. – F.Stahl, Die Form. Zur Werkbundausstellung in Stuttgart, in: Berliner Tageblatt, 24.7.1924. – von Liers, Die Form ohne Ornament. (Zur Ausstellung im Kunstgewerbe-Museum.), in: FN, 22.9.1924. – S.Kracauer, Werkbundausstellung: ›Die Form‹, in: FZ, 25.9.1924. – Die Werkbund-Ausstellung ›Die Form‹, in: Deutsche Kunst und Dekoration (Darmstadt), 28.12.1924. – F.Kramer, 50 Jahre Architektur – Bericht aus meinem Leben, in: Der neue Egoist, Nr.2, Pfingsten 1976, S.84

Einrichtung Dr.Loeb/Cetto, 1924
Gartenstraße, Ffm
Auftragsliste 1923-37, Priv.arch.Kramer

Einrichtung Lilly Reich, 1924
Fahrgasse, Ffm
Auftragsliste 1923-37, Priv.arch.Kramer

Ausstellungsstände für die Frankfurter Internationale Messe, 1924
Auftraggeber Sigmund Strauss, Ffm
Auftragsliste 1923-37, Priv.arch.Kramer

Türdrücker und Oliven, 1924
Auftragsliste 1923-37, Priv.arch.Kramer

* Reisebüro der Hamburg-Amerika Linie (HAPAG-Lloyd), 1924-25
Vermutlich Kaiserstr.14, Ffm, Auftraggeber HAPAG und Messegesellschaft, nicht erh.
Fotos, Auftragsliste 1923-37, Priv.arch.Kramer. – F.Kramer, 50 Jahre Architektur – Bericht aus meinem Leben, in: Der neue Egoist, Nr.2, 1976, S.84. – H.Hirdina, Neues Bauen, Neues Gestalten, Dresden 1984, S.28

Einrichtung Dr.Feith (Wohnung) / Armlehnsessel, 1925
Wolfgangstraße, Ffm (Sessel erhalten, Privatbesitz)
Auftragsliste 1923-37, Priv.arch.Kramer. – Abb. in: Die Form 5/1930, S.123. – Abb. in: Die Form 5/1931, S.163

Einrichtung Frau Philipp Holzmann und Frau L.v.Schauroth / Gartenstuhl, 1925
Lindenfels/Odenwald, Adresse unbekannt
Auftragsliste 1923-37, Priv.arch.Kramer. – Foto (Abb. im Beitrag von R.Tropeano, hier, S.26f.), Priv.arch.Kramer

* Typenmöbel für eine Dreizimmerwohnung, 1925
Wettbewerb der Hausrat/Gemeinnützige Möbelversorgung für das Rhein-Main- und Lahngebiet GmbH, Ffm, 1.Preis, Ausführung Städtische Erwerbslosenzentrale am Schönhof, Ffm, Vertrieb Hausrat GmbH, industrialisierte Produktion. Küchenmöbel: Küchentisch, Hocker, Küchenschrank mit Aufsatz, Anrichte mit Geschirrbord, Handtuchgestell. Schlafzimmermöbel: Bett, Nachttisch, Hocker, Kleider- und Wäscheschrank. Wohnzimmermöbel: Auszugtisch, Stuhl, Büffet, Schreibtisch, Hocker, Nähtisch, Bücher- und Zeitungsregal, Sessel [dessen Zugehörigkeit mit Hausrat-Möbeln nicht eindeutig nachweisbar]
Preisausschreiben der Hausrat GmbH, in: FZ, 25.7.1925. – Brief von der Direktion der Hausrat GmbH an F.Kramer, 2.11.1925, Priv.arch.Kramer. – Kunstgewerbliches Preisausschreiben, in: FZ, Nov.1925. – P.Renner, Möbel von Dipl.Ing. Ferdinand Kramer, Frankfurt a.M., in: Stein, Holz, Eisen 16/1927, S.438-441. – G.Schütte-Lihotzky, Der neuzeitliche Haushalt. Die Ausstellung bei der Frankfurter Frühjahrsmesse, in: Der Baumeister 7/1927, Beilage S.B114. – F.Kramer, Individuelle oder typisierte Möbel? in: DNF 1/1928, S.8-10. – Mitteilungen, in: DNF 1/1928, S.20. – Prospektblätter der Hausrat GmbH, o.J., Priv.arch.Kramer

Typografie: Groteskschrift, um 1925
H.-P.Willberg, Schrift im Bauhaus. Die Futura von Paul Renner. Monographien und Materialien zur Buchkunst, Bd.2, Teil 2, Neu-Isenburg 1969. – R.Bothe, Die Frankfurter Kunstschule 1923-1933, in: Kunstschulreform 1900-1933, Hrsg. H.Wingler, Berlin 1977, S.158. – Paul Renner. Eine Jahresgabe der Typographischen Gesellschaft München, Hrsg. Ph.Luidl unter Mitarbeit von G.Lange, o.J. – Die Schrift »Futura«, in: Gestaltungsrichtlinien für die Stadt Frankfurt, 1985, S.3.1. – E.Neumann, Frankfurter Typografie. Bemerkungen zur ›Futura‹ und zur angeblichen ›Kramer-Grotesk‹, hier, S.32f.

* Typenmöbel, -beschläge und -bauelemente, 1925-30
Teilweise »anonyme«, teilweise nachgewiesene Arbeiten Kramers als Angestellter des Frankfurter Hochbauamts unter dem Baudezernenten Ernst May in der Abteilung für Typisierung (Abteilungsleiter Eugen Kaufmann). Herstellung und Vertrieb durch verschiedene Firmen, industrialisierte Produktion. Darunter: Sperrholztür mit Stahlzarge, Frankfurter Normen (Abb. in: DNF 6/1926-27 [Juli-Sept.1927], S.131. – Abb. in: DNF 7-8/1928, S.121); Tür- und Fensterbeschläge, Frankfurter Normen, Herst. (u.a.) Ernst Schönau GmbH, Ffm; Ernst Wagener GmbH, Metallwarenfabrik Solingen (Prospektblatt Fa. Ernst Schönau, o.J., Priv.arch.Kramer. – Prospektblatt Fa. Ernst Wagener, o.J., Priv.arch.Kramer. – Vertrag zwischen F.Kramer und der Fa. Ernst Wagener, Solingen, 6.7.1930, Priv.arch.Kramer); Metallscharnier (Foto, Priv.arch.Kramer); städtische Kioske und Telefonzellen, 1925 (Auftragsliste 1923-37, Priv.arch.Kramer); Typisierte Kindergarten- und Schulmöbel, s. Kindergarten Hallgartenstraße (1925/26), Kindergarten Bruchfeldstraße (1928), Berufspädagogisches Institut (1929); Sitzbank für städtische Anlagen, 1927 (Auftragsliste 1923-37, Priv.arch.Kramer); Typenstuhl, verwendet u.a. in der Wäscherei Westhausen (Abb. in: Vom Neuen Bauen in Frankfurt am Main, in: Der Baumeister 7/1927, Beilage, S. B108-B110); Sitzbadewanne, Frankfurter Normen, Herst. Eisenwerke Hirzenhain Hugo Buderus GmbH, Hirzenhain/Oberhessen, Vertrieb Bamberger, Leroi & Co., Ffm (Das Frankfurter Register Nr.11, Beilage zu: DNF 12/1929. – Prospektblatt Fa. Karlstadt, o.J., Priv.arch. Kramer); Waschbecken (Foto, Priv.arch. Kramer); Klosettpapierhalter (Foto, Priv. arch.Kramer). Bekanntlich erhalten: Sperrholztür mit Normendrücker (in Siedlungsbauten) und Typenstuhl (Privatbesitz)
W.Nosbisch, Die neue Wohnung und ihr Innenausbau, in: DNF 6/1926-27 (Juli-Sept.1927), S.131f. – E.May, Fünf Jahre Wohnungsbau in Frankfurt a.M. (I), in: DNF 2-3/1930, bes. S.40f. und S.50

* Ausbau und Einrichtung Städtischer Kindergarten, 1925-26
Siedlung Hallgartenstraße, Ffm, genaue Adresse unbekannt. Ausführung der Möbel Erwerbslosenzentrale der Stadt Ffm unter Mitwirkung der Kunstgewerbeschule der Stadt Ffm, Klasse für Möbelkunst, Vertrieb Hausrat GmbH. Darunter: Kindertisch, Kinderstuhl, Spielzeugschrank, Geschirrschrank, Wäscheschrank
F.Wichert, Ein Städtischer Kindergarten, in: DNF 4/1926-27 (Febr.-März 1927), S.88-90. – P.Renner, Möbel von Dipl.Ing. Ferdinand Kramer, Frankfurt a.M., in: Stein, Holz, Eisen 16/1927, S.438-441. – Auftragsliste 1923-37, Priv.arch.Kramer

* ›Kramer-Ofen‹, 1926
Herstellung und Vertrieb Eisenwerke Hirzenhain Hugo Buderus GmbH, Hirzenhain/Oberhessen, und Burger Eisenwerke GmbH, Burg/Dillkreis, industrielle Produktion, erh. (Privatbesitz)
Vertrag zw. F.Kramer und den Firmen Buderus und Burger, 22.12.1926 (mehrmals aktualisiert), Priv.arch.Kramer. – Prospektblatt Fa. Buderus, o.J., Priv.arch.Kramer. – Anzeige der Firmen Buderus und Burger in: DNF 1/1928, S.24. – Das Frankfurter Register Nr.3, Beilage zu: DNF 3/1928. – Bericht

über die Versuchssiedlung in Frankfurt am Main-Praunheim, Hrsg. Reichsforschungsgesellschaft für Wirtschaftlichkeit im Bau- und Wohnungswesen e.V., April 1929, Sonderheft 4. – Gutachten: Rheinisches Braunkohlen-Syndikat, Auftrag Fa. Buderus (Hirzenhain), 22.9.1930, Priv.arch.Kramer. – Gutachten: W.C.Behrendt / Preussische künstl. Sachverständigenkammer Berlin, Sept.1930, Priv.arch.Kramer. - Gutachten: Prof. Kayser, TH Berlin, Auftrag Fa. Buderus (Hirzenhain), Febr.1931 und 20.8.1931, Priv.arch.Kramer

* Großgarage der Frankfurter Automobildroschkengesellschaft, 1926-27
Gutleutstraße, Ffm, Bauherr Städt. Hochbauamt Frankfurt, nicht erh.
Garage in Frankfurt a.M., in: Deutsche Bauhütte 11/1927. – Abb. und Legende in: DNF 4/1928, S.57. – Auftragsliste 1923-37, Priv.arch.Kramer

* Beleuchtungskörper, 1927-31
Frankfurter Normen, Herstellung und Vertrieb (ab 1927) Fa. Christian Zimmermann, Fa. Bünte & Remmler, Fa. Voigt & Haeffner, (ab 1931) Fa. Schanzenbach, industrielle Produktion. Darunter: Deckenleuchte (Zimmermann, Nr.03399; B&R, Nr.02088-90); Deckenleuchte (Zimmermann, Nr.04079; B&R, Nr.02087); Deckenleuchte (Zimmermann, Nr.02853; B&R, Nr.02104); Deckenleuchte *(Abb. in: L.Neundörfer, So wollen wir wohnen, Stuttgart o.J. [1931], S.60)*; Wand- und Deckenleuchte (Zimmermann, Nr.02619; B&R, Nr.02561); Kugelleuchte (Zimmermann, Nr.02612; B&R, Nr.01568-70); Zuglampe ›Kramer‹ (Zimmermann Nr.02913; B&R, Nr.01043) *Auftragsliste 1923-37, Priv.arch.Kramer. – Firmenkatalog Christian Zimmermann, o.J., Priv.arch. Kramer. – Prospektblatt Bünte & Remmler, Liste 234, o.J., Priv.arch.Kramer. – Gebrauchsmuster Nr.1000700 (Zuglampe ›Kramer‹), Reichspatentamt Berlin, angemeldet 19.7.1927, Priv.arch.Kramer. – Anzeige Fa. Chr.Zimmermann, in: DNF 7-8/1928. – Vertrag zw. F.Kramer und Bünte & Remmler, 8.2.1929, Priv.arch.Kramer. – Anzeige Fa. Bünte & Remmler, in: DNF 10/1929. – Vertrag zw. F.Kramer und Bünte & Remmler, 21.5.1930, Priv.arch.Kramer. – W.Lotz, Wie richte ich meine Wohnung ein? Berlin 1930, S.62/65. – Gutes Licht macht froh! in: Welt und Heim. Hauszeitung der Heinr.Hill AG, Nr.10, 1930*

Schreibtisch, 1927
Auftraggeber Prof. Gundolf, Heidelberg, Einzelstück
Auftragsliste 1923-37, Priv.arch.Kramer. – (entspricht möglicherweise Abb. in: L.Neundörfer, So wollen wir wohnen, Stuttgart o.J. [1931], S.160)

Einrichtung Schwesternhaus, 1927
Städt. Krankenhaus, Ffm-Sachsenhausen, Adresse unbekannt
Auftragsliste 1923-37, Priv.arch.Kramer

* Metallmöbel, etwa 1927-30
Herstellung zumindest einiger Möbel durch die Fa. Lämmle AG, Eisenmöbelfabrik, Zuffenhausen/Stuttgart. Darunter: Stahlrohrbett *(Foto, Priv.arch.Kramer)*; Stahlrohrbett *(Abb. in: L.Neundörfer, So wollen wir wohnen, Stuttgart o.J. [1931], S.153)*; Tellergestell, um 1927, erh. (Privatbesitz) *(Abb. in: Die Mitarbeit des Künstlers am industriellen Erzeugnis, in: Die Form 8/1930, S. 200–US-Patent Nr.229758,*

angemeldet 12.8.1941, erteilt 29.9.1942, *Priv.arch.Kramer); Lesetisch (Abb. in: L.Neundörfer, So wollen wir wohnen, Stuttgart o.J. [1931], S.161); Teetisch (Abb. in: Die Form 5/1930, S.123)*

Liege, vermutlich vor 1927
Ausführung F.Kramer/Werkstätten der Frankfurter Kunstschule
Abb. in: P.Renner, Zu den Arbeiten von Ferdinand Kramer, in: Die Form 10/1927, S.322. – Ausstellungskatalog, 2.Ausstellung der Kunstschule der Stadt Frankfurt/M, 1927

Liege (dreiteilig), vermutlich vor 1927
Ausführung F.Kramer/Werkstätten der Frankfurter Kunstschule
Ausstellungskatalog, 2.Ausstellung der Kunstschule der Stadt Frankfurt/M. – Foto, Priv.arch.Kramer

Einrichtung Prof. Schwarz / Schreibtisch, 1928
Bruchfeldstraße, Ffm (Arbeitszimmer/Atelierwohnung)
Abb. und Legende in: DNF 1/1928, S.5; ebenfalls in: DNF 7-8/1928, S.142. – Abb. und Legende in: Die Form 6/1928, S.176. – Auftragsliste 1923-37, Priv.arch.Kramer

Kombinationsmöbel, vor und um 1928
Vertrieb (ab 1928) Kaufhaus Julius Obernzenner, Zeil 71-81, Ffm. Darunter: Büffet, Schreibkommode, Auszugtisch, Eßtisch oval, Stuhl (mit und ohne Armlehne), Vitrine, Bücherschrank, Schreibtisch, Sofa, Sessel, Anrichte, Toilettentisch, Spiegel, Hocker, Bett, Nachttisch, Kleiderschrank, Wäscheschrank, 3 Beistelltische (einzelne Möbel erhalten, Neue Sammlung/München, Privatbesitz)
Verkaufskatalog Fa. Julius Obernzenner, Ffm, o.D., Priv.arch.Kramer. – O.Haupt, Neue Serienmöbel, in: Die Wohnung 4/1929, S.121-126. – W.Lotz, Wie richte ich meine Wohnung ein? Modern – gut – mit welchen Kosten?, Berlin 1930, S.62/65. – Die Mitarbeit des Künstlers am industriellen Erzeugnis, in: Die Form 8/1930, S.200-201. – L.Neundörfer, So wollen wir wohnen, Stuttgart o.J. [1931], S.122

Einrichtung Eiermann-Goldschmidt, 1928
Hochstraße, Ffm (Wohnung)
Auftragsliste 1923-37, Priv.arch.Kramer

Einrichtung Dr. Forell, 1928
Adresse unbekannt (Presseamt)
Auftragsliste 1923-37, Priv.arch.Kramer

Einrichtung Dr.Claaßen, 1928
Ginnheimer Höhe, Ffm (Büro, Frankfurter Zeitung)
Auftragsliste 1923-37, Priv.arch.Kramer

Einrichtung Dr. Heinrich Cassirer, 1928
Hamburg, Adresse unbekannt (Büro)
Auftragsliste 1923-37, Priv.arch.Kramer

Einrichtung Dr. Leo Löwenthal, 1928
Ffm, Adresse unbekannt (Büro, Institut für Sozialforschung)
Auftragsliste 1923-37, Priv.arch.Kramer

Umbau und Einrichtung Dr. Paul Wolff, 1928
Ffm, Adresse unbekannt (Fotolabor)
Auftragsliste 1923-37, Priv.arch.Kramer

Projekt Wohnhaus Bankier Merzbach, 1928
nicht ausgeführt, Pläne nicht erh.
Auftragsliste 1923-37, Priv.arch.Kramer

* Einrichtung Städtischer Kindergarten und Kinderkrippe, 1928
Breubergstr.6a, im Gemeinschaftshaus der Siedlung Bruchfeldstraße, Ffm. Zu den für den Kindergarten Hallgartenstraße (1925/26) entwickelten Möbeln kommen hinzu: Speisetisch für Kleinkinder, Kinderliege, Garderobe
Kindergarten und Kinderkrippe des Gemeinschaftshauses in der Städtischen Siedlung Bruchfeldstrasse, Frankfurt a.M.-Niederrad, in: DNF 5/1928, S.80-81. – Abb. in: DNF 7-8/1928, S.140. – W.Lotz, Möbelentwicklung und Typenmöbel, in: Die Form 6/1928, S.166-169

* Projekt Montessori-Kinderhaus, 1928
Nußallee, Ffm, nicht ausgeführt
Projekt für ein Montessori-Kinderhaus an der Nussallee, in: DNF 11-12/1928, S.221-223

* Altersheim der Henry und Emma Budge-Stiftung, 1928/30
Edinger Weg 9, Ffm, erhalten. Wettbewerbsentwurf (1928) mit Werner Moser, Mart Stam und Erika Habermann, Ausführung (1930) Büro Stam & Moser
Architektur-Wettbewerb Altersheim, in: FZ, 13.9.1928. – Projekt zum Altersheim in Frankfurt a.M., in: Die Form 14/1928, S.406-408. – Frankfurter Architekten/Wettbewerbserfolge, in: DNF 9/1928, S.175. – M.Stam, Das Projekt Habermann-Kramer-Moser-Stam für das neue Altersheim in Frankfurt am Main, in: DNF 10/1928, S.177, 191-194. – Altersheim, in: DNF 4-5/1930, S.94-95. – Das Altersheim der Henry und Emma Budge-Stiftung in Frankfurt a.M., in DNF 7/1930, S.157-176, Titelblatt. – S. Fink, Zur Eröffnung des Altersheims der Henry Budge-Stiftung Frankfurt/Main, in: Die Form 17/1930, S.462-465. – O.Völkers, Altersheim der Budge-Stiftung in Frankfurt, in: Stein, Holz, Eisen 23/1930, S.511-518. – S.Giedion, Une Maison de Retraite pour Vieillards à Francfort s.M., in: Cahiers d'Art 6/1930, S.321-329. – F.T.Gubler, Wohnen, eine Tätigkeit, in: FZ, 15.1.1931. – F.und L.Kramer, Kollektiv – Die Entstehung des Budgeheims, in: Archithese 2/1980, S.13-15. – J.Schreiber, Bis zur Unkenntlichkeit entstellt, in: FR, 29.6.1981, S.13-14

* ›Kramer-Stuhl‹, 1928
Herstellung und Vertrieb Gebr.Thonet AG, Frankenberg/Eder, Modell Nr.B403 und B403F, erh. (u.a. Neue Sammlung/München, Vitra Design Museum/Weil a.Rh., Museum für Kunsthandwerk/Ffm, Privatbesitz)
A.Schneck, Der Stuhl, Stuttgart 1928. – Das Frankfurter Register Nr.5, Beilage zu: DNF 1/1929. – Abb. in: DNF 2/1929, Titelblatt, S.30. – Das Frankfurter Register Nr.10, Beilage zu: DNF 10/1929. – Gebrauchsmusterrolle Nr.1233218, 9.9.1932. – THONET Bugholzmöbel 1830-1974, Ausstellungskatalog Museum für Kunsthandwerk Frankfurt/M, 7.9.-20.10.1974, Kat.nr.125

* Minimaltreppe, um 1928
1.Ausführung für die Fernheizzentrale der Siedlung Westhausen, Ffm (1929); ebenfalls ausgeführt für die Biologischen Institute der Universität Frankfurt/M (1954-56)
Französisches Patent Nr.790.691, angemeldet 31.5.1935, erteilt 9.9.1935, Priv.arch. Kramer. – Deutsche Patentanmeldung, 7.6.1933, Priv.arch.Kramer

* Kleider-Wäsche-Kombinationsschrank, 1929
Herstell. und Vertrieb Gebr.Thonet AG, Modelle Nr.B110, B111, B112, B113
Werbebroschüre Stahlrohrmöbel, Gebr.Thonet AG, o.J., Priv.arch.Kramer. – M.Seeger, Der neue Wohnbedarf, Stuttgart 1935, S.42. – Vertrag zw. F.Kramer u. der Fa. Gebr.Thonet AG, Berlin, 24.12.1934, Priv.arch.Kramer. – Auftragsliste 1923-37, Priv.arch.Kramer

* Bücherschrank, um 1929
Herstellung und Vertrieb Gebr.Thonet AG, Modell Nr.B116go
Werbebroschüre Stahlrohrmöbel, Gebr.Thonet AG, o.J., Priv.arch.Kramer. – M.Seeger, Der neue Wohnbedarf, Stuttgart 1935, S.47

Umbau und Einrichtung Café Goldschmidt, 1929
Konstablerwache, Ffm, Auftraggeber Firmen Schloss & Michel und Witwe Hassan, nicht erh.
Auftragsliste 1923-37, Priv.arch.Kramer

Einrichtung Städtische Kinderbibliothek, 1929
Fabrikgebäude am Lokalbahnhof, Ffm-Sachsenhausen, Beit v.Speyer Stiftung
Foto, Auftragsliste 1923-37, Priv.arch.Kramer

* Einrichtung Bügelklasse und Schneiderei, 1929
Berufspädagogisches Institut, Ffm. Dafür entworfene Möbel: Arbeitstisch Bügelklasse, Wandschränkchen, Arbeitstisch Schneiderei, Bugholzstuhl (s.›Kramer-Stuhl‹ Thonet, 1928)
Fotos, Auftragsliste 1923-37, Priv.arch.Kramer

Einrichtung Sekretariat, Lesesäle, Bücherausgabe, 1929
Bibliothek des Kunstgewerbemuseums, Neue Mainzerstraße, Ffm
Foto, Auftragsliste 1923-37, Priv.arch.Kramer

Einrichtung G.Stotz, 1929
Stuttgart, Adresse unbekannt (Büro, Deutscher Werkbund)
Auftragsliste 1923-37, Priv.arch.Kramer

Wettbewerbsentwurf Opelschule Rüsselsheim, 1929
nicht ausgeführt, Pläne nicht erh.
Auftragsliste 1923-37, Priv.arch.Kramer

Einrichtung Georg Cassirer, 1929
Adresse unbekannt
Auftragsliste 1923-37, Priv.arch.Kramer

Umbau und Einrichtung Verkaufsstelle der Fa. Thonet, 1929
Angeblich zusammen mit Mart Stam. Kaiserstr.77, Ffm, nicht erh.
Auftragsliste 1923-37, Priv.arch.Kramer

* Außenganghäuser und Fernheizwerk mit Zentralwäscherei, Siedlung Westhausen, 1929-30
Zusammen mit Eugen Blanck. Ludwig-Landmann-Str. (ehem. Hindenburgstr.), Ffm, Bauherr Gartenstadt AG und Nassauische Heimstätte, Ausführung Städt. Hochbauamt Ffm, erhalten
Siedlung Westhausen, in: DNF 2-3/1930, bes. S.56-59. – Abb. in: DNF 1/1931, S.18. –

Siedlung Westhausen in Frankfurt a.M., in: Wasmuths Monatshefte, Jan.1932, S.11-14

* Umbau und Einrichtung Café Bauer, 1929/30
Schillerstr.2, Ffm, Auftraggeber Max Abeles, nicht erh.
Das neue Café Bauer, in: DNF 1/1931, S.18. – Auftragsliste 1923-37, Priv.arch.Kramer

* Wohnhaus Ella Erlenbach, 1929-30
Hans-Sachs-Straße 6, Ffm, erhalten
Auftragsliste 1923-37, Priv.arch.Kramer – Brief von der Fa. Philipp Holzmann AG in F.Kramer, 5.11.1937, Priv.arch.Kramer

Einrichtung Dr. Wilhelm Lotz, 1930
Berlin, Adresse unbekannt (Büro, Deutscher Werkbund)
Auftragsliste 1923-37, Priv.arch.Kramer

Umbau und Einrichtung Ausstellungsräume, 1930
Gaspassage der Burger Eisenwerke, Ffm
Auftragsliste 1923-37, Priv.arch.Kramer

Einrichtung Prof. F.Neumark, 1930
Bruchfeldstraße, Ffm (Wohnung)
Auftragsliste 1923-37, Priv.arch.Kramer

Clubhaus des Frankfurter Kanuclubs, 1930
Alte Brücke am Main, Ffm, nicht erh.
Abb. in: Ferdinand Kramer. Architektur & Design, Ausstellungskatalog Bauhaus-Archiv/Museum für Gestaltung Berlin, 9.12.1982-23.1.1983, S.57. – Auftragsliste 1923-37, Priv.arch.Kramer

Umbau und Einrichtung Röntgeninstitut, 1931
Paul-Ehrlich-Str.57, Ffm, Auftraggeber Landesversicherungsanstalt Hessen-Nassau
Auftragsliste 1923-37, Priv.arch.Kramer

Umbau und Einrichtung Spielsäle, 1931
Schillerstr.2-I, Ffm, Auftraggeber Cabeg
Auftragsliste 1923-37, Priv.arch.Kramer

Projekt Wohnhaus Hoffmann, 1931
Gmündenerstr.38, Ffm, nicht ausgeführt, Pläne nicht erh.
Auftragsliste 1923-37, Priv.arch.Kramer

Umbau und Einrichtung Dr. Meyer, 1931
Liebigstr.1, Ffm
Auftragsliste 1923-37, Priv.arch.Kramer

Einrichtung Büro des Präsidenten der Industrie- und Handelskammer, 1931
Börse, Ffm
Auftragsliste 1923-37, Priv.arch.Kramer

Einrichtung Dr. Wolf, 1931
Ffm, Adresse unbekannt (Frankfurter Zeitung)
Auftragsliste 1923-37, Priv.arch.Kramer

Einrichtung Dr. Spiro-Schwander, 1931
Adresse unbekannt
Auftragsliste 1923-37, Priv.arch.Kramer

Aluminiumfassade, Umbau und Einrichtung Bender Tabakgeschäft, 1931
Schillerstr.8, Ffm, Auftraggeber Max Abeles, nicht erh.
Foto, Auftragsliste 1923-37, Priv.arch.Kramer

* Volksofen und Volkskochofen, 1931
Herst. Eisenwerke Hirzenhain Hugo Buderus GmbH / Buderus-Jung'sche Handelsgesellschaft mbH, Biedenkopf-Ludwigshütte
Patentanmeldung, 4.2.1931, Priv.arch.Kramer. – Vertrag zw. F.Kramer u. Buderus GmbH, 23.12.1932 (löst einen Vertrag vom 5.5.1931 ab), Priv.arch.Kramer. – Prospektblatt der Fa. Buderus, o.D., Priv.arch.Kramer. – Abb. in: Die Form 8/1931, S.316. – Abb. in: M.Seeger, Der neue Wohnbedarf, Stuttgart 1935, S.57

Wettbewerbsprojekt Stadtrandsiedlung, 1932
Preis, weitere Umstände unbekannt, Pläne nicht erh.
Auftragsliste 1923-37, Priv.arch.Kramer

Umbau Dr. Feibusch, 1932
Staufenstr.46, Ffm
Auftragsliste 1923-37, Priv.arch.Kramer

Umbau Schloß Dr. Gottschalk, 1932
Böhmerstr.3, Ffm
Auftragsliste 1923-37, Priv.arch.Kramer

Umbau Bankhaus Strassburger & Co., 1932
Bockenheimer Anlage 32, Ffm
Auftragsliste 1923-37, Priv.arch.Kramer

Umbau O.F.Auerbach, 1932
Palmengartenstr.6, Ffm
Auftragsliste 1923-37, Priv.arch.Kramer

Umbau Dr.Ing. Kaiser und Dr.Ing. Salzer, 1932
Holzhausenstr.21, Ffm (Patentanwälte)
Auftragsliste 1923-37, Priv.arch.Kramer

Umbau Frl.Dr. Haas, 1932
Friedberger Anlage 9, Ffm
Auftragsliste 1923-37, Priv.arch.Kramer

Umbau Dr. M.Traube, Eiermann und Dr. v.Liers, 1932
Brentanoplatz 4, Ffm
Auftragsliste 1923-37, Priv.arch.Kramer

Eingang und Renovierung Fa. Zeimann, 1932
Zeil 67-69, Ffm, Auftraggeber Hausverwaltung Konstabler Wache
Auftragsliste 1923-37, Priv.arch.Kramer

* Umbau und Einrichtung Stempel- und Schildergeschäft Mosthaf, 1932
Biebergasse 2, Ffm, Auftraggeber Max Abeles, nicht erh.
Foto, Auftragsliste 1923-37, Priv.arch.Kramer

* Umbau und Einrichtung Pelzgeschäft Rosenblum, 1932
Biebergasse 2, Ffm, Auftraggeber Max Abeles, nicht erh.
Foto, Auftragsliste 1923-37, Priv.arch.Kramer

Umbau Max Cramer, 1932
Beethovenstr.11, Ffm, Auftraggeber Immobilienfirma Jacob S.Hess/Max Cramer
Auftragsliste 1923-37, Priv.arch.Kramer. – Empfehlungsbrief für F.Kramer von Freiherr Albert v.Goldschmidt-Rothschild, 4.2.1938, Priv.arch.Kramer

Umbau Dr. Simon, 1932
Fellnerstr.11, Ffm
Auftragsliste 1923-37, Priv.arch.Kramer

Umbau Fr. Beermann, 1932
Westendstr.78, Ffm
Auftragsliste 1923-37, Priv.arch.Kramer

Umbau des Café Bauer in Läden, 1932
Schillerstr.2, Ffm, Auftraggeber Max Abeles, nicht erh.
Brief von Generalkonsul Max Abeles, Schillerstr.4, Ffm, an F.Kramer, 27.6.1932, Priv.arch.Kramer. – Auftragsliste 1923-37, Priv.arch.Kramer

* Einrichtung Wäschegeschäft Epstein, 1932
Schillerstr.2, Ffm, nicht erh.
Auftragsliste 1923-37, Priv.arch.Kramer

Wohnungsteilung Dr. Frank/Dr. Golo, 1932
Beethovenplatz 9, Ffm
Auftragsliste 1923-37, Priv.arch.Kramer

Einrichtung Dr. Gantner-Dreifuss, 1932
Ffm, Adresse unbekannt
Auftragsliste 1923-37, Priv.arch.Kramer

Renovierung Dr. Schotthöfer, 1932
Feldbergstr.35, Ffm
Auftragsliste 1923-37, Priv.arch.Kramer

Wohnungsteilung C.M.Oppenheimer, 1932
Niedenau 56-II, Ffm
Auftragsliste 1923-37, Priv.arch.Kramer

* ›Buderus-Fensterbank‹, 1932
Herst. Eisenwerke Hirzenhain Hugo Buderus, Hirzenhain/Oberhessen
Prospektblatt Fa. Buderus, Priv.arch. Kramer. – Fotos, Auftragsliste 1923-37, Priv.arch.Kramer

Umbau Dr. Wilhelmi, 1933
Kaiserstr.2, Ffm (Laden und Büro), Auftraggeber Cronstett Damenstift/Immobilienfa. J.S.Hess
Auftragsliste 1923-37, Priv.arch.Kramer

Umbau Allgemeine Krankenversicherung, 1933
Neue Mainzerstr.25, Ffm (Büros), Auftraggeber Max Cramer/Immobilienfa. J.S.Hess
Auftragsliste 1923-37, Priv.arch.Kramer

Umbau Max Cramer, 1933
Friedenstr.8, Ffm (Wohnung), Auftraggeber Max Cramer/Immobilienfa. J.S.Hess
Auftragsliste 1923-37, Priv.arch.Kramer

Umbau Max Cramer, 1933
Hans-Thoma-Str.11, Ffm (Büro), Auftraggeber Max Cramer/Immobilienfa. J.S.Hess
Auftragsliste 1923-37, Priv.arch.Kramer

Umbau Max Cramer, 1933
Kaiserstr.35, Ffm (Büro), Auftraggeber Max Cramer/Immobilienfa. J.S.Hess
Auftragsliste 1923-37, Priv.arch.Kramer

Umbau und Einrichtung Prof. Oskar David, 1933
Bleichstr.72, Ffm (Röntgeninstitut)
Auftragsliste 1923-37, Priv.arch.Kramer

Umbau Dr. Rosenmeyer, 1933
Bockenheimer Landstr.95, Ffm (Wohnung)
Auftragsliste 1923-37, Priv.arch.Kramer

Umbau Dr. Rosenmeyer, 1933
Bockenheimer Landstr.79, Ffm
Auftragsliste 1923-37, Priv.arch.Kramer

Umbau Israelischer Kinderhort, 1933
Bleichstr.8, Ffm (Schulräume)
Auftragsliste 1923-37, Priv.arch.Kramer. – Brief von Ida Metzger an F.Kramer, 5.5.1933. Priv.arch.Kramer

Umbau einer Fabrik in vier 2-Zimmerwohnungen, 1933
Kuhwaldstr.66, Ffm, Auftraggeber Mimi Wolf, nicht erh.
Auftragsliste 1923-37, Priv.arch.Kramer

Wohnungsteilung Max Abeles, 1933
Schillerstr.1, Ffm
Auftragsliste 1923-37, Priv.arch.Kramer

Umbau Röver (Reinigungsbetrieb), 1933
Biebergasse 2, Ffm, Auftraggeber Max Abeles
Auftragsliste 1923-37, Priv.arch.Kramer

Umbau (Zwischengeschoß und Schaukästen), 1933
Schillerstr.2, Ffm, Auftraggeber Max Abeles
Auftragsliste 1923-37, Priv.arch.Kramer

Umbau Levi-Michel, 1933
Reuterweg 40, Ffm (Büro)
Auftragsliste 1923-37, Priv.arch.Kramer

Umbau Paula Sinsheimer, 1933
Mertonstr.3, Ffm (Wohnung)
Auftragsliste 1923-37, Priv.arch.Kramer

Umbau Dr. Nathan Rosenthal, 1933
Paul-Ehrlich-Str.28, Ffm (Wohnung)
Auftragsliste 1923-37, Priv.arch.Kramer

Umbau Leo Wreschner, 1933
Trutz 13, Ffm (Wohnung)
Auftragsliste 1923-37, Priv.arch.Kramer

Umbau und Einrichtung Ludwig Baer, 1933
Viktoria-Allee 26, Ffm (Wohnung)
Auftragsliste 1923-37, Priv.arch.Kramer

Umbau Stadtrat Franck, 1933
Holzhausenstr.65, Ffm (Büro)
Auftragsliste 1923-37, Priv.arch.Kramer

Umbau J.J.Weiller, 1933
Bockenheimer Anlage 40, Ffm (Wohnung)
Auftragsliste 1923-37, Priv.arch.Kramer

Umbau Villa Celia, 1933
Kaiser-Friedrich-Allee 107, Bad Homburg, Auftraggeber Regierungspräsident (Hessen-Nassau) Dr. Wilhelm v.Meister
Auftragsliste 1923-37, Priv.arch.Kramer

Parzellierungsbearbeitung des Homburger Geländes, 1933
Auftraggeber Regierungspräs. Dr. Wilhelm v.Meister
Auftragsliste 1923-37, Priv.arch.Kramer

Neubauprojekt (?) H.Reis, 1933
Eysseneckstr.22, Ffm, Pläne nicht erh.
Auftragsliste 1923-37, Priv.arch.Kramer

Aufstockung (2.Geschoß) Clubhaus des Frankfurter Kanuclubs, 1933
Alte Brücke am Main, Ffm, nicht erh.
Auftragsliste 1923-37, Priv.arch.Kramer

Einrichtung Dr. Albert Oppenheim, 1933
Bockenheimer Anlage 32, Ffm (Wohnung)
Auftragsliste 1923-37, Priv.arch.Kramer

Parzellierung der Ginnheimer Höhe, Ffm, neue Straßenanlage, 1933
Auftraggeber Freiherr Max v.Goldschmidt-Rothschild
Auftragsliste 1923-37, Priv.arch.Kramer. – Empfehlungsbrief für F.Kramer von Freiherr Max v.Goldschmidt-Rothschild, 18.1.1938

Einrichtung Dr. Caan, 1933
Adresse unbekannt (Röntgeninstitut)
Auftragsliste 1923-37, Priv.arch.Kramer

Umbau Baron v.Mayer, 1934
Rüsterstr.15, Ffm (Wohnung)
Auftragsliste 1923-37, Priv.arch.Kramer

Umbau Carl Kaufmann, 1934
Beethovenstr.3a, Ffm (Wohnung)
Auftragsliste 1923-37, Priv.arch.Kramer

Umbau Victor Schüler, 1934
Schumannstr.11, Ffm (Wohnung)
Auftragsliste 1923-37, Priv.arch.Kramer

Umbau Max Cramer, 1934
Beethovenstr.11, Ffm, Auftraggeber Max Cramer/Immobilienfa. J.S.Hess
Auftragsliste 1923-37, Priv.arch.Kramer

Umbau Geschäftsstelle Immobilienfirma J.S.Hess, 1934
Schillerstr.4, Ffm, Auftraggeber Max Abeles
Auftragsliste 1923-37, Priv.arch.Kramer

Umbau Fa. Haake & Albers, 1934
Schillerstr.1, Ffm (Büro), Auftraggeber Max Abeles
Auftragsliste 1923-37, Priv.arch.Kramer

Umbau Leo Wreschner, 1934
Reinganumstr.27, Ffm (Wohnung)
Auftragsliste 1923-37, Priv.arch.Kramer

Umbau Max Kass, 1934
Arndtstr.7, Ffm (Wohnung)
Auftragsliste 1923-37, Priv.arch.Kramer

Umbau Hertha Jay, 1934
Niddastr.32, Ffm (Wohnung)
Auftragsliste 1923-37, Priv.arch.Kramer

Umbau Baron v.Wendland, 1934
Eppsteinerstr.4, Ffm (Wohnung)
Auftragsliste 1923-37, Priv.arch.Kramer

Umbau Erben Adolf E.Cahn, 1934
Niedenau 55, Ffm (Wohnung)
Auftragsliste 1923-37, Priv.arch.Kramer

Umbau David, 1934
Neue Mainzerstr.39, Ffm (Wohnung)
Auftragsliste 1923-37, Priv.arch.Kramer

Umbau, Aufstockung und neue Wohnungen, 1934
Kaiserstr.1, Ffm, Auftraggeber Cronstett Damenstift/Immobilienfa. J.S.Hess
Auftragsliste 1923-37, Priv.arch.Kramer

Wohnhaus Max Neuhöfer, 1934
Leerbachstr.9, Ffm, nicht vollendet, Pläne nicht erh.
Auftragsliste 1923-37, Priv.arch.Kramer

Wohnhaus Dr. Cramer, 1934
Hans-Sachs-Str.12, Ffm, zerstört, Pläne nicht erh.
Auftragsliste 1923-37, Priv.arch.Kramer

Umbau, 1934
Zeil 65, Ffm, Auftraggeber Hausverwaltung
Konstabler Wache
Auftragsliste 1923-37, Priv.arch.Kramer

Umbau, 1934
Fahrgasse 119, Ffm, Auftraggeber Haus-
verwaltung Konstabler Wache
Auftragsliste 1923-37, Priv.arch.Kramer

Einrichtung Prof. Georg Swarzenski, 1934
Reineckstr.3, Ffm (Wohnung)
Auftragsliste 1923-37, Priv.arch.Kramer

**Doppelwohnhaus Friedrich Sommerlad/
Schneider, 1935**
Ludolfusstr.6-8, Ffm, erhalten
*Auftragsliste 1923-37, Priv.arch.Kramer. –
Brief von Hans Claude an L.Kramer,
6.12.1985, Priv.arch.Kramer. – Grundriß
und Fotos, Priv.arch.Kramer*

Wohnhaus Carl Niemeyer, 1935
Frauenlobstr.20, Ffm, erhalten
Auftragsliste 1923-37, Priv.arch.Kramer

Umbau Dr. Jo Oppenheimer, 1935
Beethovenstr.44, Ffm (Wohnung)
Auftragsliste 1923-37, Priv.arch.Kramer

Umbau Familie v.Metzler, 1935
Schaumainkai 61, Ffm (Umstellung in Stock-
werkwohnungen)
*Brief von Moritz v.Metzler an F.Kramer,
3.8.1935, Priv.arch.Kramer. – Brief von Mia
v.Metzler an F.Kramer, Ostermontag 1935,
Priv.arch.Kramer. – Auftragsliste 1923-37,
Priv.arch.Kramer*

Umbau Hugo v.Metzler, 1935
Savignystr.16, Ffm (Wohnung)
Auftragsliste 1923-37, Priv.arch.Kramer

**Umbau und Einrichtung Dr. Jutta v.Marx,
1935**
Forsthausstr.53, Ffm (Wohnung)
Auftragsliste 1923-37, Priv.arch.Kramer

Umbau Mendel, 1935
Fürstenbergerstr.141, Ffm (Büro)
Auftragsliste 1923-37, Priv.arch.Kramer

Umbau Rössle, 1935
Annastr.7, Ffm (Büro)
Auftragsliste 1923-37, Priv.arch.Kramer

**Umbau Landrat Dr. Alexander v.Bernus,
1935**
Schloßstr.20, Ffm (Büro)
Auftragsliste 1923-37, Priv.arch.Kramer

Umbau Fabian, 1935
Reuterweg 36, Ffm (Büro)
Auftragsliste 1923-37, Priv.arch.Kramer

Umbau Paul Reinemann, 1935
Bockenheimer Landstr.75, Ffm (Wohnung)
Auftragsliste 1923-37, Priv.arch.Kramer

Umbau S. und M.Strauss, 1935
Liebigstr.33, Ffm (Wohnung)
Auftragsliste 1923-37, Priv.arch.Kramer

**2.Umbau und Einrichtung Dr. Paul Wolff,
1935**
Ffm, Adresse unbekannt (Fotolabor)
Auftragsliste 1923-37, Priv.arch.Kramer

**Parzellierung des Grüneburggeländes,
Ffm, 1935**
Auftraggeber Freiherr Albert v.Gold-
schmidt-Rothschild

*Empfehlungsbrief für F.Kramer von Freiherr
A.v.Goldschmidt-Rothschild, 4.2.1938. –
Auftragsliste 1923-37, Priv.arch.Kramer*

Umbau Erben Frl. Dondorf, 1935
Myliusstr.34, Ffm
Auftragsliste 1923-37, Priv.arch.Kramer

Einrichtung Baron v.Szilvingyi, 1935
Paul-Ehrlich-Str.28, Ffm (Wohnung)
Auftragsliste 1923-37, Priv.arch.Kramer

*** Verwaltungsgebäude Deutsche Vereinigte
Schuhmaschinen Gesellschaft, 1936**
Friedrich-Ebert-Anlage 35 (ehem. Hohen-
zollernstr.103), Ffm, erhalten/umgestaltet
*Auftragsliste 1923-37, Priv.arch.Kramer. –
Empfehlungsbrief für F.Kramer von der Fa.
Philipp Holzmann AG, Taunus-Anlage 1,
Ffm, 5.11.1937*

**Umbau und Neubau Garagen Prof.Dr.
Gramberg, 1936**
Arndtstr.7, Ffm
Auftragsliste 1923-37, Priv.arch.Kramer

Haus Dipl.Ing. Nagel, 1936
Frauenlobstr.48, Ffm
Auftragsliste 1923-37, Priv.arch.Kramer

Umbau Anna David/Dr.Ulitzka, 1936
Neue Mainzerstr.39, Ffm (Wohnung)
Auftragsliste 1923-37, Priv.arch.Kramer

Umbau D›Orville, 1936
Lindenstr.5, Ffm (Büro)
Auftragsliste 1923-37, Priv.arch.Kramer

Einrichtung Dr. U.Engel, 1936
Grillparzerstr.23, Ffm (Wohnung)
Auftragsliste 1923-37, Priv.arch.Kramer

Einrichtung Henry Seligmann, 1936
Liebigstr.33, Ffm (Wohnung)
Auftragsliste 1923-37, Priv.arch.Kramer

Einrichtung Münstermann, 1936
Schaumainkai 61, Ffm (Wohnung)
Auftragsliste 1923-37, Priv.arch.Kramer

**Einrichtung Dr. Nürnberg-Goldschmidt,
1936**
Grüneburgweg 118, Ffm (Wohnung)
Auftragsliste 1923-37, Priv.arch.Kramer

Umbau und Einrichtung Harlacher, 1936
Beethovenstr.110, Ffm (Wohnung)
Auftragsliste 1923-37, Priv.arch.Kramer

Einrichtung Heidingsfelder, 1936
Leerbachstr.44, Ffm (Wohnung)
Auftragsliste 1923-37, Priv.arch.Kramer

Projekt Umbau v.Neuville, 1936
Schaumainkai, Ffm (Wohnung), Pläne nicht
erh.
Auftragsliste 1923-37, Priv.arch.Kramer

Spülgeschirr-Abstellplatte, 1936
Auftragsliste 1923-37, Priv.arch.Kramer

Wohnhaus Bräutigam, 1937
Lilienthalallee 23, Ffm
Auftragsliste 1923-37, Priv.arch.Kramer

Doppelwohnhaus Ceelen/Bütow, 1937
August-Siebertstr.15/17, Ffm
Auftragsliste 1923-37, Priv.arch.Kramer

Umbau Hahn/Dr. Hildebrandt-Goetz, 1937
Lindenstr.24, Ffm (Wohnung)
Auftragsliste 1923-37, Priv.arch.Kramer

Umbau Morell, 1937
Lindenstr.3, Ffm (Wohnung)
Auftragsliste 1923-37, Priv.arch.Kramer

Umbau v.Heyden, 1937
Westendstr.8, Ffm (Wohnung)
Auftragsliste 1923-37, Priv.arch.Kramer

Umbau E.Stern/Schiff, 1937
Dantestr.5, Ffm
Auftragsliste 1923-37, Priv.arch.Kramer

Umbau Münstermann, 1937
Landgrafenstr.12, Ffm (Wohnung)
Auftragsliste 1923-37, Priv.arch.Kramer

**Planung eines ›Trailor Camps‹ (Wohnmobil-
siedlung), 1938**
White Stone Bridge, NY. Vermutlich Parzellierungsbearbeitung als Mitarbeiter im
Architekturbüro Kahn & Jacobs
*F.Kramer, 50 Jahre Architektur – Bericht aus
meinem Leben, in: Der neue Egoist Nr.2/
1976, S.85. – Curriculum vitae, Priv.arch.
Kramer*

**Projekt Ausstellungspavillon ›Freedom
Pavilion‹, 1938**
Ausstellungsvorhaben deutscher Emigran-
ten für die New Yorker Weltausstellung
1939, nicht ausgeführt, Pläne nicht erh.
*Broschüre ›Freedom Pavilion: Germany
Yesterday – Germany Tomorrow‹, Hrsg.
Provisional Organizing Committee, NY. –
»Freedom Pavilion« at Fair Planned to
Celebrate the Pre-Nazi Culture, in: The
New York Times, 13.1.1939, S.1/16*

*** Alden Estates / Greyrock Park on Sound,
1939 – etwa '45**
Vermutlich Parzellierung des Geländes,
Erstellung von Typengrundrissen, Entwürfe
und Ausführung verschiedener Einfamilien-
häuser
*Ferdinand Kramer, German Housing
Expert, Takes Over Direction of Alden Estates Here, in: Daily Item (Port Chester, NY),
6.4.1939. – Old American Homes Lauded
by Modernist, in: American Journal,
25.6.1939. – Werbebroschüre des Immobi-
lienhändlers H.A.Lockwood & Co., (Port
Chester, NY), Priv.arch.Kramer*

* Schlafwagenleiter, um 1940
Vermutlich nicht ausgeführt
Werkzeichnung, o.D., Priv.arch.Kramer

*** Elektrischer Küchen- und Servicewagen,
1941**
Angeblich als Kleinserie für das Management der General Electric Corp. ausgeführt
*Werkzeichnungen, Priv.arch.Kramer. –
US-Patent Nr.2309513 (Invention), angemeldet 13.6.1941, erteilt 26.1.1943, gültig
17 Jahre*

*** ›Knock-Down Furniture‹/›Planks and
Pegs‹, 1942-43**
Wiederholt zerlegbare Kombinationsmöbel, zusammen mit Fred V.Gerstel. Herst.
Williams Furniture Company, Sumter/South
Carolina, Vertrieb Allied Purchasing Corp.,
industrialisierte Produktion. Darunter: 4
Wandschrankelemente; Bettsofa; Armlehnsessel *(US-Patent Nr.2364452, Invention,
angemeldet 17.7.1943, erteilt 5.12.1944,
gültig 17 Jahre)*; ›3-in-1‹ Hocker-Tisch-
Regal *(US-Patent Nr.136694, Design, angemeldet 16.6.1943, erteilt 23.11.1943, gültig
14 Jahre)*; Schreibtisch; Teewagen; Beistelltisch ›Put-Away Stand‹ *(US-Patent
Nr.138159, Design, angemeldet 15.3.1944,*

erteil 27.6.1944, gültig 14 Jahre); Teetisch (US-Patent Nr.137684, Design, angemeldet 24.9.1943, erteil 18.4.1944, gültig 14 Jahre); Auszugtisch; Eß- oder Kartentisch; Klappstühle (2 Versionen); Bücherregal/ Schreibtisch; Wandspiegel; Hängeschränkchen ›Legal Agreement‹ zw. Allied Purchasing Corp., Fred V.Gerstel, F.Kramer und Paul M.Mazur, 6.7.1943, Priv.arch.Kramer. – New demountable furniture saves shipping space, eliminates metal [Forum of Events], in: The Architectural Forum, Juli 1943. – Planks and Pegs, in: Interiors, August 1943, S.18-22/55. – R.B.Kimball, Europeans Flee Hitler, Set Up Shop Here, Like It So Well They'll Stay, in: The Wall Street Journal, 16.5.1944. – E.Savelson, U.S. Production Lines to »Refurnish« Europe, in: Daily Mirror, 7.4.1945. – Flexible [The Talk of the Town], in: The New Yorker, 26.5.1945, S.18-19. – Knockdown Furniture, in: Popular Science, Dez.1945. – Patentschrift für Holzdübelkonstruktion: US-Patent Nr.2362904, Invention, angemeldet 20.1.1943, erteilt 14.11.1944, gültig 17 Jahre (andere Patentschriften s.oben), Priv.arch.Kramer

* ›Put-Away‹ Schränke, 1943-44
Wiederholt zerlegbare Kleider- und Mottenschränke, Zusammen mit F.V.Gerstel. Herst. Williams Furniture Company, Sumter/South Carolina, Vertrieb Allied Purchasing Corp., industrialisierte Produktion. Darunter: Kleiderschrank Modell ›M200‹ (Anzeige, R.H.White's Dept. Store, in: Boston Daily Globe, 23.10.1944. – Anzeige, Jordan Marsh Co., in: Boston Sunday Post, 18.6.1944. – Anzeige, Bloomingdale's, in: Sunday News, Beilage, 7.5.1944. – Anzeige, Kresge Dept. Store, in: Newark Evening, 11.5.1944. – Broschüre mit Montageanleitung. Priv.arch.Kramer); Schrank/Truhe (Foto, Priv.arch.Kramer); Schrank/Truhe (Prospektblatt BEH & Co., NYC. – US-Patent Nr.2362904, Invention). Nicht ausgeführte Entwürfe: Kleiderschrank mit Klapptür; Sperrholzschrank für Selbstmontage (Werkzeichnungen, Priv.arch.Kramer)

* ›Put-Away‹ Gartenmöbel, 1943-44
Zusammen mit F.V.Gerstel. Herst. Williams Furniture Company, Sumter/South Carolina (Herst. der Kunststoffgurte B.F.Goodrich Co.), Vertrieb Allied Purchasing Corp., industrialisierte Produktion. Darunter: Hokker; Armlehnsessel/Sitzbank (US-Patent Nr.2449747, Invention, angemeldet 27.7.1945, erteilt 21.9.1948, gültig 17 Jahre); Tisch. Nicht ausgeführte Entwürfe: Armlehnsessel/Sitzbank; Gartentisch mit Sonnenschirm; Liege (Werkzeichnungen, Priv.arch.Kramer)
Bericht in: Retailing, 23.4.1945. Bericht [Forum of Events], in: The Architectural Forum, Mai 1945, S.80/82. – Bericht in: Interiors, Juni 1945. – Anzeige Kaufhaus W & J Sloane (New York), in: Herald Tribune, 9.6.1945. – Abb. in: Look, Sept.1945. – Anzeige Kaufhaus W & J Sloane, in: The New York Times, 28.4.1946. – Anzeige Kaufhaus W & J Sloane, in: Herald Tribune, 6.5.1946

* Projekt Wochenendhäuser, 1944
3 Entwürfe für das Konstruktionssystem Konrad Wachsmann, General Panel Corp., NYC, nicht ausgeführt
General Panel Corporation (The Industrialized House, II), in: The Architectural Forum, Febr.1947, S.115-120. – Planzeichnungen, Priv.arch.Kramer

* Projekt Wohnhäuser, 1944
Zusammen mit Calvert Coggeshall, vermutlich im Auftrag der Zeitschrift ›Ladies' Home Journal‹. Zeichnungen für Grundrisse, Ansichten und Fotos eines Modells erhalten
R.Pratt, Upstairs and Down, in: Ladies' Home Journal 10/1945, S.190. – Planzeichnungen u. Fotos, Priv.arch.Kramer

Gebäude und Geräte / Räucherhaus, 1945
Für einen mechanisierten landwirtschaftlichen Betrieb, Trenton, New Jersey, Auftraggeber Paul M.Mazur
Curriculum vitae, Priv.arch.Kramer

* Kombinationsmöbel, 1945-46
Nicht ausgeführte Entwürfe für ein kombinierfähiges Möbelprogramm. Schrank-, Regal- und Kommodensystem (Werkzeichnungen, Febr.-Sept.1945); Betten (Werkzeichnungen, Sept.1945); Einzelmöbel (Werkzeichnungen 1945-46): Polstersessel ›Easy Chair‹; Sitzkissen/Hocker ›Hassock‹; Armlehnsessel ›Easy Chair‹; Liegesofa; Beistelltisch ›Lamp Table‹; Nachttisch ›Night Table‹; Regal/Schreibtisch ›Bookcase Desk‹; Beistelltisch ›Coffeetable‹; Beistellkasten; Schuhpflegekasten ›Shoe Shine Box‹; Telefontischchen ›Telephone Stand‹; Hausbar ›Folding Bar‹; Wandregal ›Hanging Bookshelves‹; Schreibtisch ›Desk‹; Auszugtisch ›Extension Table 12‹; Auszugtisch ›Refectory Table‹; Teetisch ›Table Units‹; Beistelltische ›2 Lamp Tables‹
Werkzeichnungen, Priv.arch.Kramer

Reiseartikel/Alltagsgegenstände, 1945-47
Nicht ausgeführte Entwürfe: Reise-Etui für Wäsche ›Compact for Laundry‹; Stopfgarnbehälter ›Nähbesteck ›Handy Mender‹; Taschenkamm ›Pocket-Comb with Handle‹; Eßbesteck ›Combination Fork-Knife‹; Zigarettenschachtel
Werkzeichnungen, Priv.arch.Kramer

* Metallmöbel und -gerät, 1945-49
Ausgeführte Entwürfe (s. auch Gartenmöbel aus Aluminium, um 1946/47): Liege ›Feather-Lite‹, Entwurf Nov.1945, Vertrieb ab 1946, Herst. Products Marketing Corporation (Versandkatalog Fa. Chicago, Modell Nr.189, Sommer 1946. – Anzeige Fa. Mandel Brothers, in: Chicago Tribune, 6.5.1947. – Anzeige Fa. Stern Brothers, in: World Telegram (New York), 15.5.1946. – Good Design is Your Business, Ausstellungskat. Albright Art Gallery/Buffalo Fine Arts Academy, Buffalo/NY 1947, S.48, Abb.31. – Abb. u. Legende in: Progressive Architecture, Sept.1948); Beistelltisch ›Sectional Metal Table‹, Entwurf Nov.1945, ausgeführt in den 50er Jahre in Ffm, erhalten (Privatbesitz); Schallplattenregalelement ›Add-a-Piece Record Unit‹, 1948, angeblich durch die Products Marketing Corp. ausgeführt (Werkzeichnung, Priv.arch.Kramer) Nicht ausgeführte Entwürfe: Rauchertisch (Zeichn. dat.»NY 1944/Ffm 1924«); Servierwagen ›Folding Service Cart‹; Liege ›Folding Feather-Lite‹; Gartensessel ›Aluminum Lounge Chair‹; Beistelltisch ›Folding Stand‹; Schaukelsofa ›Aluminum Glider‹ (3-Sitzer); Schaukelsofa ›Aluminum Glider‹ (1/2/3-Sitzer); Freischwinger ›Side Chair‹ (Zeichn. dat.»June 1946«/nachträgl.beschriftet »World's Fair New York«); Hängematte ›Knock-Down Stand for Hammock with Adjustable Awning‹; Hängematte ›Knock-Down Stand for Hammock with Adjustable Awning‹; Eßtisch ›Dinette Table‹; Gartentisch ›Folding Aluminum Coffee Table‹;

Liege ›Cot with Folding Legs‹ (vgl.Kinderliege Städt.Kindergarten Bruchfeldstraße, 1927/28); Regenschirmständer (= Ständer für Garderobe, Kindergarten Bruchfeldstraße, 1927/28); Bock für Sofabett ›Chassis for Day Bed‹; Klappsessel ›Folding Easy Chair‹; Klappsessel ›Folding Yacht Chair‹; Stehlampe ›Floor Lamp – 2 Reflectors‹; Stehlampe/Deckenfluter; Gläserständer; Sägemehlofen ›Space Heater‹; Heizofen ›Kramer Stove‹ (Weiterentwicklung des Kramer-Ofens, 1926)
Werkzeichnungen, Priv.arch.Kramer

Wandsystem und Warenauslage ›Shelving and Showcases‹, 1945
Entwurf, nicht ausgeführt
Werkzeichnung, Priv.arch.Kramer

* Projekt Einrichtung Bloomingdale's Luggage Department, 1945-46
Nicht ausgeführt. Entwürfe für Taschen und Gepäckstücke, vermutlich in diesem Zusammenhang entstanden: Kofferständer ›Display and Stock Stand for Luggage‹; Kofferständer ›Stand for Luggage‹; Wandsystem ›Luggage Shelving‹; Stufenpodest ›Telescoping Platform‹ (ausgeführt); Tisch/ Kofferständer ›Telescoping Table‹
Grundrißzeichnungen, Werkzeichnungen, Fotos, Priv.arch.Kramer

* Ladeneinrichtungselement ›Vizual Fixture‹, 1945-47
Metallrohrgestell, Blechbehälter und Schaukasten, verschiedene Varianten und Entwicklungsstufen, vermutlich nur als Prototyp ausgeführt
US-Patent Nr.2495109, Invention, angemeldet 14.6.1945, erteilt 17.1.1950, gültig 17 Jahre. – Xanti Schawinsky: Zeichnung, o.D., Original nicht erh. – Foto (Prototyp?), Werkzeichnungen, Priv.arch.Kramer

* Warenbehälter ›Vinylite Trays‹, 1945-47
Herstellung (?) und Vertrieb Products Marketing Corp. (Herst. des Kunststoffs ›Vinylite‹ Bakelite Corp.): Rechteckbehälter ›Display Trays‹, verschiedene Größen; Winkelbehälter ›Display Rack‹; Hemdenbehälter ›Shirt Rack‹; Rechteckbehälter mit Deckel; Krawattenbehälter; Schildhalterungen, 4 Varianten
Fotos, Werkzeichnungen (Aug./Nov.1945; Nov.1946), Priv.arch.Kramer. – US-Patent Nr.147591, Design, angemeldet 6.3.1946, erteilt 31.9.1947, gültig 3 1/2 Jahre. – Develops Merchandise Trays For Display and Forward Stock, in: Women's Wear Daily, 23.12.1947. – Abb. u. Legende in: Bakelite Review, Jan.1949

Ladeneinrichtungselement, 1946
Entwürfe ›Vizual Fixtures‹ mit seitlichen Holzpaneelen: Element ›Selling Fixture‹; Element ›Oilcloth‹; Element ›Costumer‹, vermutlich nicht ausgeführt
Werkzeichnungen, Priv.arch.Kramer

Ladeneinrichtungselemente ›Costumers‹, 1946
Entwürfe für Kleidungsgestelle, 4 Varianten, vermutlich nicht ausgeführt
Werkzeichnungen (Jan.1946), Priv.arch. Kramer

* Kombinierbare Verkaufsmöbel ›Sectional Display and Selling Units‹, um 1946
Herst. unbekannt. Schrankelemente: Sockel ›Base‹; 3 Kastenelemente ›Counters‹; 2 Glaskastenelemente ›Showcases‹; Aufsatz/ Podest ›Countertop/Bin/Platform‹. Aufsatz-

system: Deckel ›Flat Top‹; Behälter ›Bin‹; Stufen ›Steps‹; Schräge ›Slope‹
Fotos, Werkzeichnungen (Febr./Mai 1946), Priv.arch.Kramer. – F.Kramer, A System of Visual Store Planning for Aldens, Inc., 1.5.1947, Typoskript, Priv.arch.Kramer. – Develops Merchandise Trays For Display and Forward Stock, in: Women's Wear Daily, 23.12.1947

* Projekt Einrichtung Bloomingdale's Basement – Domestics, 1946

«Nicht ausgeführt. Dazugehörige Entwürfe: Wandsystem für Wachstuchrollen ›Shelving for Oilcloth‹; Wandsystem für Decken ›Wallshelving for Blankets‹; Wandsystem für Bettwäsche ›Adjustable Rack and Stock Cabinets for Linen‹; Wandsystem für Tischdecken, Geschirrtücher, etc. ›Wallshelving for Linen, Dishtowels...‹; Wandsystem für Kissen ›Wallshelving for Pillows‹; Warenschrank für Steppdecken ›Cabinet for Comforters (or Blankets)‹; Schrank- und Aufsatzkombinationen für textile Haushaltswaren; Gestell für Bettüberwürfe
Grundrißzeichnungen, Werkzeichnungen, Priv.arch.Kramer

Ausstellungseinrichtung ›Exhibition Scaffold‹, 1946

Entwurf, nicht ausgeführt
Werkzeichnung (Juni 1946), Priv.arch.Kramer

Baukastenelemente für Warenauslage, 1946

Entwürfe: Quadratische Einheit ›Square Module‹; Rechteckeinheit ›Rectangular Module‹, vermutlich nicht ausgeführt
Werkzeichnungen (Nov.1946), Priv.arch. Kramer

* Gartenmöbel aus Aluminium, um 1946/47

Herstellung (?) und Vertrieb Durable Canvas Co., 179 Bruckner Blvd., Bronx/NY. Darunter: Gartensessel mit Schemel ›Adjustable Chair and Ottoman‹, Modell Nr.4002 *(Werbebroschüre Durable Canvas Co., o.D., Priv.arch.Kramer)*; Gartensessel ›Aluminum Easy Chair‹, Modell Nr.2550 *(Foto, Werkzeichnung, Priv.arch.Kramer)*; Gartenliege ›Chaise (Adjustable)‹, Modell Nr.4000 *(Foto, Werkzeichnung, Priv.arch. Kramer)*; Klappsessel ›Folding Yacht- and Lounge-Chair‹ *(Foto, Werkzeichnung, Priv.arch.Kramer)*

Beistelltisch aus Bambus, etwa um 1947

erhalten (Privatbesitz)
Foto, Priv.arch.Kramer

Beistelltisch aus Bambus, etwa um 1947

Werkzeichnung, Priv.arch.Kramer

Beistelltisch/Zeitungsablage, etwa um 1947

Foto, Priv.arch.Kramer

* Umbau und Einrichtung Warenhaus Aldens, 1947

200 South Schuyler Ave., Kankakee/Illinois, nicht erh.
Brief von Aldens' Präsident Robert W.Jackson an F.Kramer, 17.7.1946, Priv.arch.Kramer. – Develops Merchandise Trays For Display and Forward Stock, in: Women's Wear Daily, 23.12.1947. – Schuyler Avenue Named..., in: Kankakee Sunday Journal, 1951. – Anzeige Aldens, in: Kankakee Sunday Journal, 21.6.1953. – Abb. u. Legende, in: Kankakee Daily Journal, 17.11.1989. – Brief von L.Soucie/Kankakee County Historical Society an B.Hauß, 20.12.1990

* Projekt Warenhaus und Ladeneinrichtung ›Aldens' X-Store‹, 1947

Modell mit magnetischer Tafel, Miniaturmöbel maßstabsgetreu (erhalten). Standardisierte Einrichtungsprogramm umfaßt: Regalelemente ›Shelving‹; Hängevorrichtungen ›Hanging‹; Glaskästen ›Showcases‹; Kasten- und Tischelemente; Warenauslagen ›Displayers‹; Bedienungstisch für Katalog-Bestellungen und Modeschnittmuster; Podest; bewegliche Trennwände; ›Balopticon‹ (Lichtbildapparat); Kasse und Einpacktisch ›Cash and Wrap‹; Matratzen/Betten; Sitzmöbel; Tische; Kommoden; Elektrogeräte
F.Kramer, A System of Visual Store Planning for Aldens, Inc., Typoskript, 1.5.1947, Priv. arch.Kramer. – F.Kramer, Visual Planning, Equipment Selection and Arrangement for Small Department Stores, in: Progressive Architecture, Mai 1948, S.82-87. – E.Zietzschmann, Bauten des Verkaufs. Das Warenhaus, in: Bauen & Wohnen 8/1954, S.406-408. – Grundrisse, Diagrammzeichnungen, Priv.arch.Kramer

Projekt Versandhaus für Aldens, Inc., um 1947

Nicht ausgeführt
Zeichnungen: Isometrie der Gesamtanlage, perspektivische Ansicht, Priv.arch.Kramer

Umbau und Einrichtung Stadthaus Gardener Cowles, 1950

New York/NY, Adresse unbekannt, zusammen mit Calvert Coggeshall, Abbildungen/Pläne nicht erh.
Curriculum vitae, Priv.arch.Kramer

* Sperrholztische ›Packaged Coffeetables‹, 1950

6 Varianten, ›Square‹-Tisch erhalten (Privatbesitz)
Designing Couple Cut Corners, in: Look, 5.6.1951. – Werkzeichnungen, Priv.arch. Kramer

* Wegwerftisch für Coca-Cola, um 1951

Nachbau erhalten

* Papierregenschirm ›Rainbelle‹, 1948/51

Herstellung und Vertrieb Folding Products Manufacturing Corp. (s. F.Oppenheimer, hier, S.70f.), Long Island City/NY, Entwurf 1948/49, Verkauf ab 1951 (verschiedene Exemplare erhalten, u.a. Museum für Gestaltung/Zürich, Privatbesitz)
US-Patentanmeldung Nr.104911, 15.7.1949. – Abb. in: Quick, 9.7.1951, S.40. – Pleated Paper Umbrella opens new era, in: Look, 17.7.1951. – The Power of a Look Introduction, Werbedrucke, Juli 1951, Priv. arch.Kramer. – ›Legal Agreement‹ zw. F.Kramer u. Fadex Foreign Trading Corp., 29.7.1949, erneuert 1.10.1950, Priv.arch. Kramer. – Anzeige Lord & Taylor, in: World Telegram & Sun, 6.8.1951. – It's Raining New Business, in: Plastics Merchandising, Sept.1951. – Abb. u. Kommentar, in: Newsweek, 24.9.1951. – Abb. u. Kommentar, in: Herald Tribune, 11.11.1951. – Abb. in: Quick, 24.12.1951, Titelblatt. – Department of Design in Industry, Ausstellungskat. Intitute of Contemporary Art, Boston, Winter 1951/52, S.28. – Rain Made Him Rich, in: Parade, Sunday Picture Magazine, 4.5.1952. – It's raining new business – Ferdinand Kramer: Umbrella, Hrsg. K.-A.Heine u. M.Lenz, Rodgau 1987

Typografie: Schablonenschrift, 1952

Vorlage, Priv.arch.Kramer

Umbau und Einrichtung Dr. Kwok-Sung, 1951

Greyrock Park, Port Chester/NY
Curriculum vitae, Priv.arch.Kramer

Umbau und Einrichtung Arpels und van Cleef, 1951

Greyrock Park, Port Chester/NY
Curriculum vitae, Priv.arch.Kramer

Piktogramm für die Universität Frankfurt/M, um 1952

Vorlage, Priv.arch.Kramer

Generalbebauungsplan, Johann-Wolfgang-Goethe-Universität, Frankfurt/M, 1952/53

Rev.1955,'57,'58,'59,'60,'61,'62,'63
Das neue Gesicht der Universität, in: NP, 12.2.1953. – G.Baerlin, Universitätsstadt an der Bockenheimer Warte, in: FR, 25.2.1953, S.3. – H.Wingler, Eine Universitäts-Stadt entsteht (II), in: Die neue Zeitung (Berlin), 10.3.1953, S.8. – Frankfurts künftige Universitäts-Stadt, in: FR, 17.3.1953, S.3. – Die Universitätsstadt, in: Diskus (Frankfurter Studentenzeitung), April 1953. – Die Universitätsstadt, in: NP, 24.4.1953. – G.Gruppe, Die Baupolitik der Universität, in: Diskus, Juli 1953. – Generalplan für die Universität, in: NP, 11.1.1954. – Der kulturelle und geistige Wiederaufbau, in: NP, 6.2.1954, Sonderbeilage, S.4. – F.Rau, Johann Wolfgang Goethe-Universität, in: Adreßbuch 1954. – D.Schmidt, Das wachsende Frankfurter Universitätszentrum, in: FAZ, 29.9.1956, S.36. – H.Wingler, Vollendung der Universitätsstadt gefährdet? in: NP, 29.12.1956, S.8. – F.Rau, Universität im Wiederaufbau, Typoskript, 18.7.1957, Priv.arch.Kramer. – F.Kramer, Bauen für die Wissenschaft, in: Die deutsche Universitätszeitung 6/1960, S.15-21. – H.Rahms, Ein Amt und 185 Architekten, in: FAZ, 14.11.1960, S.20. – Frankfurt erkennt die Not seiner Universität, in: FAZ, 16.12.1960. – F.Kramer, Hochschulplanung gestern und heute, in: Bauen & Wohnen 8/1962, S.315-317. – Nur ›Flickwerk‹ an der Universität, in: NP, 10.10.1964, S.7

* Wiederaufbau Hauptgebäude, Neugestaltung Haupt- und Nebeneingang, Um- und Anbau Rektorat, Einrichtung, 1952-53

Mertonstr.17-21, Ffm, erhalten, zahlreiche Veränderungen
F.Kramer, Umbau des Haupteinganges und des Rektorats, Typoskript, o.D., Priv.arch. Kramer. – F.Jerusalem, Modernes Barbarentum, in: FAZ, 11.3.1953. – Der Sandsteinschmuck, in: NP, 11./12.3.1953. – Portalfiguren fallen, in: FAZ, 14.3.1953. – Das Hauptportal der Universität wird verbreitert, in: FAZ, 17.3.-1953. – Hauptgebäude fertig bis April, in: NP, 17.3.1953. – Das neue Portal der Universität, in: FAZ, 5.5.1953. – Umbau der Universität Frankfurt a.M., in: Bauen & Wohnen 9/1954, S.481f.

* Umbau und Einrichtung Versuchsbühne und Vorlesungsraum des Instituts für Deutsche Sprechkunde / Rednerpult, 1953

Senckenberg Anlage 27 (Ostflügel Hauptgebäude, Dachgeschoß), Ffm, samt Einrichtung erhalten, renovierungsbedürftig
F.Kramer, Versuchsbühne und Vorlesungsraum des Instituts für Deutsche Sprechkunde, Typoskript, 6.8.1954, Priv.arch.Kramer. – Konstruktionsblatt, Beilage zu: Bauen & Wohnen 9/1954

* Umbau und Einrichtung Wohnung Ferdinand Kramer, 1953
Senckenberg Anlage 27 (Ostflügel Hauptgebäude, Dachgeschoß), Ffm, Möbel erhalten (Privatbesitz). Vermutlich dafür entworfen (auch in anderen Wohn- und Büroeinrichtung der 50er Jahre verwendet): Sofa (vgl. Obernzenner-Sofa, 1928); Teetisch; Bücherregal; Stahlrohrbett
Fotos, Priv.arch.Kramer

* Fernheizwerk, 1953
Gräfstraße, Ffm, erhalten, technische Anlagen umgerüstet. Mitarbeiter: Walther Dunkl
Bauten der Johann-Wolfgang-Goethe-Universität, Frankfurt a.M., in: Bauen & Wohnen 2/1955, S.70/72. – F.Kramer, Das Fernheizwerk der Johann-Wolfgang-Goethe-Universität, in: G.I., 15-16/1955, S.242-245. – Technik mit musischem Moment, in: NP, 22.5.1956

* Wettbewerbsentwurf Deutsche Bibliothek, 1953
Zeppelinallee, Ffm, 2.Preis
Planzeichnungen (o.D.), Priv.arch.Kramer

* Amerika-Institut/Englisches Seminar, Einrichtung, 1953-54
Kettenhofweg 130, Ffm, erhalten, neulich renoviert. Mitarbeiter: Helmut Alder
Zitronengelbe Wände und hellblaue Türen, in: FAZ, 11.6.1954. – Im Dienst des Studiums der Amerika-Forschung, in: FR, 11.6.1954. – Auszeichnungen für vierundzwanzig Bauten, in: FAZ, 8.11.1954. – Ansichtssache, in: FAZ, 9.11.1954. – Amerika-Institut der Johann-Wolfgang-Goethe-Universität Frankfurt a.M., in: Baukunst & Werkform, 1.Sonderheft, 1955, S.18-19. – Bauten der Johann-Wolfgang-Goethe-Universität, Frankfurt a.M., in: Bauen & Wohnen 2/1955, S.68-70, Konstruktionsblatt

* Geologisch-Paläontologisches Institutsgebäude, Einrichtung, 1954
Senckenberg Anlage 32, Ffm, erhalten. Mitarbeiter: Helmut Alder
Das Reich der Geologie, in: NP, 11.12.1954. – Neues Universitätsinstitut in der Senckenberg-Anlage, in: FR, 11.12.1954. – Partner Erde, in: FAZ, 11.12.1954

* Biologische Institute und Nebengebäude, Einrichtungen, 1954-56/1966 Siesmayerstr.72, Ffm, erhalten
Institutsgebäude für Botanik und Anthropologie, 1954-56 (Mitarb. W.Dunkl); Institutsgebäude für Zoologie und Mikrobiologie, 1954-56 (Mitarb. W.Dunkl); Hörsaalgebäude und Verbindungsgang, 1954-56 (Mitarb. H.Alder); Gärtnerhaus, 1954 (Mitarb. H.Alder); Gewächshäuser, Laborgebäude und Wirtschaftsgebäude, Planung vermutlich 1954-56, Ausführung 1966, *Generalplan für die Universität, in: NP, 11.1.1954. – Universität erhält »Biologisches Camp«, in: FR, 15.1.1954. – D.Schmidt, Forschungsstätte der Biologie, in: FAZ, 29.6.1956, S.6. – Der große Umzug der Biologen hat begonnen, in: FAZ, 6.10.1955. – Abb. u. Legende, in: NP, 16.6.1956. – Das Biologische Camp der Universität Frankfurt/M, in: Bauwelt 48/1957, S.1262-67. – Gärtnerhaus im Botanischen Garten Frankfurt a.M., in: Baukunst & Werkform, 1.Sonderheft, 1955, S.55-56. – Die biologischen Institute der Universität in Frankfurt am Main, in: Bauwelt 33/1966, S.936-941. – Die liebenswerte Wissenschaft. Botaniker feiern den Ausbau des Frankfurter Institutes, in: NP, 8.9.1966*

Holzmöbel für Institutsgebäude, um 1954
Arbeitstisch (Linoleinlage); 2-Säulentisch mit Bücherablage; 2-Säulentisch rautenförmig; Schreibtisch mit Beistellschrank; Hörsaalgestühl. Erhalten, weitgehend noch in Verwendung

* Studentenwohnheim Bockenheimer Warte, Einrichtung, 1956
Bockenheimer Landstr.135, Ffm, erhalten, renovierungsbedürftig. Mitarbeiter: Helmut Alder
Ein Heim für 127 Studenten, in: FR, 9.7.1956. – Eine Chance zum Gespräch, in: FAZ, 9.7.1956. – F.Kramer, Wohnen im Studentenheim / Studentenwohnheim der Universität Frankfurt/Main, in: Bauwelt 17/1959, S.519-523; – ebenfalls in: Werk und Zeit 8/1956, S.5

* Institutsgebäude für Pharmazie, Lebensmittelchemie und Städtisches Nahrungsmitteluntersuchungsamt, Hörsaalgebäude, Verbindungsgang, Einrichtungen, 1954-57
Georg-Voigt-Str.14-16, Ffm, erhalten, neulich renoviert. Mitarbeiter: Klaus Peter Heinrici
Stätte der Forschung und des Studiums, in: FR, 1.11.1954. – Eine Welt der Forschung, in: NP, 1.11.1954. – Ein Neubau für die Universität, in: FAZ, 1.11.1954. – Pharmazeutisches Institut, Institut für Lebensmittelchemie und Städtisches Nahrungsmittel-Untersuchungsamt, Typoskript, o.D., Priv.arch.Kramer. – Zwei neue Universitäts-Institute, in: NP, 17.1.1958. – Lebensmittel in der Retorte, in: FAZ, 18.1.1958, S.40. – Die neuen Institute für Lebensmittelchemie und Pharmazie, in: NP, 18.1.1958. – Zwei Institute für die Wissenschaft, in: FR, 18.1.1958. – Abb. u. Legende, in: Werk und Zeit 1/1958. – F.Kramer, Rede eines Baumeisters vor Naturwissenschaftlern, in: Bauwelt 32/1958, S.779-785

* Zentrum für Kernphysik, 1956-58
August-Euler-Str.6, Ffm, erhalten (Reaktor nicht mehr im Betrieb). Mitarbeiter: Walther Dunkl Atomreaktorhalle, Beschleunigeranlage, Laborgebäude, Institutsgebäude für Radiochemie, Institutsgebäude für Kernphysik (Mitarb. H.Alder), Werkstatt, Einrichtungen
Abb. u. Legende, in: NP, 18.12.1956, S.4. – E.Schopper, Forschungsreaktor Frankfurt, Sonderdruck in: Die Atomwirtschaft 7-8/1957, S.223. – Frankfurts Universität übernimmt Atomreaktor, in: NP, 17.1.1958. – Ein Tag der offenen Tür, in: FAZ, 17.1.1958, S.8. – Abb. u. Legende, in: Progressive Architecture 11/1958, S.117. – F.Kramer, Die Funktion des Architekten beim Reaktor- und Institutsbau, in: Atomenergie in Hessen, Atombrief 8-9/1958, S.341-344. – F.Kramer, Forschungsreaktor der Universität Frankfurt/M, in: Bauwelt 17/1958, S.401-403, Titelblatt; ebenfalls in: AC/Internationale Asbestzement-Revue (Zürich) 9/1963, S.31-34. – E.Schopper, Das Institut für Kernphysik der Universität Frankfurt am Main, Sonderdruck, Achema-Jahrbuch, Bd.1, 1962/64. – Vorbildliches Bauen. Auszeichnung hessischer Architekten, in: FAZ, 30.10.1965

* Hörsaalgebäude I und Verbindungstrakt mit Seminarräumen, Einrichtungen, 1956-58
Mertonstr.21/Gräfstraße, erhalten. Mitarbeiter: Helmut Alder
H.Wingler, Vollendung der Universität gefährdet? in: NP, 19.12.1956. – Das Haus ohne Fenster [Abb. u. Legende], in: NP, 7.5.1958. – Neue Hörsäle zum neuen Seme-ster, in: FR, 8.5.1958. – Das Haus der Hörsäle ohne Fenster, in: FAZ, 14.5.1958. – K.J.Marschall, Schwarzwaldluft im Hörsaal, in: Diskus 3/1958. – F.Kramer, Hörsaalgebäude der Universität Frankfurt/M, in: Bauwelt 48/1958. – F.Kramer, Bauen für die Wissenschaft, in: Die deutsche Universitätszeitung 6/1960, S.17. – F.Kramer, Neubauten der Universität Frankfurt/Main, in: Bauen & Wohnen 8/1962, S.318-319

Wettbewerbsentwurf Studentenhaus Marburg/Lahn, 1957
Studentenwerk mit Cafeteria für die Universität Marburg/Lahn, 2.Preis
K.Bertsch, Heime, Altersheime, Jugendheime, Jugendherbergen, in: Architektur-Wettbewerbe (Stuttgart), 22/1957

* Wochenend- und Ferienhaus Albert v.Metzler, Einrichtung, 1957
Reifenbergerweg 24, Arnoldshain/Taunus, erhalten
Planzeichnungen, Priv.arch.Kramer

Wettbewerbsentwurf Rathauszentrum Marl, 1958
Planzeichnungen (o.D.), Priv.arch.Kramer. – Rathauszentrum Marl, Sonderheft, Architektur-Wettbewerbe, Mai 1958

Wohnhaus Gottlieb Ruth, 1958-59
Heuchelheimer Str.19, Bad Homburg, erhalten
Planzeichnungen, Priv.arch.Kramer

* Philosophisches Seminargebäude, Einrichtung (s.Metallmöbelprogramm O.Kind, unten), 1959-60
Gräfstr.74-76, Ffm, erhalten, renovierungsbedürftig. Mitarbeiter: Walther Dunkl
Haus ohne Dach und Wände, in: NP, 22.10.1958. – Hochhaus im Skelett, in: FAZ, 1.11.1958. – Gigant aus Stahl, in: FR, 6.11.1958. – Seminar für die Studenten, in: NP, 6.11.1958. – Abb. u. Legende, in: FAZ, 23.10.1959, S.20. – F.Kramer, Philosophisches Seminargebäude, Typoskript, 26.1.1961, Priv.arch.Kramer. – F.Kramer, Seminargebäude der Universität Frankfurt, in: Bauwelt 15/1961, S.427-432. – Kein Platz für Hieronymus, in: NP, 30.1.1961. – Philosophen nun offiziell im Eigenheim, in: FAZ, 30.1.1961. – H.Rahms, Ein Hochhaus für Philosophen, in: FAZ, 15.2.1961. – Vorbildliches Bauen. Auszeichnung hessischer Architekten, in: FAZ, 30.10.1965

Stahlmöbel ›kd-Programm‹ für das Philosophische Seminargebäude, um 1959
Herstell. Otto Kind GmbH, Kotthausen/Köln, Vertrieb W.Düperthal, teilweise erhalten u. noch in Verwendung. Kombinationsprogramm: Schreibtisch, kombinierbar mit Unterschränken; Büroschreibtisch; Winkelschreibtisch; Schreibmaschinentisch; Buchungstisch; Kombinationsschränke; Theken; Regalelemente; Tisch niedrig/hoch; Auszugtisch; Konferenztisch
Firmenkatalog W.Düperthal, o.J., Priv.arch.Kramer

Wohnhaus Walter Lippmann, 1959-60
Kohlseeweg, Buchschlag, erhalten
Planzeichnungen, Priv.arch.Kramer

Umbau Wohnhaus Beate Kramer, 1959-60
Oberdorf 141, Wallbach/Schweiz, erh.
Planzeichnungen, Priv.arch.Kramer

* Institutsgebäude für Mathematik und Physik I, 1959-61
Robert-Mayer-Str.6-8, Ffm, erhalten, Sonnenblenden ersetzt. Mitarbeiter: Walther Dunkl

Wettbewerbsentwurf Max-Planck-Institut für Hirnforschung, Göttingen, 1959
Planzeichnungen (Sept.1959), Priv.arch. Kramer

Wettbewerbsentwurf Max-Planck-Institit für Kernphysik, Heidelberg, 1960
Planzeichnungen (o.D.), Priv.arch.Kramer

Wiederaufbau des Theodor-Stern-Hauses, um 1960 (?)
Klinikum, Ludwig-Rehn-Str. 25, Ffm-Sachsenhausen, erhalten
Generalplan für die Universität, in: NP, 11.1.1954 – Das wachsende Frankfurter Universitätszentrum, in: FAZ, 29.9.1956

* Walter-Kolb-Studentenwohnhaus, Einrichtung, 1960-61
Beethovenplatz 4, Ffm, erhalten, renovierungsbedürftig
Walter-Kolb-Studentenhaus in Frankfurts Westend, in: Mitteilungen der Stadtverwaltung Frankfurt a.M., Nr.48, 2.12.1961. – F.Kramer, Walter-Kolb-Studentenhaus, Typoskript, 26.2.1962, Priv.arch.Kramer. – F.Kramer, Ansprache anläßlich der Eröffnung des Studentenheims / Studentenheim der Universität Frankfurt, in: Bauen & Wohnen 8/1962, S.324-325

Erweiterungsbau Institut für Physikalische Chemie, Einrichtung, 1962
Emil-Sulzbach-Str.26, Ffm, erhalten

Wettbewerbsentwurf Werkkunstschule Darmstadt, 1962
Mathildenhöhe, Darmstadt
J.Jourdan, Werkverzeichnis, in: Ferdinand Kramer. Architektur & Design, Ausstellungskatalog Bauhaus-Archiv/Museum für Gestaltung Berlin, 9.12.1982-23.1.1983, S.86

* Mensa, Einrichtung, 1962-63
Bockenheimer Landstr.121, Ffm, erhalten, teilweise zweckentfremdet, renovierungsbedürftig. Mitarbeiter: Walther Dunkl
Erstes Mensa-Essen, in: FAZ, 22.1.1963. – Abb. u. Legende, in: FAZ, 25.1.1963. – F.Kramer, Angaben anläßlich der Einweihungsfeier der neuen Mensa, Typoskript, 18.2.1963, Priv.arch.Kramer. – H.Rahms, Ferdinand Kramers Mensa, in: FAZ, 18.2.1963. – F.Kramer, Mensa der Universität in Frankfurt/Main, in: Bauwelt 28/1963, S.792-793. – N.Pevsner, Mensa, in: Architectural Review (London), Okt.1963. – Vorbildliches Bauen, in: FAZ, 30.10.1965. – Mensa der Johann-Wolfgang-Goethe-Universität, Frankfurt, in: Architektur & Wohnform, Nr.7, Okt.1966, S.504-507

Institutsgebäude für Therapeutische Biochemie, 1963
Klinikum, Erweiterungsbau des Theodor-Stern-Hauses, Ludwig-Rehn-Straße 25, Ffm-Sachsenhausen, erhalten
Das Geheimnis der Zellen, in: NP, 20.7.1963

* Institutsgebäude für Geographie, Einrichtung, 1964
Senckenberg Anlage 34-36, Ffm, erhalten

Umbau und Einrichtung Gästehaus, 1964
Schumannstr. (genaue Adresse unbekannt), Ffm
Liste ›Institutsbauten der Johann Wolfgang Goethe-Universität Frankfurt/Main‹, Typoskript [1964], Priv.arch.Kramer

* Stadt- und Universitätsbibliothek, Einrichtung, 1959-64
Bockenheimer Landstr.134-138, Ffm, erhalten. Bauherr Stadt Frankfurt/M, Planung zus. mit Bibliotheksdirektor C.Köttelwesch, privater Auftrag
Buchausleihe am Fließband, in: FAZ, 23.7.1959. – Die modernste Bibliothek Europas für Frankfurt, in: FAZ, 5.5.1960, S.15. – Ein Tunnel zur neuen Bibliothek, in: FAZ, 28.5.1960, S.47. – Europas modernste Bibliothek, in: NP, 28.5.1960. – Bibliothek für Universität, in: FR, 19.12.1961, S.5. – Baubeginn der Universitätsbibliothek? in: FAZ, 19.12.1961. – Platz für zwei Millionen Bücher, in: NP, 19.12.1961. – F.Kramer, Über den Bau von Bibliotheken, in: Bauwelt 5-6/1962, S.125/133-136. – F.Kramer, Neubauten der Universität Frankfurt/M, in: Bauen & Wohnen 8/1962, S.322-323. – Briefwechsel zw. F.Kramer und Ossip Zadkine, 28.19.1963 bis 3.11.1964, Priv.arch. Kramer. – H.Rahms, Ein Instrument zur Arbeit mit Büchern, in: FAZ, 3.12.1964. – F.Kramer, Stadt- und Universitätsbibliothek, Typoskript, o.D., Priv.arch.Kramer. – C.Köttelwesch, Stadt- und Universitätsbibliothek, Senckenbergische Bibliothek, Typoskript, o.D., Priv.arch.Kramer. – H.Beck und F.W.Gravert, Die tragende Konstruktion der Stadt- und Universitätsbibliothek Frankfurt am Main, in: Der Bauingenieur 3/1965, S.121-125. – Dem Bücherfreund, Studenten und Forscher, in: NP, 24.4.1965. – H.Heym, E.E.Hochweisen Rath legiren wir unsere Bücher, in: FAZ, 27.4.1965, S.27. – Zadkine ist begeistert, in: FAZ, 29.4.1965. – Hommage à Zadkine, in: Bauwelt 31/1965. – Geld von Stadt, Land und Bund, in: NP, 30.4.1965. – Feierstunde vor Büchern, in: FR, 30.4.1965, S.7. – Den Löwenanteil trägt die Stadt, in: FAZ, 30.4.1965, S.61. – Stadt- und Universitätsbibliothek eingeweiht, in: Mitteilungen der Stadtverwaltung Frankfurt a.M., Nr.18, 8.5.1965. – Vorbildliches Bauen, in: FAZ, 30.10.1965. – G.Remshardt, Stadt- und Universitätsbibliothek Frankfurt am Main, in: Bauwelt 45/1965, S.1261-73. – F.Kramer, Bericht des Architekten, in: Bauwelt 45/1965, S.1274-76. – Bibliotheksumsatz um dreihundert Prozent gestiegen, in: FAZ, 30.12.1965. – F.Kramer, Epilog des Architekten, in: Die Johann Wolfgang Goethe-Universität, Jahrbuch 1965, Frankfurt/M 1966, S.98-100. – Saubere Luft für Leser und Bücher, in: NP, 5.11.1966. – Abb. u. Legenden: Bibliothek, Bertelsmann Universal-Lexikon, Bd.2, Gütersloh 1974, S.198-199. – Arbeitsplatz Universität, in: Uni-Report, 26.1.1983, S.8

Möbel und Einrichtungsgegenstände für die Stadt- und Universitätsbibliothek, etwa um 1963
Genaue Umstände der Entwürfe unbekannt, genannte Produzenten: Düperthal, Siegrist, Schönauer Schulmöbel, Schaper, Garny. Darunter: Garderobentisch; Lesepult; Schreibplatte für ›Eron‹-Stuhl; Arbeitstische; Packtisch; Konferenztisch; Zusatzelemente für Regalsystem ›Garny‹; Kleider-/Aktenschränke; Bücher- u. Ausstellungsvitrinen; Hängekarteien; Katalog- u. Karteischränke; Rollwagen versch.Ausführung; Mappenschrank; Schiebeschrank; kombin.

Bücherregal; Kartenschrank; Schrank mit Schwenktüren; Mikroficheschrank; Sideboard; Schreibtafel; Carrel; Plexiglasbuchstützen u. -ständer; Schallplattenregal; Kolibri; Bettcouch; Sessel/Liege; Papierkorb; Standascher; Garderobentisch
Werkzeichnungen, Priv.arch.Kramer

Wettbewerb Staatsbibliothek und Gästehaus, 1964
Potsdamer Straße, Berlin
Planzeichnungen, Priv.arch.Kramer

Institutsgebäude für Mathematik II, 1964-67
Robert-Mayer-Str.10, Ffm, erhalten
Abb. u. Legende, in: FAZ, 24.3.1966

* Hörsaalgebäude II, beg.1964
Gräfstr.38, Ffm, erhalten, Fassadenverblendung des Hörsaalkubus nicht urspr.

Wohnhaus Gerold, 1966-67
Astano/Tessin, erhalten
Planzeichnungen, Priv.arch.Kramer

Wohnhaus R.Maurer, 1966-67
Theodor-Storm-Str.20, Homburg, erhalten
Planzeichnungen, Priv.arch.Kramer

Wohn-/Mietshaus Kramer, 1968
Schaubstr.12-14, Ffm, erhalten
Planzeichnungen, Priv.arch.Kramer

Wohnhaus Dr. U.Kollatz, 1968-69
Willy-Borngässer-Str.11, Wiesbaden, erhalten
Planzeichnungen, Priv.arch.Kramer

* Restaurierung, Um- und Anbauten Comödienhaus Wilhelmsbad, 1968-69
Theaterbau von Franz Ludwig Cancrin (1738-1816), Wilhelmsbad/Hanau; Umbau Foyer im sog. ›Kavaliersbau‹; Künstlergarderobe; Verbindungsgang zum Foyer. Erhalten
F.Kramer, Nachwort des Architekten, in: Das Theater Wilhelmsbad in Hanau, Hrsg. Comoedienhaus Wilhelmsbad, Hanau 1969, S.46-47. – ›Vorhang auf‹ im Parktheater, in: NP, 2.10.1969, S.9. – Abb. u. Legende, in: FR, 3.10.1969. – H.Rahms, Comödie unter gemaltem Himmel, in: FAZ, 3.10.1969. – Festliche Eröffnung des Comödienhauses Wilhelmsbad, in: FR, 6.10.1969. – G.Remshardt, Das Wilhelmsbad in Hanau, in: Bauwelt 42/1970

Wohnhaus Dr. R.Volhard, 1969-70
Heinrich-von-Kleist-Str.43, Bad Homburg, erhalten
Planzeichnungen, Priv.arch.Kramer

Projekt (?) Wohn-, Archiv- und Bibliotheksbau, 1970
Koreshan Unity, Estero Blvd., Estero Island/ Florida
Planzeichnungen, Priv.arch.Kramer

Wohnhaus Dieter Christ, 1971
Bischofsweg 27, Ffm, erhalten
Planzeichnungen, Priv.arch.Kramer

Umbau Galerie Herbert Meyer-Ellinger, 1971
Brönnerstr.22, Ffm
Frankfurts neue Kunstgalerie, in: FAZ, 15.10.1971

Wohnhaus Dr. A.Dietz, 1971-72
Am Pfingstborn 1, Bergen-Enkheim, erhalten
Planzeichnungen, Priv.arch.Kramer

Friedhofstor und Familiengrab, 1972
Werkzeichnungen, Priv.arch.Kramer

Plakat, ›Thonet Bugholzmöbel 1830-1974‹
Ausstellung Museum für Kunsthandwerk,
Ffm, 7.9.-20.10.1974
Priv.arch.Kramer

Sideboard / Besteckkasten, 1974
Wohnung Kramer, Schaubstr.12-14, Ffm,
erhalten

Tischentwürfe, etwa um 1974
Rechtecktisch; Eßtisch; Kulissentische;
Clubtisch; Couchtisch
Werkzeichnungen (o.D.), Priv.arch.Kramer

Ausstellungen

›Die Form‹
Ausstellung des Deutschen Werkbunds,
1.Ausstellungsort Stuttgart (Juli, 1924),
2.Ausstellungsort Frankfurt a.M., Städtisches Kunstgewerbemuseum, Neue Mainzerstr.49, 21.9.-21.10.1924
Lit. s. Werkliste, 1924, Metallgerät und Kleinmöbel

›Internationale Gewerbeausstellung‹,
Monza, Italien, 1925, Leitung und Vorbereitung der Abteilung des Deutschen Werkbunds Dr. Walter Riezler
Monza, in: Die Form 1/1925, S.12

›Deutsche Photographische Ausstellung‹
Frankfurt/M, Haus der Moden, August 1926
Deutsche Photographische Ausstellung, in: FZ, 15.8.1926

›2.Ausstellung der Kunstschule der Stadt Frankfurt/Main‹
Frankfurter Kunstverein, Junghofstr.8,
1.-22.5.1927
B.Reifenberg, Die Kunstschule der Stadt Frankfurt, FZ, 11.5.1927. – Ausstellungskatalog, Vorwort F.Wichert, Frankfurt/M 1927. – Briefe von F.Wichert an F.Kramer, 15.1.1926/15.3.1926, Priv.arch.Kramer. – Kunstschul-Reform 1900-1933, Hrsg.Bauhaus-Archiv, Berlin 1977

* ›Die Wohnung‹
Ausstellung des Deutschen Werkbunds,
Stuttgart, Weißenhofgelände am Killesberg,
Juli-Sept.1927
Werkbund-Ausstellung Die Wohnung, Katalogheft, Stuttgart 1927. – Werkbund-Ausstellung: Die Wohnung, in: Die Form 1/1927, S.24-25; 2/1927, S.58; 7/1927, S.213; 8/1927, S.249-252. – P.-Uck., Stuttgart: Werkbundausstellung: Die Wohnung, in: Rote Fahne (Berlin), 1.5.1927. – S.Kracauer, Das neue Bauen, in: FZ, 31.7.1927. – W.Riezler, ›Die Wohnung‹, in: Die Form 9/1927, S.258ff. – F.Kramer, Neue Möbel, in: Die Baugilde, Nr.7 (10.April), 1928, S.471f. – Gr. u. W.Dexel, Das Wohnhaus von heute, Hrsg. E.Mühlbach, Leipzig 1928. – 50 Jahre Werkbundsiedlung Stuttgart-Weißenhof, in: Deutsche Bauzeitung 11/1977, S.27-35. – Briefwechsel zw. F.Kramer und Hans Oud, 21./28.Sept.1983, Priv.arch. Kramer. – K.Kirsch, Die Weißenhofsiedlung: Werkbund-Ausstellung ›Die Wohnung‹, Stuttgart 1987. – Unveröffentlichte Akten des Stadtschultheißenamts der Stadt Stuttgart

›Die kleine Wohnung‹
in der Ausstellung ›Heim und Technik‹, München, 1928
Die kleine Wohnung in der Ausstellung Heim und Technik, Katalogheft, München 1928

›Der Stuhl‹
Ausstellung des Deutschen Werkbunds,
1.Ausstellungsort Stuttgart, 1928; 2.Ausstellungsort Frankfurt/M, Kunstgewerbemuseum, Neue Mainzerstr.49, 10.3.-7.4.1929,
weitere Stationen Berlin (Kunstgewerbemuseum) und Dresden
A.Schneck, Der Stuhl. Stuhltypen aus verschiedenen Ländern und Versuche neuzeitlicher Lösungen in Ansichten und Maßzeichnungen, Baubücher Bd.4, Stuttgart 1928. – Der Stuhl, Ausstellungskatalog, Frankfurt/M, 10.-31.März 1929. – J.Gantner, Die Frankfurter Ausstellung ›Der Stuhl‹, in: DNF

2/1929, S.25-26/30, Titelblatt. – Ausstellungen, in: DNF 3/1929, S.64. – Ausstellung ›Der Stuhl‹, in: FZ, 8.3.1929. – Abb. in: DNF 4/1929, S.83-84

›Typenmöbel›
Basel, Gewerbemuseum, 2.6.-7.7.1929
Brief von der Direktion des Gewerbemuseums Basel an F.Kramer, 29.1.1929, Priv.arch.Kramer. – Typenmöbel, Ausstellungskatalog Gewerbemuseum Basel, 2.6.-7.7.1929

›Die Wohnung für das Existenzminimum‹
Ausstellung im Rahmen des 2.Internationalen Kongresses für Neues Bauen (CIAM),
1.Ausstellungsort Frankfurt/M, Haus Werkbund (Messegelände), 24.-27.10.1929,
Veranstalter: Städtisches Hochbauamt der Stadt Frankfurt/M
Brief von E.May an F.Kramer, 27.7.1929, Priv.arch.Kramer. – Brief von S.Giedion an F.Kramer, 20.8.1929, Priv.arch.Kramer. – Die Wohnung für das Existenzminimum, Ausstellungskatalog Gewerbemuseum Basel, 8.-29.12.1929. – Die Wohnung für das Existenzminimum (Die kleinen Baubücher), Hrsg. Internationaler Kongreß für Neues Bauen / Städt.Hochbauamt Frankfurt/M, Frankfurt/M 1930

›Good Design is Your Business‹
Buffalo/NY, Albright Art Gallery, Buffalo
Fine Arts Academy, 1947
Good Design is Your Business, Ausstellungskatalog Albright Art Gallery, Buffalo 1947

Ausstellung zur Fünfzig-Jahr-Feier der Johann-Wolfgang-Goethe-Universität
Frankfurt/M, Hauptgebäude Mertonstraße:
Geschichte der JWG-Universität / Studentenwohnheim Bockenheimer Warte: Neuaufbau und Erweiterung der Universität,
Juni 1964
G.Remszhardt, Erinnerung und Zuversicht, in: FR, 10.6.1964

›Ferdinand Kramer: Architektur & Design‹
Berlin, Bauhaus-Archiv/Museum für Gestaltung, 9.12.1982-23.1.1983, weitere Stationen Frankfurt/M, Stuttgart und Amsterdam
Ferdinand Kramer. Architektur & Design, Ausstellungskatalog Bauhaus-Archiv/ Museum für Gestaltung Berlin, Berlin 1982

Veröffentlichungen Ferdinand Kramers

Architektur des Auslands. Le Corbusiers Siedlung Frugès in Pessac, in: Stein, Holz, Eisen, 6.1.1927

Individuelle oder typisierte Möbel? in: DNF 1/1928, S.8-11
= [gekürzt u. ediert] Neue Möbel, in: Die Baugilde 7/1928, S.470-472
= Les Meubles Modernes (übers. P.Heuvelmans), in: 7 Arts, 20.5.1928 (6.Jg./Nr.24), S.5
= Individuelle oder typisierte Möbel? in: Typenmöbel, Ausstellungskatalog Gewerbemuseum Basel, 2.6.-7.7.1929, S.5-8

Zum Bau moderner Großstadtwohnungen, in: Stein, Holz, Eisen, 16.8.1928 (42.Jg./Nr.33), S.605-606

[Bildbericht] Haus Mr.G. in Marne La Coquette. Architekten Le Corbusier und P.Jeanneret, Paris, in: Die Form 6/1929, S.232-233

Bilderbericht aus der Tschechoslowakei, in: Stein, Holz, Eisen, 4.4.1929 (Nr.14, 1929), S.220

Täglich 18 000 Stühle, in: FZ, 15.4.1929
= Die Thonetindustrie, in: Die Form 8/1929, S.206-208
= Täglich 18 000 Stühle, in: Königsberger Hartungsche Zeitung, 26.11.1929

Die Wohnung für das Existenzminimum, in: Die Form 24/1929, S.647-649

Die Mitarbeit des Künstlers am industriellen Erzeugnis [mit Beiträgen verschiedener Künstler, zusammengestellt von W.Lotz], in: Die Form 8/1930, S.200-201/211

[Buchbesprechungen] Möbelingenieure und neue Wohnung, in: FZ, 6.4.1930

[Buchbesprechungen] Möbel und Haus. Zu vier Architektur-Büchern, in: FZ, 4.12.1932

Wohnbedarf. Werkbund-Ausstellung Stuttgart 1932, in: FZ, 21.5.1932

[Letter to the Editor] in: Architectural Forum, Jan.1948

Visual Planning, Equipment Selection, and Arrangement for Small Department Stores, in: Progressive Architecture, Mai 1948, S.82-87

Umbau der Universität Frankfurt, in: Bauen & Wohnen 9/1954, S.223-224

Bauten der Johann-Wolfgang-Goethe-Universität, Frankfurt a.M., in: Bauen & Wohnen 2/1955, S.68-72, Konstruktionsblatt

Das Fernheizwerk der Johann-Wolfgang-Goethe-Universität, in: G.I. 15-16/1955, S.242-245

Das Biologische Camp der Universität Frankfurt/M, in: Bauwelt 48/1957, S.1262-67

Die Funktion des Architekten beim Reaktor- und Institutsbau, in: Atomenergie in Hessen, Atombrief 8-9/1958, S.341-344

Forschungsreaktor der Universität Frankfurt/M, in: Bauwelt 17/1958, S.401-403. Ebenfalls in: AC/Internationale Asbestzement-Revue (Zürich) 9/1963, S.31-34

Rede eines Baumeisters vor Naturwissenschaftlern, in: Bauwelt 32/1958, S.779-785

Hörsaalgebäude der Universität Frankfurt/M, in: Bauwelt 48/1958, S.1171-72

Wohnen im Studentenheim / Studentenwohnheim der Universität Frankfurt/Main, in: Bauwelt 17/1959, S.519-523
= [Auszug] Bau der Arbeit im Frankfurter Westend, in: Werk und Zeit 8/1956, S.5

Bauen für die Wissenschaft, in: Die deutsche Universitätszeitung, 6/1960, S.15-22

Seminargebäude der Universität Frankfurt, in: Bauwelt 15/1961, S.427-432

Hochschulplanung gestern und heute / Neubauten der Universität Frankfurt, in: Bauen & Wohnen 8/1962, S.315-325

Über den Bau von Bibliotheken, in: Bauwelt 5-6/1962, S.125/133-136

Mensa der Universität in Frankfurt/Main, in: Bauwelt 28/1963, S.792-793

Bericht des Architekten, in: Bauwelt 45/1965, S.1274-76

Epilog des Architekten, in: Die Johann Wolfgang Goethe-Universität, Jahrbuch 1965, Frankfurt/M 1966, S.98-100

Die biologischen Institute der Universität in Frankfurt am Main, in: Bauwelt 33/1966, S.936-941

Nachwort des Architekten, in: Das Theater Wilhelmsbad in Hanau, Hrsg. Comoedienhaus Wilhelmsbad, Hanau 1969, S.46-47

Erinnerungsschriften (zur Hauptsache zusammen mit Lore Kramer):

Ernst May 80 Jahre jung, in: Bauwelt 30/1966, S.858f.
= Offener Glückwunsch an Ernst May, in: FR, 25.7.1966, S.12

Thonet 1929, in: Das Haus Thonet. Festschrift aus Anlaß seines 150-jährigen Bestehens, Frankenberg/Eder 1969

[Leserbrief] Das Ornament fällt weg, in: FAZ, 25.1.1971

50 Jahre Architektur – Bericht aus meinem Leben, in: Der neue Egoist, Nr.2, 1976 (Pfingsten), S.84-87

Sozialer Wohnbau der Stadt Frankfurt am Main in den 20er Jahren, in: Kommunaler Wohnbau in Wien, Ausstellung der Stadt Wien, Juni 1977

Sozialer Wohnungsbau in Wien / in Frankfurt am Main, in: Werk und Zeit, 4.9.1977, S.38-39

Das Neue Frankfurt – Social Housing in the 1920s, in: Architectural Association Quarterly, Nr.1, 1979, S.44-49

60 Jahre Bauhaus Weimar, in: Bauwelt 29/1979

Kollektiv – Die Entstehung des Budgeheims, in: Archithese 2/1980, S.13-15

Funktionelles Wohnen, in: Form & Zweck 4/1980, S.34-40

Soziale Nützlichkeit, Sachlichkeit war unser wesentliches Anliegen, in: Neue Heimat 8/1981, S.20-29/65

Hommage à Loos – Begegnungen mit ihm, in: Bauwelt 42/1981, S.1877-81

Zu diesem Zeitpunkt, in: Bauwelt 14/1982, S.569

Eine Erwiderung, in: Bauwelt 3/1983

Marginalien zur Ausstellung ›Der Stuhl‹, in: Adolf G. Schneck 1883-1971,

Ausstellungskatalog Württ.Landesmuseum Stuttgart / TU München, 1983

Ein Gelaufe um Anschluß, in: Werk und Zeit 2/1984, S.47-48

Zur Werkbund-Ausstellung ›Die Wohnung‹ – Stuttgart 1927 – Betrachtungen eines Beteiligten, in: Wissensch. Zt.schr. der Hochschule für Arch. und Bauwesen (Weimar) 3A/1985, S.105-109

Postum veröffentlicht:

In Amerika, in: MateRealien, Hefte zur Gestaltung 1/1986, Hrsg. U.Fischer u. K.-A.Heine, S.8-13

Erinnerungen an das ›Neue Frankfurt‹, in: Bauwelt 28/1986, S.1054-58

Das Neue Frankfurt – Architektur und Produkte, in: Bauen für Frankfurt 2, Hrsg. Dezernat Hochbauamt Stadt Frankfurt/M 1989, S.134-143

Die Autoren

Andrea Gleiniger, 1958, Dr. Phil., Kunst-
und Architekturhistorikerin am Deutschen
Architekturmuseum, Frankfurt/M

Astrid Hansen, 1965, stud.phil., Kunsthisto-
rikerin, Marburg

Barbara Hauß-Fitton, 1959, M.A., Kunsthi-
storikerin, Lörrach

Karl-Heinz-Hüter, 1929, Dr. Phil., Kunst-
und Architekturhistoriker, Berlin

Beate Kramer, 1905, Modeentwerferin,
Wallbach/Schweiz

Lore Kramer, 1926, Professorin für Design-
geschichte in Offenbach, Frankfurt/M

Claude Lichtenstein, 1949, Architekt, Kon-
servator am Museum für Gestaltung, Zürich

Eckhard Neumann, 1933, Professor für
Kommunikationsdesign an der FH für
Gestaltung Mannheim, Frankfurt/M

Fred R. Oppenheimer, 1910, Kaufmann,
Singer Island, Florida

Julius Posener, 1904, Prof. Dr.h.c., Architekturhistoriker, Berlin

Ruggero Tropeano, 1955, Architekt und
Sammler, Zürich

Dietrich Worbs, 1939, Dr.-Ing. habil., Architekturhistoriker, Berlin

Fabian Wurm, 1957, Publizist, Frankfurt/M

Lieferbare Titel aus der Reihe Werkbund Archiv

Ausführliche Informationen über diese Titel und das übrige Verlagsprogramm erhalten sie vom Anabas-Verlag, Unterer Hardthof 25, D-6300 Giessen.